Thomas Bänziger

«Jauchzen und Weinen»:
Ambivalente Restauration in Jehud

TVZ

Thomas Bänziger

«Jauchzen und Weinen»: Ambivalente Restauration in Jehud

Theologische Konzepte der Wiederherstellung in Esra-Nehemia

T V Z

Theologischer Verlag Zürich

Gedruckt mit freundlicher Unterstützung der Lang-Stiftung, der Thurgauer Landeskirche, der Evangelischen Kirchgemeinde Schlatt TG, des Arbeitskreises für evangelikale Theologie (Deutschland) und der Arbeitsgemeinschaft für biblisch erneuerte Theologie (Schweiz).

Bibliografische Informationen der Deutschen Nationalbibliothek
Die Deutsche Nationalbibliothek verzeichnet diese Publikation in der Deutschen Nationalbibliografie; detaillierte bibliografische Daten sind im Internet über http://dnb.d-nb.de abrufbar.

Umschlaggestaltung
Simone Ackermann, Zürich

Druck
ROSCH BUCH GmbH, Scheßlitz

ISBN 978-3-290-17764-5

www.tvz-verlag.ch

Für meine Familie: Katharina und
Samuel, Nathan, Johanna, Benjamin

Inhaltsverzeichnis

Vorwort ... 9

I. Einleitung ... 11

1. Fragestellung und Vorgehen ... 11
   1.1 Fragestellung ... 11
   1.2 Vorgehen ... 13
2. Positionierung der Fragestellung im Rahmen der Forschung ... 15
   2.1 Neue Phase in der Forschungsgeschichte ... 15
   2.2 Forschungsgeschichtliche Voraussetzungen ... 28
      2.2.1 Verhältnis zu den Chronikbüchern ... 28
      2.2.2 Einheit von Esra-Nehemia ... 29
      2.2.3 Komposition und Datierung ... 34
3. Zur Intertextualität ... 37
4. Ambivalenz als Kategorie im theologischen Kontext ... 42

II. Wiederherstellung als Bundeserneuerung ... 49

1. Wiederherstellung und Bund ... 49
   1.1 Das Bundeskonzept in Esra-Nehemia ... 49
   1.2 Bundeserneuerung als Konzept der Wiederherstellung in Esra-Nehemia? ... 52
      1.2.1 Nehemia 8–10 als Klimax des Esra-Nehemia-Buches ... 52
      1.2.2 Literarische Abgrenzung von Nehemia 8–10 ... 57
      1.2.3 Nehemia 8–10 als Bundeserneuerung ... 60
   1.3 Weiteres Vorgehen ... 63
2. Bundeserneuerungen in Esra 9–10 und Nehemia 9–10 ... 64
   2.1 Esra 9–10 ... 64
      2.1.1 Einleitende Bemerkungen ... 64
      2.1.2 Esra 9 ... 66
      2.1.3 Esra 10 ... 81
   2.2 Nehemia 9–10 ... 84
      2.2.1 Einleitende Bemerkungen ... 84
      2.2.2 Nehemia 9 ... 86
      2.2.3 Nehemia 10 ... 92
      2.2.4 Anmerkungen zu Nehemia 13 ... 102
3. Ambivalenzen ... 105
   3.1 Erneuerung des Sinaibundes, kein neuer Bund ... 105
      3.1.1 Erneuerung des Sinaibundes ... 105
      3.1.2 Kein neuer Bund ... 112

3.2 Ambivalentes Buchende 120
3.2.1 Nehemia 13: Der gefährdete Bund 120
3.2.2 Das Buchende und die Gesamtbotschaft des Buches 121
4. Zusammenfassung 123

III. Wiederherstellung als aktualisierte Heilsgeschichte 125

1. Neuer Exodus und Periodisierung 125
1.1 Hinführung 125
1.2 Neuer Exodus und neue Landnahme 126
1.2.1 Einleitende Bemerkungen 126
1.2.2 Esra 1–6 127
1.2.3 Esra 7–10 134
1.2.4 Nehemia 137
1.3 «Periodisierung» als Schlüssel zum Aufbau des Buches 138
1.3.1 Das Modell von Sara Japhet 138
1.3.2 Evaluation von Japhets Modell 144
1.3.3 Aufbau von Esra-Nehemia anhand des Periodisierungsmodells 148
2. Aktualisierte Heilsgeschichte im Festkalender 150
2.1 Feste in Esra-Nehemia 151
2.1.1 Esra 3: Sukkot 151
2.1.2 Esra 6: Pessach 153
2.1.3 Nehemia 8: Sukkot 157
2.1.4 Nehemia 12: Mauerweihfest 163
2.2 Die Bedeutung des Festkalenders in Esra-Nehemia 164
2.2.1 Heilige Zeiten – Heilige Feste 164
2.2.2 Die Bedeutung von Sukkot in Esra-Nehemia 170
3. Die Toralesung in Nehemia 8 und die neue Landnahme 172
3.1 Exkurs: Einleitende Bemerkungen zu Nehemia 8 172
3.2 Exegetische Ausführungen zu Nehemia 8 178
3.3 Nehemia 8 und die intertextuellen Bezüge zu Dtn 31,9–13 und Jos 8,30–34 189
4. Zusammenfassung 195

IV. Wiederherstellung als erfüllte Heilsprophetie 199

1. Beginn einer neuen Heilszeit? 200
1.1 Der Verweis auf Jeremia zu Beginn des Buches 200
1.1.1 Interpretation von Esra 1,1 auf dem Hintergrund des Chronikschlusses 201

1.1.2 Interpretation von Esra 1,1 unabhängig vom Chronikschluss 204
1.1.3 Multiple Bezüge von Esr 1,1 210
1.2 Ambivalenzen in nachexilischen Bussgebeten 212
1.2.1 Esra 9 und Nehemia 9 212
1.2.2 Exkurs: Bergsmas Exegetische Logik von Daniel 9,1–27 217
1.2.3 Noch kein vollständiges Heil 222
2. Die Propheten Haggai und Sacharja in Esra-Nehemia 222
2.1 Die Rolle von Haggai und Sacharja 222
2.2 Exkurs: Heilsverzögerung in Sacharja 6,9–15 225
2.3 Der fehlende König 231
3. Zusammenfassung 239

V. Wiederherstellung als Wiederaufbau 241

1. Ambivalenzen beim Tempelbau 241
1.1 Jauchzen und Weinen (Esra 1–6) 241
1.1.1 Erste Phase 242
1.1.2 Zweite Phase 248
1.1.3 Dritte Phase 249
1.2 Exkurs: Intertextueller Vergleich mit Haggai 2,1–9 255
1.3 Die fehlende Herrlichkeit 261
1.4 Jauchzen und Weinen – Ambivalenter Tempelbau 266
2. Innere und äussere Mauer 269
2.1 Mauerbau – die äussere Mauer 269
2.2 Tora – die innere Mauer 275
3. Zusammenfassung 278

VI. Ertrag 281

1. Ambivalente Restauration in Jehud 281
2. Fruchtbare neuere Forschungsansätze 283
3. Intertextuelle Anregungen 284
4. Ambivalenz und Rhetorik 285

Abkürzungs- und Literaturverzeichnis 289

Abkürzungsverzeichnis 289
Literaturverzeichnis 290
Abstract 306

חֶדְוַת יְהוָה הִיא מָעֻזְּכֶם׃

Die Freude an Jhwh ist eure Zufluchtsstätte. Neh 8,10

Vorwort

Die vorliegende Arbeit wurde am 6. Februar 2013 am Séminaire Libre de Théologie à Genève (unter Verantwortung der Staatsunabhängigen Theologischen Hochschule Basel) verteidigt und als Dissertation angenommen. Für die Publikation wurde sie leicht überarbeitet.

Ein besonderer Dank gilt meinem Doktorvater Prof. Dr. Herbert H. Klement, der mich über die Jahre geduldig begleitete und mir in vielen Gesprächen wertvolle Impulse für die Beschäftigung mit dem Esra-Nehemia-Buch gab. Die Diskussionen mit ihm schulten nicht nur mein theologisches Denken, sondern ich erlebte darin auch sprichwörtliche sokratische Mäeutik, die der These zur Geburt verhalf.

Prof. Dr. Gordon McConville (University of Gloucestershire) und PD Dr. Stefan Fischer (Universität Wien) danke ich für das Verfassen der externen Gutachten.

Mein Interesse am Alten Testament wurde während meines einjährigen Israelaufenthaltes durch den Austausch mit den Pastoren Benjamin und Reuven Berger (Jerusalem) und den Ivritkurs vor Ort geweckt und während meines Theologiestudiums an der STH (durch Prof. Dr. Samuel Külling) und an der Universität Basel (durch Prof. Dr. Hans-Peter Mathys, dessen Sprachkurse mir in lebhafter Erinnerung sind) gefördert und vertieft.

Der STH Basel gebührt mein Dank, dass ich im Rahmen des Séminaire Libre de Théologie à Genève die Dissertation realisieren und in meiner Tätigkeit als Lehrassistent mit Studierenden arbeiten konnte, was mir immer viel Freude bereitete. Als besonders inspirierend erlebte ich jeweils den Austausch beim Doktorandenkolloquium.

Dr. Stefan Schweyer bin ich dankbar für die computertechnische Unterstützung, meiner Schwägerin Christine Eiche (Tübingen) für die Hilfe bei der Literaturbeschaffung und PD Dr. Christian Stettler und meiner Frau Pfrn. Katharina Bänziger-Eiche für das Korrekturlesen.

Der Evangelischen Kirchgemeinde Schlatt TG danke ich für das Verständnis, dass sich ihr Pfarrer in den letzten Jahren intensiv mit dem Alten Testament beschäftigte, und hoffe, dass in mancher Predigt ein Funke meiner Begeisterung überspringen konnte.

Von der Lang-Stiftung, der Thurgauer Landeskirche, der Evangelischen Kirchgemeinde Schlatt TG, dem Arbeitskreis für evangelikale Theologie (Deutschland) und der Arbeitsgemeinschaft für biblisch erneuerte Theologie (Schweiz) habe ich freundlicherweise Druckkostenzuschüsse für die Publikation des vorliegenden Buches erhalten. Diesen Institutionen bin ich zu grossem Dank verpflichtet.

Dem Theologischen Verlag Zürich gilt mein Dank für die Aufnahme der Arbeit in die Dissertationenreihe, Frau Lisa Briner (TVZ) für die geduldige und kompetente verlegerische Betreuung und Prof. Dr. Konrad Schmid (Universität Zürich) für die Hilfe und Beratung auf dem Weg zur Publikation.

Meinen Eltern, Traugott und Annemarie Bänziger, danke ich ganz herzlich für alle praktische Hilfe in den letzten Jahren bei der Betreuung unserer Kinder und in Haus und Garten. Ohne diesen dadurch entstandenen Freiraum zum theologischen Arbeiten wäre die Fertigstellung dieser Arbeit unmöglich gewesen. Ebenso danke meinen Schwiegereltern, Dr. Dr. Hans Thomas und Elisabeth Eiche, herzlich für alle Unterstützung.

Dass diese Arbeit neben Einzelpfarramt auf dem Land und Familie möglich war, verdanke ich in erster Linie meiner Frau Katharina, die mich nicht nur dank Stellenaufteilung im Pfarramt entlastete, sondern mir auch immer wieder Quelle der Ermutigung war und meinen Stress mit stoischer Ruhe ertrug. Ihr und unseren Kindern Samuel, Nathan, Johanna und Benjamin ist diese Arbeit in Liebe und Dankbarkeit gewidmet.

Jauchzen und Weinen gehören zu unseren oft ambivalenten Lebenserfahrungen. Dass in meinem letzten Lebensjahrzehnt trotz gesundheitsbedingten körperlichen Herausforderungen das Jauchzen gegenüber dem Weinen überwog, verdanke ich letztlich unserem Gott, der ein Gott der Wiederherstellung ist.

Schlatt TG, Juli 2014
Thomas Bänziger

I. Einleitung

1. Fragestellung und Vorgehen

1.1 Fragestellung

Die nachexilische Zeit wird gerne als Zeit der Restauration beschrieben, so lautet beispielsweise der Titel der einflussreichen Monographie von Peter R. Ackroyd «Exile and Restauration»[1]. Herbert Donner behandelt in seiner Geschichte Israels die in Esr 1–6 geschilderten Geschehnisse rund um den Tempelbau unter dem Titel «Der Anfang der Restauration in Jerusalem und Juda» und die Missionen Esras und Nehemias unter dem Titel «Die Vollendung der Restauration in Jerusalem und Juda».[2] Realpolitisch wurde das Königreich Juda jedoch nicht wiederhergestellt, war doch die politische Grösse «Jehud»[3] nach dem Exil eine Provinz des persischen Grossreiches. Kann in dieser Epoche von Wiederherstellung gesprochen werden? Nein, meint Rainer Albertz mit Verweis auf die politischen Strukturen der Provinz Jehud in persischer Zeit und die verhinderte monarchische Wiederherstellung.[4] Andernfalls würde «völlig übersehen, daß es eben gerade nicht zu einer Restauration der vorexilischen Verhältnisse gekommen ist, d.h. zur

---

1 Peter R. Ackroyd, *Exile and Restoration. A Study of Hebrew Thought of the Sixth Century B.C.*, London: SCM Press, 1968.

2 Vgl. Herbert Donner, *Geschichte des Volkes Israel und seiner Nachbarn in Grundzügen*, GAT 4/2, Göttingen: Vandenhoeck & Ruprecht, 3. Aufl. 2001, 437ff. bzw. 449ff. Die Bemerkung von Rainer Albertz (s.u.) zu Donners 2. Aufl. trifft also genauso auf die 3. erg. Aufl. zu (die aktuelle 4. Aufl. ist unverändert), vgl. Rainer Albertz, *Die verhinderte Restauration*, in: Erhard Blum (Hrsg.), Mincha. Festgabe für Rolf Rendtorff zum 75. Geburtstag, Neukirchen-Vluyn: Neukirchener Verlag, 2000, 1–12, 1.

3 Zur Bezeichnung der politischen Grösse verwende ich im Folgenden den aramäischen Begriff «Jehud». Esr 5,8 ist die einzige Bibelstelle, in der Juda ausdrücklich als מְדִינָה bezeichnet wird. Die hebr. Bezeichnung «Juda» ist wohl mehr als Bezeichnung der Landschaft, nicht als eine politische Grösse zu verstehen (Neh 5,14 spricht vom פֶּחָם בְּאֶרֶץ יְהוּדָה, auch der Ausdruck פַּחַת יְהוּדָה in Hag 1,1.14; 2,2.21 kann so gesehen werden). So verwende ich im Anschluss an Thomas Willi den Ausdruck «Jehud» zur Bezeichnung der persischen Provinz im Unterschied zur Landschaftsbezeichnung und zum vorexilischen Königreich «Juda», vgl. Thomas Willi, *Juda – Jehud – Israel. Studien zum Selbstverständnis des Judentums in persischer Zeit*, FAT 12, Tübingen: J.C.B. Mohr (Paul Siebeck), 1995, 18.

4 Albertz, *Die verhinderte Restauration.* bzw. Rainer Albertz, *The Thwarted Restoration*, in: Rainer Albertz/Bob Becking (Hrsg.), Yahwism After the Exile. Perspectives on Israelite Religion in the Persian Era, Studies in Theology and Religion 5, Assen: Royal Van Gorcum, 2003, 1–17.

Wiedererrichtung eines Staates und Wiedereinsetzung eines davidischen Königs»[5]. Albertz steht mit seiner Kritik nicht allein. Auch Philip F. Esler hält den Begriff «Restauration» für unangebracht: «Yet while ‹Restoration› is also frequently applied to this period by modern historians, the label is an inapposite one».[6] Dafür fügt er zwei Gründe an: Erstens war es bezüglich des Kults unmöglich, nach einer so langen Zeit die exakte Kopie des vor dem Exil Bestehenden anzufertigen, und zweitens unterschied sich der lokale Kontext nach dem Exil in politischer Hinsicht von der vorexilischen Situation. Zu einer ähnlichen Aussage kommt auch Thomas Pola in den Schlussfolgerungen seiner Untersuchung zum Priestertum bei Sacharja: «Von einem Zeitalter der Restauration sollte man hinsichtlich der jüdischen Geschichte im letzten Drittel des sechsten Jahrhunderts nicht mehr sprechen.»[7] Esra 1–6 würden zwar «oberflächlich den Eindruck erwecken, die bloße Wiederherstellung der vorexilischen Institutionen sei das Ziel der seinerzeit wirksamen Kräfte in Jerusalem gewesen»[8], hingegen für Haggai und Sacharja treffe dies nicht zu.

Hugh G. M. Williamson greift die von Albertz aufgeworfene Frage auf, ob in persischer Zeit überhaupt noch von Restauration die Rede sein kann, und bejaht zunächst in historischer Hinsicht die soeben dargelegte negative Auffassung: «In the strictly historical terms in which this opinion is expressed and on a narrow definition of restoration, this is clearly correct.»[9] Die nachexilische Provinz Jehud war keine Replik des vorexilischen Staates Juda. Neben den bereits genannten Unterschieden gibt Williamson zu bedenken, dass sich nicht einmal in geographischer Hinsicht die Gebiete deckten, war das Gebiet der persischen Provinz Jehud doch wesentlich kleiner als dasjenige der vorexilischen Monarchie.[10] Auf die Frage «why the term restoration has been widely used as a description of this period», kommt er zum Schluss, es sei, «because this is the way that the main biblical sources want us to regard it».[11]

---

5 Albertz, *Die verhinderte Restauration*, 1.

6 Philip F. Esler, *Ezra-Nehemiah as a Narrative of (Re-Invented) Israelite Identity*, in: BibInt 11, 2003, 413–426, 417.

7 Thomas Pola, *Das Priestertum bei Sacharja. Historische und traditionsgeschichtliche Untersuchungen zur frühnachexilischen Herrschererwartung*, FAT 35, Tübingen: Mohr Siebeck, 2003, 281.

8 Ibid.

9 Hugh G. M. Williamson, *The Torah and History in Presentations of Restoration in Ezra-Nehemiah*, in: J. Gordon McConville/Karl Möller (Hrsg.), Reading the Law. Studies in Honour of Gordon J. Wenham, London: T & T Clark, 2007, 156–170, 156.

10 Vgl. ibid., 156f.

11 Ibid., 157.

Die biblischen Texte deuten die nachexilische Zeit als Zeit der Wiederherstellung. Dabei geht es zwar nicht um die Wiederherstellung der vorexilischen Monarchie im historischen Sinn. Doch es gibt eine Kontinuität; die Rückkehrer sind die Nachkommen der Bewohner des vorexilischen Judas. Schon in diesem Selbstverständnis, das in Esra-Nehemia zum Ausdruck kommt, sieht Williamson einen wichtigen historischen Faktor.[12] Wenn auch das davidische Königreich nicht wiederhergestellt wird, so findet doch – zwar unter anderen politischen Vorzeichen – eine Wiederherstellung statt und die biblischen Texte deuten es so.

Die kurz skizzierte Diskussion in der aktuellen Forschungslage, ob für die in Esra-Nehemia geschilderte Zeitepoche der Begriff «Wiederherstellung»[13] weiterhin als Leitbegriff verwendet werden soll, geht nicht nur auf unterschiedliche Ansätze zurück, ob rein historisch oder von biblischen Texten her theologisch argumentiert wird. Die These dieser Arbeit ist, dass eine ähnliche Spannung bzw. Ambivalenz[14] schon in den biblischen Texten selbst zu beobachten ist. Im Anschluss an die von Williamson geäusserte Ansicht geht diese Arbeit einerseits davon aus, dass das Esra-Nehemia-Buch die beschriebene Epoche durchaus als Zeit der Wiederherstellung wahrnimmt. Gleichzeitig sind in den beobachtbaren Konzepten der Wiederherstellung jedoch Spannungen auszumachen, welche aufzeigen, dass die Zeit nicht als Idealzeit gedeutet und das Geschilderte nicht als vollumfängliche Erfüllung von gehegten Hoffnungen auf Wiederherstellung dargestellt wird. Die vorliegende Untersuchung fragt nach solchen theologischen «Konzepten der Wiederherstellung», analysiert sie und arbeitet insbesondere die beobachtbaren Ambivalenzen heraus. Das Vorgehen wird im Folgenden kurz erörtert.

1.2 Vorgehen

Zunächst werden Grundvoraussetzungen erläutert, die für die Erarbeitung meiner Fragestellung von Bedeutung sind. Die Arbeit wird zunächst in der aktuellen Forschungsdiskussion verortet (I.2). Dabei werden auch die für diese Arbeit entscheidenden forschungsgeschichtlichen Voraussetzungen geklärt. Da «Wieder-Herstellung» immer mit einem früheren Zustand in Verbindung steht, bezieht sich die Frage nach der Restauration implizit im-

---

12 Williamson spricht von einem «important historical datum», vgl. ibid., 158.

13 Der in der englischsprachigen Literatur verwendete Begriff «restoration» kann nicht nur durch das deutsche «Restauration» wiedergegeben, sondern durchaus auch mit «Wiederherstellung» übersetzt werden.

14 Ich gebrauche zur Beschreibung dieser Spannung den Begriff «Ambivalenz». Zur Begründung s.u. I.4.

mer auch auf ein Repertoire von bereits vorhandenen alttestamentlichen[15] Texten. Intertextuelle Bezüge sind aus diesem Grund Teil dieser Untersuchung und ich denke deshalb im darauffolgenden Abschnitt methodisch über Intertextualität in der Perserzeit nach (I.3). Da die Fragestellung der Arbeit nach der Ambivalenz in theologischen Konzepten fragt, schliesst das einleitende Kapitel mit Erörterungen zur Ambivalenz als theologischer Kategorie (I.4).

Das Bundeskonzept spielt eine wichtige Rolle in Esra-Nehemia. Neh 8–10 stellt die Klimax des Buches dar und bildet im Kern eine Bundeserneuerung. Deshalb wird als erstes «Konzept der Wiederherstellung» des Esra-Nehemia-Buchs die Bundeserneuerung untersucht (Kap. II). Dabei stellt sich die Frage, welcher Bund in den geschilderten Bundeserneuerungen erneuert wird. Wird an den Abrahams- oder Sinaibund gedacht oder ist gar ein «Neuer Bund», wie er von Jeremia verheissen wird, im Blickfeld? Wird die Bundeserneuerung als erfolgreich geschildert?

Es wurde oft bemerkt, dass Esra-Nehemia Bezüge zur Zeit von Exodus und Landnahme schafft und die aktuelle Zeit damit parallelisiert. So wird die Frage nach der Aktualisierung der Heilsgeschichte als zweites Konzept der Wiederherstellung untersucht (Kap. III). Dabei ist insbesondere die Gesamtkonzeption des Esra-Nehemia-Buches sowie die Bedeutung des Festkalenders in Esra-Nehemia von Bedeutung.

Das Esra-Nehemia-Buch beginnt in Esr 1,1 mit dem Verweis auf Jeremia. Damit wird der Leserkreis von Beginn an eingeladen, das Esra-Nehmiabuch auf dem Hintergrund des Jeremiabuches zu lesen, und die Frage nach der Deutung der eigenen Zeit als eine Zeit der erfüllten Heilsprophetie steht am Buchanfang im Raum. Deshalb wird als Drittes untersucht, inwiefern Esra-Nehemia Wiederherstellung als erfüllte Heilsprophetie deutet (Kap. IV).

Die bauliche Wiederherstellung von Tempel und Mauer nimmt einen grossen Raum in Esra-Nehemia ein. Auf Wiederherstellung als Wiederaufbau gehe ich als viertes Konzept der Wiederherstellung ein. Dabei ist die zentrale Frage wieder – wie in allen vier Konzepten, die untersucht werden –, ob und inwiefern Ambivalenzen im Blick auf die aktuelle Wiederherstellung festgestellt werden können (Kap. V).

Das Schlusskapitel bündelt die in den einzelnen Arbeitsschritten erarbeiteten Ergebnisse und legt die These dar, dass das Esra-Nehemia-Buch zwar

---

15 Im Anschluss an Seitz ziehe ich den Begriff «Altes Testament» dem Ausdruck «Hebräische Bibel» vor, vgl. Christopher R. Seitz, *Old Testament or Hebrew Bible? Some Theological Considerations*, in: Word Without End. The Old Testament as Abiding Theological Witness, Waco: Baylor University Press, 2. Aufl, 2004.

die eigene Zeit als Zeit der Wiederherstellung deutet, darin jedoch grosse Ambivalenzen sichtbar werden (Kap. VI).

2. Positionierung der Fragestellung im Rahmen der Forschung

2.1 Neue Phase in der Forschungsgeschichte

Für diese theologische Untersuchung ist ein synchroner Blick auf die Gesamtkomposition des Esra-Nehemia-Buches entscheidend. Synchrone Untersuchungen (im Sinn einer literarischen Analyse des Endtextes[16]) zum Esra-Nehemia-Buch sind in der Forschung relativ neu.[17] Ich beschreibe an dieser Stelle kurz die Wende zu dieser für meine Arbeit wichtigen neuen Phase in der Forschungsgeschichte, in der ein solcher synchroner Blick auf das Esra-Nehemia-Buch möglich geworden ist.[18] Dabei spielt die Abkehr von der These des «Chronistischen Geschichtswerks» eine entscheidende Rolle.[19] Bei

---

[16] Seit den 1970er-Jahren vollzog sich «eine Umprägung des Sprachgebrauchs, insofern ‹Synchronie› ausschließlich für Auslegungen der Endgestalt reserviert wurde», Erhard Blum, *Von Sinn und Nutzen der Kategorie «Synchronie» in der Exegese*, in: Walter Dietrich (Hrsg.), David und Saul im Widerstreit – Diachronie und Synchronie im Wettstreit. Beiträge zur Auslegung des ersten Samuelbuches, OBO 206, Fribourg: Academic Press, 2004, 16–30. Vgl. dazu auch Helmut Utzschneider/Stefan Ark Nitsche, *Arbeitsbuch literaturwissenschaftliche Bibelauslegung. Eine Methodenlehre zur Exegese des Alten Testaments*, Gütersloh: Chr. Kaiser / Gütersloher Verlagshaus, 2. Aufl. 2005, 20f.

[17] Duggan bemerkt: «From the first half of the nineteenth century until the last decade, commentators approached the text almost exclusively from a diachronic perspective.» (Michael W. Duggan, *The Covenant Renewal in Ezra-Nehemiah (Neh 7:72b–10:40). An Exegetical, Literary, and Theological Study*, SBLDS 164, Atlanta: Society of Biblical Literature, 2001, 1.) Natürlich umfasst auch ein diachroner Zugang immer eine synchrone Analyse der untersuchten Textpassagen, vgl. Blum, *Kategorie «Synchronie» in der Exegese*, 24. Hier bezeichnet der Begriff «synchron» einen Blick auf die Endkomposition des Esra-Nehemiabuches als literarische Einheit (s.o.).

[18] Ich biete in diesem Kapitel keinen forschungsgeschichtlichen Überblick über die Esra-Nehemia-Forschung der letzten Jahrzehnte. Für einen Forschungsüberblick bis 2002 vgl. Thomas Willi, *Zwei Jahrzehnte Forschung an Chronik und Esra-Nehemia*, in: ThR 67, 2002, 61–104, bes. 94–103. Einen guten Beitrag bietet auch das Kapitel «The History of Research on Nehemiah 7:72b–10:40» in Duggan, *Covenant Renewal*, 1–57.

[19] Das Aufkommen des synchronen Ansatzes und die Abkehr von der These des Chronistischen Geschichtswerkes verliefen zeitlich parallel. Natürlich wäre auch eine synchrone Analyse eines das Chronistische Geschichtswerk umfassenden Textkorpus möglich, wie das ansatzweise bei Gunneweg sichtbar wird, s.u. Doch

einer konzeptionellen Untersuchung wie der vorliegenden Arbeit können Konzepte im Esra-Nehemia-Buch nur dann abschliessend beurteilt werden, wenn das Esra-Nehemia-Buch auch tatsächlich eine in sich geschlossene literarische Einheit bildet und nicht ursprünglich ein mit den Chronikbüchern verbundenes Gesamtwerk bildete, wie Christiane Karrer-Grube[20] darlegt: «Nimmt man ein ChrG an, so ist man genötigt, bei der Erarbeitung eines Konzeptes stets davon auszugehen, daß die Elemente, die im ENB [= Esra-Nehemia-Buch] erfaßt werden können, durch Elemente aus den Chronikbüchern ergänzt oder korrigiert werden können.»[21]

Im Zug der erstmals von Leopold Zunz (1832)[22] geäusserten These eines von 1Chr bis Neh umfassenden Chronistischen Geschichtswerkes, die geradezu «axiomatische Würde»[23] erhielt, standen Fragen zu Aufbau und Konzeption des Esra-Nehemia-Buches nicht im Vordergrund. Dies lag in der Natur der Sache, da das gesamte Chronistische Geschichtswerk im Blickfeld war. Im Zug von historischen und literarkritischen Überlegungen lag das Augenmerk der Untersuchung auf der Rekonstruktion einer ursprünglichen Reihenfolge des Textmaterials und nicht auf dem jetzigen Aufbau des Esra-Nehemia-Buches.[24] Exemplarisch kann das anhand des Kommentars von

---

erst die Betrachtung des Esra-Nehemiabuches als eines von den Chronikbüchern losgelösten Werks ermöglichte die synchrone Analyse des Buches als selbständige literarische Einheit.

20 Im Verlauf der in dieser Arbeit verwendeten Publikationen änderte sich der Name von Christiane Karrer zu Karrer-Grube. Ich verwende aber im Text ihren aktuellen Namen, auch wenn ich mich auf ihre noch unter dem Namen Karrer publizierte Dissertation beziehe.

21 Christiane Karrer, *Ringen um die Verfassung Judas. Eine Studie zu den theologisch-politischen Vorstellungen im Esra-Nehemia-Buch*, BZAW 308, Berlin: Walter de Gruyter, 2001, 49.

22 Leopold Zunz, *Die gottesdienstlichen Vorträge der Juden, historisch entwickelt. Ein Beitrag zur Alterthumskunde und biblischen Kritik, zur Literatur- und Religionsgeschichte*, Berlin: A. Asher, 1832.

23 Magne Sæbø: Art. *Chronistische Theologie/Chronistisches Geschichtswerk*, TRE 8, 1981, 74–84, 81.

24 Z.B. Batten baute seinen Kommentar nicht nach der Reihenfolge des masoretischen Textes auf, sondern legte das Esra-Nehemiabuch nach folgender Abfolge aus: Esr 1,1–4,3, Esr 4,24b–6,22, Esr 4,4–24a, Neh 1,1–7,5, Neh 11–13, Esr 7–10, Neh 8–10. Er begründete die Umstellung wie folgt: «In reading a historical book it is desirable to have the material in proper chronological order.» Er versuchte durch die Umstellung möglichst den durch den Redaktor angerichteten Schaden («the mischief») rückgängig zu machen, vgl. Loring W. Batten, *A Critical and Exegetical Commentary on the Books of Ezra and Nehemiah*, ICC, Edinburgh: T & T Clark, 1913, 5.

Wilhelm Rudolph gezeigt werden.[25] Rudolph misst dem Autor von Esra-Nehemia, den er mit dem Chronisten identifiziert, zwar grosse Bedeutung zu. Nur entspreche unser heutiger Text nicht mehr dem ursprünglichen Zustand. Verschiedene Listen und Einzelzusätze wurden gemäss Rudolph von späterer Hand eingeführt[26] und der zweite Teil der chronistischen Esraerzählung wurde in die Nehemia-Denkschrift hineingeschoben. Die ursprüngliche Kapitelreihenfolge im chronistischen Werk war nach Rudolph: Esr 1–8, Neh 7,72b–8,18, Esr 9,1–10,44, Neh 9,1–10,40, Neh 1,1–7,72a, Neh 11,1–13,31.[27] In der anfänglichen Anordnung habe der Chronist berichtet, wie es in drei Etappen zur Wiederherstellung des Verlorenen kam: In Esr 1–6 (538–515 v.Chr.) wird der Tempel wiederhergestellt, Esr 7/8, Neh 8, Esr 9/10 und Neh 9/10 schildert die Reformen Esras (458 und 457 v.Chr.), welche die Jhwh[28]-Gemeinde neu konstituierten, und Neh 1–7; 11–13 schildern die Bemühungen Nehemias (446–433 v.Chr.), Tempel und Gemeinde durch den Bau der Mauer zu sichern. Die drei Abschnitte beginnen jeweils mit einem Gnadenakt der persischen Regierung und münden jedesmal in eine «große gottesdienstliche Feier, die der Chronist mit Liebe ausmalt».[29] Der redaktionellen Tätigkeit des Chronisten kommt grosse Bedeutung zu, die jetzige Buchgestalt rückt in den Hintergrund. Sara Japhet bemerkt dazu: «Rudolph does not even try to clarify the structure and meaning of EN as it is.»[30]

Brevard Childs bemängelte 1979, dass die Mehrheit der Interpreten des Esra-Nehemia-Buches der Meinung sei, die Interpretation hänge von der historischen Abfolge der geschilderten Ereignisse ab. Weil es sich als sehr schwierig erweise, eine historische Abfolge zu rekonstruieren, seien die Auslegungen auch so spekulativ.[31] Vielmehr sollte nach Childs dem kanonischen

---

25 Für ein «halbes Jahrhundert» diente dieser Kommentar als «Standardwerk», vgl. Willi, *Forschung*, 100. Es ist daher angebracht, gerade diesen Kommentar als Beispiel heranzuziehen.

26 Einerseits die grossen Listen in Neh 10,2–28, 12,1–26 und evtl. auch 11,25b–36 sowie Einzelzusätze wie Esr 3,9b; 5,4a; 6,14bγ; 7,8b; 8,20a (Relativsatz); 9,1b; Neh 9,3 (evtl. auch 22); 10,37b.38b–40a; 11,21–24; 12,46f.; 13,30a, vgl. Wilhelm Rudolph, *Esra und Nehemia samt 3. Esra*, HAT 20, Tübingen: J.C.B. Mohr (Paul Siebeck), 1949, XXII.

27 Vgl. ibid.

28 Das Tetragramm יהוה gebe ich als Jhwh wieder.

29 Rudolph, *Esra und Nehemia*, XXIII.

30 Sara Japhet, *Composition and Chronology in the Book of Ezra-Nehemiah*, in: Tamara Cohn Eskenazi/Kent Harold Richards (Hrsg.), Second Temple Studies. 2. Temple and Community in the Persian Period, JSOTSup 175, Sheffield: JSOT Press, 1994, 189–216, 198f.

31 Vgl. Brevard S. Childs, *Introduction to the Old Testament as Scripture*, London: SCM Press, 1979, 630.

Text mehr Beachtung geschenkt werden. Childs geht zwar noch von der Verfasserschaft des Esra-Nehemia-Buches durch den Chronisten aus, postuliert aber «a post-Chronicler redaction», welche für die Eigenart des Buches verantwortlich ist.[32] Grundsätzlich zeige die jetzige Struktur des Esra-Nehemia-Buches, dass ein Autor oder Redaktor bewusst eine historische Abfolge nachzeichnen wollte. Die Kapitel seien nicht zufällig aneinandergereiht worden, sondern widerspiegelten ein bewusstes chronologisches Muster.[33] Bei der Formung des kanonischen Esra-Nehemia-Buches beobachtet Childs eine historische Periodisierung («historical periodization»[34]). Obwohl nur einzelne Ereignisse selektiv geschildert werden und dazwischen grosse Perioden absoluter Stille vorherrschen, ist das theologische Zeugnis des Autors unentwirrbar mit der Geschichte der Nation verbunden.[35] Die Idee der Periodisierung spielt in der vorliegenden Untersuchung eine grosse Rolle[36], genauso wie das «prophecy-fulfilment schema», das Childs ebenso erwähnt.[37]

Childs Desiderat, dem kanonischen Text mehr Beachtung zu schenken, wurde vor allem später Folge geleistet, als das Esra-Nehemia-Buch nicht mehr im Kontext des Chronistischen Geschichtswerkes interpretiert wurde. Es gab aber auch schon vorher Bestrebungen, das Augenmerk auf die Komposition des kanonischen Textes zu legen. Exemplarisch sei hier der Kommentar von Antonius H. J. Gunneweg erwähnt, der diesen Weg trotz Festhaltens an der Zusammenstellung des Esra-Nehemia-Buches durch den Chronisten beschreitet.

Gunneweg versucht in seinem Kommentar nicht, durch Umstellungen «die vermeintlich ursprüngliche, aber nachträglich absichtlich oder durch

---

32 Childs ist die Eigenart des Esra-Nehemiabuches wichtig: «The point is to maintain the integrity of the witness of Ezra and Nehemiah apart from the book of Chronicles.» Die Gemeinsamkeiten mit den Chronikbüchern liegen «at an earlier level», die Formung des Buches verdanken wir einer späteren Redaktion, vgl. ibid., 631.

33 Childs spricht von einem «chronological pattern». Die grösste Abweichung davon in Esr 4,6–23 wird umrahmt mit dem Hinweis auf die Regierungszeit von Darius und damit angezeigt, dass es sich an dieser Stelle um eine thematische Reihenfolge handelt («topical order»), um den Widerstand gegen die Juden zu veranschaulichen, vgl. ibid.

34 Ibid., 632.

35 Schon die Einleitung des Esra-Nehemiabuches ist für Childs ein Hinweis darauf: «The repetition of the last verses of Chronicles in the introduction of Ezra, regardless of the original order of the books within the Hagiographa, interprets the Ezra story as a continuation of Israel's history.» (Ibid.)

36 Vgl. Kap. III.

37 Vgl. Childs, *Introduction*, 631. Dazu s.u. Kap. IV.

Versehen gestörte Ordnung»[38] wiederherzustellen. Sein Kommentar «beschreitet einen anderen Weg» und «geht von der bewußt so gestalteten kompositionellen Einheit des Buches Esra-Nehemia aus und versucht, dieses Buch in seiner vorliegenden Gestalt zu interpretieren».[39] Gunneweg will mit diesem Ansatz der Frage nach der Historizität des Geschilderten nicht ausweichen, ist doch auch die «Frage nach dem Gehalt und Sinn des ‹historischen› Dokuments Esra-Nehemia-Buch» eine historische Frage. Die Erzählung will nicht nur über Fakten berichten, sondern die nachexilische Gemeinschaft ist unter der Schirmherrschaft der Perser auf der Suche nach ihrer Identität: «Auf eben diese Frage will der Chronist in EN selbst antworten, und diese Antwort gilt es vorab zu vernehmen und zu verstehen, ehe für weitere, andere – und zumeist moderne – historische Problemstellungen Lösungen gesucht und vielleicht gefunden werden können.»[40]

Durch diesen neuen Ansatz will Gunneweg den circulus vitiosus vermeiden, durch Textumstellung und andere Operationen einen Geschichtsablauf zu rekonstruieren und dann «mittels der rekonstruierten Historie den entsprechend rekonstruierten Text zu interpretieren».[41] Solche Eingriffe zerstörten die Komposition des Buches. Gunneweg sieht in Esra-Nehemia drei «Akte» mit je drei «Szenen»: Der erste Akt umfasst Esr 1–6 (mit den Szenen «Heimkehr zum Wiederaufbau des Tempels», «Widerstände» und «Tempelvollendung»), der zweite Akt Esr 7–10 (er umfasst die Szenen «Esras Jerusalemreise», «Gefährdung durch Mischehen» und «Vollendung der geläuterten Gemeinde») und der dritte Akt Neh 1–8 (die Szenen lauten hier: «Nehemias Mission und Reise», «Widerstände hiergegen» und «Vollendung der Mauer und synagogaler Gottesdienst»).[42]

Der Höhepunkt ist nach Gunneweg am Ende des jeweiligen Aktes erreicht: «Der vollendete Tempel, die reine Gemeinde, der rechte Gottesdienst in der von einer Mauer geschützten Stadt.»[43] Nach Neh 9 verschwimmen die Konturen dieses scharf gezeichneten Bildes. Gunneweg sieht den Grund darin, dass die Erzählung, die ursprünglich mit einer Erzählung über die Einweihung der Mauer endete, durch Nachträge ergänzt wurde. Damit untersucht er aber nicht das gesamte Esra-Nehemia-Buch in seiner Struktur. Gerade der Buchschluss, der für die vorliegende Untersuchung wichtig ist, rückt damit aus dem Blickfeld.

---

[38] Antonius H. J. Gunneweg, *Esra. Mit einer Zeittafel von Alfred Jepsen*, KAT XIX,1, Gütersloh: Gütersloher Verlagshaus Mohn, 1985, 30.

[39] Ibid.

[40] Ibid.

[41] Ibid.

[42] Vgl. ibid.

[43] Ibid., 31.

Die Infragestellung der Theorie des Chronistischen Geschichtswerkes hat den Blick auf die kanonische Gestalt des Esra-Nehemia-Buches frei gegeben. In den letzten Jahrzehnten hat sich die Ansicht, das Esra-Nehemia-Buch sei als ein selbständiges, von den Chronikbüchern unabhängiges, literarisches Werk anzusehen, als neuer Forschungskonsens durchgesetzt.[44] Diese Wende machte die Betrachtungsweise des Esra-Nehemia-Buches als literarischer Gesamtkomposition, deren Entwicklung ich skizzenhaft nachzeichne, vollends möglich.

Zu Beginn der neuen Phase in der Forschungsgeschichte des Esra-Nehemia-Buches steht die Arbeit von Tamara Cohn Eskenazi. Duggan ist zuzustimmen, wenn er sagt: «Eskenazi inaugurated a new era in Ezra-Nehemiah studies with her analysis of the text from an exclusively synchronic perspective.»[45] Eskenazi ist der Überzeugung, Esra-Nehemia sei ein Buch, das «for an age of prose»[46] geschrieben wurde. Sie sieht drei Themen, welche das «Zeitalter des Prosaischen» anzeigen: den Fokus des Textes weg von Leiterpersönlichkeiten hin zur partizipierenden Gemeinschaft, die Ausdehnung des Konzeptes des Hauses Gottes weg vom Tempel hin zur Stadt und die Priorität des geschriebenen Textes als Quelle der Autorität vor der mündlichen Tradition.[47]

Eskenazi glaubt, die Komplexität von Esra-Nehemia gewinne an Kohärenz, wenn man auf die Struktur des Buches und dessen Hauptthemen achte. Die Repetition der Heimkehrerliste in Esr 2 und Neh 7 ist für sie «the clue to the structure».[48] Durch die Wiederholung der Liste als «Inclusio» wird die mittlere Phase (Esr 1,5–Neh 7,72) umrahmt und somit die Grundstruktur der Erzählung gegeben.[49]

Im Anschluss an Claude Bremond hält sie folgenden Dreischritt zur strukturellen Schematisierung des im Esra-Nehemia-Buch geschilderten Handlungsablaufs am geeignetsten: 1. Potentiality (objective defined), 2. Process

---

44 Dazu s.u. I.2.2.1.

45 Duggan, *Covenant Renewal*, 48. Für eine gute Zusammenfassung von Eskenazis Werk vgl. Duggan, *Covenant Renewal*, 48–53. So auch Nykolaishen: «The study of Eskenazi was a groundbreaking attempt to read Ezra-Nehemia as a literary whole.» (Douglas J.E. Nykolaishen, *The Restoration of Israel by God's Word in Three Episodes from Ezra-Nehemiah*, in: Mark J. Boda/Paul L. Redditt (Hrsg.), Unity and Disunity in Ezra-Nehemiah. Redaction, Rhetoric and Reader, Sheffield: Phoenix Press, 2008, 176–199, 177.)

46 Tamara C. Eskenazi, *In an Age of Prose. A Literary Approach to Ezra-Nehemiah*, SBLMS 36, Atlanta: Scholars Press, 1988, 1.

47 Ibid., 2.

48 Ibid., 37.

49 Vgl. ibid., 90. Sie sagt: «The weighty repetition of the list in Ezra-Nehemiah, as a literary technique, defines the structure of the narrative.» (Ibid., 90.)

of actualization (steps taken), 3. Success (objective reached).[50] Den ersten Schritt (Potentiality) sieht Eskenazi in Esr 1,1–4 beschrieben, die zweite Phase findet in dem von der Heimkehrerliste umrahmten mittleren Teil in Esr 1,5 bis Neh 7,72 statt (Process of actualization) und das Resultat (Success) wird in Neh 8,1–13,31 geschildert. Zusammenfassend umschreibt sie die «basic story» des Esra-Nehemia-Buches folgendermassen: «Put in a nutshell, Ezra-Nehemiah describes how the people of God build the house of God in accordance with authoritative documents.»[51] In diesem Satz sind die drei Hauptthemen enthalten, auf die Eskenazi beim Durchgang durch das Esra-Nehemia-Buch in Teilschritten jeweils ihr Augenmerk hält: «The People», «The House of God» und «The Documents».[52]

Der zweite Teil des Buches – für Eskenazi «the heart of the book and its central event»[53] – beschreibt drei Bewegungen, in welchen spezielle Gruppierungen «a specific portion of the house of God» wiederherstellen: Esr 1,7–6,22 beschreibt den Altar- und Tempelbau unter Kyrus und Darius, Esr 7,1–10,44 den Bau der Gemeinschaft selber (unter Artaxerxes), Neh 1,1–7,5 die Restauration der Mauer (ebenfalls unter Artaxerxes).[54] Diese drei Bewegungen, die von der Heimkehrerliste (Esr 2 und Neh 7) umrahmt werden, erfüllen zusammen das Edikt von Kyrus. Esr 6,14 beschreibt mit Worten, was die beiden Listen strukturell aussagen, wenn es dort heisst, das Haus Gottes sei «nach dem Befehl des Gottes Israels und nach dem Befehl des Kyrus, Darius und Artahsasta, der Könige von Persien» gebaut und vollendet worden. Die drei Bewegungen fliessen zusammen, als sich alles Volk «wie ein Mann» (Neh 8,1) «for a series of ceremonies rededicating themselves and the house of God (Neh 8:1–13:31)»[55] versammelt. Neh 8–13 zeigt, «how the communi-

---

50 Vgl. Eskenazi, *Age of Prose*, 38.

51 Ibid., 175. Direkt im Anschluss an das Zitat beschreibt sie die Grundstruktur des Buches:
I. Potentiality (objective defined): decree to the community to build the house of God (Ezra 1:1–4)
II. Process of actualization: the community builds the house of God according to decree (Ezra 1:5–Neh 7:72)
III. Success (objective reached): the community celebrates the completion of the house of God according to Torah (Neh 8:1–13:31)
(Vgl. dazu auch Tamara C. Eskenazi, *The Structure of Ezra-Nehemiah and the Integrity of the Book*, in: JBL 107, 1988, 641–656, bes. 647.652.)

52 Eskenazi arbeitet erst diese drei Themen als Hauptthemen heraus (vgl. Eskenazi, *Age of Prose*, 40–42.) Bei der thematischen Entfaltung der Hauptphasen des Esra-Nehemiabuches setzt sie jeweils diese drei Überschriften.

53 Ibid., 182.

54 Vgl. dazu ibid., 176.

55 Ibid.

ty more fully enacts the written Torah and responds to it in deed and in a written oath».[56] Die Textualisierung spielt in Esra-Nehemia eine wichtige Rolle. Die Propheten sprechen zwar immer noch, doch Gottes Worte finden sich jetzt in einem Buch (Neh 8,14): «Ezra-Nehemiah depicts life as the actualization of the text by the community. This shift to the text, which takes place quite thoroughly within Ezra-Nehemiah, is decisive for subsequent Judaism, as the rabbis amply demonstrate.»[57] Deshalb spricht Eskenazi von einem «prosaischen Zeitalter» («Age of Prose»).

Die Arbeit von Eskenazi hat als Türöffner gewirkt, das Esra-Nehemia-Buch in der Gesamtkomposition als Literatur wahrzunehmen. Der Tatsache, dass dieser «literary approach» neue Perspektiven auf das Esra-Nehemia-Buch in der jetzigen Gestalt eröffnet, plichtet auch Titus Reinmuth grundsätzlich bei: «Die Arbeiten von *Eskenazi* eröffnen in der Tat eine neue Perspektive auf Esr-Neh und schärfen – im Unterschied zu manchen historisch-kritischen Rekonstruktionsversuchen – den Blick für die Gestalt des vorliegenden Textes.»[58] Trotz grundsätzlicher Wertschätzung des neuen Ansatzes wurden einzelne Ergebnisse der Untersuchung Eskenazis in der Forschung kritisch aufgenommen.[59] Die Strukturanalyse des Esra-Nehemia-Buches vermag Duggan nicht zu überzeugen, weil Eskenazi von einem modernen literarischen Ansatz herkommt und Ideen von aussen an den Text heranträgt.[60] Der Wiederholung der Heimkehrerliste werde zu viel kompositionelles Gewicht beigemessen: Der ersten Heimkehrerliste geht in Esr 1,5–11 bereits ein Teil der Erzählung voran, sodass es schwierig sei, die Liste als Anfang des neuen Abschnittes zu sehen. Auch Reinmuth sieht es als problematisch an, dass Eskenazi in Bezug auf die Struktur von Esra-Nehemia von aussen eine thematische Struktur an das Buch herantrage, «die auf der *verba-*

---

56 Ibid., 190.

57 Ibid., 191.

58 Titus Reinmuth, *Der Bericht Nehemias. Zur literarischen Eigenart, traditionsgeschichtlichen Prägung und innerbiblischen Rezeption des Ich-Berichts Nehemias*, OBO 183, Freiburg (CH): Universitätsverlag, 2002, 12.

59 Vgl. z.B. Duggan, *Covenant Renewal*, 53–56; Kyung-jin Min, *The Levitical Authorship of Ezra-Nehemiah*, JSOTSup 409, London: T & T Clark, 2004, 36f; Reinmuth, *Der Bericht Nehemias*, 12f.

60 Vgl. Duggan: «Eskenazi applies to Ezra-Nehemiah a generic structure from contemporary literary theory to trace the design of a story. Thus, her perception of the book's configuration derives not primarily from indications within the text itself but from the outside and, thereby, to a certain degree reflects the imposition of a modern mind on an ancient text.» (Duggan, *Covenant Renewal*, 54.) Ähnliche Fragen stellt Peter R. Ackroyd, *Chronicles-Ezra-Nehemiah: The Concept of Unity*, in: ZAW 100, 1988, 189–202, 193f.

len Ebene der Texte selbst nicht verifiziert werden kann».[61] Als Beispiel erwähnt er das Stichwort «bauen», das für Eskenazi Leitbegriff der Erzählkomplexe Esr 1–6; 7–10 und Neh 1,1–7,5 bildet. In Neh 7–10 kommt der Begriff nicht ein einziges Mal vor. Reinmuth ist zuzustimmen, dass Eskenazi die Funktion von Nehemia 13 am Buchende nicht überzeugend zu klären vermag, da für sie das Kapitel lediglich als «appendix» fungiert.[62] Wenn auch die literarische Analyse Eskenazis auf Kritik stiess, war die Themenalyse für viele anregend, wie Min zum Ausrdruck bringt: «If her comments on structure have won few supporters, however, Eskenazi's analysis of themes, by contrast, has much more to commend it.»[63] Doch auch hier gibt es kritische Anfragen. Die Konzentration auf drei Problemekreise im Buch lässt wichtige Aspekte im Esra-Nehemia-Buch ausser Acht.[64] In thematischer Hinsicht wurde Eskenazi besonders für die Ausweitung des Begriffes des «Hauses Gottes» auf die ganze Stadt Jerusalem, für die es «keinen Anhalt am Text»[65] gibt, kritisch hinterfragt.

Trotz Kritikpunkten an den Ergebnissen der Untersuchung von Eskenazi war der synchrone Neuansatz für die Forschung befruchtend. Den grundsätzlichen Gewinn dieses Ansatzes stellt Reinmuth nicht in Frage: «Der ‹literary approach› kann wohl mitunter sichtbar machen, wie ein Text in seiner Endgestalt strukturiert ist und was die einzelnen Erzählelemente zur inhaltlichen Konzeption des ganzen Werkes beitragen.»[66] Andererseits darf für ihn auch eine solche Lesart Fragen nach der Entstehungsgeschichte oder Verwendung von schriftlichen Quellen des Textes nicht ausblenden. Gerade das Esra-Nehemia-Buch beinhaltet zweifelsfrei eine grosse Anzahl an Berichten, Lis-

---

61 Reinmuth, *Der Bericht Nehemias*, 12. Genauso urteilt VanderKam über Eskenazi's These, die Repetition der Liste fungiere als Inclusio: «Eskenazi's conclusion arises, as nearly as one can tell, from no clear indication in the text, but more from what contemporary literary criticism leads one to believe that *inclusios* achieve.» (James C. VanderKam, *Ezra-Nehemiah or Ezra and Nehemiah?*, in: Eugene Ulrich u.a. (Hrsg.), Priests, Prophets and Scribes, Sheffield: JSOT Press, 1992, 55–75, 68.)

62 Vgl. Reinmuth, *Der Bericht Nehemias*, 13.

63 Min, *Levitical Authorship*, 37.

64 Die Konzentration auf drei Hauptthemen ist für Duggan problematisch: «This thematic approach views the book through a predefined lens, producing a distorted perception of the narrative landscape by reducing the variegations in content that constitute the distinguishing features of the diverse segments of the book.» (Duggan, *Covenant Renewal*, 55.)

65 So Reinmuth, *Der Bericht Nehemias*, 12. Vgl. auch VanderKam, *Ezra-Nehemiah*, 72–75. Dazu s.u. V.2.2.

66 Reinmuth, *Der Bericht Nehemias*, 13.

ten[67], Edikten und anderen Quellen. Eine Reflexion über die Kompositionsgeschichte des Esra-Nehemia-Buches ist nötig.[68]

Verwendet man den Begriff «synchrone Exegese» im Sinn de Saussures, der die Begriffe synchron und diachron in der Sprachwissenschaft einführte[69], so schliesst eine synchrone Exegese einen diachronen Zugang nicht aus, sondern ist sich im Gegenteil bewusst, dass auch ein synchron betrachteter Text in einem bestimmten historischen Kontext in dieser Form bestand und somit eine historische Grösse bildet, welche auch diachronen Fragen unterworfen ist.[70] Die Frage nach der Textgeschichte rückt aber in dieser Untersuchung in den Hintergrund, da nach theologischen Konzepten in der Gesamtkomposition gefragt wird. Insofern knüpft diese Arbeit an dieser neuen Phase der Forschungsgeschichte zum Esra-Nehemia-Buch an.

Gerade der Neuansatz mit Blick auf das ganze Buch, den ich mit dem Namen Eskenazis verbunden habe, hat interessante theologische Ansätze ermöglicht. .Thomas Willi hat Leitworte für die einzelnen literarischen Blöcke des Esra-Nehemia-Buches herausgearbeitet, die mehr überzeugen als die von Eskenazi vorgeschlagenen. Er ist der Ansicht, das Esra-Nehemia-Buch müsse nach seinem Gesamtaufbau, nach der Art, wie Urkunden, Listen und Gebete eingearbeitet und dargeboten werden, ausgeschöpft werden. Der Aufbau von Esra-Nehemia «läßt den Willen erkennen, das zu Berichtende und zu Dokumentierende in *Stufen oder Phasen* zu gliedern. Diese Makrostruktur

---

67 Ungefähr ein Viertel des Esra-Nehemiabuches besteht aus Listen, vgl. Eskenazi, *Structure*, 643. Dort findet sich auch eine Übersicht über die wichtigsten Listen.

68 S.u. I.2.2.3.

69 Vgl. Ferdinand de Saussure, *Grundfragen der allgemeinen Sprachwissenschaft*, dt. Übers. von «Cours de linguistic générale», Berlin 3. Aufl. 2001. Vgl. darin die Kapitel «Synchronische Sprachwissenschaft» (120–166) und «Diachronische Sprachwissenschaft» (167–227).

70 Nach Blum stellt der «Begriff ‹synchrone Exegese› analog zum de Saussure'schen Verständnis» eine «Selbstverständlichkeit» dar: «Er umgreift jede Interpretation, die eine wie auch immer gegebene Menge von Zeichen als *Text*, d.h. als eine Ganzheit für wie auch immer gegebene Adressaten zu deuten versucht.» (Blum, *Kategorie «Synchronie» in der Exegese*, 24.) Deshalb gibt es «schlicht keine diachrone Auslegung ohne implizite synchrone Interpretation» und «umgekehrt […] keine synchrone Interpretation ohne diachrone Implikationen». (Blum, *Kategorie «Synchronie» in der Exegese*, 24.) Genauso betont Dietrich, «eine Methodik, die literaturästhetisch den vorliegenden Bibeltext zu erfassen sucht, und eine solche, die literaturhistorisch nach seiner Entstehung fragt,» müssten sich nicht ausschliessen, vgl. Walter Dietrich, *Synchronie und Diachronie in der Exegese der Samuelbücher – Einführung*, in: David und Saul im Widerstreit – Diachronie und Synchronie im Wettstreit. Beiträge zur Auslegung des ersten Samuelbuches, 206, Fribourg: Academic Press, 2004, 12.

beruht auf den Blöcken von Esr 1–6, Esr 7–10, Neh 1–7 und Neh 8–13.»[71] Dieser Makrostruktur des Aufbaus entspricht nach Willi auch der sprachliche Ausdruck der einzelnen Buchteile, die durch «eigene und doch gegenseitig aufeinander bezogene *Leitworte* charakterisiert»[72] werden. Die erste Phase steht ganz im Zeichen von בנה, geht es doch zentral um den Tempelbau. In der zweiten Phase kommt die Einwanderung zum Zug und die Wortwurzel עלה bildet das Leitwort, was schon Esr 7,6 deutlich macht. In der dritten Phase, in der es um Jerusalems Neubegründung und die endlich errungene Selbständigkeit der Provinz Jehud geht, dominiert keiner der Leitbegriffe, wenn auch חרף, מעל und נכר deutlich hervortreten. Die vierte Phase steht unter dem Zeichen der תּוֹרָה, «der Tora und ihrer Ratifizierung als vom König sanktionierter Rechts- und Bildungsgrundlage der (neuen) Provinz».[73] Wenn das Esra-Nehemia-Buch als eine von Chronik losgelöste Einheit gelesen wird, dann kann der Eingang des Buches (Esr 1,1–4) unabhängig vom Schluss der Chronik gelesen werden. Willi sieht den Bucheingang «als Schlüssel zu seiner Konzeption».[74]

Aus der neuen Phase in der Forschungsgeschichte zu Esra-Nehemia sind verschiedene für die Fragestellung dieser Untersuchung anregende Beiträge hervorgegangen. Exemplarisch gehe ich auf den eingangs bereits erwähnten Artikel Williamsons zur Frage, ob der Begriff Wiederherstellung («restoration») für die Ereignisse im nachexilischen Juda adäquat sei, ein. Auch wenn in streng historischer Hinsicht nicht von Wiederherstellung die Rede sein könne, so betrachteten die biblischen Quellen diese Epoche dennoch als Zeit der Wiederherstellung. Die Tora spiele eine entscheidende Rolle für die Art und Weise, wie die Schreiber das Buch «as an expression of restoration»[75] geformt haben. Die Verfasser spürten, dass die Geschehnisse als göttliche Kausalität wahrgenommen werden müssen und es darum geht, «God's overall plan for the restoration of the community»[76] wahrzunehmen. Das Esra-Nehemia-Buch lade dazu ein, die Restaurationsperiode als Heilsgeschichte («history of salvation»[77]) zu verstehen. Es handle sich um eine Geschichtsschreibung, welche die im Esra-Nehemia-Buch geschilderten Ereignisse mit der Tora vergleicht. Die Rückkehr aus dem Babylonischen Exil werde deshalb typologisch als zweiter Exodus geschildert. Diese typologische Darstel-

---

71 Willi, *Juda – Jehud – Israel*, 64.
72 Ibid., 65.
73 Ibid.
74 Vgl. dazu den Exkurs «Esra 1,1–4. Der Eingang des Buches Esra-Nehemia als Schlüssel zu seiner Konzeption» in ibid., 47–58.
75 Williamson, *The Torah and History*, 158.
76 Ibid., 159.
77 Ibid., 160f.

lung der Geschichte in Analogie zur Zeit des Exodus sei bezeichnend, denn damit würden die geschilderten historischen Ereignisse nicht zu einer beliebigen Heilsgeschichte geformt, sondern typologisch mit der «foundational salvation history of the birth of the nation itself»[78] verbunden. Die Verwendung der Typologie öffne die Augen des Glaubens, um die Hand Gottes hinter dem historischen Prozess erkennen zu können.

Das Thema der institutionellen Kontiunität sei ein weiterer Punkt, der die Bedeutung der Tora bei der Ausformung des Esra-Nehemia-Buches betont. Hier nennt Williamson zunächst drei Grössen, welche in Esra-Nehemia die Kontinutität der nachexilischen Gemeinde zum vorexilischen Juda anzeigen: die Menschen (genealogische Identität), das Land und vor allem den Tempel, der als Nachfolger des Salomonischen Tempels gesehen wurde.[79] Neben Volk, Land und Tempel verdiene die Tora als institutioneller Punkt der Kontinuität Beachtung. In den Augen der nachexilischen Gemeinschaft war sie die Grundverfassung der Vorfahren. «The mere fact that they had it still» war schon ein direkter Bezug zum Israel der Vergangenheit.[80] Die politische Situation zum vorexilischen Isarel veränderte sich aber in der Exilszeit. Es fehlte nicht nur der eigene König, sondern das Volk war nicht mehr in der Lage, das Gesetz zur Norm zu erheben. Das Gesetz Gottes *und* das Gesetz des persischen Königs (Esr 7,26) hatten nun Gültigkeit.[81] Die Tora musste nun in die neue Situation hinein interpretiert und appliziert werden. Williamson nennt den Start des Prozesses «of applying a hermeneutic to these ancient prescriptions so that they could be given a contemporary application» als «the most important thing which Ezra bequeathed to later Judaism». Bei diesem hermeneutischen Prozess gehe es darum, hinter den einzelnen Gesetzen «their underlying principle», das, was man bisweilen «the spirit of the law» nennt, zu erkennen und anzuwenden.[82] Die Rolle des geschriebenen

---

78 Ibid., 162.

79 Williamson nennt verschiedene Stellen, um aufzuzeigen, dass die Schilderung des Tempelbaus in Esra-Nehemia den zweiten Tempel zum «exact successor to the first, Solomonic temple» macht, vgl. ibid., 163.

80 Vgl. ibid., 164.

81 Die Diskussion zur Bedeutung der Tora in persischer Zeit und zur These der sog. «Reichsautorisation» ist ein weites Feld, vgl. z.B. James W. Watts, *Persia and Torah. The Theory of Imperial Authorization of the Pentateuch*, Atlanta: Society of Biblical Literature, 2001.

82 Williamson, *The Torah and History*, 164. Williamson geht hier nicht auf die Technik der Zitierweise und Interpretation in Esra-Nehemia ein, erwähnt aber Michael Fishbane, *Biblical Interpretation in Ancient Israel*, Oxford: Clarendon Press, 1985; Kevin L. Spawn, *«As It Is Written» and Other Citation Formulae in the Old Testament. Their Use, Development, Syntax, and Significance*, BZAW 311, Berlin: Walter de Gruyter, 2001. Den von Williamson beschriebenen Ansatz

Gesetzes in der im Esra-Nehemia-Buch beschriebenen Zeitepoche als Ausdruck der Kontinuität zum vorexilischen Israel kann nach Williamson «kaum übertrieben» werden.[83]

Betrachte man den Gesamtaufbau des Esra-Nehemia-Buches, erschliesse sich einem ein weiterer Aspekt der Rolle der Tora «in the depiction of restoration».[84] Die drei Hauptperioden in Esra-Nehemia seien nach einem ähnlichen Muster gestaltet. Zu Beginn steht jeweils die Rückkehr eines Individuums oder einer Gruppe mit expliziter Autorisation durch den König (Esr 1–2; 7–8; Neh 1–2). In allen drei Phasen folgt Opposition auf den Beginn des Projektes (Esr 3–4: äusserliche Bedrohung; Esr 9: Bedrohung der Gemeinschaft durch Mischehen; Neh: mehrere Phasen der Anfeindung). Am Schluss jeder Etappe wird das Projekt erfolgreich zu Ende gebracht: In Esr 5–6 der Tempelbau, in Esr 10 die Lösung bezüglich der Mischehen, in Neh 6 die Vollendung der Stadtmauer. Auffällig ist, dass nach Esr 10 und Neh 6 der Erfolg nicht gefeiert wird. Weil Esra in Neh 8 unvermittelt wieder auftaucht und dort die Nehemiaerzählung unterbrochen wird, wird Neh 8 zum Fokus der beiden vorangehenden Phasen. Ab Neh 8 könnte man einen vierten Teil des Buches sehen, der jedoch nicht mit einem königlichen Dekret eröffnet wird, sondern mit einer öffentlichen Proklamation des Gesetzes Gottes. So wie jeweils die «royal proclamations» zu Beginn der Buchteile als positiv und als Akt der Gnade Gottes gedeutet wurden, «so too we are invited to view the Torah here as a positive act of God's grace».[85] In diesem Buchteil folgt nun keine Opposition, doch in Neh 9 wird im Bussgebet das, was das Befolgen der Tora behindern könnte, überwunden. In Neh 10 verpflichtet sich das Volk auf das Einhalten der Tora und damit wird die Bühne frei, dass in Neh 12 die Mauer in Anwesenheit der beiden Protagonisten Esra und Nehemia eingeweiht werden kann. Nehemia 8–10[86] stellt für Williamson die «theological climax» und die Einweihung der Mauer in Neh 12 «the narrative's physical climax» dar.[87]

---

finden wir auch bei David J.A. Clines, *Nehemiah 10 as an Example of Early Jewish Exegesis*, in: JSOT 1981, 111–117.

83 «The role of the written law in giving expression to continuity and so to a sense of restoration can scarcely be exaggerated.» (Williamson, *The Torah and History*, 165.)

84 Ibid.

85 Ibid., 166.

86 Für Williamson besteht der Inhalt von Neh 8–10 aus ursprünglich separaten Stücken, die an dieser Stelle eingefügt wurden. Das heisst für ihn aber nicht, dass ihre jetzige Stellung auf eine Verwechslung oder einen Fehler zurückzuführen sei, vgl. ibid., 166f.

87 Ibid., 167.

Das Bussgebet in Neh 9 nennt die Bewohner Jehuds unter persischer Herrschaft «Knechte»[88]. Williamson bemerkt dazu: «Here surely is the clearest indication that restoration has not yet been fully achieved, and that for some of the very reasons that Albertz and others recognize. It is precisely in the political realm that the greatest contrast with the pre-exilic period is to be found.»[89] Dass die Wiederherstellung nicht als abgeschlossen betrachtet werden darf, bestätige auch Neh 13, das eine Antiklimax zum Buch bilde.[90] Weshalb schliesst das Buch nicht mit der Begeisterung anlässlich der Einweihung der Stadtmauer in Neh 12? Williamson gibt als Antwort: «Perhaps the answer is that the writer was more of a realist than a novelist.»[91] Er geht davon aus, dass an dieser Stelle die historische Reihenfolge umgestellt wurde und ursprünglich der Bundesschluss in Neh 10 auf den in Neh 13 geschilderten Bundesbruch folgte. Damit wolle uns der Text daran erinnern, dass Wiederherstellung nicht ein einmaliges Geschehen ist («once-for-all event»), das dokumentiert und dann als Geschichte betrachtet werden kann. «It is rather a process, which may certainly have a beginning but of which it would be a mistake to say that it has an end.»[92]

Genau an dieser Stelle setzt die vorliegende Arbeit ein. Einerseits deutet das Esra-Nehemia-Buch die eigene Zeit als Zeit der Wiederherstellung. Andererseits ist im Hinblick auf die im Buch verwendeten Konzepte der Wiederherstellung eine grosse Ambivalenz spürbar, die darauf hindeutet, dass die Wiederherstellung nicht als vollständig bzw. nur als gebrochen wahrgenommen wird. Ein solcher Blick auf theologische Konzepte im Esra-Nehemia-Buch wurde dadurch möglich, dass das Esra-Nehemia-Buch als ein von den Chronikbüchern losgelöstes Werk betrachtet wurde. Insofern knüpft die vorliegende Arbeit an diesem soeben dargelegten Neuansatz in der Forschungsgeschichte an.

2.2 Forschungsgeschichtliche Voraussetzungen

2.2.1 Verhältnis zu den Chronikbüchern

In diesem Abschnitt sollen kurz forschungsgeschichtliche Voraussetzungen skizziert werden. Ich gehe bei der vorliegenden Untersuchung von der Annahme aus, dass Esra-Nehemia eine von den Chronikbüchern unabhängige literarische Einheit bildet. Die von Leopold Zunz 1832 zum ersten Mal geäusserte These eines 1Chr bis Neh umfassenden «Chronistischen Ge-

---

88 Neh 9,36. Dazu s.u. II.2.2.

89 Williamson, *The Torah and History*, 168.

90 «[T]he final chapter of Nehemiah is remarkably anti-climactic.» (Ibid., 169.)

91 Ibid.

92 Ibid.

schichtswerkes» wurde in den letzten Jahrzehnten in Frage gestellt. Namentlich die Arbeiten von Japhet[93] und Williamson[94] haben dazu beigetragen, dass die These eines selbständigen Autors von Esra-Nehemia gegenüber den Chronikbüchern zur «dominant scholarly opinion»[95] geworden ist. An dieser Stelle wird auf eine Diskussion über die Inhalte der Debatte verzichtet, da die Argumente für die Position, das Esra-Nehemia-Buch als ein von den Chronikbüchern unabhängiges Werk zu lesen, in anderen Arbeiten gut dargestellt wurden.[96]

Esra-Nehemia als selbständiges Werk zu lesen, bedeutet aber nicht zwingend, eine völlig andere Autorschaft als die der Chronikbücher anzunehmen. Thomas Willi möchte beispielsweise «Esr-Neh und Chr als zwei verschiedene Werke *eines* Autors»[97] verstehen. Dennoch setzt sich Willi mit «Nachdruck» dafür ein, «die von Chr unabhängige Interpretation des Buches Esr-Neh in Agriff zu nehmen», denn Esra-Nehemia «stellt eine Einheit dar und will für sich gelesen werden».[98] Auch Williamson, der sich vehement dafür eingesetzt hat, Esra-Nehemia für sich als eigenständiges literarisches Werk zu lesen, bezeichnet die Chronikbücher und Esra-Nehemia als Produkt derselben Gemeinschaft.[99]

2.2.2 Einheit von Esra-Nehemia

Ich gehe bei dieser Arbeit von der Einheit der beiden Bücher Esra und Nehemia als einem Werk aus. Die Einheit von Esra-Nehemia entspricht der hebräischen Tradition, der sich die Mehrheit der Forscher anschliesst.[100] Williamson formuliert es so: «We may therefore conclude by affirming that

---

93 Sara Japhet, *The Supposed Common Authorship of Chronicles and Ezra-Nehemia Investigated Anew*, in: VT 18, 1968, 330–371.

94 Hugh G. M. Williamson, *Israel in the Books of Chronicles*, Cambridge: Cambridge University Press, 1977.

95 Duggan, *Covenant Renewal*, 23.

96 Vgl. bes. Karrer, *Ringen um die Verfassung Judas*, 49ff; Min, *Levitical Authorship*, 6ff.

97 Willi, *Juda – Jehud – Israel*, 45. Vgl. auch Thomas Willi, *Die Chronik als Auslegung. Untersuchungen zur literarischen Gestaltung der historischen Überlieferung Israels*, FRLANT 106, Göttingen: Vandenhoeck & Ruprecht, 1972, 179–184. Japhet hat diese Ansicht zwar kategorisch abgelehnt, vgl. Japhet, *The Supposed Common Authorship*, 371. Doch Willi meint im Blick auf Japhet zur Frage, ob es eine «common authorship» gebe, seien «die Akten […] allerdings noch nicht geschlossen», vgl. Willi, *Juda – Jehud – Israel*, 54.

98 Willi, *Juda – Jehud – Israel*, 46.

99 «Although I have been confirmed in my opinion that they are separate from Chronicles, they are nevertheless the products of the same community», Hugh G. M. Williamson, *Ezra, Nehemiah*, WBC 16, Waco: Word Books Publisher, 1985, ix.

100 Vgl. die Ausführungen bei Karrer, *Ringen um die Verfassung Judas*, 58.

there is good reason to approach Ezra and Nehemiah as two parts of a single work and that this work is to be regarded as it stands.»[101] Gegen die Einheit von Esra-Nehemia wurde zwar in letzter Zeit Einspruch erhoben[102], trotzdem hält die Mehrheit der Forschenden an der Einheit von Esra-Nehemia fest, wie die aktuelle Aufsatzsammlung «Unity and Disunity in Ezra-Nehemiah» zeigt.[103] Williamson fasst in seiner «Response» auf die Artikel dieses Buches die Ergebnisse folgendermassen zusammen:

> First, not one contributor champions the view that Ezra-Nehemiah is part of the larger work of the Chronicler. Second, all seem to be agreed (at least in those cases where the issue is mentioned) that 1 Esdras is a later compilation/composition, so that it cannot tell us anything very much about the growth of the book(s) as we now have it. And third, all except one seem to be opposed to the view that Ezra and Nehemiah are wholly separate works.[104]

Ich schliesse mich dieser Ansicht an und behandle Esra-Nehemia als Einheit. Christiane Karrer-Grube ist überzeugt, dass die neu aufgeworfene Frage der Einheit von Esra-Nehemia durch konzeptuelle Untersuchungen geklärt werden muss. In ihrem Aufsatz «Scrutinizing the Conceptual Unity of Ezra and Nehemiah» untersucht sie deshalb theologische Konzepte in Esra-Nehemia und sagt einleitend: «I am convinced that this issue has to be decided on conceptual grounds».[105] In dieser Hinsicht ist die vorliegende Untersuchung,

---

[101] Williamson, *Ezra, Nehemiah*, xxiii. Zur Diskussion vgl. ibid., xxi–xxiii.

[102] So z.B. VanderKam, Ezra-Nehemiah; David Kraemer, On the Relationship of the Books of Ezra and Nehemiah, in: JSOT 59, 1993, 73–92; Bob Becking, Continuity and Community: The Belief System of the Book of Ezra, in: Bob Becking/Marjo C.A. Korpel (Hrsg.), The Crisis of Israelite Religion. Transformation of Religious Tradition in Exilic and Post-Exilic Times, OTS 42, Leiden: Brill, 1999, 256–275. Vgl. auch die Erläuterungen bei Karrer, Ringen um die Verfassung Judas, 58; Christiane Karrer-Grube, Scrutinizing the Conceptual Unity of Ezra and Nehemiah, in: Mark J. Boda/Paul L. Redditt (Hrsg.), Unity and Disunity in Ezra-Nehemiah. Redaction, Rhetoric and Reader, Sheffield: Phoenix Press, 2008, 136–159, 136; Julius Steinberg, Die Ketuvim – ihr Aufbau und ihre Botschaft, BBB 152, Hamburg: Philo, 2006, 203–206.

[103] Vgl. Mark J. Boda/Paul L. Redditt, *Unity and Disunity in Ezra-Nehemiah. Redaction, Rhetoric, and Reader*, Hebrew Bible Monographs 17, Sheffield: Phoenix Press, 2008.

[104] Hugh G. M. Williamson, *More Unity than Diversity*, in: Mark J. Boda/Paul L. Redditt (Hrsg.), Unity and Disunity in Ezra-Nehemiah. Redaction, Rhetoric, and Reader, Hebrew Bible Monographs 17 Sheffield: Phoenix Press, 2008, 329–343, 329.

[105] Vgl. Karrer-Grube, *Conceptual Unity of Ezra and Nehemiah*, 136. Ähnlich sieht Nikolayishen im Ansatz, über die Erzählung «*as a narrative*, a finished literary document» nachzudenken, eine Möglichkeit, die These der Einheit des Esra-

in der es um Konzepte der Wiederherstellung geht, auch ein Beitrag in diese Richtung.

Im Hinblick auf das Verhältnis zu 3Esr schliesse ich mich der im obigen Zitat erwähnten Mehrheitsmeinung an, dass 3Esr als sekundär anzusehen ist. Williamson[106] hat es in der Auseinandersetzung mit der Position von Pohlmann[107] plausibel gemacht, 3Esr als Kompilation von 2Chr 35–36, Esr und Neh 8,1–13 anzusehen. Dies bestätigt auch Steins: «Daß es sich bei 3 Esra um ein eigenständiges Werk im Sinne der Kompilationshypothese handelt, das nach Esra/Neh angesetzt werden muß, ist in der Folgezeit vielfach herausgestellt worden.»[108]

Die Einheit von Esra-Nehemia bezieht sich auf die Gesamtkomposition. Es ist unbestritten, dass das Material von Esra-Nehemia aus verschiedenen Quellen stammt, und wir finden darin direkt oder indirekt zitierte Dokumente.[109] Ein substantieller Teil des Esra-Nehemia-Buches enthält die beiden Textblöcke, die traditionell «Esra-Memoiren» und «Nehemia-Denkschrift» genannt werden. Da wohl weder die Bezeichnung «Memoiren» noch «Denkschrift» der literarischen Gattung gerecht wird, nenne ich sie «Ich-Berichte»

Nehemiabuches zu stützen, vgl. Nykolaishen, *Restoration of Israel*, 177. «Read as a unity, Ezra-Nehemiah communicates a rather clear message, which gains momentum and develops clarity as the narrative progresses.» (Nykolaishen, *Restoration of Israel*, 199.)

106 Vgl. Williamson, *Israel in the Books of Chronicles*, 12–36; Hugh G. M. Williamson, *The Problem with First Esdras*, in: Studies in Persian Period History and Historiography, FAT 38, Tübingen: Mohr Siebeck, 2004.

107 Karl-Friedrich Pohlmann, *Studien zum dritten Esra. Ein Beitrag zur Frage nach dem ursprünglichen Schluss des chronistischen Geschichtswerkes*, FRLANT 104, Göttingen: Vandenhoeck & Ruprecht, 1970. Unter «Kompilationshypothese» beschreibt er die Vertreter der Ansicht, dass bei der Entschehung von 3Esr «die kanonischen Bücher Chr/Esr/Neh schon in ihrer jetzigen Gestalt vorgelegen haben», ibid., 15.

108 Georg Steins, *Die Chronik als kanonisches Abschlussphänomen. Studien zur Entstehung und Theologie von 1/2 Chronik*, BBB 19, Weinheim: Beltz Athenäum, 1995, 77. Dazu vgl. auch z.B. Min, *Levitical Authorship*, 12–15; Eskenazi, *Age of Prose*, 34f. Böhler, der sich ebenfalls mit «Konzeptionen der Wiederherstellung Israels» beschäftigt, geht von der Priorität von 3Esr aus, was ich nicht teile, vgl. Dieter Böhler, *Die heilige Stadt in Esdras α und Esra-Nehemia. Zwei Konzeptionen der Wiederherstellung Israels*, OBO 158, Freiburg (CH): Universitätsverlag, 1997. Zur Einschätzung der Arbeit von Böhler vgl. Joachim Schaper, *Priester und Leviten im achämenidischen Juda. Studien zur Kult- und Sozialgeschichte Israels in persischer Zeit*, FAT 31, Tübingen: Mohr Siebeck, 2000, 61.

109 Es gibt gute Überblicke in der Literatur, z.B. Herbert H. Klement, *Rhetorical, Theological and Chronological Features of Ezra-Nehemiah*, in: Jamie A. Grant u.a. (Hrsg.), A God of Faithfulness: Essays in Honour of J. Gordon McConville on His 60th Birthday, New York: T & T Clark, 2011, 61–78, 62.

Esras bez. Nehemias.[110] Der Ich-Bericht Esras ist in Esr 7,27–8,34; 9,1–15 (mit einer Liste in 8,26f. und einem Gebet in 9,6–15), der Ich-Bericht Nehemias in Neh 1,1b–7,5; 12,27–43 und 13,4–31 zu finden.[111]

Neben diesen beiden Berichten bilden die aramäischen Urkunden in Esra 4–6 und 7 die wichtigsten Quellen des Esra-Nehemia-Buches. Die Diskussion über die Echtheit der aramäischen Dokumente im Esra-Nehemia-Buch fand 1896 einen ersten Höhepunkt, als Eduard Meyer («Die Entstehung des Judentums») die Echtheit der Dokumente nachzuweisen versuchte und Charles C. Torrey («The Composition and Historical Value of Ezra-Nehemiah») ebendiese Dokumente als Fälschungen zu beweisen versuchte.[112] In der Folge kam es zur bekannten Auseinandersetzung zwischen Meyer und Julius Wellhausen.[113]

Die Kommentare sind sich über die Echtheit dieser aramäischen Urkunden nicht einig. So hält beispielsweise Williamson[114] an ihrer Echtheit fest, während ihre Authentizität von Gunneweg[115] oder Becker[116] bezweifelt wird. Die Argumente der Befürworter und Gegner haben sich inhaltlich seit den Arbeiten von Meyer und Torrey kaum geändert. Dirk Schwiderski versucht mit seiner Arbeit «das ‹argumentative Patt› des bisherigen Forschungsansatzes zugunsten der einen oder anderen Seite aufzuheben»[117], indem er ausserbiblisches Quellenmaterial mit den aramäischen Briefen im Esrabuch ver-

---

110 Reinmuth spricht vom «Ich-Bericht» Nehemias bzw. vom «Nehemia-Bericht», den er allerdings in zwei unterschiedliche Textblöcke (in die «Mauerbau-Erzählung» und in die «Nehemia-Denkschrift» aufteilt), vgl. Reinmuth, *Der Bericht Nehemias*, 19. Auch Klement spricht von «personal accounts», weil die traditionellen Klassifizierungen nicht adäquat seien, vgl. Klement, *Rhetorical, Theological and Chronological Features*, 62. Im Hinblick auf Esra gibt es innerhalb des «Ich-Berichts» einen Personenwechsel in die 3. Person Sg., s.u. II.2.1.1.

111 So Klement, *Rhetorical, Theological and Chronological Features*, 62.

112 Für eine gute Darstellung der Forschungsgeschichte vgl. Dirk Schwiderski, *Handbuch des nordwestsemitischen Briefformulars: ein Beitrag zur Echtheitsfrage der aramäischen Briefe des Esrabuches*, BZAW 295, Berlin: Walter de Gruyter, 2000, 1ff.

113 Vgl. Reinhard G. Kratz, *Die Entstehung des Judentums: zur Kontroverse zwischen E. Meyer und J. Wellhausen*, in: ZThK 95, 1998, 167–184.

114 Williamson, *Ezra, Nehemiah*, 59f.

115 Dem Briefwechsel «kommt im Prinzip keine bessere historische Authentizität als etwa den Reden zu, welche der Chr seinen Figuren in den Mund zu legen pflegt», Gunneweg, *Esra*, 85.

116 Becker vertritt die Ansicht, die Dokumente habe «der Verfasser selbst geschaffen», Joachim Becker, *Esra, Nehemia*, NEB.AT, Würzburg: Echter Verlag, 2. Aufl. 1999, 7. Oder an anderer Stelle spricht er von der «Fiktion einer offiziellen Korrespondenz», ibid., 30.

117 Schwiderski, *Handbuch*, 3.

gleicht. Seine Schlussfolgerung, die aramäischen Briefe des Esrabuches würden «in wesentlichen Punkten nicht dem reichsaramäischen Briefformular» entsprechen, deshalb sei die These von Meyer, «es handle sich um authentische Quellen», «sicher nicht haltbar», vermag mich nicht zu überzeugen.[118] Gemäss Schwiderski wäre die «wahrscheinliche Abfassungszeit» der Briefe «in die frühe hellenistische Zeit (3. Jh. v. Chr.) anzusetzen».[119] Diese Schlussfolgerung scheint mir aufgrund der von ihm untersuchten Briefformulare nicht zwingend. In einer ebenfalls im Jahr 2000 erschienen Monographie kommt Joachim Schaper zum gegenteiligen Schluss: «Esr 4,8–6,18 ist also eine editierte Sammlung aramäischer achämenidischer Dokumente, die als historische Quellen ernst zu nehmen sind.»[120] Das Artaxerxes-Reskript in Esr 7,12–26 ist nach Schaper «mit an Sicherheit grenzender Wahrscheinlichkeit» echt.[121] Auch wenn gewisse Unsicherheiten im Hinblick auf die Authentizität der Dokumente im Raum stehen, kann mit Williamson festgestellt werden:

> Despite these uncertainties, it may be confidently asserted that, even as we have them, the text of the letters can be satisfactorily placed only against the background of official Aramaic correspondence of the Achaemenid period; this conclusion speaks strongly in favor of their substantial authenticity.[122]

Ich gehe an dieser Stelle nicht weiter auf die Debatte ein[123], da historische Fragestellungen nicht den Schwerpunkt dieser Untersuchung bilden. Historische Fragehorizonte sollen in dieser Arbeit gleichwohl Erwähnung finden, da dieselben auch von einem literarischen oder theologischen Zugang zu einem

---

[118] Vgl. ibid., 381.

[119] Ibid. In seiner Untersuchung zum Edikt des Artaxerxes kommt Grätz zu einem ähnlichen Schluss: «Die zeitliche Epoche, in der die Esrageschichte verfaßt ist, dürfte die hellenistische, wahrscheinlich frühptolemäische, gewesen sein.» Esr 7,12–26 weist nach Grätz «alle Merkmale einer hellenistischen königlichen Schenkung auf», Sebastian Grätz, *Das Edikt des Artaxerxes. Eine Untersuchung zum religionspolitischen und historischen Umfeld von Esra 7,12–26*, BZAW 337, Berlin: Walter de Gruyter, 2004, 289. Die aramäischen Urkunden stellen damit «nach Absicht der Autoren des Esrabuches» nicht historische Quellen, sondern «möglichst authentisch aussehende fiktive achämenidische Urkunden» dar, Grätz, *Edikt* 194. Vgl. dazu auch Sebastian Grätz, *Die Aramäische Chronik des Esrabuches und die Rolle der Ältesten in Esr 5–6*, in: ZAW 118, 2006, 405–422.

[120] Schaper, *Priester und Leviten*, 67.

[121] Ibid., 75.

[122] Williamson, *Ezra, Nehemiah*, 60. Vgl. auch Kitchen: «The terminology in the biblical copies of letters to and from the Persian court is directly comparable with what we find in the external, firsthand documents.» (Kenneth A. Kitchen, *On the Reliability of the Old Testament*, Grand Rapids: Eerdmans, 2003, 78.)

[123] Ich komme im Zusammenhang mit dem Kyrusedikt auf die Diskussion zurück, s.u. V.1.1.3.

alttestamentlichen Text nicht ausgeblendet werden dürfen[124] und sich «theologische» und «historische» Fragestellungen gegenseitig bedingen. Die Datierung der aramäischen Dokumente hat einen Einfluss auf die Vorstellung von Komposition und Datierung von Esra-Nehemia.

2.2.3 Komposition und Datierung

Die vorliegende Arbeit bestärkt die These von Sara Japhet, dass das Esra-Nehemia-Buch nach einem Gesamtplan komponiert wurde. Aufgrund interner Kriterien im Text wie Kontext, Stil usw. und aufgrund formkritischer Überlegungen sieht Japhet drei literarische Einheiten: Esr 1–6, Esr 7–10 und Neh 1–13.[125] Japhet untersucht diachrone Erklärungsversuche, wie in einem mehrschichtigen Prozess literarische Einheiten kompiliert und zusammengeführt wurden, anhand der Entwürfe von Rudolph und Williamson und sieht – entgegen diesen Entwürfen – in der jetzigen kanonischen Gestalt von Esra-Nehemia eine Struktur und einen Plan. Sie kommt zu folgendem Schluss:

> However, in full awareness of the dangers of this approach, with full recognition of the complexity of the material in the book, and despite the unpopularity of this approach, I wish to suggest that it is possible – and hence obligatory – to explain the composition of EN precisely in that manner: as a book that was produced ‹all at once›, by an author, according to a clear plan.[126]

Japhet grenzt sich gegen redaktionskritische Modelle ab, welche die Gesamtkomposition des Buches nicht im Blick haben. Karrer-Grube stimmt ihr in diesem Punkt zu:

> Sie grenzt sich damit m.E. zu Recht von redaktionskritischen Hypothesenbildungen ab, die zwar auch nach dem Entstehen einer redaktionellen Komposition fragen, damit aber nie das ENB als Ganzes meinen und erklären, da sie bestimmte

---

124 Darauf hat Herbert H. Klement vermehrt hingewiesen, vgl. z.B. Herbert H. Klement, *Modern Literary-Critical Methods and the Historicity of the Old Testament*, in: Philips V. Long (Hrsg.), Israel's Past in Present Research. Essays on Ancient Israelite Historiography, Sources for Biblical and Theological Study 7, Winona Lake: Eisenbrauns, 1999, 439–459; Herbert H. Klement, *Narrative Historie und Identität des Gottesvolkes: Zur Bedeutung von Geschichte und Geschichten im Alten Testament*, in: Siegbert Riecker/Julius Steinberg (Hrsg.), Das heilige Herz der Tora. Festschrift für Hendrik Koorevaar zu seinem 65. Geburtstag, Theologische Studien Aachen: Shaker Verlag, 2011, 3–22.

125 Japhet, *Composition and Chronology*, 190.

126 Ibid., 200f. Damit schliesst sie aber nicht aus, «that a biblical book might have been expanded after the completion of its final form», ibid., 200.

> Teile als spätere ‹Zusätze› von vornherein aussondern oder sich auf andere Weise eine eigene ‹Gesamtkomposition› schaffen.[127]

Die vorliegende Untersuchung unterstützt die Plausibilität der These, dass das Esra-Nehemia-Buch als Gesamtkomposition nach einem Plan zusammengestellt wurde.

Die Frage stellt sich, um welche Zeit das Esra-Nehemia-Material aus den verschiedenen Quellen zu einem Buch zusammengefügt wurde. Rudolph kommt zum Schluss, die Arbeit des Chronisten sei «um 400 oder wenig später anzusetzen», und bemerkt dazu: «Tiefer zu gehen zwingt nichts.»[128] Williamson datiert die Zusammenstellung des Esra-Nehemia-Materials auf die Zeit zwischen 430 und 424 v.Chr., wobei nach ihm Esr 1–6 der jüngste Teil des Buches ist, das er «to a date reasonably early in the Hellenistic period» um 300 v.Chr. datiert.[129] So kommt er zu einer zweistufigen Komposition des Buches: «We thus conclude that the two major stages in the books' composition are to be dated at about 400 B.C. and 300 B.C.»[130] Ihm folgt Throntveit.[131] Wie soeben dargelegt, favorisiere ich eine einheitliche Gesamtkomposition.

Der späteste explizite Anhaltspunkt im Esra-Nehemia-Buch ist die Erwähnung des Hohenpriesters Jaddua in Neh 12,11 und Neh 12,22. Josephus erwähnt einen Hohepriester Jaddua, der zur Zeit Alexanders des Grossen im Amt war.[132] VanderKam erachtet die Liste der Hohepriester in Neh 12,10f. als vollständig[133] und hält es auch für realistisch, dass Jaddua z.Zt. Alexanders als Hohepriester fungierte.[134] Steinmann geht ebenfalls von der Liste der Hohenpriester in Neh 12,10f. aus, gibt die Amtszeit Jadduas von ca. 370–330 v.Chr. an und hält deshalb eine Datierung des Esra-Nehemia-Buches um das Jahr 335 v.Chr. für vernünftig.[135] Auch Williamson ermisst die Angaben bei

---

127 Karrer, *Ringen um die Verfassung Judas*, 62f.

128 Rudolph, *Esra und Nehemia*, XXV.

129 Vgl. Williamson, *Ezra, Nehemiah*, xxxvi.

130 Ibid.

131 Vgl. Mark A. Throntveit, *Ezra-Nehemiah*, Interpretation. A Bible Commentary for Teaching and Preaching, Louisville, KY: John Knox Press, 1992, 9f.

132 Vgl. JosAnt, 11,302–339.

133 «In other words, it is likely that the extant list of high priests for the Persian period is complete.» (James C. VanderKam, *From Joshua to Caiaphas. High Priests after the Exile*, Minneapolis, Minn.: Augsburg Fortress, 2004, 99.) Für die Liste der Hohenpriester in der Perserzeit vgl. ibid., 491.

134 Zu Jaddua vgl. VanderKam, *From Joshua to Caiaphas*, 63–85.

135 Er schreibt: «If Ezra and Nehemiah were originally one book (as held by the majority of scholars, but not advocated in this commentary), a date of composition of about 335 BC seems reasonable.» (Andrew E. Steinmann, *Ezra and Nehemiah*,

Josephus als möglich und geht davon aus, dass Jaddua ein Zeitgenosse Alexanders war. Das heisst aber seiner Meinung nach nicht, «that the whole of this passage should be dated as late as this».[136] Er ist überzeugt, dass die Liste der Hohepriester Lücken aufweist.[137] Neben Lücken in der Liste könnte die Datierung Jadduas durch Josephus auch falsch sein.[138] Der in Neh 12,11 vor Jaddua erwähnte Hohepriester Johanan wird in zwei Elephantine-Papyri aus dem Jahr 407 v.Chr. erwähnt.[139] So geht beispielsweise Klement davon aus, dass Jaddua als dessen Nachfolger möglicherweise zur Zeit der Abfassung des Esra-Nehemia-Buches um das Jahr 400 v.Chr. im Amt gewesen sei.[140] Die rhetorische Spitze des Esra-Nehemia-Buches richtet sich, wie die vorliegende Untersuchung zeigt, an eine implizite Leserschaft, die sozusagen «am Beginn einer neuen Landnahme» steht. Das macht eine Abfassung nicht lange nach der Zeit Esra-Nehemias plausibel.[141] Die anfangs zur Datierungsfrage zitierte Aussage Rudolphs, dass nichts dazu zwingt, das Esra-Nehemia-Buch nach 400 v.Chr. anzusetzen, halte ich für zutreffend und ich schliesse

Concordia Commentary. A Theological Exposition of Sacred Scripture, Saint Louis: Concordia Publishing House, 2010, 21.)

136 Williamson, *Ezra, Nehemiah*, 364.

137 Vgl. ibid., 363.

138 So z.B. Rudolph, *Esra und Nehemia*, 193.

139 Vgl. A4.7 Cowley 30 und A4.8 Cowley 31 in Bezalel Porten/Ada Yardeni, *Textbook of Aramaic Documents from Ancient Egypt. Newly copied, edited and translated into Hebrew and English by Bezalel Porten / Ada Yardeni, 1 Letters, Appendix: Aramaic Letters from the Bible*, Winona Lake: Distributed by Eisenbrauns, 1986, 68–75. Weitere Informationen zu Johanan vgl. VanderKam, *From Joshua to Caiaphas*, 54–63.

140 Vgl. Herbert H. Klement, *Die Bücher Esra und Nehemia*, in: Die Jubiläumsbibel. Elberfelder Bibel mit Erklärungen, Wuppertal: Brockhaus Verlag, 2004, 679.

141 Keil sieht die historischen Bemerkungen in Neh 12 als im Jahr 415 v.Chr. möglich an: «Denn im J. 415 v. Chr. d. i. im 9. Regierungsjahre des Darius Nothus konten [sic!] schon genealogische Verzeichnisse von Priestern und Leviten aus der Zeit des Hohepriestertumes Jojakims, die bis auf die Tage Johanans, des Sohnes (Enkels) Eljaschibs herabreichten, und aus der Regierungszeit des Darius Nothus in das Buch der Zeitgeschichte aufgenommen sein, wie 12,23 vgl. mit v. 22 u. 26 erwähnt ist. Damals konte auch der Hohepriester Jojada bereits gestorben und sein Sohn Johanan ihm im Amte gefolgt sein, und dessen Sohn Jaddua bereits in dem Alter von 25 Jahren stehen.» (Carl Friedrich Keil, *Die nachexilischen Geschichtsbücher. Chronik, Esra, Nehemia und Esther*, BC, Leipzig: Dörffling und Franke, 1870, 496f.) Koorevaar datiert das Nehemiabuch im Anschluss an Keil rund auf das Jahr 415 v.Chr. (das Esrabuch existierte nach ihm zu diesem Zeitpunkt bereits), vgl. Hendrik J. Koorevaar, *Die Chronik als intendierter Abschluß des alttestamentlichen Kanons*, in: Jahrbuch für evangelikale Theologie 11, 1997, 42–76, 55, 72.

mich damit Min an, der sich jüngst für eine Datierung des Esra-Nehemia-Buches im späten 5. Jh. ausgesprochen hat.[142]

3. Zur Intertextualität

Um die eigene Zeit als «Wieder»-Herstellung zu verstehen, muss auf eine frühere Epoche verwiesen werden können. Ben Zvi formuliert es so:

> First, images of restoration – such as those in common reference to gathering the exiles or to returning to a former, idealized situation necessarily point to, and construct a former time. Images of restoration surely draw attention to these ideally constructed past/s and future/s. Second, within the discourse of Yehud, the basic blueprint of what Israel should be, the divine teachings that held hope for the community were associated with the past, and more precisely with a written repertoire of texts that were set in the past, from the perspective of Yehud.[143]

Die ideale Zukunft ist noch nicht angebrochen. Die Antwort auf die Frage, ob die kleine Provinz Jehud «as the fulfillment of the salvation oracles in the prophetic books»[144] gesehen werden kann, muss negativ ausfallen. Und dennoch wurde die Grundlage für diese Zukunft bereits gelegt. Die eigene Zeit wird «between the foundational past and the ideal future»[145] gesehen. Ben Zwi spricht vom «written repertoire of texts» (s.o.), das für die Deutung der eigenen Zeit und für «images of restoration» wichtig war. In dieser Arbeit werden solche Bilder bzw. Konzepte der Wiederherstellung im Esra-Nehemia-Buch untersucht.

Die Frage stellt sich, welches «Repertoire an Texten» die Verfasser von Esra-Nehemia beizogen, um ihre Gegenwart als Zeit der Wiederherstellung zu deuten. Aus diesem Grund ist die Fragestellung der Arbeit intertextuell angelegt und es werden Vergleiche mit anderen Texten aus dem Alten Testament angestellt. Die Intertextualität spielt bei Texten in der persischen Periode eine grosse Bedeutung, wie Richard Bautch aufgezeigt hat. In seinem Aufsatz «Intertextuality in the Persian Period» gibt er Peter Miscall wieder:

---

142 «Therefore, the dating of E–N to the late fith century BCE is, at present, the best available.» (Min, *Levitical Authorship*, 35, zur Diskussion 31–35.)

143 Ehud Ben Zwi, *What is New in Yehud? Some Considerations*, in: Rainer Albertz/Bob Becking (Hrsg.), Yahwism After the Exile. Perspectives on Israelite Religion in the Persian Era, Studies in Theology and Religion 5, Assen: Royal Van Gorcum, 2003, 32–48, 39f.

144 Ibid., 39. Es ist zu beachten, dass sich die amerikanische Schreibweise («fulfillment») von der englischen («fulfilment») unterscheidet und deshalb beide Versionen – je nach Hintergrund des Autors – in Zitaten erscheinen.

145 Ibid., 40.

«Intertextuality is reading two or more texts together and in light of each other. […] Intertextuality is not a staged process in which one first proves the parallels and then assesses the impact.»[146] Bautch meint zu dieser Definition:

> By this definition, intertextuality is a matter of texts, later texts, and the scholarly perception of a connection between them. As such intertextual studies have blossomed, many of them bring new insight into Persian-period texts.[147]

Intertextuelle Untersuchungen versuchen nicht zu erklären, wie Texte literarkritisch voneinander abhängen. Gemäss der Definition von Miscall unterscheidet sich «intertextuality from traditional biblical scholarship and its efforts to establish literary dependency between texts», so die Folgerung von Bautch.[148] Es geht nicht um die Erforschung von Quellen und deren Abhängigkeiten, sondern vielmehr um einen Blickwinkel auf die Entstehung und Rezeption von Texten, zu dessen Beschreibung Bautch auf Patricia Tull verweist: «Intertextuality is more an angle of vision on textual production and reception than an exegetical methodology, more an insight than an ideology.»[149]

Dieser intertextuelle Blickwinkel spielt für meine Arbeit eine bedeutende Rolle. Für Grundlagen zur Intertextualität verweise ich auf Georg Steins[150], der in seiner Habilitationsschrift methodologische Grundlagen einer kanonisch-intertextuellen Lektüre erarbeitet hat.[151]

Kristeva hat den Terminus «Intertextualität» im Zusammenhang mit einer Rekonstruktion der Sprach-, Literatur- und Kulturtheorie Bachtins geprägt und in die wissenschaftliche Diskussion eingeführt. Sie schreibt:

> Bachtin gehört zu den ersten, die die statistische Zerlegung der Texte durch ein Modell ersetzen, in dem die literarische Struktur nicht ist, sondern sich erst aus der Beziehung zu einer anderen Struktur herstellt. Diese Dynamisierung des Strukturalismus wird erst durch eine Auffassung möglich, nach der das ‹literarische Wort› nicht ein Punkt (nicht ein feststehender Sinn) ist, sondern eine Überlagerung von Text-Ebenen, ein Dialog verschiedener Schreibweisen: der des

---

[146] Miscall zit. nach Richard J. Bautch, *Intertextuality in the Persian Period*, in: Jon L. Berquist (Hrsg.), Approaching Yehud. New Approaches to the Study of the Persian Period, Atlanta: Society of Biblical Literature, 2007, 25–35, 25.

[147] Ibid.

[148] So ibid.

[149] Tull zit. nach ibid.

[150] Georg Steins, Die «Bindung Isaaks» im Kanon (Gen 22). Grundlagen und Programm einer kanonisch-intertextuellen Lektüre, Herders Biblische Studien 20, Freiburg: Herder, 1999; Georg Steins, Kanonisch-intertextuelle Studien zum Alten Testament, SBAB, Stuttgart: Verlag Katholisches Bibelwerk, 2009.

[151] Steins, *Bindung Isaaks*, 9–102.

> Schriftstellers, der des Adressaten (oder auch der Person), der des gegenwärtigen oder vorangegangenen Kontextes.[152]

Diesen Ansatz bezeichnet Kristeva mit dem Terminus «Intertextualität». Das gehört zum allgemeinen Textverständnis, da jeder Text «Absorbtion und Transformation eines anderen Textes»[153] ist. Weder von Bachtin noch von Kristeva wird die biblische Literatur in den Blick genommen. Doch Steins bemerkt: «Das spezielle literarische Gebilde des Bibelkanons bietet sich geradezu als Anwendungsgebiet dialogischer Logik an. Der Bibelkanon läßt sich als objektive Intertextualität beschreiben.»[154] Steins hält den Ansatz von Bachtin auch für die Bibelwissenschaft für geeignet:

> Mit dem Konzept des dialogischen Wortes von M.M. Bachtin steht eine Theorie zur Verfügung, die sich als Grundlage einer literarischen Beschreibung des biblischen Kanons und einer Operationalisierung kanonisch-intertextueller Lektüre eignet. Kristevas Rekonstruktion des bachtinschen Ansatzes kann in diese Überlegungen mit einbezogen werden.[155]

Bachtins Dialogizitätskontext ist in der Beschäftigung mit dem modernen Roman entstanden. Der Kontext dieser Entstehung ist nach Steins «zu beachten, um eine vorschnelle Übertragung auf die Besonderheiten des biblischen Kanons zu vermeiden»[156]. Gleichwohl hat der Ansatz von Bachtin nicht nur moderne Texte im Blick: «Dialogizität ist ein Kennzeichen literarischer Sprache überhaupt. Eine Übertragung einiger seiner Einsichten auf den Bibelkanon setzt sich von daher nicht dem Verdacht einer fragwürdigen Metabasis aus.»[157]

Biblische Texte sind nach Steins polyvalent:

> Dieses Spezifikum ist schon an der innerbiblischen Rezeptionsgeschichte ablesbar, in der nicht nur Stoffe und Themen, sondern von Anfang an auch Texte verarbeitet, d.h. wiederverwendet werden. In jüngeren Büchern des Alten Testaments ist dieses Phänomen besonders deutlich ablesbar, etwa in den Chronikbüchern oder der Weisheit Salomos, es gilt aber für die Redaktionsgeschichte aller biblischen Bücher, auch wenn die Prozesse der Relecture bei den älteren Büchern im allgemeinen schwerer zu durchauen sind.[158]

---

152 Kristeva zit. nach ibid., 49.
153 Kristeva zit. nach ibid.
154 Ibid., 54.
155 Ibid., 68.
156 Ibid., 69.
157 Ibid.
158 Ibid.

«Mit Bachtins Konzept des dialogischen Wortes und Kristevas Verständnis von Textualität als Intertextualität» steht nach Steins «ein theoretischer Rahmen zur Verfügung, literarische Merkmale des biblischen Kanons wahrzunehmen».[159] Der biblische Kanon lässt sich «als verstetigter Dialog»[160] verstehen.

Das in literarischer Hinsicht Spezifische des «Bibelkanons als eines polyphonen Textes» lässt sich nach Steins «zusammenfassend darlegen an den Veränderungen der drei den Text als Kommunikationshandlung konstituierenden Größen ‹Autor›, ‹Text› und ‹Leser›».[161] Der Rezipient wird also in den «werkimmanenten Dialog»[162] mit einbezogen, sodass gesagt werden kann: «Im Zentrum einer literarischen Theorie des Bibelkanons stehen also der Kanon als dialogisch-intertextuell strukturiertes literarisches Werk und die Mitglieder der Glaubensgemeinschaft als Lesende, die den dialogisch-intertextuellen Prozeß des Kanons aufnehmen und schöpferisch fortsetzen.»[163] Dem Kanon als dialogisch-intertextuell strukturiertem Werk entspricht somit auch das intertextuelle Lesen:

Als dialogisch strukturiertem Text entspricht dem Kanon das intertextuelle Lesen. Voraussetzung ist nicht ein einmaliges Lesen, sondern eine intensive Kenntnis des Textes, da nur so Ähnlichkeiten entdeckt und für das Verständnis ausgewertet werden können. Jedenfalls wird durch das wiederholte

---

159 Ibid., 70.

160 Ibid., 74.

161 Ibid., 78f.

162 Ibid., 79.

163 Ibid., 82. Zu neueren exegetischen Ansätzen und insbesondere zur Rezeptionsästhetik bemerkt Steins: «Die Berücksichtigung neuerer sprach- und literaturwissenschaftlicher Ansätze in der jüngeren Exegese hat zu wichtigen Akzentverschiebungen und Umorientierungen gegenüber einer lange Zeit fast ausschließlich historisch, d.h. vor allem an der ‹Welt hinter dem Text› und der Text*genese* interessierten Exegese beigetragen. Lassen sich zahlreiche übernommene Auslegungsmethoden mehr oder weniger problemlos in das Ensemble historisch-kritischer Methoden integrieren, so ist dies an einem Punkt nicht mehr ohne eine grundlegende hermeneutische Neuorientierung möglich, nämlich bei der mit der Rezeptionsästhetik erfolgten Neubestimmung der Rolle des Lesers als Mitschöpfer des Sinns.» (Ibid., 85.) Dass neuere literaturwissenschaftliche Ansätze auch im deutschsprachigen Raum mehr Verbreitung finden, bestätigt Stefan Fischer im Vorwort seiner 2010 erschienen Habilitationsschrift: «Die Anwendung literaturwissenschaftlicher Methoden auf alttestamentliche Texte hat im vergangenen Jahrzehnt auch im deutschsprachigen Forschungsraum eine gewisse Akzeptanz und Verbreitung gefunden.» (Stefan Fischer, *Das Hohelied Salomos zwischen Poesie und Erzählung. Erzähltextanalyse eines poetischen Textes*, FAT 72, Tübingen: Mohr Siebeck, 2010, VII.)

Lesen eine Vielzahl weiterer Bezüge aufgedeckt und geschaffen, durch die der Text für die Lesenden reicher wird.[164]

Diese anhand von Steins dargelegten allgemeinen Überlegungen zur Intertextualität reichen als Grundlage für diese Arbeit.[165] Im Kontext von Intertexualität in der nachexilischen Zeit steht das Esra-Nehemia-Buch besonders im Zentrum des Interesses, da es ein hohes Pontential an intertextuellen Bezügen aufweist, wie Reinmuth betont: «Ezra-Nehemiah shows an especially high potential of intertextual relations.»[166]

Intertextuelle Bezüge sind an verschiedenen Stellen dieser Arbeit von Bedeutung. In den beiden nächsten Kapiteln (II und III) dominieren aufgrund von Torazitaten und Analogien zu Exodus und Landnahme Vergleiche mit Stellen aus dem Pentateuch und dem Josuabuch. Der Verweis auf Jeremia in Esr 1,1 lädt dazu ein, Jeremiatexte mit dem Esra-Nehemia-Buch ins Gespräch zu bringen.[167] Durch die Erwähnung des Auftretens von Haggai und Sacharja (Esr 5,1; 6,14) wird ein Bezug zu diesen beiden Propheten geschaffen. Da sich der Verweis aber auf ihr Auftreten und nicht auf ihre Botschaft bzw. ihre Schriften richtet, werden diese intertextuellen Vergleiche als Exkurs behandelt – genauso wie die Gegenüberstellung von Esr 9 und Neh 9 zu Dan 9, die sich durch die thematische Verbundenheit aufdrängt.[168] Die namentliche Erwähnung von Jeremia, Haggai und Sacharja bietet ein sinnvolles Kriterium zur Eingrenzung der Behandlung von intertextuellen Verbindungen zu Prophetenbüchern im Rahmen dieser Arbeit.[169]

---

164 Steins, *Bindung Isaaks*, 98.

165 In dieser Untersuchung stehen theologische, nicht literaturwissenschaftliche Fragen im Zentrum, da theologische Konzepte der Wiederherstllung erörtert werden. Die behandelten intertextuellen Bezüge stehen in Funktion dieser theologischen Überlegungen. Heiko Wenzel hat anhand des Konzepts von Bachtin intertextuell mit dem Sacharjabuch gearbeitet und sich dabei weitergehende Gedanken zu den Grundlagen einer intertextuellen Lektüre gemacht. Vgl. seine Ausführungen «Bakhtin and the Relationship between Texts», Heiko Wenzel, *Reading Zechariah with Zechariah 1:1–6 as the Introduction to the Entire Book*, Contributions to Biblical Exegesis & Theology 59, Leuven: Peeters, 2011, 5–43.

166 Titus Reinmuth, *Nehemiah 8 and the Authority of Torah in Ezra-Nehemiah*, in: Mark J. Boda/Paul L. Redditt (Hrsg.), Unity and Disunity in Ezra-Nehemiah. Redaction, Rhetoric and Reader, Sheffield: Phoenix Press, 2008, 241–262, 257. Vgl. auch die Anmerkungen von Siedlecki zur Intertextualität im Esra-Nehemiabuch, Armin Siedlecki, *Contextualizations of Ezra-Nehemiah*, in: Mark J. Boda/Paul L. Redditt (Hrsg.), Unity and Disunity in Ezra-Nehemiah. Redaction, Rhetoric and Reader, Sheffield: Phoenix Press, 2008, 263–276, 264–266.

167 Dazu s.u. IV.1.1

168 Zu Sach 1,7–6,15 s.u. IV.2.2, zu Hag 2,1–9 s.u. V.1.2 und zu Dan 9 s.u. IV.1.2.2.

169 Ich bin mir bewusst, dass auch intertextuelle Bezüge zu anderen Propheten hergestellt werden können, die nicht namentlich erwähnt werden, wie es auch an ver-

4. Ambivalenz als Kategorie im theologischen Kontext

Die Wiederherstellung in Esra-Nehemia ist sehr ambivalent. Es ist die Grundthese dieser Arbeit, dass die Ambivalenz in den untersuchten Konzepten der Wiederherstellung eine entscheidende Kategorie[170] darstellt. Der Begriff «Ambivalenz» ist nicht primär ein theologischer Begriff, doch er eignet sich auch im theologischen Kontext und kann für eine theologische Analyse hilfreich sein. Ich gehe in dieser Arbeit von den im Sammelband «Ambivalenzen erkennen, aushalten und gestalten» publizierten interdisziplinären Überlegungen eines Soziologen, Alttestamentlers und Praktologen aus.[171]

Zunächst muss der Begriff der «Ambivalenz», wie ich ihn hier verwende, geklärt werden. Unser alltägliches Verständnis von Ambivalenz wird «in einschlägigen Wörterbüchern als Zwiespältigkeit, Schwanken zwischen positiven und negativen Gefühlen, zwischen Können und Wollen umschrieben».[172]

Seinen Ursprung hat der Begriff in der Psychiatrie. Er wurde 1910 vom Psychiater Eugen Bleuler geprägt. Sigmund Freud sprach schon 1912 in seinem Aufsatz «Zur Dynamik der Übertragung» von einem «glücklichen, von Bleuler eingeführten Namen»[173] und das Konzept der Ambivalenz wurde in den folgenden Jahrzehnten «im psychoanalytischen und psychiatrischen Schrifttum»[174] breit rezipiert. Das Konzept der Ambivalenz fand in den 1960er-Jahren Eingang in die Soziologie[175] und in die Literatur- bzw. Kulturwissenschaften[176]. Lüscher beobachtet in der Geschichte zwei unterschied-

---

schiedenen Stellen in dieser Arbeit geschieht. Zur Frage nach der Beziehung zu Hesekiel s.u. V.1.3.

170 Walter Dietrich spricht im Zusammenhang mit den biblischen Erzelternerzählungen von «Ambivalenz» als «Grundkategorie», vgl. Walter Dietrich, *Israel, seine Ahnen und die Völker. Ambivalenz als Grundkategorie der biblischen Erzelternerzählungen und der Erfahrungen Israels mit seinen Nachbarn*, in: Walter Dietrich u.a. (Hrsg.), Ambivalenzen erkennen, aushalten und gestalten, Zürich: TVZ, 2009, 69–122.

171 Walter Dietrich u.a., *Ambivalenzen erkennen, aushalten und gestalten*, Zürich: TVZ, 2009.

172 So die Autoren in ihrer gemeinsamen Einleitung zum Sammelband, ibid., 9.

173 Zit. nach Kurt Lüscher, *Ambivalenz: Eine soziologische Annäherung*, in: Walter Dietrich u.a. (Hrsg.), Ambivalenzen erkennen, aushalten und gestalten, Zürich: TVZ, 2009, 17–68, 23.

174 Ibid., 25.

175 Eine führende Rolle für die Übernahme des Begriffs in der Soziologie spielte Robert K. Merton, vgl. ibid., 28–37.

176 Vgl. ibid., 37–42.

liche Umgangsmöglichkeiten mit dem Begriff der Ambivalenz. Wird er als «Deutungsmuster» verwendet, so «wird in der Regel die Definition als mehr oder weniger bekannt vorausgesetzt, wobei Mehrdeutigkeit in Kauf genommen wird oder sogar beabsichtigt ist».[177] Wird der Begriff aber beispielsweise in der psychotherapeutischen Arbeit als «Forschungs- bzw. Analyse-Konstrukt» verwendet, «wird von einer expliziten, spezifizierten (eingeengten) Definition ausgegangen».[178] In der Geschichte werden auch «unterschiedliche Elemente, die konstitutiv für Ambivalenz gelten»[179], genannt. «Auf dem Hintergrund der begriffsgeschichtlichen Analyse» und für die Arbeit im interdisziplinären Dialog definiert Lüscher das «Konzept der Ambivalenz» folgendermassen:

> Das Konzept der Ambivalenz dient dazu, Erfahrungen eines zeitweiligen oder dauernden Oszillierens zwischen polaren Gegensätzen zu umschreiben, denen Bedeutung für die Identität und dementsprechend für die Handlungsbefähigung, die sozialen Beziehungen sowie die Gesellschaftlichkeit individueller und kollektiver Akteure zugeschrieben werden kann.[180]

Gemäss dieser Definition versteht Lüscher Ambivalenzen als «Erfahrungen». Diese können sowohl individueller als auch kollektiver Natur sein. Werden kollektive Erfahrungen miteinbezogen, kann «das kulturwissenschaftliche und historische Verständnis von Erfahrungen» berücksichtigt werden und der «Begriff der Ambivalenz auch sozio-kulturell auf kollektive Akteure» angewandt werden.[181] Die Beschreibung von Ambivalenzpotentialen kann hilfreich sein, um eine Epoche zu charakterisieren.[182]

Genau dies geschieht in der vorliegenden Arbeit. Die Erfahrungen der rückkehrenden Exulanten waren in Bezug auf die erhoffte Wiederherstellung ambivalent. Es handelt sich bei den im Esra-Nehemia-Buch auslotbaren Ambivalenzen um eine kollektive Erfahrung des Volkes und das Beschreiben der Ambivalenzen kann hilfreich dafür sein, diese Epoche der «Wiederherstellung» zu charakterisieren.

Lüscher spricht in seiner Definition von «polaren Gegensätzen» und expliziert: «Ambivalenzen beruhen auf der Erfahrung von Polaritäten, also von Gegensätzen, Gegenüberstellungen oder Differenzen. Sie schliessen sich

---

177 Ibid., 43.
178 Ibid.
179 Ibid.
180 Ibid., 44.
181 Vgl. ibid., 45.
182 «Die Darstellung der Ambivalenzpotentiale von Prozessen der Institutionalisierung kann nützlich sein, um Epochen zu charakterisieren, mithin ihre Eigenheit zu umschreiben.» (Ibid.)

gegenseitig aus, stehen jedoch insofern in einem Zusammenhang, als sie sich auf ein Gemeinsames beziehen.»[183] Er grenzt sich vom Begriff der Ambiguität im Sinn von Mehrdeutigkeit ab. Ambivalente Erfahrungen sind nicht mehrdeutig, sondern einander widersprechende Deutungen stehen sich gegenüber. Es geht dabei um eine «spezifisch aktive, mithin dynamische Erfahrung von Polaritäten, Gegensätzen und Differenzen».[184]

Mit dem Begriff des «Oszillierens» wird diese Beziehung beschrieben: «Die Annahme zeitweiligen oder dauernden Oszillierens postuliert eine ‹Gleichzeitigkeit› der Wahrnehmung und Erfahrung von Gegensätzen.»[185] Dies ist im Hinblick auf die nachexilische Zeit von grosser Bedeutung. Im Esra-Nehemia-Buch besteht eine Gleichzeitigkeit der Wahrnehmung von polaren Gegensätzen im Hinblick auf das Verständnis von Wiederherstellung, was im gleichzeitigen Jauchzen und Weinen in Esr 3,12f. geradezu in verdichteter Form greifbar wird. In der Formulierung des «zeitweiligen oder dauernden Oszillierens» spielt die Zeit eine Rolle. Innerhalb einer festgelegten Zeitspanne hält das Oszillieren an «und dementsprechend kann man vereinfachend auch sagen, Ambivalenzen seien während eines kürzeren oder längeren Zeitraumes ‹unauflösbar›, so lange nämlich, bis sich das mit den Handlungen verbundene Problem oder der Handlungskontext auflösen».[186]

Schliesslich ist in der oben genannten Definition auch die Identität individueller und kollektiver Akteure angesprochen. Lüscher macht die Relevanz einer ambivalenten Erfahrung an der sozialen Bedeutung, welche sie für die Akteure hat, fest. Er verknüpft diese soziale Bedeutung mit der Vorstellung der Identität. Dieser «explizite Vorschlag, die Relevanz von Ambivalenzerfahrungen an die Konstitution von Identität anzubinden»[187], ist in der Literatur selten. Für Lüscher dient dieses Verständnis auch zum Zweck, eine «Abgrenzung zu trivialen Unschlüssigkeiten» vollziehen zu können.[188] Die Verwendung des Konzeptes der Identität hält er für geeignet, um mit anderen Disziplinen ins Gespräch zu kommen, da gerade auch theologischen Ansätzen die Frage nach Identitäten zugrunde liegt.

Für diese Untersuchung ist diese Verknüpfung der Ambivalenz mit der Suche nach Identität wichtig, ist doch die Frage nach Wiederherstellung, Kontinuität und Diskontinuität der nachexilischen Provinz Jehud zum vor-

---

183 Ibid., 46.
184 Ibid., 46f.
185 Ibid., 47.
186 Ibid.
187 Ibid., 48.
188 Ibid., 49. Als Beispiel nennt er es übertrieben, von einer Ambivalenzerfahrung zu sprechen, wenn man hin- und hergerissen ist, welches Getränk man bei einem Umtrunk mit Freunden zu sich nehmen möchte.

exilischen Israel entscheidend für das Selbstverständnis des Volkes in der im Esra-Nehemia-Buch geschilderten Zeitepoche.

Ambivalenz im soeben dargelegten Sinn bedeutet nicht Mehrdeutigkeit, wofür die Begriffe Polyvalenz und Ambiguität stehen.[189] Zu den Begriffen «Widerspruch» und «Paradox» besteht eine Nähe. Widersprüchliche Erfahrungen können die Bedingung für Ambivalenzerfahrungen sein, wenn ein «Abwägen der Wahrheitsansprüche» vorhanden ist und es im Sinn der Definition von Lüscher um «Sachverhalte geht, die identitätsrelevant sind».[190] Zum Paradox besteht eine grosse Affinität, wenn damit zwei gegensätzliche Wahrheiten gemeint sind, die «als zugleich richtig und falsch angesehen oder erfahren werden».[191] Es müssen unter Umständen ähnliche Strategien für den Umgang mit Paradoxien wie mit Ambivalenzen erarbeitet werden. Doch im Vergleich mit Paradoxien zielen Ambivalenzen «letztlich immer auf dic Prozesse des Oszillierens, des mehr oder weniger ausgeprägten Erkennens, Erfahrens und Benennens der Spannungsfelder, die sich aus der Konfrontation mit (identitätsrelevanten) Paradoxien ergeben».[192] Ambivalenzen beschreiben das Spannungsfeld zwischen zwei sich widersprechenden Positionen.

Weil bei einer Ambivalenzerfahrung die Spannung zwischen den gegensätzlichen Positionen mindestens im definierten Zeitraum aufrechterhalten bleibt, ist auch der Begriff «Dialektik» zum Beschreiben des Phänomens weniger geeignet, kann ja im klassischen Sinn der Dialektik eine These und Antithese in einer Synthese aufgehoben werden. Deshalb grenzt Lüscher den Begriff der Ambivalenz vom Begriff der Dialektik ab:

> Die Charakterisierung der grundlegenden Polarisierung als dynamisch und die innerhalb eines Handlungskontextes kürzere oder längere, unter Umständen lebenslange oder unbeschränkte Dauer sollte deutlich machen, dass Ambivalenz im hier vorgeschlagenen Sinne nicht gleichbedeutend mit Dialektik ist. Das trifft bestimmt zu, wenn diese verstanden wird als schlichte Gegenüberstellung von These und Antithese, die in einer Synthese aufgehoben werden.[193]

Für das in dieser Arbeit herausgearbeitete Phänomen bei der Beschreibung der Konzepte der Wiederherstellung in Esra-Nehemia scheint mir daher der Begriff der «Ambivalenz» und das «Konzept der Ambivalenz», wie es von Lüscher herausgearbeitet wurde, als hilfreicher als der Begriff der Dialektik.

---

[189] Zur Abgrenzung zu anderen Begriffen vgl. ibid., 49ff.
[190] Vgl. ibid., 51.
[191] Ibid.
[192] Ibid.
[193] Ibid., 50.

Walter Dietrich hat dieses «Konzept der Ambivalenz» im Hinblick auf die Erzelternerzählungen der Genesis übernommen. Dietrich betrachtet die Ambivalenz als eine «Grundkategorie» biblischer Erzählungen.[194] In der Untersuchung der Erzelternerzählungen kommt er zum Schluss, dass die Erzähler und Autoren «die Einsicht vermitteln, dass Ambivalenzerfahrungen unabdingbar zum Leben nicht nur von Individuen und Familien, sondern auch von Gruppen und Völkern gehören».[195]

Anhand der Jakoberzählungen zeigt Dietrich auf, dass Gotteserfahrungen sehr unterschiedlich sein können. Gott zeigt Jakob sowohl ein freundliches als auch ein feindseliges Gesicht, sodass ein ambivalentes Gottesbild entsteht. «Mit Hilfe des Denkmusters der Ambivalenz lassen sich kontingente und disparate Widerfahrnisse als Erfahrungen mit ein und demselben Gott erfassen.»[196] Daraus resultiert nicht ein flächiges, sondern mehrdimensionales Gottesbild, das «zur Bewältigung höchst unterschiedlicher Situationen» taugt.[197]

Die Erzelterngeschichten in der Genesis sind aber nach Dietrich nicht die einzigen Texte im AT, in denen sich das Konzept der Ambivalenz aufweisen lässt:

> Ja, eigentlich möchte man fast fragen, ob es in der Bibel überhaupt völlig ‹ambivalenzfreie› Bereiche gibt. Sofern das Ambivalente zur Grundkonstitution des Menschseins und menschlichen Erlebens und Zusammenlebens gehört, und sofern die Bibel ein Grundbuch menschheitlicher Erfahrung und Lebensbewältigung ist, verwundert es eigentlich nicht, dass sich mit dem ‹Konzept der Ambivalenz› wohl sehr viele ihrer Schriften erschliessen lassen.[198]

Vorliegende Arbeit zeigt, dass sich dieses «Konzept der Ambivalenz» im Esra-Nehemia-Buch gerade im Hinblick auf die Konzepte der Wiederherstellung aufzeigen lässt. Damit sage ich nicht, dass die Ambivalenz ein von den Autoren des Esra-Nehemia-Buches willentlich gewähltes Konzept darstellt[199], sie ergibt sich vielmehr daraus, dass sich das Esra-Nehemia-Buch mit einer Realität befasst, die als partielle, aber nicht vollkommene Erfüllung

---

194 Er untersucht die Erzelternerzählungen in Gen 12–36 und setzt über seinen Aufsatz den Titel: «Israel, seine Ahnen und die Völker. Ambivalenz als Grundkategorie der biblischen Erzelternerzählungen und der Erfahrungen Israels mit seinen Nachbarn», Vgl. Dietrich, *Israel*, 69.

195 Ibid., 71.

196 Ibid., 85.

197 Ibid.

198 Ibid., 116f.

199 Auch Dietrich spricht nicht von einem bewusst gewählten Konzept, sondern konstatiert lediglich, dass der «literarische Durchgang durch die Erzelterngeschichten» ein «vielschichtiges Geflecht von Ambivalenzen zutage gefördert» habe, ibid., 116.

von Restaurationserwartungen gedeutet wird. Dennoch lässt sich mit diesem «Konzept der Ambivalenz» im Esra-Nehemia-Buch Wesentliches erschliessen und ergeben sich daraus interessante rhetorische Implikationen.[200] Dabei werden verschiedenartige Ambivalenzen beschrieben. Die Ambivalenz eines Textes kann sich «sowohl auf die narrative Struktur eines Textes wie auch auf dessen Sinn» beziehen: «Ambivalent kann demnach die narrative Detailstruktur (Mikroebene), aber auch die Gesamtbedeutung der Narration sein (Makroebene), ohne dass damit schon entschieden wäre, dass das eine das andere bedingt.»[201]

---

200 S.u. VI.4.

201 Julia Abel u.a., *Narrative Sinnbildung im Spannungsfeld von Ambivalenz und Kohärenz. Einführung*, in: Ambivalenz und Kohärenz. Untersuchungen zur narrativen Sinnbildung, Trier: WVT Wissenschaftlicher Verlag, 2009, 5.

II. Wiederherstellung als Bundeserneuerung

1. Wiederherstellung und Bund

1.1 Das Bundeskonzept in Esra-Nehemia

Der Bundesgedanke ist in Esra-Nehemia für die Wiederherstellung konstitutiv. Walther Eichrodt beginnt in seiner Theologie des Alten Testamentes seine Überlegungen mit der Bemerkung: «Der Begriff des Bundes, in dem sich für israelitisches Denken die Beziehung des Volkes zu Gott entscheidenden Ausdruck verlieh, stellt die Besonderheit israelitischen Gotteserkennens von vornherein fest.»[1] Im Esra-Nehemia-Buch wird deutlich, dass die Gottesbeziehung in einem Bund zum Ausdruck gebracht wird.

In Esra 9–10 wird zur Lösung der Mischehen-Problematik ein Bund mit Gott geschlossen.[2] Die Toraverlesung in Neh 8 mit dem anschliessenden Bussgebet in Neh 9 mündet in einen neuen Bundesschluss des Volkes mit Gott in Neh 10.[3] Der Eid, den Nehemia in Neh 5,1–13 den Anführern des Volkes zur Lösung der sozialen Ungerechtigkeiten abnimmt, hat ebenfalls die Form eines Bundesschlusses.[4] Für diese Untersuchung sind die beiden zuerst genannten Bundesschlüsse in Esr 9–10 und Neh 8–10, die auch als Bundeserneuerungen charakterisiert werden, entscheidend, weil in diesen Kapiteln die Gottesbeziehung theologisch reflektiert wird.

---

1 Walther Eichrodt, *Theologie des Alten Testaments. Teil 1. Gott und Volk*, Leipzig: J. C. Hinrichs Verlag, 2. Aufl. 1939, 6. Mit Bund wird nach Neef «ein zentraler, ja sogar vielleicht der Sachverhalt alttestamentlicher Theologie schlechthin beschrieben […], nämlich das besondere Verhältnis zwischen Jahwe und seinem Volk Israel», Heinz-Dieter Neef, *Aspekte alttestamentlicher Bundestheologie*, in: Friedrich Avemarie/Hermann Lichtenberger (Hrsg.), Bund und Tora. Zur theologischen Begriffsgeschichte in alttestamentlicher, frühjüdischer und urchristlicher Tradition, WUNT 92, Tübingen: J.C.B. Mohr (Paul Siebeck), 1996, 1–23, 1. Auch Koch sieht darin «die zentrale Metapher für die Darstellung des Gottesverhältnisses ‹Israels›», Christoph Koch, *Vertrag, Treueid und Bund. Studien zur Rezeption des altorientalischen Vertragsrechts im Deuteronomium und zur Ausbildung der Bundestheologie im Alten Testament*, BZAW 383, Berlin: Walter de Gruyter, 2008, 1.

2 Esr 10,3: So lasst uns nun mit unserem Gott einen Bund schliessen (וְעַתָּה נִכְרָת־בְּרִית לֵאלֹהֵינוּ).

3 Der Ausdruck אֲמָנָה in Neh 10,1 wird in Verbindung mit dem Verb כָּרַת als Synonym zu בְּרִית verwendet. Vgl. die Ausführungen unter II.2.2.1.

4 Vgl. dazu Richard J. Bautch, *The Function of Covenant across Ezra-Nehemiah*, in: Mark J. Boda/Paul L. Redditt (Hrsg.), Unity and Disunity in Ezra-Nehemiah. Redaction, Rhetoric and Reader, Sheffield: Phoenix Press, 2008, 8–24, 14–18.

Im Hinblick auf Vorstellungen von Wiederherstellung in Esra-Nehemia stellt sich die Frage, ob in diesen beiden Bundeserneuerungen auf bekannte Bundesschlüsse rekurriert wird. Das Esra-Nehemia-Buch nimmt auf historische Bundesschlüsse Bezug. Nehemia spricht in seinem Gebet in Neh 1,5 Gott mit folgenden Worten an: «Jhwh, Gott des Himmels, du grosser und furchtbarer Gott, der Bund und Treue denen bewahrt, die ihn lieben und seine Gebote halten» (יְהוָה אֱלֹהֵי הַשָּׁמַיִם הָאֵל הַגָּדוֹל וְהַנּוֹרָא שֹׁמֵר הַבְּרִית וָחֶסֶד לְאֹהֲבָיו וּלְשֹׁמְרֵי מִצְוֹתָיו). Wenn im Zusammenhang von Geboten vom bundesbewahrenden Gott die Rede ist, dann wird implizit auf den Sinaibund verwiesen.[5] Der Abrahambund wird explizit in Neh 9,8 erwähnt, wenn über Abraham gesagt wird: «Du hast sein Herz treu vor dir befunden und den Bund mit ihm geschlossen» (וּמָצָאתָ אֶת־לְבָבוֹ נֶאֱמָן לְפָנֶיךָ וְכָרוֹת עִמּוֹ הַבְּרִית). Sowohl der Abraham- als auch der Sinaibund sind also in Esra-Nehemia präsent. Handelt es sich im Esra-Nehemia-Buch um die Erneuerung bestehender Bundesschlüsse?

Oder ist gerade beim Bundesschluss des Volkes mit Gott in Neh 10 an einen qualitativ neuen Bund zu denken? Christiane Karrer-Grube hat jüngst vorgeschlagen, den in Jer 30–33 geschilderten «neuen Bund» in die Überlegungen zur Bundeserneuerung in Nehemia einzubeziehen.[6] Ihr Vorschlag ist aufgrund der in der Einleitung geschilderten neuen Phase der Forschungsgeschichte[7], in der das Esra-Nehemia-Buch als ein von den Chronikbüchern losgelöstes Werk betrachtet wird, erst möglich geworden.

Zu Beginn des Esra-Nehemia-Buches wird auf «das Wort aus dem Mund Jeremias» verwiesen.[8] In 2Chr 36,21 werden die 70 Exilsjahre erwähnt[9] und somit ist das «Wort aus dem Mund Jeremias» dort offensichtlich eine Anspielung auf Jer 25,12 und 29,10, da von den 70 Jahren (שִׁבְעִים שָׁנָה) die Rede ist. Im Zug der Theorie des Chronistischen Geschichtswerkes wurde

---

5 Vgl. ibid., 8.

6 Vgl. Karrer-Grube, *Conceptual Unity of Ezra and Nehemiah*, 150ff.

7 S.o. I.2.2.

8 Das Buch beginnt in Esr 1,1 mit dem Hinweis: Im ersten Jahr des Kyrus, Königs von Persien, damit das Wort Jhwhs aus dem Mund Jeremias erfüllt wird […] (וּבִשְׁנַת אַחַת לְכוֹרֶשׁ מֶלֶךְ פָּרַס לִכְלוֹת דְּבַר־יְהוָה מִפִּי יִרְמְיָה). Die Wiedergabe von deutschen Bibelversen in dieser Arbeit beruht, sofern nicht anders vermerkt, auf eigener Übersetzung.

9 2Chr 36,21: Damit das Wort Jhwhs im Mund Jeremias erfüllt würde, bis das Land seine Sabbate ersetzt bekam. All die Tage seiner Verwüstung ruhte es, bis siebzig Jahre voll waren (לְמַלֹּאות דְּבַר־יְהוָה בְּפִי יִרְמְיָהוּ עַד־רָצְתָה הָאָרֶץ אֶת־שַׁבְּתוֹתֶיהָ כָּל־יְמֵי הָשַּׁמָּה שָׁבָתָה לְמַלֹּאות שִׁבְעִים שָׁנָה׃). לְמַלֹּאות דְּבַר־יְהוָה בְּפִי יִרְמְיָהוּ unterscheidet sich von לִכְלוֹת דְּבַר־יְהוָה מִפִּי יִרְמְיָה in Esr 1,1. Es wird nicht nur das Verb מלא anstelle von כלה, sondern auch die Präposition בְּ in בְּפִי anstelle von מִןin מִפִּי verwendet.

Esr 1,1 aufgrund der Erwähnung der 70 Jahre in 2Chr 36,21 ebenfalls im Kontext dieser Jeremiastellen gelesen. Betrachtet man Esra-Nehemia jedoch als ein von den Chronikbüchern losgelöstes Buch, drängt sich diese Einengung nicht mehr auf, weil Esr 1,1 nicht mehr aus der Perspektive des Chronikschlusses gedeutet wird.

Im Kapitel «Wiederherstellung als erfüllte Heilsprophetie» werde ich noch einmal auf den Ansatz von Karrer-Grube zurückkommen.[10] An dieser Stelle gehe ich nur auf die für die Bundeserneuerung relevanten Passagen ein. Karrer-Grube liest auch das Nehemiabuch im Licht der Worte aus dem Mund Jeremias und kommt zum Schluss: «It can hardly be ignored that the book of Nehemiah can be read as ‹fulfillment› of Jeremiah 30–33.»[11] In Jer 30–33 wird ein neuer Bund verheissen, welcher die Einhaltung der Tora durch das Volk verheisst (vgl. Jer 31,31–34; 32,40). Gerade in Neh 8–10 sieht Karrer-Grube eine beeindruckende Parallele zu den Voraussagen in Jer 31 und 32, denn Neh 8–10 beschreibt, wie das ganze Volk die Tora versteht und bereit ist, sie zu halten und einen Bund zu unterzeichnen.[12] Dieses Anliegen, dass das Volk als Ganzes für den Beitritt in den Bund und die Einhaltung der Tora verantwortlich ist, korrespondiert mit den Charakteristika des neuen Bundes in Jer 31 und 32.[13] Auch der Hinweis in Jer 33,10f., dass Jerusalem wieder bevölkert werden wird, «erfüllt» sich in Esra-Nehemia. Neh 13 steht in einer gewissen Parallelität zu Jer 17, wo es auch um die Einhaltung des Sabbats geht.[14] Nach Karrer-Grube hat Esr 1,1 nicht eine bestimmte Stelle im Jeremiabuch im Auge, sondern fasst das ganze Geschick Judas zusammen, wie es in Jer 30–33 und 17,19–27 geschildert wird. Dabei komme Neh 8–10 eine Schlüsselrolle bei der Komposition des Esra-Nehemia-Buches als Erfüllung des von Jeremia verheissenen neuen Bundes zu.[15] Im Schlusswort bündelt Karrer-Grube ihre These diesbezüglich: «My thesis is that Nehemiah 9–10 is to be understood as describing the fulfillment of the new covenant which is promised in Jer. 31.31–34; 32.40.»[16]

Das ist ein interessanter Ansatz, der in die Reflexion über die Bundeserneuerung als Konzept der Wiederherstellung mit einfliesst. Zunächst ist je-

---

10 S.u. IV.1.1.2.

11 Karrer-Grube, *Conceptual Unity of Ezra and Nehemiah*, 152.

12 Vgl. ibid.

13 Vgl. Argumente bei ibid., 153f.

14 Vgl. ibid., 154.

15 Karrer-Grube sieht darin auch einen Hinweis auf die Einheit des Esra-Nehemiabuches: «It is striking that Nehemiah 8–10 plays a crucial role in this composition as fulfillment of the ‹new covenant› as well as for the conceptual coherence of the two books.» (Ibid., 155.) Ihr Aufsatz hat das Ziel, die konzeptuelle Einheit des Esra-Nehemiabuches aufzuzeigen.

16 Ibid., 158.

doch die Frage zu klären, ob im Esra-Nehemia-Buch tatsächlich von einer Bundeserneuerung als zentralem «Konzept der Wiederherstellung» gesprochen werden kann.

1.2 Bundeserneuerung als Konzept der Wiederherstellung in Esra-Nehemia?

Die Frage, ob man im Esra-Nehemia-Buch von einer Bundeserneuerung als zentralem «Konzept der Wiederherstellung» sprechen kann, muss anhand von Neh 8–10 geklärt werden. Wenn diese Kapitel, welche die Klimax[17] des Esra-Nehemia-Buches bilden, als Bundeserneuerung charakterisiert werden können, dann ist es auch berechtigt, von der Bundeserneuerung als einem für Esra-Nehemia entscheidenden Konzept in Bezug auf Wiederherstellung zu sprechen. Es stellen sich drei Fragen: 1. Kann von Nehemia 8–10 tatsächlich als Höhepunkt des Buches gesprochen werden? 2. Ist Nehemia 8–10 eine literarische Einheit? 3.) Kann dieser Abschnitt als Bundeserneuerung charakterisiert werden? Auf diese drei Fragen gehe ich im Folgenden ein.

1.2.1 Nehemia 8–10 als Klimax des Esra-Nehemia-Buches

Zuerst behandle ich die Frage, ob Neh 8–10 tatsächlich als Höhepunkt des Esra-Nehemia-Buches betrachtet werden kann. Duggan sieht diese Kapitel als Crux der Interpretation des ganzen Buches[18] und nennt dafür vier Faktoren: 1. Die Beschreibung von Esras Auftreten (Neh 7,72b–8,18) inmitten der Nehemiaerzählung (Neh 1,1–7,5; 12,27–13,31) verknüpft die Missionen der beiden Protagonisten. 2. Die Toralesung (Neh 7,72b–8,18) stellt einen unverzichtbaren Aspekt der Reform Esras (Esr 7,1–10,44) dar. 3. Die Erzählung der Geschichte Israels im Bussgebet (Neh 9,6–37) bildet den einzigen «Psalm» im Esra-Nehemia-Buch. 4. Die tempelbezogenen Bestimmungen in der schriftlichen Verpflichtung (Neh 10,29–40) nehmen Aktivitäten vorweg,

---

17 Vgl. die Aussage von Duggan: «The narrative of the covenant-renewal ceremony initiated by Ezra (Neh 7:72b–10:40) constitutes the climax of the book of Ezra-Nehemiah.» (Duggan, *Covenant Renewal*, 1.) So ebenfalls Williamson: «There can be little doubt that Neh 8–10 is to be seen as the climax of the work in this form», Williamson, *Ezra, Nehemiah*, xxxiv. Vgl. auch Hugh G. M. Williamson, *The Belief System of the Book of Nehemiah*, in: Bob Becking/Marjo C.A. Korpel (Hrsg.), The Crisis of Israelite Religion. Transformation of Religious Tradition in Exilic and Post-Exilic Times, OTS 42, Leiden: Brill, 1999, 276–287, 276. Er spricht im Zusammenhang von Neh 8–10 auch von der «theological climax» des Buches, vgl. Williamson, *The Torah and History*, 167.

18 Er nennt die Kapitel «crux of interpretation for the whole work», vgl. Duggan, *Covenant Renewal*, 1.

welche die Mission Nehemias beschliessen (Neh 13,4–31).[19] Die von Duggan herausgearbeiteten Kriterien scheinen mir geeignet, um aufzuzeigen, dass Neh 8–10 als Klimax des Buches betrachtet werden kann. Die bei Duggan kurz erwähnten Punkte erläutere ich hier breiter.

Das erste Argument ist die literarische Verschränkung der Missionen von Esra und Nehemia, die nicht nur durch das Einfügen der Toraverlesung des Esra inmitten der Nehemiaerzählung, sondern auch durch die gemeinsame Nennung Esras und Nehemias in Neh 8,9 gestaltet wird.[20] Diese Verschränkung kann verschiedene Gründe haben.[21] Dass es sich um ein Versehen handelt, wie z.B. Rudolph[22] es erklärt, ist unwahrscheinlich[23], vielmehr scheint sie vom Verfasser intendiert zu sein. Childs spricht in diesem Zusammenhang von «canonical shaping»: Der Autor stellt sich die politische und religiöse Aufgabe der beiden Männer als für die Arbeit der Wiederherstellung der Gemeinschaft zusammengehörig vor.[24] Eine weitere Position geht von der Annahme aus, dass es durchaus auch historisch plausibel sei, dass sich die Ereignisse in Neh 8–10 in dieser Reihenfolge abgespielt haben und die Verzahnung der Missionen von Esra und Nehemia nicht nur literarischer Natur ist.[25] Gemäss dieser Auffassung beschreibt Neh 8 nicht die in chronologischer Hinsicht erste Toralesung im Dienst Esras, was der Text auch nicht

---

19 Ibid.

20 Eine weitere gemeinsame Nennung (ausserhalb voh Neh 8–10) finden wir in Neh 12,26.

21 Vgl. dazu die verschiedenen Erklärungsvarianten bei David J.A. Clines, *Ezra, Nehemiah, Esther*, NCB, Grand Rapids: Eerdmans, 1984, 10–12.

22 Rudolph postuliert folgende Anordnung des Materials als ursprünglich: Esr 1–8, Neh 7,72b–8,18, Esr 9,1–10,44, Neh 9,1–10,40, 1,1–772a, 11,1–13,31. Eine spätere Hand habe dann aber, «durch die Ähnlichkeit des ursprünglichen Schlusses von Esr 8 mit dem Schluß der Liste Neh 7 6–72a verführt, den zweiten Teil der chronistischen Esraerzählung (Neh 7 72b–1040) in die Nehemia-Denkschrift hineingeschoben und so zu der ungeschichtlichen Annahme eines gleichzeitigen Wirkens beider Männer Anlaß gegeben, die in der Hinzufügung von Nehemia in Neh 8 9 und von Esra in Neh 12 36b ihren äußeren Ausdruck fand», Rudolph, *Esra und Nehemia*, XXII.

23 Clines meint dazu: «[I]t is difficult to imagine how this accidental transposition occurred.» (Clines, *Ezra, Nehemiah, Esther*, 11.)

24 Vgl. Childs, *Introduction*, 635.

25 Vgl. z.B. Yehezkel Kaufmann, *History of the Religion of Israel. Volume IV: From the Babylonian Captivity to the End of Prophecy*, New York: KTAV Publ. House, 1977, 638–649; Helge Stadelmann, *Die Reform Esras und der Kanon*, in: Gerhard Maier (Hrsg.), Der Kanon der Bibel, Giessen/Wuppertal: Brunnen/Brockhaus, 1990, 52–69, 52, 64f; R. K. Harrison, *Introduction to the Old Testament. With a Comprehensive Review of Old Testament Studies and a Special Supplement on the Apocrypha*, Michigan: William B. Eerdmans, Nachdr. 2004, 1149.

beansprucht, stellt auch nicht eine «‹ideale Szene› ätiologischen Inhalts»[26] dar, sondern schildert eine Toraverlesung durch Esra nach der Fertigstellung der Mauer und steht damit im Esra-Nehemia-Buch nicht nur aus literarischen, sondern auch aus historischen Gründen, an der jetzigen Position.[27] Die Frage nach der Komposition von Neh 8–10 bildet sowohl in historischer als auch literarischer Hinsicht eine der schwierigsten Fragen des Esra-Nehemia-Buches.[28]

Ob die Annahme, dass die Reihenfolge der Darstellung in Neh 8–10 einen historischen Ursprung hat, Zustimmung findet oder nicht, ist nicht entscheidend zur Klärung der Frage, ob Neh 8–10 die Klimax des Esra-Nehemia-Buches bildet; vielmehr ist dafür die Ansicht, die Zusammenstellung von Neh 8–10 sei intendiert, ausschlaggebend. Dies lässt sich anhand von Williamson aufzeigen, für den Neh 8, 9 und 10 je ihre eigenen literarischen und historischen Ursprünge haben. Dennoch ist es ist ihm ein Anliegen «to affirm emphatically that they have not come together by the random processes of chance or error in transmission, but rather that they have been carefully assembled and thoughtfully located by the editor responsible for combining the Ezra and Nehemiah material».[29] Durch das gemeinsame Auftreten von Esra und Nehemia, durch das Lesen der Tora, die Feier des Laubhüttenfestes, das Bussgebet und den anschliessenden Bundesschluss wird der Höhepunkt des Buches gebildet. Weil das Auftreten Esras im Nehemiabuch und das gemeinsame Auftreten der beiden Protagonisten nicht zufällig, sondern intendiert ist, kann man mit Williamson sagen: «There can be little doubt that Neh 8–10 is to be seen as the climax of the work in this form».[30]

---

26 So Antonius H. J. Gunneweg, *Nehemia. Mit einer Zeittafel von Alfred Jepsen und einem Exkurs zur Topographie und Archäologie Jerusalems von Manfred Oeming*, KAT XIX,2, Gütersloh: Gütersloher Verlagshaus Mohn, 1987, 110.

27 Ich halte diese Ansicht für plausibel. Clines betrachtet diesen Ansatz als einfachste Erklärung des Problems, vgl. Clines, *Ezra, Nehemiah, Esther*, 10f. Für ihn ist es jedoch historisch unglaubwürdig, dass Esra mit der Toraverlesung, zu deren Zweck er 458 v.Chr. aus Babylon entsandt wurde, bis zum Jahr 445 v.Chr. gewartet habe. Das ist tatsächlich unwahrscheinlich. Neh 8 sagt aber nicht aus, dass dies die erste Toralesung Esras war. Die Betroffenheit der Menschen (Neh 8,9) kann auch durch einen Text ausgelöst werden, der aufgrund früherer Toralesungen nicht als grundsätzlich neu für die Zuhörenden angesehen werden muss. Clines diskreditiert diesen Ansatz nicht, sondern hält ihn, auch wenn er ihm nicht folgt, für «worthy of serious consideration», ibid., 11.

28 «The composition of Neh 8–10 lies at the heart of the literary and historical problems relating to these books.» (Williamson, *Ezra, Nehemiah*, 275.) Für weitere Erörterungen zur Problematik s.u. III.3.1.

29 Ibid., 276.

30 Ibid., xxxiv. Rendtorff bezeichnet Neh 8–10 als «das zentrale Kernstück der Bücher Esra/Nehemia», Rolf Rendtorff, *Theologie des Alten Testaments. Ein ka-*

Das im nächsten Kapitel dargelegte Modell der Periodisierung von Sara Japhet bestätigt, dass die Überschneidung der Dienste von Esra und Nehemia als Hinweis auf den Höhepunkt des Buches gesehen werden kann.[31]

Duggans zweites Argument, weshalb Neh 8–10 den Höhepunkt des Esra-Nehemia-Buches darstellt, besagt, dass die in Neh 8 geschilderte Toralesung einen unverzichtbaren Aspekt der Beschreibung der Reform Esras ausmache. Die wichtige Rolle der Tora im Esra-Nehemia-Buch ist unbestritten. Reinmuth zeigt auf, wie die Redaktion des Esra-Nehemia-Buches «the renewed orientation to the Torah» zu einem wichtigen Thema des Buches macht[32] und sieht in der Toraorientierung von Neh 8–10 einen Hinweis darauf, dass es das Zentrum des Buches ist: «So from the perspective of the Torah-oriented redaction, Nehemiah 8–10 represents the center of the book.»[33] Die hohe Wertschätzung Esras im Talmud basiert genau auf diesem Aspekt, dass Esra Israel die Tora vermittelte.[34]

Der dritte Faktor in Duggans Aufzählung ist die Bedeutung des nachexilischen Bussgebetes in Neh 9 als einzigem «Psalm» in Esra-Nehemia. Dazu ist zwar zu sagen, dass die Gattungsbezeichnung «Psalm» zu weit gefasst und daher ungenau ist[35], es müsste präziser von einem «Bussgebet» oder «nachexilischen Bussgebet» die Rede sein.[36] Als Bussgebet bildet Neh 9 nicht eine singuläre Erscheinung in Esra-Nehemia.[37] Dennoch ist dem Argument abzugewinnen, dass dem Gebet in Neh 9, welches alle wichtigen Traditionen

---

nonischer Entwurf. Band 1: Kanonische Grundlegung, Neukirchen-Vluyn: Neukirchener Verlag, 1999, 371.

31 S.u. III.1.2

32 Reinmuth, *Nehemiah 8 and the Authority of Torah*, 261.

33 Ibid., 250.

34 Vgl. Suk. I,xi: «Als die Tora zuerst bei Jisrael in Vergessenheit geriet, kam Ezra aus Babylonien und begründete sie […].»; Syn. II,iv: «Ezra war würdig, daß die Tora durch ihn gegeben werde, wäre ihm Mose nicht zuvorgekommen.»

35 Mathys spricht im Zusammenhang von Neh 9 von einem systematischen, durchkomponierten Gebet, vgl. Hans-Peter Mathys, *Dichter und Beter: Theologen aus spätalttestamentlicher Zeit*, OBO 132, Freiburg (CH): Universitätsverlag, 1994, 4.

36 Boda bezeichnet Neh 9 als «Penitential Prayer». Er hat eine Übersicht der verschiedenen Gattungsbezeichnungen für Neh 9 in der Literatur zusammengestellt, vgl. Mark J. Boda, *Praying the Tradition. The Origin and Use of Tradition in Nehemiah 9*, BZAW 277, Berlin: Walter de Gruyter, 1999, 198–202.

37 Vgl. Esr 9,6–15 und Neh 1,5–11.

Israels von der Schöpfung bis zum Exil umfasst[38], eine wichtige Funktion in Esra-Nehemia zukommt.[39]

Dass die tempelbezogenen Bestimmungen der schriftlichen Verpflichtung in Neh 10 mit Aktivitäten in Neh 13 korrespondieren, erwähnt Duggan als vierten Hinweis darauf, dass wir es in Neh 8–10 mit dem Höhepunkt des Buches zu tun haben. In Neh 13,4–14 geht es um die Bekämpfung von Missständen im Tempel. Diese stehen tatsächlich in Bezug zu den tempelbezogenen Bestimmungen in Neh 10,33–40. Es gibt aber noch weitere Parallelen: In Neh 13,15–22 geht es um die Durchsetzung des Sabbatgebotes. Das Sabbatgebot ist Thema in Neh 10,32. Neh 13,15–22 thematisiert das Verbot von Mischehen genauso wie Neh 10,31 im schriftlichen Bundesvertrag. Die drei Themenbereiche «Tempelbezogene Bestimmungen», «Sabbatgebot» und «Mischehenproblematik», die alle in Neh 10 vorkommen, werden in Neh 13 in umgekehrter Reihenfolge wieder aufgegriffen.[40] Während in Neh 10 die tempelbezogenen Bestimmungen den grössten Raum einnehmen, werden die drei Themenbereiche in Neh 13 mit ähnlich langen Abschnitten aufgegriffen. Das vierte Argument Duggans wäre also dahingehend zu ergänzen, dass neben den tempelbezogenen Vorgaben auch die Bestimmungen im Hinblick auf das Sabbatgebot und die Mischehenproblematik in der letzten in Neh 13 beschriebenen Mission Nehemias eine Rolle spielen. Gerade diese Wiederaufnahme der drei in Neh 10 behandelten Themenbereiche in Neh 13 zeigt eine grosse Ambivalenz, auf die am Schluss dieses Kapitels ausführlich eingegangen wird.[41]

Ich bin bisher von den vier Argumenten Duggans am Anfang seiner Untersuchung ausgegangen. An anderer Stelle schreibt er, Neh 7,72b–10,40 müsse als Klimax gesehen werden, weil hier der entscheidende Moment («the defining moment») für die nachexilische Gemeinschaft beschrieben wird und wichtige Motive am Schnittpunkt der Missionen von Esra und Nehemia aufgegriffen werden wie: 1. Sammlung des Volkes, 2. Fokus auf die Tora, 3. Gebet und 4. Tempel.[42] Thematisch findet hier eine Verdichtung statt und mit der Versammlung, dem Lesen der Tora, dem Bussgebet und dem

---

38 Nach Boda beinhaltet das Gebet «a rehearsal of the main traditions of Israel from Creation to Exile», vgl. Boda, *Praying the tradition*, 1. Nach Mathys enthält das Kapitel «eine eigentliche Dogmatik in nuce», Mathys, *Dichter und Beter*, 4.

39 Zu Komposition, Funktion und Theologie von Neh 9 vgl. Klaus Zastrow, *Die drei grossen Bussgebete von Esra 9, Nehemia 9 und Daniel 9*, Diss. Heidelberg, 1998, 66–122.

40 S.u. II.2.2.4.

41 S.u. II.3.2.

42 Vgl. Duggan, *Covenant Renewal*, 67.

anschliessenden Bundesschluss ergibt sich der entscheidende Moment für die Formung der nachexilischen Gemeinschaft.

Auf die thematische Verdichtung in Neh 8–10 hat auch Julius Steinberg hingewiesen. Er gliedert das Esra-Nehemia-Buch thematisch anhand der drei Schwerpunktbereiche der Restauration: «Tempel», «Volk» und «Stadt».[43] Weil Neh 10 «zum größten Teil Regelungen, die mit der Aufrechterhaltung des Tempeldienstes zu tun haben», umfasst, rechtfertigt das nach Steinberg «die Zuordnung des Abschnitts zum Schwerpunktbereich ‹Tempel›».[44] Da vom ganzen Abschnitt Neh 7,72b–10,40 die Rede ist, halte ich diese Themenzuordnung für zu kurz gegriffen. Steinbergs Modell ermöglicht es ihm jedoch, eine kunstvolle Gliederung in Neh 7–13 aufzuzeigen.[45] Auch wenn die Themenzuordnung nicht völlig zu überzeugen vermag, so ist es doch sehr zutreffend, wenn er ab Neh 7 eine «inhaltliche und chronologische Verschachtelung» beobachtet: «Im Bereich von Neh 7–13 sind die drei Schwerpunktbereiche miteinander verbunden. Damit bilden die Kapitel den Höhepunkt des Buches.»[46] Wenn Steinberg aufgrund seiner Untersuchung nach thematischen Strukturelementen den ganzen Bereich Neh 7–13 als «Höhepunkt» bezeichnet, so nimmt «der zentral platzierte Bericht»[47] in Neh 7,72–10,40 auch bei ihm eine besondere Stellung ein.[48]

Diese Überlegungen zeigen, dass es durchaus berechtigt ist, von Neh 8–10 als Höhepunkt des Esra-Nehemia-Buches zu sprechen. Es stellt sich nun die zweite Frage nach der literarischen Abgrenzung von Neh 8–10.

1.2.2 Literarische Abgrenzung von Nehemia 8–10

In literarischer Hinsicht gilt «a nearly unanimous consensus», dass die Schilderung der Bundeserneuerung mit Neh 10,40 endet.[49] Eine Ausnahme bildet Clines, der in Neh 10 ein Dokument aus der Zeit der zweiten Amtszeit Nehemias (vgl. Neh 13) sieht[50] und Neh 9,38–13,31 als Einheit unter dem Titel «Nehemiah's Community» auslegt.[51] Doch selbst er ist der Meinung, dass Neh 10 in der jetzigen Position (aus Sicht des nachchronistischen Redaktors) ein Abschluss der «ceremony of national repentance» bildet.[52] In Neh 11,1–2

---

43 Vgl. Steinberg, *Ketuvim*, 420.

44 Ibid., 422.

45 Vgl. ibid., 419–422.

46 Ibid., 420.

47 So ibid., 422.

48 Vgl. die Strukturtabelle ibid., 421.

49 Duggan, *Covenant Renewal*, 68.

50 Clines, *Ezra, Nehemiah, Esther*, 211.

51 Ibid., 199ff.

52 «It therefore seems that the present position of Neh. 10, along with the link verse (9:38), is due to the post-Chronicler editor's sense that the pledge document for-

setzt mit dem Thema der «Mehrung der Einwohnerzahl Jerusalems»[53] und den folgenden Listen (Neh 11,3–36) ein neuer Abschnitt ein.

Die Frage nach der literarischen Abgrenzung des Abschnitts stellt sich mehr hinsichtlich des Beginns der Einheit: Setzt die Erzählung der Bundeserneuerung mit Nehemias einleitender Bemerkung zur Heimkehrerliste (Neh 7,5b) oder erst nach Abschluss der Heimkehrerliste mit der einleitenden Bemerkung zur Versammlung im siebten Monat (Neh 7,72b) ein? Prominente Vertreter der ersten Position sind Gunneweg, der Neh 7,4–10,40 unter dem Titel «Die Konstituierung der Gemeinde»[54] behandelt, und Blenkinsopp, der Neh 7,5b–10,40 als einheitlichen Abschnitt sieht.[55]

Ich halte mich bei den folgenden Überlegungen an Duggan, der in seiner Monographie über Neh 7,72b–10,40 in Bezug auf die literarische Abgrenzung des Abschnittes überzeugend argumentiert. Duggan nennt einerseits vier Gründe, die dafür sprechen, den Anfang des Abschnittes über die Bundeserneuerung schon bei Neh 7,5b zu sehen.[56] Erstens greift Neh 11,1 das Thema der Besiedelung Jersusalem auf, das in Neh 7,4 mit dem Hinweis auf die wenigen Bewohner Jerusalems angedeutet wird. Zweitens bricht mit Neh 7,5 der Ich-Bericht Nehemias ab. Drittens ist die Heimkehrerliste in Neh 7,6–72a mit dem folgenden Abschnitt über die Toraverlesung (Neh 7,72b–8,18) in Analogie zu Esr 2,1–70, wo die Heimkehrerliste direkt in die folgende Erzählung über die Errichtung des Altarbaus überleitet, verbunden. Viertens dient die Liste absichtlich dazu, den Ausdruck «das ganze Volk» in Neh 8,1 zu erklären.

Andererseits sprechen nach Duggan stärkere Argumente dagegen, die Heimkehrerliste als Beginn des Abschnitts über die Bundererneuerung zu sehen[57]: Neh 11,1f. korrespondiert nicht direkt mit Neh 7,4–5a: Zwar wird die Tatsache der niedrigen Einwohnerzahl Jerusalems aufgegriffen, auf das Problem des ausbleibenden Wiederaufbaus der Häuser wird aber nicht eingegangen. Der letzte Satz im Ich-Bericht Nehemias (Neh 7,5) kann nur als Einleitung zur Heimkehrerliste (Neh 7,6–72a) gesehen werden, nicht aber zur Toralesung Esras (Neh 7,72b–8,18), wo Nehemia in der 3. Person genannt wird (Neh 8,9). Zwischen Neh 7,6–72a und 7,72bff. besteht gerade kein

med an appropriate conclusion to a ceremony of national repentance.» (Ibid., 200.)

53 Gunneweg, *Nehemia*, 140.

54 Ibid., 103–139 und weitere Erklärungen 140f.

55 Joseph Blenkinsopp, *Ezra-Nehemiah. A Commentary*, OTL, London: SCM Press, 1989, 278–319 und weitere Erklärungen 322f.

56 Duggan, *Covenant Renewal*, 68–70.

57 Ibid., 70.

Übergang, der mit derselben Finesse gestaltet wurde wie der Übergang von Esr 2,1–70 zu Esr 3,1ff.[58]

Für Duggan sprechen deshalb gute Gründe dafür, Neh 7,72b als Anfang des Berichtes über die Bundeserneuerung aufzufassen.[59] Er zeigt, wie Neh 11,1 betreffs Vokabular und Inhalt an Neh 7,72a anschliesst, und kommt zum Schluss: «Since the narrative continues from 7:72a to 11:1–3, the intervening account of the covenant renewal must extend from 7:72b to 10:40.»[60] Neh 7,72a bildet einen Abschluss der Heimkehrerliste, da Priester, Leviten, Torhüter, Sänger und Tempelsklaven noch einmal zusammenfassend erwähnt werden, und verweist mit der Bemerkung, dass ganz Israel in ihren Städten sei (בְּעָרֵיהֶם), indirekt auf die Tatsache hin, dass im Gegensatz dazu, in Jerusalem, in «der Stadt» (הָעִיר, Neh 7,4), nur wenige Menschen wohnen. Die Wiederholung von וְכָל־יִשְׂרָאֵל בְּעָרֵיהֶם in Neh 7,72a durch וּבְנֵי יִשְׂרָאֵל בְּעָרֵיהֶם in Neh 7,72b markiert den Beginn eines neuen literarischen Abschnittes. Den Wechsel von וְכָל־יִשְׂרָאֵל zu וּבְנֵי יִשְׂרָאֵל interpretiert Duggan mit dem Hinweis auf einen Generationenwechsel[61] von der Generation der Vorfahren, die direkt nach dem Exil ins Land gekommen ist (Neh 7,6–72a), hin zu deren Nachkommen, die sich etwa 80 Jahre später versammeln, um die Toralesung Esras zu hören (Neh 7,72b–8,18). Diese chronologische Lücke markiert für ihn eine Trennung zwischen 7,72a und 7,72b – genauso wie die Datierungsangabe וַיִּגַּע הַחֹדֶשׁ הַשְּׁבִיעִי in Neh 7,72b.[62]

Ich halte die Argumente von Duggan für überzeugend, Neh 7,72b–10,40 als literarische Einheit zu betrachten. Im weiteren Kontext bildet die Erzählung der Bundeserneuerung das Zentrum einer chiastischen Struktur. Auch hier kann Duggan gefolgt werden[63]:

A Vollendung der Stadtmauern (Neh 6,1–7,5a)
  B Liste der Bewohner Jerusalems und Judas zur Zeit der Vorfahren (7,5b–72a)
    C Bundeserneuerung (7,72b–10,40)
  B’ Neubesiedelung Jerusalems (11,1–12,26)
A’ Einweihung der Stadtmauern (12,27–43)

---

58 Vgl. dazu auch die literarische Untersuchung von Eskenazi, die eine deutliche Zäsur zwischen Neh 7,72 und 8,1 setzt (Teil II: Esr 1,5–Neh 7,72, Teil III: Neh 8,1–13,31), Eskenazi, *Age of Prose*, 38.

59 Duggan, *Covenant Renewal*, 71f.

60 Ibid., 71.

61 Duggan spricht von einem «leap across generations», ibid., 72.

62 Duggan vergleicht die Datierungsangabe mit Esr 3,1.6; 6,19; 8,31; 10,9; Neh 1,1; 2,1; 8,13; 9,1, ibid. Eine vollständige Übersicht aller Datierungsangaben im Esra-Nehemiabuch bietet Klement, *Rhetorical, Theological and Chronological Features*, 63.

63 Duggan, *Covenant Renewal*, 72.

Die Bundeserneuerung wird von Listen umrahmt. Während die Heimkehrerliste (7,7b–72a) dem Abschnitt vorangestellt wird, sind es mehrere Listen, die in Neh 11,1–12,26 folgen: die Liste der Bewohner Jerusalems (11,3–23), die Liste der Familien von Juda und Benjamin (11,24–36), die Liste der Priester und Leviten (12,1–26[64]). Die Listen werden ihrerseits von den Berichten über den Mauerbau und die Mauereinweihung umrahmt: In Neh 6,1–7,5a wird die Fertigstellung der Mauer geschildert. Die Einweihung derselben wird hingegen erst ab Neh 12,27 berichtet.

Die Bundeserneuerung, in deren Zentrum Bund und Tora stehen, wird von der Mauererzählung umrahmt. Der Tora selber kommt die Funktion einer «inneren Mauer» zu, wie unten gezeigt werden wird.[65] So wird kunstvoll der Mauerbericht unterbrochen, um durch die Verlesung der Tora und den Bundesschluss den Bau der «inneren Mauer» zu schildern. Nehemia 8–10 bildet also den Höhepunkt des Buches und eine literarische Einheit.

1.2.3 Nehemia 8–10 als Bundeserneuerung

Welcher Gattung ist Neh 8–10 zuzuordnen? Die formgeschichtlichen Studien von Klaus Baltzer und Dennis McCarthy definieren den Abschnitt als «Bundeserneuerung».[66] Nachdem Baltzer das alttestamentliche Bundesformular anhand von Jos 24, Ex 19; 24 und Dtn 1–4; 28–30 untersucht,[67] wendet er sich dem «Bundesformular bei der Erneuerung des Bundes»[68] zu und behandelt Neh 9–10 im Anschluss an Ex 34. Gegenüber Ex 34 sieht er in Neh 9–10 den Unterschied, dass hier nicht Gebote Gottes, der mit seinem Volk in ein Bundesverhältnis tritt, wiedergegeben werden, sondern Bestimmungen, zu deren Übernahme sich das Volk selber verpflichtet. Diese sind «nicht wie sonst in der 2. Person als Imperativ oder Jussiv, sondern in der 1. Person als Voluntativ formuliert».[69] Es handelt sich aber in Neh 9–10 gleich wie in Ex 34 «um eine Bundes*erneuerung*».[70] Der Sinaibund wird ausdrücklich erwähnt (Neh 9,13f.), doch er ist von Israel mehrfach gebrochen worden. Die Umkehr zu Jhwh bietet die einzige Möglichkeit zur Rettung (Neh 9,26): «Er allein,

---

64 In V. 1–11 aus der Zeit Serubbabels, in 12–21 aus der Zeit Jojakims und in 22–25 weitere Listen bis zur Zeit Darius II. Zu den Listen vgl. Klement, *Rhetorical, Theological and Chronological Features*, 63.

65 S.u. V.2.2.

66 Klaus Baltzer, *Das Bundesformular*, WMANT 4, Neukirchen-Vluyn: Neukirchener Verlag, 2. Aufl. 1964; Dennis J. McCarthy, *Covenant and Law in Chronicles–Nehemiah*, in: CBQ 44, 1982, 25–44. Vgl. dazu auch Duggan, *Covenant Renewal*, 21f.

67 Baltzer, *Das Bundesformular*, 29–47.

68 Ibid., 48ff.

69 Ibid., 53.

70 Ibid., 54.

der der Garant des Bundes ist, kann den Fluch aufheben, den Bund wieder in Kraft setzen.»[71] Als charakteristische Bestandteile des Bundesformulars[72] zeigt Baltzer folgende Elemente auf: den geschichtlichen Rückblick in Neh 9 (als Vorgeschichte), die Überschrift der Urkunde als «feste Abmachung» (Neh 10,1) und die grundsätzlichen Bestimmungen in 10,30, die Einzelbestimmungen (10,31–40), die Sanktionen des Bundes, die zwar nicht weiter ausgeführt, in 10,30 jedoch ausdrücklich erwähnt werden, und die Versiegelung der Urkunde zu deren Rechtsgültigkeit (10,1ff.).[73]

Baltzer geht auch auf Esr 9–10 ein und sieht darin ein «ganz ähnliches Bild vom Verlauf einer Bundeserneuerung» wie in Neh 9–10.[74] Das Bussgebet in Esr 9,6–15 entspricht dem Gebet in Neh 9, nur wird hier die «Vorgeschichte» noch deutlicher zum «Bussbekenntnis».[75] Auf das Bussgebet Esras folgt das «antwortende Bekenntnis Israels» (Esr 10,3) als Replik.[76] Der Inhalt des Bundes, die Trennung von fremden Frauen, wird in Esr 10,3 in nur einem Satz dargelegt. Es folgt in Esr 10,5 eine «Beschwörung der Selbstverpflichtung durch die Oberen» und in 10,7ff. die «Annahme der Verpflichtung durch die ganze Gemeinde».[77]

McCarthy untersucht Bundeserneuerungen in Chronik und Esra-Nehemia.[78] In den Chronikbüchern sind es die drei Könige Asa, Hiskia und Josia, die im Rahmen ihrer Reformen Bundererneuerungen durchführen.[79] In Esra-Nehemia bezieht sich McCarthy auf drei Bundeserneuerungen: Esras Versammlung gegen Mischehen (Esr 9–10), Nehemias Vorgehen gegen Wu-

---

71 Ibid.

72 Anhand hethitischer Staatsverträge arbeitet Baltzer folgende Elemente eines Vetragformulars heraus: 1. Die Präambel, 2. die Vorgeschichte, 3. die Grundsatzerklärung über das zukünftige Verhältnis, 4. die Einzelbestimmungen, 5. die Anrufung der Götter als Zeugen, 6. Fluch und Segen, vgl. ibid., 20.

73 Ibid., 51–53. Ulrich Kellermann findet die «Handlungsfolge» von Neh 8–10 mit den Einzelementen «Gesetzesverlesung, Bussgebet, Neuverpflichtung auf das Gesetz mit Grundsatzerklärung und Einzelbestimmungen» auch in anderen chronistischen Texten (Esr 9–10; 2Chr 15,1–18; 29–31; 34,29–35,19) und sieht darin dieselbe Struktur. Mit Verweis auf Baltzer spricht er vom «Bundeserneuerungszeremoniell der nachexilischen Gemeinde», vgl. Ulrich Kellermann, *Nehemia. Quellen, Überlieferung und Geschichte*, BZAW 102, Berlin: Alfred Töpelmann, 1967, 90.

74 Baltzer, *Das Bundesformular*, 56.

75 Ibid.

76 Ibid. Eine solche Antwort fehlt zwischen Neh 9 und 10.

77 Ibid., 57.

78 McCarthy, *Covenant and Law*.

79 In den Königsbüchern werden diese drei Könige so beurteilt, dass sie das taten, was in den Augen Gottes richtig war «wie ihr Vater David» (Asa: 1Kön 15,11; Hiskia: 2Kön 18,3; Josia: 2Kön 22,2), vgl. ibid., 28f.

cher und Sklaverei (Neh 5,8–13) und die Bundeserneuerung in Neh 8–10. Er sieht in allen Bundeserneuerungen in Chronik–Nehemia gemeinsame strukturelle Elemente: «(1) parenesis, used here as a general word for various kinds of exhortation; (2) covenant-making; (3) purification of land and people; (4) renewed cult».[80] Dabei stellt er eine Nähe zu den assyrischen Treueeiden fest und sieht in der Wendung «und auf deine Zeugnisse, die du hast bezeugen lassen» (וּלְעֵדְוֹתֶיךָ אֲשֶׁר הַעִידֹתָ)[81] in Neh 9,34 einen Hinweis auf den assyrischen Ausdruck *adû*, der mit Treueeid übersetzt wird, zunächst aber einfach «Eid» bedeutet.[82]

Gleichzeitig sieht McCarthy aber auch Unterschiede zwischen den Bundeserneuerungen in den Chronikbüchern und in Esra-Nehemia.[83] In Esra-Nehemia ist die Gemeinschaft als solche (oder einzelne Gruppen derselben) aktiv in die Bundesschlüsse involviert, während in den Chronikbüchern der König der Handelnde ist. In den einleitenden paränetischen Abschnitten gewichtet Esra-Nehemia die Busse stärker. Esra-Nehmia legt mehr Wert auf Einzelbestimmungen, während sich die Chronik mit kultischer Reinheit und Opfern allgemein beschäftigt. In den Chronikbüchern herrscht mehr Freude in den Bundeserneuerungen vor. Formell sind die Bundeserneuerungen in Esra-Nehemia ausführlicher dargestellt, was mit der grossen Betonung des Gesetzes zusammenhängen kann:

> Ezra-Nehemiah seems to have a law more realized in its details, a fact reflected in its emphasis on ‹the book of the law› compared to Chronicles. […] Ezra-Nehemiah looks more to studying, learning, and teaching the book of the law and so, perhaps, is led to concentrate more on particular demands.[84]

Duggan übernimmt diese Charakterisierung von Neh 8–10 als Bundeserneuerung, wie schon der Titel seiner Monographie «The Covenant Renewal in Ezra-Nehemiah (Neh 7:72b–10:40)» zum Ausdruck bringt.[85] Ich schliesse mich dieser Position an und beantworte damit die dritte in diesem Kapitel gestellte Frage nach der Gattung von Neh 8–10. Wenn Neh 8–10 als Klimax des Esra-Nehemia-Buches angesehen werden kann und es sich bei diesem Abschnitt um eine Bundeserneuerung handelt, ist es gerechtfertigt, die Bundeserneuerung als erstes Konzept der Wiederherstellung in Esra-Nehemia zu untersuchen.

---

[80] Ibid., 36.
[81] McCarthy übersetzt העיד עדות mit «stipulate covenant-stipulations», vgl. ibid., 38.
[82] Ibid., 37.
[83] Zu den folgenden Ausführungen siehe ibid., 43f.
[84] Ibid., 44.
[85] Vgl. bes. Duggan, *Covenant Renewal*, 21f.

1.3 Weiteres Vorgehen

Anhand von Neh 8–10 wurde aufgezeigt, dass man im Esra-Nehemia-Buch von einer Bundeserneuerung als zentralem «Konzept der Wiederherstellung» sprechen kann. Für die Frage nach der Wiederherstellung ist dabei besonders das Bussgebet in Neh 9 von Interesse, da durch das Gebet ein heilsgeschichtlicher Bezug hergestellt wird. Im Zusammenhang mit den Bundesverpflichtungen in Neh 10 wird auch der Buchschluss in Neh 13, der damit in einer gewissen Spannung liegt, in die Untersuchung mit einbezogen. Mit dem Bussgebet in Esr 9 hat auch die Bundeserneuerung in Esr 9–10 historische Bezüge und gibt Aufschluss darüber, welche Art von Bund in Esra-Nehemia wiederhergestellt wird. Ob man beim Bundesschluss in Esr 9–10, der ausschliesslich das Problem der Mischehen behandelt, wirklich von einer vollumfänglichen Bundeserneuerung sprechen werden kann, muss hinterfragt werden. Williamson meint, falls Baltzer recht haben sollte, treffe dies eher auf einer historischen Ebene zu als auf der Ebene des vor uns liegenden Textes.[86] Auch wenn wir nicht von einer umfassenden Bundeserneuerung wie in Neh 8–10 sprechen können, so wird in Esr 9–10 doch ein Bund geschlossen, der Elemente einer Bundeserneuerung beinhaltet. Sowohl in Esr 9–10 als auch in Neh 8–10 wird durch die beiden Bussgebete in Esr 9 und Neh 9 das aktuelle Geschehen in einen heilsgeschichtlichen Kontext gestellt.

Im Folgenden werden die Bundeserneuerungen in Esr 9–10 sowie Neh 8–10 und dazu Neh 13 untersucht und daraufhin befragt, welcher Bund wiederhergestellt wird bzw. ob es sich bei diesen Bundesschlüssen allenfalls um einen «neuen Bund» handelt. Während Baltzer in Bezug auf Esr 9–10 und Neh 9–10 von einer «Bundeserneuerung» spricht, bezieht McCarthy wie oben dargelegt Neh 5,8–13 in seine Überlegungen zu den Bundeserneuerungen im Esra-Nehemia-Buch mit ein. Muss im Kontext der vorliegenden Fragestellung auch auf Neh 5 eingegangen werden?

Als die Klagen über Armut und soziale Ungerechtigkeit im Volk an Nehemia herangetragen werden (Neh 5,2–5), wird Nehemia zornig (V.6), nimmt die Führer des Volkes in Pflicht und beruft dazu eine Vesammlung ein (V.7). Nach Nehemias Rede (V.8–11) wird ihm zugestimmt und Nehemia lässt die Priester schwören, sich an die Aussage zu halten (V.12). Mit einer Symbolhandlung, dem Schütteln des Bausches des Gewandes, bekräftigt Nehemia den Eid. In diesem Abschnitt wird zwar nicht explizit von בְּרִית gesprochen, doch behandelt auch Richard Bautch Neh 5 als Bundesschluss, da gemäss seiner Analyse darin «core features» wie «legal stipulations» (Neh 5,7), «declarations that may take the form of sworn oaths» (Neh 5,12.13), «unilateral agreements by a single community» (Neh 5,12) und «a familial dimension

86 Williamson, *Ezra, Nehemiah*, 127.

that highlights the values of kinship» (Neh 5,7–8) enthalten sind.[87] Bautch sieht in Esr 9–10; Neh 5,1–13 und Neh 10,1–40 eine ganz bestimmte Art von Bundesschluss, die er folgendermassen beschreibt: «a community's internal resolve to adhere to some portion of its law with special rigor».[88]

Da die für die Frage nach der Wiederherstellung des Bundes wichtige heilsgeschichtliche Verortung in Neh 5 nicht in gleicher Weise wie in den Bussgebeten in Esr 9 und Neh 9 zu finden ist, beziehe ich Neh 5 in die vorliegende Untersuchung nicht mit ein.

2. Bundeserneuerungen in Esra 9–10 und Nehemia 9–10

2.1 Esra 9–10

2.1.1 Einleitende Bemerkungen

Es besteht in der Forschung ein Konsens, dass Esra 9–10 eine literarische Einheit bildet[89], die zum «Ich-Bericht» Esras gehörte.[90] Auf formeller Ebene ist in den beiden Kapiteln allerdings ein Wechsel von der 1. zur 3. Person festzustellen.[91] Sigmund Mowinckel gibt für den Personenwechsel vier Möglichkeiten: 1. Es könnte das Ergebnis einer Zusammenredigierung einer «Ich-» und einer «Er-Quelle» sein, 2. ursprünglich könnte der ganze Bericht in der 1. Person abgefasst worden sein, 3. genauso könnte die 3. Person die ursprüngliche sein und 4. der Personenwechsel könnte die vom Verfasser gewollte, ursprüngliche Form sein.[92] Mowinckel selbst favorisiert die vierte Möglichkeit und sieht den Personenwechsel als eine vom «Verfasser *bewusst benutzte literarische Kunstform*»[93] und zeigt dazu Analogien im alten Orient

---

87 Bautch, *Function of Covenant*, 22.

88 Ibid., 8.

89 Vgl. die Aussage von Williamson: «It is generally recognized that Ezra 9–10 forms a single, extended narrative unit dealing with the question of mixed marriages.» (Williamson, *Ezra, Nehemiah*, 127.) Auch Kommentare, die von einer anderen ursprünglichen Reihenfolge der Textblöcke im Esra-Nehemiabuch ausgehen, sehen in Esr 9–10 eine zusammenhängende Einheit, vgl. z.B. Rudolph, *Esra und Nehemia*, XXII, 85ff; Batten, *Ezra and Nehemiah*, 5, 330f.

90 Williamson meint: «[T]he passage takes its place without difficulty in the EM.» (Williamson, *Ezra, Nehemiah*, 128.)

91 In Esr 7,1–10; 8,36; 10,1–44 sowie Neh 8 wird von Esra in der 3. Person gesprochen, in Esr 7,27–9,15 ist die Erzählung in der 1. Person gestaltet (Sg., wenn Esra von sich spricht, Pl. («wir»), wenn von der Gruppe die Rede ist), vgl. Sigmund Mowinckel, *Studien zu dem Buche Ezra-Nehemia III. Die Ezrageschichte und das Gesetz Moses*, SNVAO.HF NS 5, Oslo: Universitetsforlaget, 1965, 75.

92 Ibid.

93 Ibid., 81.

auf.[94] Er sieht keinen Grund, «die Ursprünglichkeit des Personenwechsels» zu bezweifeln.[95] Williamson geht ausführlich auf die Argumente von Mowinckel ein, kommt aber zum Schluss, dass der Personenwechsel in Esr 10 doch Resultat einer «editorial activity» sei.[96] A. Philip Brown hat sich jüngst der These von Mowinckel angeschlossen und anhand einer literarischen Analyse die Dynamik, die durch den Wechsel von der dritten (7,1–26) hin zur ersten (7,27–9,15) und wieder zur dritten Person (Esr 10) entsteht, aufgezeigt.[97] Für die vorliegende Untersuchung ist es letztlich zwar nicht entscheidend, ob der Personenwechsel beim Zusammstellen des Materials vorgenommen wurde oder ursprünglich war, doch ich halte es mit Brown für sehr plausibel, dass er als literarisches Stilmittel intendiert war.[98] Die Kapitel bilden eine Einheit und auch das Gebet (Esr 9,6–15) ist nicht erst nachträglich eingefügt worden, sondern gehört in diesen Kontext.[99] Für die Einheitlichkeit des Abschnitts spricht auch dessen konzentrische Struktur, die Mark A. Throntveit in diesen Kapiteln für besonders ausgeprägt hält.[100]

---

94 Ibid., 81ff. Nachdem er die Zylinderinschrift von Sargon, die Kamose-Sage, das aramäische Achiqarbuch, die Tobiterzählung und weitere Quellen untersucht hat, kommt er zum Schluss: «Nach alledem kann nicht bezweifelt werden, dass der Wechsel zwischen 1ster und 3ter Person in den orientalischen Literaturen ein verbreitetes Stilmittel gewesen ist.» (Ibid., 88.)

95 Mowinckel, *Studien III*, 88.

96 Williamson, *Ezra, Nehemiah*, 148. Zur Diskussion vgl. ibid., 145–148.

97 A. Philip Brown, *Point of View in the Book of Ezra*, in: BibSac 162, 2005, 310–330, 320–324; A. Philip Brown, *Hope Amidst Ruin. A Literary and Theological Analysis of Ezra*, Greenville, South Carolina: Bob Jones University Press, 2009, 103–108.

98 Brown ist der Überzeugung, «that Ezra deliberately included his personal account of the second return within his thirdperson narrative history in order to communicate his message more forcefully and convincingly», Brown, *Point of View*, 322.

99 Vgl. Williamson: «The content of Ezra's prayer, vv 6–15, shows that it was written specially for its present context.» (Williamson, *Ezra, Nehemiah*, 128.)

100 Throntveit, *Ezra-Nehemiah*, 49. Für ihn ist die konzentrische Struktur an dieser Stelle «especially pronounced» und er schlägt folgende Struktur vor:

A Report of the problem of intermarriage (9:1–2)
  B Ezra's public mourning (9:3–4)
    C Ezra's prayer (9:5–15)
      X Schecaniah's confession and request for action (10:1–4)
    C' Ezra's exhortation and the people's oath (10:5)
  B' Ezra's private mourning (10:6)
A' Resolution ot the problem of intermarriage (10:7–17) and list of those who had married foreign women (10:18–44)

2.1.2 Esra 9

In Esr 9,1 treten die Oberen (הַשָּׂרִים) zu Esra und legen das Problem dar, dass sich das Volk, die Priester und Leviten von den Völkern trotz ihrer Gräuel (כְּתוֹעֲבֹתֵיהֶם) nicht abgesondert haben. Der Begriff תּוֹעֵבָה bezeichnet «etwas zwischen und durch Menschen ethisch als Denken und Handeln zu Verabscheuendes, vor allem aber etwas, was zu JHWH nicht paßt, was seinem Charakter und seinem daraus abzuleitenden Willen widerspricht».[101] Der Plural fasst summarisch Einzelsünden und damit Gräuel ganz verschiedener Art, das, was die Reinheit des Volkes beeinträchtigen könnte, zusammen.[102] Das Nomen תּוֹעֵבָה wird nur selten nicht theologisch verwendet[103] und damit wird das Problem der Mischehen von Anfang an als ein primär theologisches Problem, nicht als ein Rassenproblem gewertet.[104] Im folgenden Bussgebet in Esr 9 werden die Gräuel der Völker auch in den Versen 11 und 14 erwähnt.

In Esr 9,1 werden die Völker, welche die Gräuel ausführen, benannt: לַכְּנַעֲנִי הַחִתִּי הַפְּרִזִּי הַיְבוּסִי הָעַמֹּנִי הַמֹּאָבִי הַמִּצְרִי וְהָאֱמֹרִי. Die ersten vier (die Kanaaniter, Hetiter, Perisiter, Jebusiter) und das letzte (die Amoriter) der genannten Völker werden unter den sieben Völkern (שִׁבְעָה גוֹיִם) in Dtn 7,1 erwähnt, wo die Hetiter, Girgaschiter, Amoriter, Kanaaniter, Perisiter, Hiwiter und Jebusiter aufgezählt werden.[105] Eine Anspielung auf diese Liste ist sehr wahrscheinlich, da Dtn 7,3 in Esr 9,2 anklingt. Die Ammoniter und Moabiter finden in Dtn 23,3 Erwähnung, sie dürfen bis in die zehnte Generation nicht in die Gemeinde Jhwhs (בִּקְהַל יְהוָה) kommen. Es bleibt aber zu klären, weshalb die Ägypter (הַמִּצְרִי) in Esr 9,1 erwähnt werden. In Dtn 23,8 werden die Ägypter erwähnt, doch sie dürfen – im Gegensatz zu den Ammonitern und Moabitern – ab der dritten Generation בִּקְהַל יְהוָה aufgenommen werden (Dtn 23,9). Dass die Ägypter in der Liste in Esr 9,1 den anderen Völkern gleichgestellt werden, bedeutet eine Verschärfung gegenüber den Bestimmungen in Dtn 23, wie Gunneweg zeigt: «Die Konsequenz schroffer Abgrenzung auch von Ägyptern und Edomitern[106] korrigiert anscheinend bewußt die mildere Beurteilung dieser Nachbarn in Dt 23,8f.»[107] Was könnten die Gründe für diese Verschärfung sein? In Lev 18,3 wird die Bevölkerung Kanaans mit der

---

101 Horst D. Preuß: Art. תועבה, ThWAT VIII, 1995, 580–592, 590.

102 Vgl. ibid., 582.

103 Vgl. ibid.

104 Das Gebet in Esr 9 betrachtet nach Williamson «the evil of a mixed marriage as being religious, not racial», Williamson, *Ezra, Nehemiah*, 130f.

105 Vgl. ähnliche Listen in Gen 15,19ff.; Ex 3,8.17; 13,5; 23,23; 33,2; 34,11; Dtn 20,17; Jos 3,10; Ri 3,5; 1Kön 9,20; 2Chr 8,7 und Neh 9,8. Zur Völkerliste vgl. auch die Ausführungen bei Zastrow, *Die drei grossen Bussgebete*, 36f.

106 Gunneweg liest hier mit 3Esr Edomiter statt Amoriter, was aber nicht wahrscheinlich ist, vgl. Williamson, *Ezra, Nehemiah*, 131.

107 Gunneweg, *Esra*, 162.

Bevölkerung Ägyptens verglichen («Ihr sollt nicht tun, was man in Ägypten tut, wo ihr gewohnt habt; ihr sollt nicht tun, was man in Kanaan tut, wohin ich euch führe. Nach ihren Satzungen sollt ihr nicht wandeln.»).[108] Weil Dtn 7,1–5 Mischheiraten verbietet und das auf Kanaan zutrifft, wo Israel hingeführt wurde, könnte dasselbe Prinzip anhand von Esr 9,1 auch auf die Ägypter ausgeweitet werden, in deren Mitte Israel vor dem Exodus lebte.[109] Williamson gibt zu bedenken, dass dieser Vers ein hohes Mass exegetischer Reflexion verschiedener Gesetzestexte aufweist und ein Hinweis auf die Art und Weise von Esras Lehrdienst in den vorangegangenen Monaten sein kann.[110] Diese Art von «Exegese» überlegt, wie sich die Prinzipien alter Gesetze auf neue, veränderte Umstände anwenden lassen.[111] Die exegetischen Prinzipien, die David J.A. Clines anhand von Neh 10 herausgearbeitet hat, werden auch an dieser Stelle sichtbar.[112] Die Suche nach einer Interpretation des Gesetzes gemäss dessen Intention («according to the spirit») führt bei Esra-Nehemia bisweilen zu einer Verschärfung, so wie Clines es in Bezug auf die Mischehen formuliert: «It is a curious fact that the spirit of the law can be more rigorous than the letter.»[113]

In Esr 9,2 wird die Mischehenproblematik beschrieben, dass sich Männer Töchter dieser fremden Völker für sich und ihre Söhne (לָהֶם וְלִבְנֵיהֶם) genommen haben. In Dtn 7,3 wird sowohl verboten, die Tochter einem fremden Sohn zu geben, wie auch, eine fremde Tochter für den eigenen Sohn zu nehmen (בִּתְּךָ לֹא־תִתֵּן לִבְנוֹ וּבִתּוֹ לֹא־תִקַּח לִבְנֶךָ). Als Hauptgefahr werden aber die fremden Töchter gesehen, welche die Söhne von Gott abtrünnig machen (vgl. Dtn 7,4; Ex 34,16), so wie hier in Esr 9,2 die fremden Töchter erwähnt werden. Esr 9,2 geht aber weiter und beschreibt die eigentliche Gefahr der

---

108 Clines erwähnt auch Lev 24,10–23, wo ein Halbägypter als Gotteslästerer beschrieben wird, Clines, *Ezra, Nehemiah, Esther*, 119. Vgl. dazu auch Blenkinsopp, *Ezra-Nehemiah*, 176.

109 So Williamson, *Ezra, Nehemiah*, 131.

110 Ibid. Williamson spricht von einem «advanced level of exegetical reflection on several legal texts». Japhet spricht im Zusammenhang von Esr 9 im Anschluss an Kaufmann vom ersten beobachtbaren «Halakhic Midrash», vgl. Sara Japhet, *Law and «The Law» in Ezra-Nehemiah*, in: From the Rivers of Babylon to the Highlands of Judah. Collected Studies on the Restoration Period, Winona Lake: Eisenbrauns, 2006, 145.

111 Williamson nennt die in diesem Vers zum Ausdruck kommende Vorgehensweise «exegesis»: «In the present verse we see how, once conditions had changed beyond the point where the law could be literally applied, its principle was nevertheless upheld.» (Williamson, *Ezra, Nehemiah*, 130.)

112 Vgl. Clines, *Nehemiah 10*. Zur Mischehenproblematik Clines, *Nehemiah 10*, 115ff. Vgl. auch Fishbane, *Biblical interpretation*, 115ff.

113 Clines, *Nehemiah 10*, 116.

Mischehe so: «Der heilige Same (זֶרַע הַקֹּדֶשׁ) hat sich mit den Völkern der Länder vermischt». Die Rede vom heiligen Samen ist bezeichnend. In Jes 6,13 werden die Menschen, die – einem Stumpf nach dem Fällen eines Baumes gleich – im Land bleiben werden, als heiliger Samen (זֶרַע קֹדֶשׁ) bezeichnet.[114] Gemäss Williamson ist die Wendung זֶרַע הַקֹּדֶשׁ aus einer «mental combination» zwischen dem Ausdruck «Samen Abrahams», der Vorstellung des «(Säens von) Samen» in Lev 19,19 und dem Begriff «heiliges Volk» entstanden und hat ihren Ursprung im historischen Umfeld von Esr 9.[115] Das halte ich für unwahrscheinlich und gehe mit Michael Fisbane davon aus, dass sich Esr 9,2 auf Jes 6,13 bezieht: «for the phrase זרע קדש recalls the prophecy of Isaiah of Jerusalem, centuries earlier, that Israel would be destroyed by its enemies down to the stump of its זרע קדש ‹holy seed› (6:13)».[116] Clines hört in der Rede vom heiligen Samen nicht nur ein Zitat aus Jes 6,13, sondern «overtones of the blessings to Abraham».[117] In Gen 12,7 verspricht Gott dem «Samen» Abrahams das Land: «Deinem Samen (לְזַרְעֲךָ) will ich dies Land geben» (vgl. auch Gen 13,15.16; 15,18; 17,8). Die Stellen in Gen 15,18 und 17,18, wo vom «Samen» Abrahams und vom Land die Rede ist, stehen beide im Kontext des Abrahambundes.

Gemäss Hannah K. Harrington ist die Vorstellung von Israel als heiliger Nation nicht neu (vgl. Ex 19,6; Lev 19,2; Dtn 7,6), gewinnt aber durch den Ausdruck des heiligen Samens in Esr 9,2 mit der Betonung der biologischen Weitergabe der Heiligkeit in Esra-Nehemia eine neue Akzentuierung.[118] Gegenüber den im Pentateuch verankerten Anforderungen werden die Vorstellungen von Heiligkeit verschärft: «In summary, the label קדוש in Ezra-Nehemiah is expanded beyond that of earlier texts.»[119] Eine solche Verschärfung ist, wie oben im Zusammenhang mit der Völkerliste aufgezeigt, im Esra-Nehemia-Buch durchaus zu beobachten. Heiligkeit wird mit biologischen Faktoren in Verbindung gebracht: Wer als Priester sein Geschlechtsre-

---

114 In Neh 9,2 ist im Zusammenhang der Mischehenproblematik vom Samen Israels (זֶרַע יִשְׂרָאֵל) und in Mal 2,15 im Kontext der Ehethematik vom Samen Gottes (זֶרַע אֱלֹהִים) die Rede.

115 Williamson, *Ezra, Nehemiah*, 132. Da der Schluss von Jes 6,13 (זֶרַע קֹדֶשׁ מַצַּבְתָּהּ) in der LXX fehlt, geht Williamson davon aus, dass es dabei sich um eine spätere Glosse handelt, die sich auf Esr 9,2 bezieht.

116 Fishbane, *Biblical interpretation*, 123. Das Fehlen in der LXX kann nach ihm auf ein Homoioteleuton oder eine unterschiedliche Vorlage zurückgehen.

117 Clines, *Ezra, Nehemiah, Esther*, 120.

118 Hannah K. Harrington, *Holiness and Purity in Ezra-Nehemiah*, in: Mark J. Boda/Paul L. Redditt (Hrsg.), Unity and Disunity in Ezra-Nehemiah. Redaction, Rhetoric and Reader, Sheffield: Phoenix Press, 2008, 98–116, 99. «Holiness becomes biological, thus disallowing any conversion opportunity.» (Ibid., 103.)

119 Harrington, *Holiness and Purity*, 103.

gister nicht mehr fand, wurde als unrein vom Priesterdienst ausgeschlossen (Neh 7,64). Auch Neh 9,8 zeigt auf, dass dem Samen Abrahams das Land versprochen wurde. Dabei geht es jedoch nur vordergründig um biologische Fragen, der tieferliegende Grund ist stets die religiöse Bewahrung der Heiligkeit des Volkes, wie Fensham die rigide Abgrenzung gegenüber anderen Völkern erklärt: «The reason for this attitude had nothing to do with racism, but with a concern for the purity of the religion of the Lord.»[120] Da die Braut durch die Heirat Teil der Gesellschaft wird, ist die Mischehenproblematik von hoher Brisanz.[121]

In Esr 9,2 wird das Nehmen von fremden Frauen als מַעַל beschrieben, was oft als «Untreue»[122] übersetzt wird. Es ist die Untreue Jhwh gegenüber im Sinn eines Bundesbruchs[123], מעל ist in diesem Kontext «a technical term for violating an oath *in the context of covenant*»[124]. Die Wurzel מעל kommt in Esr 9 und 10 gehäuft vor (Esr 9,2.4.6; 10,2.6.10). Die Untreue Jhwh gegenüber bedroht den heiligen Samen[125] und kann nur dadurch überwunden

---

120 F. Charles Fensham, *The Books of Ezra and Nehemiah*, NICOT, Grand Rapids: Eerdmans, 1982, 124. Zur Diskussion um die Mischehenproblematik vgl. auch Daniel L. Smith-Christopher, *The Mixed Marriage Crises in Ezra 9–10 and Nehemiah 13. A Study of the Sociology of the Post-Exilic Judean Community*, in: Tamara C. Eskenazi/Kent H. Richard (Hrsg.), Second Temple Studies. 2. Temple and Community in the Persian Period, JSOTSup 175 Sheffield: JSOT Press, 1994, 243–265; Tamara C. Eskenazi/Eleanore P. Judd, *Marriage to a Stranger in Ezra 9-10*, in: Tamara C. Eskenazi/Kent H. Richard (Hrsg.), Second Temple Studies, 2. Temple and Community in the Persian Period, JSOTSup 175, Sheffield: JSOT Press, 1994, 266–285.

121 Bautch formuliert es so: «[F]amilies in Israel would establish new kinship bonds through marriage *qua* covenant. Such marriage effectively introduced the bride into the kinship group.» (Bautch, *Function of Covenant*, 11.) Vgl. auch Richard J. Bautch, *Glory and Power, Ritual and Relationship. The Sinai Covenant in the Postexilic Period*, Library of Hebrew Bible/Old Testament Studies 471, New York: T & T Clark, 2009, 100.

122 HAL, 580. Auch Ringgren gibt diese Stelle als «Untreue gegen JHWH wieder», Helmer Ringgren: Art. מעל, ThWAT IV, 1984, 1038–1042, 1041.

123 Clines übersetzt mit «breach of covenant», Clines, *Ezra, Nehemiah, Esther*, 248.

124 So Bautch, *Glory and Power*, 101. Auch Brown formuliert es treffend: «מעל primarily denotes an act of disloyalty or unfaithfulness to a covenant relationship.» (Brown, *Hope Amidst Ruin*, 169.) McCarthy zeigt auf, dass מעל in nachexilischer Zeit als technischer Begriff im Zusammenhang mit Bundeserneuerungen wichtig war, McCarthy, *Covenant and Law*, 31f.

125 Nach Harrington müsste מַעַל mit «to commit sacrilege» übersetzt werden. Das Sakrileg verunreinigt den heiligen Samen: «The connotation of sacrilege which מעל implies is applied to holy seed in Ezra-Nehemiah.» (Harrington, *Holiness and Purity*, 111.)

werden, dass das Volk wieder bewusst in das Bundesverhältnis mit Gott eintritt.

Problematisch am Zustand in Esr 9,2 ist für Esra die Tatsache, dass bei diesem Bundesbruch «die Hand der Obersten und Leiter die erste war» (וְיַד הַשָּׂרִים וְהַסְּגָנִים הָיְתָה בַּמַּעַל הַזֶּה רִאשׁוֹנָה). Die Reaktion Esras lässt nicht auf sich warten. Er zerreisst sich die Kleider, rauft sich Haare von Kopf und Bart und sitzt betäubt da (V.3). Da versammeln sich bei Esra, «alle, die vor den Worten des Gottes Israels zitterten» (כֹּל חָרֵד בְּדִבְרֵי אֱלֹהֵי־יִשְׂרָאֵל, V.4). Die Wendung korrespondiert mit Esr 10,3, wo diejenigen, welche «vor dem Gebot unseres Gottes erzittern» (וְהַחֲרֵדִים בְּמִצְוַת אֱלֹהֵינוּ), erwähnt werden.[126] Esra schweigt bis zum Abendopfer, dann steht er auf und nimmt eine Gebetsstellung ein: Er beugt seine Knie und breitet die Hände zu Gott aus (V.5) und beginnt sein Gebet, dessen Inhalt in V.6–15 geschildert wird.[127] Für die theologischen Vorstellungen im Zusammenhang mit der Bundeserneuerung ist dieses Gebet entscheidend und soll deshalb im Folgenden zur Sprache kommen.

Esra identifiziert sich mit der Schuld seines Volkes. Das Gebet beginnt in Esr 9,6 in der 1. Person Sg. («Mein Gott, ich schäme mich und scheue mich, mein Gesicht zu dir, mein Gott, zu erheben», אֱלֹהַי בֹּשְׁתִּי וְנִכְלַמְתִּי לְהָרִים אֱלֹהַי פָּנַי אֵלֶיךָ) und geht im Plural weiter («denn unsere Sünden sind über unser Haupt gewachsen, und unsre Schuld reicht bis an den Himmel!» כִּי עֲוֺנֹתֵינוּ רָבוּ לְמַעְלָה רֹּאשׁ וְאַשְׁמָתֵנוּ גָדְלָה עַד לַשָּׁמָיִם). Mit den Ausdrücken עֲוֺנֹתֵינוּ und אַשְׁמָתֵנוּ identifiziert sich Esra mit der Schuld des Volkes. Gunneweg beschreibt den Vorbeter im Verhältnis zu den Mitmenschen als «insofern solidarisch, als deren Verschuldung auch ihn, den persönlichen Unschuldigen,

---

126 Die Wendung, vor dem Wort Gottes zu erzittern, findet sich auch in Jes 66,2.5. Williamson spricht von einer «stereotyped expression in the post-exilic community for strict observers of the law», Williamson, *Ezra, Nehemiah*, 133. Clines bezeichnet den Ausdruck als «an almost technical term», Clines, *Ezra, Nehemiah, Esther*, 121.

127 Zastrow schlägt folgende Gliederung vor, vgl. Zastrow, *Die drei grossen Bussgebete*, 22.:
Präludium: Klage der Obersten des Volkes über die Mischehen. Einführung des Themas (V.1–2).
Einleitung: Reaktion Esras und seine Vorbereitung auf das Bußgebet (V.3–5).
1. Teil: Allgemeines Bekenntnis der eigenen und der Väterschuld (V.6–7).
2. Teil: Die Beschreibung der Gegenwart (V.8–9).
3. Teil: Die Frage nach dem rechten Tun (V.10–11).
4. Teil: Die Antwort (V.12).
5. Teil: Das zukünftige Handeln (V.13–14).
Summarischer Abschluß (V.15).

beschämt macht».[128] Das greift aber zu kurz. Wenn ein Fluch das Volk getroffen hat, ist es kollektiv davon betroffen. Nach Lev 26,40–42 kann der Bund der Väter durch Bekennen der eigenen Schuld und der Schuld der Väter aktualisiert werden:

> 40 Und sie werden ihre Schuld und die Schuld ihrer Väter (אֶת־עֲוֹנָם וְאֶת־עֲוֹן אֲבֹתָם) bekennen, die sie durch ihren Treuebruch an mir begangen haben (בְּמַעֲלָם אֲשֶׁר מָעֲלוּ־בִי) und dass sie sich mir entgegengestellt haben, 41 sodass auch ich mich ihnen entgegen stellte und sie in das Land ihrer Feinde brachte. Wenn sich dann ihr unbeschnittenes Herz demütigt und sie dann ihre Schuld bezahlen, 42 dann werde ich an meinen Bund mit Jakob denken und an meinen Bund mit Isaak und an meinen Bund mit Abraham werde ich denken, und an das Land werde ich denken (וְזָכַרְתִּי אֶת־בְּרִיתִי יַעֲקוֹב וְאַף אֶת־בְּרִיתִי יִצְחָק וְאַף אֶת־בְּרִיתִי אַבְרָהָם אֶזְכֹּר וְהָאָרֶץ אֶזְכֹּר׃).

Bautch macht auf die Wichtigkeit von Lev 26 in Bezug auf das Bekennen von Schuld in nachexilischer Zeit aufmerksam.[129] Lev 26,40f. beschreibt das Exil als Strafe für den Treuebruch (מַעַל) an Jhwh. Zum Demütigen des Herzens kommt hinzu, dass die eigene Schuld und die Schuld der Väter bekannt wird. Wenn dies geschieht, wird sich Gott an seinen Bund mit den Vätern Jakob, Isaak und Abraham erinnern. Die Reihenfolge von Jakob zurück zu Abraham ist interessant und verleiht dem Abrahambund besonderes Gewicht.[130]

Lev 26,40–42 zeigt auf, dass sich Gott an seinen Bund mit den Vätern erinnert, wenn das Volk die eigene Schuld und die Schuld der Väter für den Bundesbruch bekennt. In allen drei grossen nachexilischen Bussgebeten (Esr 9, Neh 9, Dan 9) wird die eigene Schuld und die Schuld der Väter bekannt. Die Bussgebete gehen von der Ansicht aus, dass «der, der seine und seiner Väter Schuld bekennt, bei Gott den Bund mit seinen Vätern aktualisiert».[131] Deshalb wird auch in Esr 9,7 die Schuld der Väter thematisiert:

> מִימֵי אֲבֹתֵינוּ אֲנַחְנוּ בְּאַשְׁמָה גְדֹלָה עַד הַיּוֹם הַזֶּה וּבַעֲוֹנֹתֵינוּ נִתַּנּוּ אֲנַחְנוּ מְלָכֵינוּ
> כֹהֲנֵינוּ בְּיַד מַלְכֵי הָאֲרָצוֹת בַּחֶרֶב בַּשְּׁבִי וּבַבִּזָּה וּבְבֹשֶׁת פָּנִים כְּהַיּוֹם הַזֶּה׃

---

128 Gunneweg, *Esra*, 165.

129 Bautch, *Glory and Power*, 54ff.

130 Zum Interesse von Lev 26 am Bund und besonders am Abrahambund, vgl. Bautch: «Alongside sabbath, Lev 26 is clearly focused on the concept of covenant as the word ברית appears eight times in the chapter. Most importantly, Lev 26 manifests an interest in Abraham and the Abrahamic covenant (26:9, 42) that is not exclusive.» (Ibid., 55f.)

131 Zastrow, *Die drei grossen Bussgebete*, 26. Vgl. den Exkurs «Individuelle und kollektive Schuldhaftung» (Zastrow, *Die drei grossen Bussgebete*, 24–26.)

> Seit den Tagen unsrer Väter bis auf diesen Tag sind wir in grosser Schuld, und um unserer Missetaten willen sind wir, unsere Könige, unsere Priester, in die Hand der Könige der Länder, in das Schwert, in die Gefangenschaft, zum Raub und in sichtbare Schmach hingegeben worden, wie es heute der Fall ist.

Wieder identifiziert sich der Beter mit dem Geschick des Volkes, indem er von «unseren» Missetaten, «unseren» Königen und «unseren» Priestern spricht. Wie in allen drei grossen nachexilischen Bussgebeten, gibt es auch in Esr 9 verschiedene Begriffe, welche die Schuld zum Ausdruck bringen. Für die Beschreibung der Schuld Israels werden in Esr 9,6–15 die beiden auch in diesem Vers vorkommenden Begriffe אַשְׁמָה und עָוֹן und verwendet.[132] אַשְׁמָה kommt zweimal zu Beginn (V.6.7) und zweimal am Ende des Gebetes (V.13.15) vor und bezeichnet eine «Schuldverpflichtung»[133]. עָוֹן, der Begriff erscheint in V.6.7.13, «wird ab der exil./nachexil. Zeit im prophetischen und kultischen Schrifttum zum zentralen Begriff für menschliche Schuld und Verhängnis»[134]. Beide Begriffe bringen gemäss Zastrow zum Ausdruck, dass Israel seine eigenen Wege ging und damit gegen Gottes erstes Gebot verstiess. Gottes Barmherzigkeit sühnte die עָוֹן, doch drängt der Begriff אַשְׁמָה «zur Auflösung der Mischehen, um die Schuld aufzuheben. Beide Schuldbegriffe sind auf die kompositorische Frage (Was sollen wir jetzt tun, um das Land zu besitzen?) abgestellt.»[135]

Die Folge von Israels Schuld war das Exil, das in diesem Vers beschrieben wird. Die Schmach des Exils ist noch nicht zu Ende, wie es der Versschluss anzeigt. Clines sieht in diesem Versschluss (כְּהַיּוֹם הַזֶּה) «a strange addition», es sei denn Esra denke an die noch im Exil verbleibenden Israeliten.[136] Doch das ist nicht der Fall. Vielmehr wird an dieser Stelle die ambivalente Haltung des Esra-Nehemia-Buches gegenüber den Persern und dem gegenwärtigen politischen Status sichtbar: Das Exil ist noch nicht vollständig überwunden.[137] Die sichtbare Scham (wörtlich «Schande des Angesichts»)

---

132 Für die Verschuldung anderer Völker werden in V.11 die Ausdrücke תּוֹעֵבָה (Gräuel) und טֻמְאָה (Unreinheit) verwendet.

133 Vgl. Rolf Knierim: Art. אשם, THAT I, 1971, 251–257, 251, 256. Zu אַשְׁמָה in Esr 9 vgl. Zastrow, *Die drei grossen Bussgebete*, 44f.

134 Klaus Koch: Art. עָוֹן, ThWAT V, 1986, 1160–1177, 1160. Zu עָוֹן in Esr 9 vgl. Zastrow, *Die drei grossen Bussgebete*, 47f.

135 Zastrow, *Die drei grossen Bussgebete*, 47f.

136 Clines, *Ezra, Nehemiah, Esther*, 123.

137 Nach Williamson denkt Esra sowohl zum Teil an die Tatsache, dass viele noch im Exil verbleiben, als auch an die «depressed conditions of those in the land», vgl. Williamson, *Ezra, Nehemiah*, 135. Auch Blenkinsopp geht davon aus, dass Esra hier an «the basic unacceptability of political subjection» denkt, ein Standpunkt,

bleibt. Von den fünf Erwähnungen von בֹּשֶׁת פָּנִים im Alten Testament befinden sich drei in den nachexilischen Bussgebeten.[138] Zu Beginn des Gebetes in Esr 9,6 schämt sich Esra (בֹּשְׁתִּי) und kann deshalb sein Angesicht (פָּנַי) nicht zu Gott erheben. Das Gebet endet mit der Feststellung, dass mit Schuld (אַשְׁמָה) niemand vor Gott (לְפָנֶיךָ) bestehen kann. Obwohl Schuld und Scham das Gebet durchziehen, findet im Gebet, in dem fünfmal vom «Angesicht» die Rede ist, eine Hinwendung vom menschlichen Angesicht zum Angesicht Gottes statt.[139] Trotz Schuld, die zum Exil führte, und trotz anhaltender Scham wendet sich das Gebet an Gott. Ja, es kann nur so gebetet werden, weil auf Gottes Gnade gehofft werden darf, wie V.8 zum Ausdruck bringt.

> וְעַתָּה כִּמְעַט־רֶגַע הָיְתָה תְחִנָּה מֵאֵת יְהוָה אֱלֹהֵינוּ לְהַשְׁאִיר לָנוּ פְּלֵיטָה וְלָתֶת־לָנוּ יָתֵד בִּמְקוֹם קָדְשׁוֹ לְהָאִיר עֵינֵינוּ אֱלֹהֵינוּ וּלְתִתֵּנוּ מִחְיָה מְעַט בְּעַבְדֻתֵנוּ׃

> Nun aber ist uns für einen kleinen Augenblick Gnade von Jhwh, unserm Gott, widerfahren, indem er uns einen Rest übrigliess und uns an seiner heiligen Stätte einen Halt[140] gab, womit unser Gott unsere Augen erleuchtete und uns ein wenig Belebung schenkte in unsrer Knechtschaft.

Für einen kurzen Augenblick (כִּמְעַט־רֶגַע) ist dem Volk Gunst (תְחִנָּה) von Gott widerfahren. Mit dem kurzen Augenblick ist wohl die Zeit seit dem Kyrusedikt gemeint. Die 80 Jahre sind eine kurze Zeit im Vergleich zu der langen Zeit der Unterdrückung durch die Assyrer und Babylonier.[141] Gott hat dem Volk eine «Rettung» übriggelassen (לְהַשְׁאִיר לָנוּ פְּלֵיטָה), einen «Pflock an seinem heiligen Ort» (יָתֵד בִּמְקוֹם קָדְשׁוֹ). Williamson übersetzt יָתֵד (wörtlich Zeltpflock) mit «a secure hold»[142], Gunneweg ebenso: «einen festen Halt»[143]. Der Pflock wird mit dem heiligen Ort, dem Tempel, in Verbindung

---

der in Neh 9 noch deutlicher zum Ausdruck kommt, Blenkinsopp, *Ezra-Nehemiah*, 183.

138 Ps 44,16; Jer 7,19; 2Chr 32,21; Esr 9,7; Dan 9,7.8.

139 Vgl. dazu Zastrow, der in dieser Rahmung des Gebetes durch das menschliche und das göttliche Antlitz eine «kompositorische Absicht» sieht, Zastrow, *Die drei grossen Bussgebete*, 44.

140 יָתֵד heisst «Pflock». Es gibt keinen Grund, hier aufgrund eines Manuskripts יֶתֶר zu lesen, «denn dieses Wort hat nie den prägnanten Sinn des geretteten, heiligen Restes», Gunneweg, *Esra*, 165. Vgl. BHS, 1427 und dazu die Erläuterung bei Williamson, *Ezra, Nehemiah*, 135.

141 So Williamson, *Ezra, Nehemiah*, 135. Es könnte auch überlegt werden, ob hier nicht eher an die gegenwärtige Gunst unter Artaxerxes I. gedacht werden muss, da 80 Jahre einen nicht unbedingt «kurzen» Zeitraum bilden.

142 Ibid.

143 Gunneweg, *Esra*, 164.

gebracht. Clines weist darauf hin, dass im alten Mesopotamien ähnliche Gegenstände wie Nägel oder Zeltpflöcke in Fundamente von Tempeln eingelassen wurden.[144] Blenkinsopp hält diese Verbindung für weniger wahrscheinlich als eine Anspielung an die nomadische «practice of ‹staking› a claim to a plot of land on which to pitch tents for the familiy or clan».[145] Auch die Stiftshütte, Prototyp des Tempels, wurde in der Wüste mit Zeltnägeln befestigt (vgl. Ex 27,19; 35,18; Num 3,37). In Jes 54,2 wird das Bild des Zeltes, das gespannt und mit Pfählen befestigt wird, für das wiederhergestellte Israel verwendet.[146] Welche Interpretation man auch bevorzugt, im Tempel, an der heiligen Stätte, gibt Gott seinem Volk einen festen Halt.[147] Die Existenz des neuen Tempels ist Zeichen von Gottes Wiederherstellung. Gott liess durch seine Gnade die Augen des Volkes aufleuchten (לְהָאִיר עֵינֵינוּ) und schenkte ein wenig Belebung in der Knechtschaft (וּלְתִתֵּנוּ מִחְיָה מְעַט בְּעַבְדֻתֵנוּ). Dennoch ist die Sprache in diesem Vers äusserst zurückhaltend. So wie die Gnade erst kurz dauert (כִּמְעַט־רֶגַע), ist auch nur von «wenig Belebung» (מְעַט מִחְיָה) die Rede. Trotz Belebung kommt die Knechtschaft zur Sprache. Zastrow bringt die Spannung in diesem Vers zum Ausdruck, wenn er sagt: «Die Vollendung des Zweiten Tempels ist sozusagen erst ein Angeld für die ganze Vollendung.»[148] Esr 9,8 macht die Ambivalenz des Esra-Nehemia-Buches im Hinblick auf Wiederherstellung sichtbar: Auch der Halt, welcher die Vollendung des zweiten Tempels mit sich brachte, brachte erst ein wenig Belebung! Dass Esra-Nehemia den Zustand des Volkes immer noch als Knechtschaft einstuft, wird im nächsten Vers, in Esr 9,9, noch stärker betont. Dort wird auch der Tempelbau und das damit verbundene «Aufleben» noch einmal thematisiert:

---

144 Clines, *Ezra, Nehemiah, Esther*, 123. Er verweist auf Richard Stephens Ellis, *Foundation Deposits in Ancient Mesopotamia*, New Haven/London: Yale University Press, 1968, 46–93. Vgl. auch Williamson, *Ezra, Nehemiah*, 135.

145 Blenkinsopp, *Ezra-Nehemiah*, 184. Vgl. im Anschluss daran auch Klaus Vom Orde, *Die Bücher Esra und Nehemia*, Wuppertaler Studienbibel, Wuppertal: Brockhaus Verlag, 1997, 133.

146 Vgl. Williamson, *Ezra, Nehemiah*, 135; Blenkinsopp, *Ezra-Nehemiah*, 184. Ein weiteres Beispiel für eine metaphorische Verwendung von יָתֵד bildet Jes 22,23, wo Eljakim mit einem Nagel (יָתֵד), der an einem sicheren Platz eingeschlagen wird, verglichen wird.

147 Vgl. Williamson: «Whichever interpretation is preferred, the result comes to much the same thing. The temple, ‹his holy place›, is regarded as a guarantee of the community's security and stability.» (Williamson, *Ezra, Nehemiah*, 135.)

148 Zastrow, *Die drei grossen Bussgebete*, 41.

כִּי־עֲבָדִים אֲנַחְנוּ וּבְעַבְדֻתֵנוּ לֹא עֲזָבָנוּ אֱלֹהֵינוּ וַיַּט־עָלֵינוּ חֶסֶד לִפְנֵי מַלְכֵי פָרַס
לָתֶת־לָנוּ מִחְיָה לְרוֹמֵם אֶת־בֵּית אֱלֹהֵינוּ וּלְהַעֲמִיד אֶת־חָרְבֹתָיו וְלָתֶת־לָנוּ גָדֵר
בִּיהוּדָה וּבִירוּשָׁלָםִ׃

Denn Knechte sind wir, doch in unsrer Knechtschaft hat uns unser Gott nicht verlassen, sondern hat uns Gunst vor den Königen von Persien gewährt, uns ein Aufleben zu schenken, um das Haus unsres Gottes aufzubauen und seine Trümmer herzustellen, und uns eine Mauer in Juda und Jerusalem zu geben.

Offensichtlich wird die Gegenwart immer noch als Knechtschaft verstanden (כִּי־עֲבָדִים אֲנַחְנוּ)! In Neh 9,36 wird diese Aussage noch einmal verschärft, indem mit der Einfügung von הַיּוֹם deutlich gemacht wird, dass der jetzige Zeitpunkt gemeint ist: הִנֵּה אֲנַחְנוּ הַיּוֹם עֲבָדִים. Trotz der Knechschaft hat Gott seinem Volk noch einmal Gnade zugewandt. In V.8 wird Gottes Gunst mit תְחִנָּה beschrieben, hier in V.9 kommt die Gnade (חֶסֶד) durch die Könige von Persien zum Ausdruck.

חֶסֶד ist für die drei Bussgebete in Esr 9, Neh 9 und Dan 9 ein Schlüsselbegriff: «In allen Bußgebeten dominiert die חסד, in der auch der Bund eingebettet bleibt.»[149] Die Sätze, welche ab Esr 9,8 die beginnende Gnade Gottes beschreiben, bilden für Zastrow «nicht zufällig die Mitte des Textes», denn die «Sorge Esras um das bereits eingesetzte Heil» Gottes bildet auch die theologische Mitte des Gebetes.[150] Durch den Begriff der Gnade ist in Esr 9 das Exil zu einem gewissen Abschluss gekommen: «Zwar ist das Heil noch nicht in aller Fülle da, aber ein Neubeginn scheint möglich durch das Aufleben des Heils.»[151] Gottes Gnade macht den Neubeginn nach dem Exil möglich. Die Gnadenerweise werden in diesem Vers durch die persischen Könige gewährt und bestehen darin, dass dem Volk ein Aufleben[152] gegeben wird, um das Haus Gottes aufzurichten und dessen Trümmerstätte wiederherzustellen. Durch die von Gott gewährte Gunst vor den Königen konnte der Tempel wieder aufgebaut werden.

Die Gunst der persischen Könige wird auch als Schutz gesehen, sodass der Vers mit der Anmerkung über die Mauer (גָּדֵר) endet. Es ist die Frage, ob hier im wörtlichen oder metaphorischen Sinn von der Mauer «in Juda und Jerusalem» die Rede ist. Batten, der eine Spätdatierung der Mission Esras in die Zeit Artaxerxes II. Mnemon (404–358 v.Chr.) vertritt[153], sieht in der Er-

---

149 Ibid., 176.

150 Ibid.

151 Ibid., 165.

152 Williamson übersetzt לָתֶת־לָנוּ מִחְיָה in den Anmerkungen wörtlich mit «to give us a revival», im Text «in reviving us». In V.8 gibt er מִחְיָה מְעַט mit «a measure of revival» wieder, vgl. Williamson, *Ezra, Nehemiah*, 125–127.

153 Batten, *Ezra and Nehemiah*, 28–30.47ff.

wähnung der Mauer einen wörtlichen Hinweis auf die physische Mauer, die von Nehemia erbaut wurde.[154] Diese Deutung schliesse ich aufgrund der hier verwendeten Frühdatierung der Mission Esras aus.[155] Aufgrund von Esr 4,12, wo vom Plan, die «Mauer zu vollenden» (וְשׁוּרַיָּא שַׁכְלִלוּ)[156], die Rede ist, ergibt sich eine weitere Auslegungsmöglichkeit, die von einer physischen Mauer ausgeht. Der anachronistisch in Esr 4,7–22 eingeordnete Briefwechsel stammt aus der Zeit von Artaxerxes. Brown sieht in der in Esr 4,12 erwähnten Exulantengruppe Exilheimkehrer, die mit Esra zurückgekommen sind.[157] Aus Esr 4,12 kann abgeleitet werden, dass offenbar mit dem Versuch eines Mauerbaus begonnen wurde.[158] In Esr 4,23 wird jedoch beschrieben, wie das Bauvorhaben mit Gewalt verhindert wurde. In der Darstellung der Wirkungszeit Esras werden keine weiteren Bauaktivitäten genannt. Der Versuch eines Mauerbaus in der Zeit vor Nehemia kann also nicht ganz ausgeschlossen werden. Auf jeden Fall war er, falls er stattgefunden hat, nicht sehr erfolgreich. Neh 1,3 zeigt auf, dass die Mauer Jerusalems vor Nehemias Mission in erbärmlichen Zustand war.

Gemäss Schneider könnte bei der Erwähnung von גָּדֵר (er übersetzt mit «Steinwall») in Esr 9,9 theoretisch an eine «provisorische Wiederherstellung der Stadtmauer Jerusalems» gedacht werden. Doch er verwirft den Gedanken sogleich wieder und meint, die Tatsache, dass Juda vor Jerusalem genannt werde, deute darauf hin, גָּדֵר nicht im wörtlichen Sinn zu verstehen.[159] Die Wendung «Mauer in Juda und Jerusalem» lässt wohl eher an eine metaphorische Bedeutung von Mauer denken und davon geht auch die Mehrheit der Exegeten aus.[160] In Jes 5,5 wird גָּדֵר für die Umzäunung eines Weinbergs verwendet. Das Bild Israels als Weinberg Gottes (vgl. Jes 5,5; Hes 13,5; Hos

---

154 Ibid., 334. Vgl. auch Alfred Bertholet, *Die Bücher Esra und Nehemia*, KHC XIX, Tübingen: J.C.B. Mohr (Paul Siebeck), 1902, 40.

155 Vgl. die Erläuterung der Datierungsfragen im einleitenden Kapitel, I.2.2.3.

156 Qere, vgl. BHQ, 16; BHS, 1417.

157 A. Philip Brown, *Chronological Anomalies in the Book of Ezra*, in: BibSac 162, 2005, 33–49, 43–47.

158 Vgl. Klement, *Rhetorical, Theological and Chronological Features*, 66.

159 Heinrich Schneider, *Die Bücher Esra und Nehemia*, HSAT IV,2, Bonn: Peter Hanstein, 1959, 150.

160 Rudolph zeigt zwar, dass גָּדֵר in Mi 7,11 wohl «Stadtmauer» bedeutet, hier aber eine übertragene Bedeutung vorzuziehen ist, Rudolph, *Esra und Nehemia*, 88. Vgl. z.B. auch Leslie C. Allen, *Ezra-Nehemiah*, in: Leslie C. Allen/Timothy S. Laniak (Hrsg.), Ezra, Nehemiah, Esther. Based on the New International Version, NIBCOT 9, Peabody, MA: Hendrickson Publishers, 2003, 1–166, 78; Blenkinsopp, *Ezra-Nehemiah*, 184. Williamson macht auch darauf aufmerksam, dass für die wörtlich gemeinte Stadtmauer eher der dafür übliche Begriff חוֹמָה verwendet worden wäre, Williamson, *Ezra, Nehemiah*, 136.

2,8), das unter Gottes Schutz steht, könnte mitschwingen.[161] Auf jeden Fall symbolisiert גָּדֵר Gottes Schutz um Israel. «Die ‹Schutzmauer› ist also Gabe Gottes und besteht darin, daß Gott durch die Huld der persischen Könige und ebenso durch das wiedererrichtete Heiligtum politisch und religiös seinem Volke Schutz verleiht.»[162]

Die Schutzmauer (גָּדֵר) wird von Gott «gegeben» (וְלָתֶת־לָנוּ), genauso wie das «Aufleben» (מִחְיָה) von Gott gegeben (לָתֶת־לָנוּ) ist (V.9). In V.8 sind der «Halt» (יָתֵד) an der heiligen Stätte und das «Aufleben» (מִחְיָה) gleichermassen Gabe Gottes (וְלָתֶת־לָנוּ bzw. וּלְתִתֵּנוּ). In V.13 gibt Gott einen geretteten Überrest (וְנָתַתָּה לָּנוּ פְּלֵיטָה כָּזֹאת). Gegenüber diesen fünf positiven נתן-Stellen beschreibt V.7 (s.o.), dass das Volk «in das Schwert, in die Gefangenschaft, zum Raub und in sichtbare Schmach hingegeben» wurde (נִתַּנּוּ). Gott gibt beides, Gericht und Gnade, doch durch die fünfmalige Verwendung von נתן im positiven Zusammenhang gegenüber der einen Stelle von Gericht, wird «ein Übergewicht der gegenwärtig herrschenden Gnade Gottes erreicht»[163]. Gott schenkt seinem Volk ein Aufleben, Halt am Tempel und eine Schutzmauer. Diese von Gott gewährte Sicherheit wird aber bedroht, wenn sich der gerettete Überrest (V.13) oder der «heilige Same» mit den Völkern der Länder vermischt (V.2)! Vor diesem Treuebruch (מַעַל) schützt der Bund.

Die bereits oben postulierte Ambivalenz im Hinblick auf die Wiederherstellung gilt auch hier. Die durch die persischen Könige gewährte Gunst «ist erst ein Anfang, nicht das volle Heil».[164] Durch die Schuld des Volkes wird dieses Heil bedroht. Die gegenwärtige Schuld des Volkes wird in V.10–12 dargelegt:

> 10 Und nun, was sollen wir sagen, unser Gott, nach all dem? Denn wir haben deine Gebote verlassen (כִּי עָזַבְנוּ מִצְוֺתֶיךָ), 11 die du durch deine Knechte, die Propheten (בְּיַד עֲבָדֶיךָ הַנְּבִיאִים), geboten hast, indem du sprachst (לֵאמֹר): Das Land, in das ihr kommt, um es in Besitz zu nehmen (לְרִשְׁתָּהּ), ist ein beflecktes Land (אֶרֶץ נִדָּה הִיא) durch die Befleckung der Völker der Länder (עַמֵּי הָאֲרָצוֹת), infolge ihrer Gräuel (בְּתוֹעֲבֹתֵיהֶם), mit denen sie es vom einen Ende bis zum andern (מִפֶּה אֶל־פֶּה) in ihrer Unreinheit (בְּטֻמְאָתָם) erfüllt haben. 12 So sollt ihr nun eure Töchter nicht ihren Söhnen geben (אַל־תִּתְּנוּ לִבְנֵיהֶם), und ihre Töchter sollt ihr nicht für eure Söhne nehmen, und ihren Frieden und ihr Wohlergehen (שְׁלֹמָם וְטוֹבָתָם)

---

161 Aufgrund einer Inschrift auf in Gibeon gefundenen Griffen von Krügen könnte גָּדֵר auch den Weinberg selber als eingemauerten Bereich bezeichnen und würde dieses Bild noch verstärken, vgl. dazu Blenkinsopp, *Ezra-Nehemiah*, 184; Williamson, *Ezra, Nehemiah*, 136f. Nach Williamson ist diese Deutung jedoch sehr unsicher.

162 Gunneweg, *Esra*, 167.

163 Zastrow, *Die drei grossen Bussgebete*, 29.

164 So ibid., 30.

> sollt ihr bis in Ewigkeit nicht suchen, damit ihr stark werdet und das Gute des Landes esst und es euren Söhnen vererbt bis in Ewigkeit (לְמַעַן תֶּחֶזְקוּ וַאֲכַלְתֶּם אֶת־טוּב הָאָרֶץ וְהוֹרַשְׁתֶּם לִבְנֵיכֶם עַד־עוֹלָם).

Die Schuld des Volkes liegt im Verlassen der Gebote (V.10), welche Gott durch seine Knechte, die Propheten (V.11), verordnen liess. Es folgen Zitate aus der Tora. Daraus kann einerseits geschlossen werden, dass Mose als Prophet betrachtet wird (vgl. Dtn 18,15; 34,10), doch andererseits scheint Esra auch die manchmal zu strenge Aufteilung zwischen Gesetz und Prophetie zu verwischen, indem er alles «under the category of the spoken, prophetic word of God» zusammenfasst.[165] Interessant ist die Tatsache, dass im Bussgebet in Dan 9,6 der Ausdruck עֲבָדֶיךָ הַנְּבִיאִים auch vorkommt (vgl. auch עֲבָדָיו הַנְּבִיאִים in Dan 9,10[166]).

Grundsätzlich wird in V.11b.12 das Verbot von Mischehen in Dtn 7,1–5 auf die aktuelle Zeit hin interpretiert, doch die Verse bestehen aus einem ganzen Mosaik von Anspielungen auf Bibelzitate[167]: «Das Land, in das ihr kommt, um es in Besitz zu nehmen» (הָאָרֶץ אֲשֶׁר אַתֶּם בָּאִים לְרִשְׁתָּהּ) ist eine Anspielung[168] auf אֶל־הָאָרֶץ אֲשֶׁר־אַתָּה בָא־שָׁמָּה לְרִשְׁתָּהּ in Dtn 7,1. Auf Dtn 7,3 spielt V.12 («So sollt ihr nun eure Töchter nicht ihren Söhnen geben und ihre Töchter sollt ihr nicht für eure Söhne nehmen») an. Die grösste Parallele zur Beschreibung der Unreinheit des Landes bildet Lev 18,24–30, wo aber das gebräuchlichere Verb טמא die Unreinheit zum Ausdruck bringt (Lev 18,25.27.28.30). Der in V.11 verwendete Ausdruck נִדָּה erscheint in Lev und Num «als teminus technicus für den unreinen Zustand der menstruierenden Frau»[169] und wird in אֶרֶץ נִדָּה הִיא auf die Befleckung des Landes übertragen. Interessant ist, dass die Befleckung durch die Völker der Länder (עַמֵּי

---

165 Williamson, *Ezra, Nehemiah*, 137.

166 So erscheint die Wendung auch in 2Kön 17,23; 21,10; 24,2; Jer 25,4; Am 3,7. עֲבָדַי הַנְּבִיאִים kommt in 2Kön 9,7; 17,13; Jer 7,25; 26,5; 29,19; 35,15; 44,4; Sach 1,6 vor (vgl. auch עֲבָדַי נְבִיאֵי יִשְׂרָאֵל Hes 38,15). (In Jer 25,4; 26,5; 29,19; 35,15 wird die kürzere Form הַנְּבִאִים statt הַנְּבִיאִים verwendet.)

167 Clines spricht von einem «mosaic of biblical phrases» (Clines, *Ezra, Nehemiah, Esther*, 124.) Zu den folgenden Bibelstellen vgl. die detaillierte Auflistung bei Clines, *Ezra, Nehemiah, Esther*, 124; Blenkinsopp, *Ezra-Nehemiah*, 185. Für eine weniger detaillierte Zusammenstellung der Bibelstellen vgl. Williamson, *Ezra, Nehemiah*, 137.

168 Fishbane spricht von einer «verbatim allusion», vgl. Fishbane, *Biblical interpretation*, 117.

169 Jacob Milgrom/D. P. Wright: Art. נדה, ThWAT V, 1986, 250–254, 252. Vgl. z.B. Lev 15,19.20.33. Vgl. dazu auch David Janzen, *Scholars, Witches, Ideologues, and What the Text Said: Ezra 9–10 and Its Interpretation*, in: Jon L. Berquist (Hrsg.), Approaching Yehud. New Approaches to the Study of the Persian Period, Atlanta: Society of Biblical Literature, 2007, 49–35, 61f.

הָאֲרָצוֹת) geschehen ist, ein Ausdruck, der in Esra-Nehemia häufig zur Beschreibung der lokalen Bevölkerung verwendet wird.[170] Die Gräueltaten (בְּתוֹעֲבֹתֵיהֶם), welche das Land verunreinigen, erscheinen z.B. auch in Dtn 18,9. Die Wendung מִפֶּה אֶל־פֶּה in V.11 ist eine Parallele zu 2Kön 21,16, wo Jerusalem von einem Ende bis zum anderen (פֶּה לָפֶה) mit unschuldigem Blut erfüllt wird. Auch in V.12 gibt es weitere Parallelen: Dass ihr Frieden und Wohlergehen nicht gesucht werden soll (וְלֹא־תִדְרְשׁוּ שְׁלֹמָם וְטוֹבָתָם), ist eine wörtliche Parallele zu Dtn 23,7, wo dasselbe über die Ammoniter und Moabiter gesagt wird (לֹא־תִדְרֹשׁ שְׁלֹמָם וְטֹבָתָם). Gerade diese Parallele zeigt, dass das Gebet in Esr 9 nicht nur auf dem Hintergrund von Dtn 7,1–3, sondern auch von Dtn 23,4–9 gelesen werden muss.[171] Fishbane erklärt es folgendermassen:

> Accordingly, the mechanism for prohibiting intermarriage with the Ammonites, Moabites, etc. was an exegetical extension of the law in Deut. 7:1–3 effected by means of an adaptation and interpolation of features from Deut. 23:4–9. Notably, the textual blend appears in both Ezra 9:1 and 9:11–12.[172]

«Damit ihr stark werdet» (לְמַעַן תֶּחֶזְקוּ) erscheint in Dtn 11,8 (לְמַעַן תֶּחֶזְקוּ) im Zusammenhang mit der Landnahme, das Essen des Guten des Landes (וַאֲכַלְתֶּם אֶת־טוּב הָאָרֶץ) in Jes 1,19 (טוּב הָאָרֶץ תֹּאכֵלוּ). Schliesslich erinnert das Vererben des Landes an die Söhne an Dtn 2,38f., wo von Josua, der das Erbe austeilen wird, die Rede ist.

Die Zusammenstellung der Zitate zeigt einerseits «the decisive bearing of Deuteronomy on legal practice and the theological understanding of the law at the time of Ezra and Nehemiah»[173]. Andererseits sind die Stellen, auf die sich das Mosaik von Bibelzitaten bezieht, eng mit der Frage der Landnahme und der Josuageneration verbunden.[174] Wie damals unter Josua steht das Volk erneut am Beginn einer Landnahme. Entsprechend eindringlich werden die Worte des Gebetes nun in V.13–14, wo Esra das Volk vor einem erneuten Bundesbruch warnt:

> 13 Und nach allem, was über uns gekommen ist durch unsere bösen Taten und durch unsere grosse Schuld – obwohl du, unser Gott, uns mehr verschont hast als

---

170 Esr 3,3; 4,4; 9,1.2.11, 10,2.11; Neh 9,24.30; 10,29.31.32.

171 «But it is particularly his citation of the clause ‹do not seek their peace or favour for ever› which makes clear that Ezra also understood Ezra 9:1 in the light of Deut. 23:4–9. For this clause is a fairly close citation from Deut. 23:7», Fishbane, *Biblical interpretation*, 117.

172 Ibid.

173 Blenkinsopp, *Ezra-Nehemiah*, 185.

174 Vgl. dazu Genaueres im nächsten Kapitel (Kap. III: «Wiederherstellung als Aktualisierung von Exodus und Landnahme»).

unsere Sünden es verdienten (wörtlich: du hast verschont unterhalb unserer Sünden, חָשַׂכְתָּ לְמַטָּה מֵעֲוֹנֵנוּ[175]) und uns diese Schar von Geretteten (פְּלֵיטָה[176]) gegeben hast –, [14] sollten wir nun wieder deine Gebote brechen (הֲנָשׁוּב לְהָפֵר מִצְוֹתֶיךָ) und uns mit den Völkern dieser Gräuel verschwägern? Müsstest du da nicht über uns erzürnen, bis es ganz aus wäre, so dass es keinen Überrest und keine Geretteten mehr gibt (לְאֵין שְׁאֵרִית וּפְלֵיטָה)?

Williamson spricht an dieser Stelle des Gebetes von einem starken «homiletic tone of the prayer».[177] Zastrow geht so weit zu sagen, Esr 9 sei gar kein Gebet, sondern «eine literarische, paränetische Predigt im Gebetsgewand, um das Problem der Mischehenfrage zu lösen».[178] Dass tatsächlich von einem homiletischen Unterton des Gebetes die Rede sein kann, bestätigen diese Verse. Das Volk hat Gottes Gnade im Exil erlebt und die Exulanten erleben sich als Schar von Erretteten (פְּלֵיטָה, V.13), diese Gnade Gottes soll nun aber nicht verspielt werden, indem der Bund erneut gebrochen wird. Ein erneuter Bundesbruch würde bedeuten, dass es keine Geretteten mehr geben würde (לְאֵין שְׁאֵרִית וּפְלֵיטָה, V.14).

Mit folgenden Worten endet das Gebet in V.15:

[15] Jhwh, Gott Israels, du bist gerecht (צַדִּיק אַתָּה)! Denn wir sind als Gerettete (פְּלֵיטָה) übriggeblieben, wie es heute ist. Siehe, hier sind wir vor dir mit unserer Schuld. Denn es ist unmöglich, unter solchen Umständen vor deinem Angesicht zu bestehen (כִּי אֵין לַעֲמוֹד לְפָנֶיךָ עַל־זֹאת).

In der Tatsache, dass Esra Gott mit צַדִּיק אַתָּה anspricht, sieht Williamson «the climax of the confession».[179] Auch in Neh 9,33 (וְאַתָּה צַדִּיק) und Dan 9,14 (כִּי־צַדִּיק יְהוָה אֱלֹהֵינוּ) finden wir die Anrufung der Gerechtigkeit Gottes. Die Frage ist, ob Gottes Gerechtigkeit darin besteht, dass er einen Überrest übrig gelassen hat. Clines bestreitet das und denkt, man müsse mit «dennoch sind wir […] übriggeblieben» in dem Sinn übersetzen, dass, obwohl Gott gerecht ist (und das Volk bestraft hat), er trotzdem einen Überrest gelassen

---

175 Vgl. Gunneweg, *Esra*, 165. Sein Vorschlag, mit einigen hebräischen Manuskripten und der Peschitta חָשַׂבְתָּ zu lesen, ist aber keine «Erleichterung», wie Gunneweg meint, da es denselben Sinn ergibt. Vgl. dazu BHS, 1427; BHQ, 37; Rudolph, *Esra und Nehemia*, 90.

176 פְּלֵיטָה, das «Entronnene», bedeutet in diesem Zusammenhang «die nachexilische Gemeinde», vgl. HAL, 880; Gerhard Hasel: Art. פלט, ThWAT VI, 1989, 589–606, 598. Vgl. dazu Jutta Hausmann, *Israels Rest. Studien zum Selbstverständnis der nachexilischen Gemeinde*, BWANT 124, Stuttgart: Kohlhammer, 1987, 27f., zum Restgedanken in Esra-Nehemia 31ff.

177 Williamson, *Ezra, Nehemiah*, 137.

178 Zastrow, *Die drei grossen Bussgebete*, 64.

179 Williamson, *Ezra, Nehemiah*, 137.

hat.[180] Auch Williamson denkt nicht, dass in diesem Kontext die Errettung des Volkes mit der Gerechtigkeit Gottes korrespondiert, sondern der Ausdruck der Gerechtigkeit Gottes werde hier mit «forensic overtones» verwendet: Gott wäre auch gerecht gewesen, wenn er das Volk im Exil vollständig zerstört hätte.[181] Obwohl das Volk den Bund gebrochen hat, bleibt Gott seiner Bundesverpflichtung treu und gewährt eine Bundeserneuerung!

2.1.3 Esra 10

Esr 10,1 beschreibt, dass sich, während Esra betete und bekannte, aus Israel (מִיִּשְׂרָאֵל)[182] eine «grosse Versammlung von Männern, Frauen und Kindern» (קָהָל רַב־מְאֹד אֲנָשִׁים וְנָשִׁים וִילָדִים) um ihn scharte. Die Versammlung erinnert an Neh 8,2, wo von einer «Versammlung von Männern, Frauen und allen, die verstehen konnten» (הַקָּהָל מֵאִישׁ וְעַד־אִשָּׁה וְכֹל מֵבִין לִשְׁמֹעַ) die Rede ist. Schechanja ergreift das Wort (Esr 10,2):

> וַיַּעַן שְׁכַנְיָה בֶן־יְחִיאֵל מִבְּנֵי עֵילָם וַיֹּאמֶר לְעֶזְרָא אֲנַחְנוּ מָעַלְנוּ בֵאלֹהֵינוּ וַנֹּשֶׁב
> נָשִׁים נָכְרִיּוֹת מֵעַמֵּי הָאָרֶץ וְעַתָּה יֵשׁ־מִקְוֶה לְיִשְׂרָאֵל עַל־זֹאת׃

> Und Schechanja, der Sohn Jehiels, von den Söhnen Elam[183], antwortete und sagte zu Esra: Wir haben treulos an unserm Gott gehandelt indem wir ausländische Frauen von der Bevölkerung des Landes geheiratet haben[184]. Aber darüber gibt es noch Hoffnung für Israel.

Schechanja spricht zu Esra und betont die Schuld, dass an Gott treulos gehandelt wurde. Wieder wird der Bundesbruch durch מעל (in מָעַלְנוּ) zum Ausdruck gebracht (vgl. auch Esr 10,6.10).[185] Obwohl das Volk den Bund gebrochen hat, gibt es noch Hoffnung für Israel. Die häufige Verwendung von «Israel» in Esra-Nehemia[186] zeigt, dass in Esra-Nehemia stets die Wiederherstellung des Bundesvolkes «Israel» mitgedacht wird und nicht nur des vorexilischen Königreiches Juda. Die Tatsache, dass gerade auch im Zusammenhang mit der Bundeserneuerung in Esr 9–10 «Israel» häufig verwendet

---

180 Clines, *Ezra, Nehemiah, Esther*, 125: «yet we are left».

181 Vgl. Williamson, *Ezra, Nehemiah*, 138.

182 Wie in Esr 10,2, wird hier der Ausdruck «Israel» verwendet. Gerade im Zusammenhang mit dem Bundesschluss wird betont, dass es sich um das Bundesvolk Israel handelt. S.u. die Ausführungen zu Esr 10,2.

183 Es ist das Qere עֵילָם zu lesen, vgl. BHS, 1427.

184 Wörtlich: bei uns wohnen liessen (Hif. von ישב).

185 S.o. Anm. zu Esr 9,2 in II.2.1.2.

186 Esr 1,3; 2,2.59.70; 3,1.2.10.11; 4,1.3(2x); 6,21.22; 7,6.7.10.11.28; 8,18.25.29.35(2x); 9,1.4.15; 10,1.2.5.10.25; Neh 1,6(2x); 2,10; 7,7.61.72(2x); 8,1.14.17; 9,1.2; 10,34.40; 11,3.20.47; 13,2.3.18.26(2x), insgesamt 54 Erwähnungen.

wird (Esr 9,1.4.15; 10,1.2.5.10.25), zeigt, dass die Kontinuität der nachexilischen Gemeinde zu «Israel» in der Tora als wichtig erachtet wird. Obwohl der Bund gebrochen wurde, gibt es noch «Hoffnung für Israel» (יֵשׁ־מִקְוֶה לְיִשְׂרָאֵל). עַל־זֹאת am Versende nimmt explizit das Versende von Esr 9,15 auf, wo damit die Umstände des Bundesbruches bezeichnet werden.[187] Die Hoffnung besteht in der Tatsache, dass der Bund mit Gott trotz Bundesbruch erneuert werden kann. An diese hoffnungsvolle Aussage schliesst sich die Aufforderung, einen Bund mit Gott zu schliessen (Esr 10,3), an:

וְעַתָּה נִכְרָת־בְּרִית לֵאלֹהֵינוּ לְהוֹצִיא כָל־נָשִׁים וְהַנּוֹלָד מֵהֶם בַּעֲצַת אֲדֹנָי וְהַחֲרֵדִים בְּמִצְוַת אֱלֹהֵינוּ וְכַתּוֹרָה יֵעָשֶׂה׃

Und nun lasst uns einen Bund schliessen mit[188] unserem Gott, fortzuschaffen alle Frauen[189] mit ihren Kindern (wörtlich: das von ihnen Geborene) nach dem Rat des Herrn[190] und derer, die vor dem Gebot unsres Gottes zittern und gemäss der Tora soll es geschehen.

Der Bundesschluss folgt aus der Hoffnung, dass Gott Israel – trotz seiner Gerechtigkeit (V.15) – nicht verstossen hat. Der Bund wird mit Gott geschlossen. Mit der Bezeichnung «derer, die vor dem Gebot unsres Gottes zittern», ist wohl dieselbe Gruppe gemeint, die sich in Esr 9,4 bei Esra versammelte.[191] Der Bundesschluss folgt nach dem Beschluss des Herrn (בַּעֲצַת אֲדֹנָי), dem Gebot Gottes (בְּמִצְוַת אֱלֹהֵינוּ) und der Tora (וְכַתּוֹרָה). Dadurch

---

[187] Vgl. Williamson, *Ezra, Nehemiah*, 150.

[188] Ich sehe es nicht als zwingend an, mit Williamson «vor Gott» zu übersetzen, ibid., 143.

[189] 3Esr 8,90 liest τὰς γυναῖκας ἡμῶν (vgl. auch LXX^{L}). Rudolph (BHS, 1428) schlägt deshalb vor, נָשֵׁינוּ zu lesen. Williamson folgt ihm, weil der Schreiber נ und ו zu ם zusammengefügt haben kann, siehe ibid; Rudolph, *Esra und Nehemia*, 92. Ich halte es nicht für zwingend, hier «unsere Frauen» zu lesen.

[190] Rudolph punktiert אֲדֹנִי «als ehrfurchtsvolle Anrede an Esra», die nachher in das gewöhnliche «du» in V.4 übergeht (vgl. Rudolph, *Esra und Nehemia*, 92.). Die Anrede σοι in 3Esr 8,90 (vgl. auch LXX^{A,B}) deutet darauf hin, dass es so verstanden wurde, vgl. Williamson, *Ezra, Nehemiah*, 143. Für diese Änderung geben sowohl Rudolph als auch Williamson inhaltliche Gründe an. Nach Rudolph kann sich der Ausdruck nicht auf Gott beziehen, «weil Jahwe in dieser Sache nicht rät, sondern befiehlt», Rudolph, *Esra und Nehemia*, 92. Für Williamson ist zudem entscheidend, dass wir einen solchen Rat in der Bibel nicht finden, Gott bereits am Versende erwähnt wird und Schechanja sonst nur von «unserem Gott» spricht. Die Argumente vermögen mich nicht zu überzeugen. Die Entscheidung kann als «Rat des Herrn» angesehen werden, auch wenn kein weiterer expliziter biblischer Beleg vorliegt und עֵצָה kann sehr wohl als «Gottes Plan, Ratschluss» verstanden werden, vgl. HAL, 820.

[191] S.o. Anm. zu Esr 9,4, in II.2.1.2. Vgl. auch Williamson, *Ezra, Nehemiah*, 150.

wird im ersten Vers im Esra-Nehemia-Buch, in dem בְּרִית vorkommt, ein enger Bezug zwischen Bund und Tora geschaffen. Als Folge des Bundesschlusses sollen die fremden[192] Frauen samt ihren Kindern weggeschickt werden. לְהוֹצִיא (vgl. auch V.19) ist nicht der gebräuchliche Terminus für Scheidung. Dass der Ausschluss der fremden Frauen «gemäss der Tora» geschehen soll, könnte anzeigen, dass diese Mischehen als etwas «Schändliches» (עֶרְוַת דָּבָר, Dtn 24,1) empfunden wurden und so die Verstossung als toragemäss anerkannt wurde. Andererseits könnte der Vers auch so verstanden werden, dass erst nach Ausmerzung der Mischehen ein toragemässes Leben möglich wird.[193]

In Esr 10,4 wird Esra die Verantwortung für den Bundesschluss übergeben («Dir obliegt die Sache»). Der Bund wird mit einem Schwur besiegelt (V.5): Esra lässt die Obersten der Priester, Leviten und ganz Israel schwören (וַיִּשָּׁבֵעוּ), nach dieser Anweisung zu handeln (לַעֲשׂוֹת כַּדָּבָר הַזֶּה). Nach einer Nacht des Fastens Esras über den Treuebruch der Exulantengemeinde (עַל־מַעַל הַגּוֹלָה, V.6) werden auf den 20. des siebten Monats (V.9) alle Männer aus Juda und Benjamin nach Jerusalem beordert. Esra klagt das Volk an, untreu gehandelt zu haben (מְעַלְתֶּם, V. 10) und fordert die Menge auf, Jhwh ein Bekenntnis (תוֹדָה)[194] abzulegen, seinen Willen zu tun und sich von den Völkern des Landes und den fremden Frauen zu trennen (V.11). Das Volk stimmt überein, die Sache wird aber nicht am Tag selber geregelt (die Regenzeit wird u.a. als Grund dafür genannt, V.13[195]), sondern es ist Sache der Oberen (שָׂרֵינוּ, V.14), in ihren jeweilgen Städten den Beschluss durchzusetzen. Eine Frist vom ersten des zehnten Monats bis zum ersten des ersten Monats wird gewährt (vgl. V.16f.). Es folgt in Esr 10,18–44 die Liste derjenigen Männer, die fremde Frauen hatten, angeführt von den Priestern (V.18–22) und Leviten (V.23.24) und gefolgt von «Israel» (V.25–44).

---

[192] Dass es sich nur um die fremden Frauen handelt, wird aus dem Zusammenhang klar, vgl. Rudolph, *Esra und Nehemia*, 92.

[193] Vgl. dazu die Ausführungen bei Williamson, *Ezra, Nehemiah*, 150f.

[194] נתן תודה ל׳ kann hier mit «jemandem ein Bekenntnis ablegen» übersetzt werden, analog zu שׂים כבוד ל׳ (jemandem ein Geständnis ablegen) in Jos 7,19, vgl. Rudolph, *Esra und Nehemia*, 94; Williamson, *Ezra, Nehemiah*, 155.

[195] Die Erwähnung des Regens in V.9 und der Regenzeit (הָעֵת גְּשָׁמִים) in V.13 ist interessant. Die Toraverlesung in Neh 8 findet vor dem Wassertor (שַׁעַר־הַמַּיִם) statt. Ein Bezug zwischen Tora und Regen bzw. Wasser wird in der Rede Moses in Dtn 32,2 hergestellt: «Meine Lehre träufle wie Regen, meine Rede fliesse wie Tau, wie Regenschauer aufs Grüne, wie Güsse auf das Gras.»

2.2 Nehemia 9–10

2.2.1 Einleitende Bemerkungen

Im Zentrum der Überlegungen zur Wiederherstellung als Bundeserneuerung stehen die Kapitel Neh 8–10, die gemeinhin als «Bundeserneuerung» bezeichnet werden.[196] Die beiden expliziten Erwähnungen von בְּרִית finden wir in Neh 9,8 und 9,32. In Neh 10,1 wird der Ausdruck אֲמָנָה verwendet. Da im nächsten Kapitel[197] genauer auf Neh 8 eingegangen wird, beschränke ich mich für die exegetischen Betrachtungen hier auf Neh 9 und 10. Zunächst muss aber das Verhältnis des Bussgebetes in Neh 9 zum Gesamtkomplex Neh 8–10 geklärt werden. Dabei geht es um das Verhältnis des Gebetes in Neh 9 zum Begriff אֲמָנָה in Neh 10,1, wie Boda schreibt: «A consistent claim among scholars is that Neh 9–10 represents a covenant ceremony. The starting point to evaluate this claim must be the key term אֲמָנָה in Neh 10:1.»[198]

Die Wurzel אמן («fest, zuverlässig, sicher sein»[199]) ist im Alten Testament gut belegt, die nominale Form אֲמָנָה erscheint jedoch nur an zwei Stellen, beide in Esra-Nehemia (Neh 10,1; 11,23).[200] Während אֲמָנָה in Neh 11,23 mit «königliche Vorschrift»[201] wiedergegeben werden kann (כִּי־מִצְוַת הַמֶּלֶךְ עֲלֵיהֶם וַאֲמָנָה), ist die Frage, wie אֲמָנָה in Neh 10,1 übersetzt werden soll. אֲמָנָה steht in Verbindung mit כרת (אֲנַחְנוּ כֹּרְתִים אֲמָנָה). Gemäss Batten ist der Begriff nicht mit «covenant» zu übersetzen, denn כרת sei an dieser Stelle «not equivalent to ‹make a covenant›».[202] Er will אֲמָנָה mit «truly» oder «accurately» übersetzen und bezieht כרת (כֹּרְתִים) in Verbindung mit וְכֹתְבִים auf das Eingravieren der Namen, so dass er folgendermassen übersetzt: «*we are engraving correctly* [...] *and writing upon the sealed* (record)».[203] Doch mit dieser Übersetzung steht Batten alleine. Die meisten Kommentatoren sehen hier eine Übereinstimmung mit «Bund».[204] Rudolph

---

196 S.o. II.1.2.3

197 S.u. III.3.

198 Boda, *Praying the tradition*, 32f.

199 HAL, 61.

200 Vgl. Boda, *Praying the tradition*, 33.

201 HAL, 62.

202 Batten, *Ezra and Nehemiah*, 374.

203 Ibid.

204 Vgl. z.B. die Übersetzungen in folgenden Kommentaren: Allen, *Ezra-Nehemiah*, 139: «binding agreement»; Blenkinsopp, *Ezra-Nehemiah*, 308: «firm commitment»; Clines, *Nehemiah 10*, 200: «‹firm, faithful› (agreement), by ‹pledge›»; Fensham, *Ezra and Nehemiah*, 234: «covenant»; Kurt Galling, *Die Bücher der Chronik, Esra, Nehemia*, ATD 12, Göttingen: Vandenhoek & Ruprecht, 1954, 241: «wir treffen eine schriftliche Abmachung»; Gunneweg, *Nehemia*, 130: «feste Verpflichtung»; Werner Kessler, *Gottes Mitarbeiter am Wiederaufbau. Die Pro-*

betrachtet אֲמָנָה als «Synonym von ברית, deshalb mit כרת gebraucht».[205] Blenkinsopp legt die Vermutung nahe, dass der Begriff vielleicht gewählt wurde, um diesen Bundesschluss vom historischen Bundesschluss mit Jhwh zu unterscheiden.[206] Gegen Batten bestätigt Williamson, «that כרת could be used on its own with covenantal overtones», meint aber, dass der Gebrauch von אֲמָנָה statt בְּרִית der Aussage eine spezielle Nuance verleihe, «namely, that of a voluntarily entered and unilaterally binding promise or agreement».[207] Dieser Hinweis ist nach Boda von Bedeutung: «אֲמָנָה is covenantal but introduces a new sense of covenant.»[208]

Boda untersucht die Bedeutung von אֲמָנָה in Neh 11,23.[209] Die Nachkommen Asafs (sie werden in Neh 11,22 als Sänger (הַמְשֹׁרְרִים) beschrieben) waren zuständig für den Dienst im Haus Gottes (מְלֶאכֶת בֵּית־הָאֱלֹהִים, V.22). Dieser Dienst wird folgendermassen begründet (V.23):

כִּי־מִצְוַת הַמֶּלֶךְ עֲלֵיהֶם וַאֲמָנָה עַל־הַמְשֹׁרְרִים דְּבַר־יוֹם בְּיוֹמוֹ׃

> Denn es gab ein Gebot des Königs über sie, sogar[210] eine feste Bestimmung für die Sänger, wer täglich zu singen hatte (wörtlich: betreffs der Tagesangelegenheit jeden Tages).

Die Autorität ihres Dienstes geht zurück auf einen Befehl des Königs (מִצְוַת הַמֶּלֶךְ), der als eine «feste Bestimmung» (אֲמָנָה), die ihnen auferlegt wurde, erklärt wird. Dieser Dienst war eine tägliche Angelegenheit (דְּבַר־יוֹם בְּיוֹמוֹ). Auch in Neh 10 haben die meisten Gesetzesvorschriften einen Bezug zum

---

pheten Esra und Nehemia, Die Botschaft des Alten Testaments 12, IV, Stuttgart: Calwer, 1971, 77: «feste Vereinbarung»; Rudolph, *Esra und Nehemia*, 172: «schriftliche Vereinbarung»; Carl Siegfried, *Esra, Nehemia und Esther*, HK, Göttingen: Vandenhoeck & Ruprecht, 1901, 112: «(neue) Abmachung»; Schneider, *Esra und Nehemia*, 219: «verpflichtende Abmachung»; Friedrich Wilhelm Schultz, *Die Bücher Esra, Nehemia und Esther*, Theologisch-homiletisches Bibelwerk 9, Bielefeld: Velhagen und Klasing, 1876, 181: «festen Bund»; Klaus-Dietrich Schunck, *Nehemia*, BKAT XXIII/2, Neukirchen-Vluyn: Neukirchener Verlag, 2009, 283: «Vereinbarung»; Judah J. Slotki, *Daniel, Ezra, Nehemia. Hebrew Text & English Translation with Introductions and Commentary*, SBBS, London: Soncino Press, 5. Aufl. 1970, 243: «sure covenant»; Vom Orde, *Esra und Nehemia*, 257: «feste Abmachung»; Williamson, *Ezra, Nehemiah*, 320: «firm agreement».

205 Rudolph, *Esra und Nehemia*, 172.

206 Blenkinsopp, *Ezra-Nehemiah*, 312.

207 Williamson, *Ezra, Nehemiah*, 332.

208 Boda, *Praying the tradition*, 34.

209 Zu Folgendem: ibid.

210 Williamson sieht hier ein Waw explicativum, Williamson, *Ezra, Nehemiah*, 343. Zum Waw explicativum siehe GK, §154a, 478.

Tempel, wie auch der Schlusssatz in V.40 zeigt: «So wollen wir das Haus unseres Gottes nicht verlassen» (וְלֹא נַעֲזֹב אֶת־בֵּית אֱלֹהֵינוּ). Wie in Neh 11,23, steht אֲמָנָה auch in Neh 10,1 mit für die Aufrechterhaltung des Tempeldienstes entscheidenden Anordnungen in Beziehung. אֲמָנָה verweist nach Boda zunächst auf ein Dokument, das Tempeldienste für eine Gruppe von Menschen beschreibt: «On its own the term is not another word for בְּרִית, but a careful look at Neh 10 reveals that this אֲמָנָה was incorporated into a covenant ceremony.»[211] Die Handlung, die in Neh 10,30.33 beschrieben wird, unter Eid und Schwur (בְּאָלָה וּבִשְׁבוּעָה) die Verpflichtungen einzugehen, erinnert an Esr 10 und Neh 5, wo das Volk sich gewissen Vorschriften unterzieht. In Esr 10,3 wird der Terminus בְּרִית für diese Handlung verwendet. Dass dabei vom Ausdruck בְּרִית Gebrauch gemacht werden muss, ist nicht zwingend, wie Neh 5 zeigt. Die Verbindung mit כרת macht für Boda aber «the connection to covenant unmistakable».[212]

Für Boda ist die Formulierung וּבְכָל־זֹאת am Versanfang von Neh 10,1, die er mit «because of all this» übersetzt, die Verbindung von Neh 9 und 10. Das Gebet dient als «introduction to the covenant».[213] Aus diesem Gebet, das die Einleitung zur Bundeserneuerung bildet, betrachte ich die Stellen, die für das Bundesverständnis entscheidend sind, näher. Von besonderem Interesse sind die beiden Stellen, in welchen בְּרִית vorkommt (Neh 9,8.32).

2.2.2 Nehemia 9

Eskenazi sieht im Gebet in Neh 9,6–37 «the theological centerpiece of Ezra-Nehemiah».[214] Das Gebet zeichnet die Heilsgeschichte in folgenden Themenblöcken nach: Schöpfung (V.6), Abraham (V.7.8), Exodus (V.9–11), Wüstenzeit (V.12–21) und Landnahme (V.22–31), wobei im letzten Abschnitt ein Bezug zur aktuellen Landnahme gemacht wird.[215] Es enthält theo-

---

211 Boda, *Praying the tradition*, 34.

212 Ibid.

213 Dazu vgl. ibid., 36f.

214 Tamara C. Eskenazi, *Nehemiah 9–10: Structure and Significance*, in: The Journal of Hebrew Scriptures 4: Art. 8, 2001, 1–20, 2. Vgl. auch Rolf Rendtorff, *Nehemiah 9: An Important Witness of Theological Reflection*, in: Mordechai Cogan u.a. (Hrsg.), Tehillah le-Moshe. Biblical and Judaic Studies in Honour of Moshe Greenberg, Winona Lake: Eisenbrauns, 1997, 111–117. Das Gebet verweist auf viele Bibelstellen, sodass Newman in Bezug auf Neh 9 von einem «Schriftbewusstsein» spricht: «Thus a distinct ‹scripture consciousness› marks the difference between the use of quotes in this post-exilic prayer from earlier prayers.» (Judith H. Newman, *Praying by the Book: The Scripturalization of Prayer in Second Temple Judaism*, Atlanta: Scholars Press, 1999, 104.)

215 Für die genannte Aufteilung vgl. Williamson, *Ezra, Nehemiah*, 307. Dazu vgl. auch Hugh G. M. Williamson, *Structure and Historiography in Nehemiah 9*, in:

logisch «eine eigentliche Dogmatik in nuce».[216] Die Gattungsbestimmung des Gebetes ist schwierig[217], ebenso die Bestimmung der Sprache, die zwischen Poesie und Prosa liegt und die Williamson mit «rhythmic liturgical language»[218] umschreibt.

Nach dem Lobpreis über die Schöpfung (V.6) folgt in V.7–8 die Passage über Abraham, die zentral für das Bundesverständnis von Esra-Nehemia ist:

[7] אַתָּה־הוּא יְהוָה הָאֱלֹהִים אֲשֶׁר בָּחַרְתָּ בְּאַבְרָם וְהוֹצֵאתוֹ מֵאוּר כַּשְׂדִּים וְשַׂמְתָּ
שְּׁמוֹ אַבְרָהָם׃
[8] וּמָצָאתָ אֶת־לְבָבוֹ נֶאֱמָן לְפָנֶיךָ וְכָרוֹת עִמּוֹ הַבְּרִית לָתֵת אֶת־אֶרֶץ הַכְּנַעֲנִי הַחִתִּי
הָאֱמֹרִי וְהַפְּרִזִּי וְהַיְבוּסִי וְהַגִּרְגָּשִׁי לָתֵת לְזַרְעוֹ וַתָּקֶם אֶת־דְּבָרֶיךָ כִּי צַדִּיק אָתָּה׃

[7] Du bist es, Jhwh, Gott, der du Abram erwählt hast und ihn aus Ur in Chaldäa herausgeführt und ihm den Namen Abraham verliehen hast.
[8] Und du hast sein Herz treu vor dir erfunden und hast mit ihm den Bund geschlossen, das Land der Kanaaniter, Hetiter, Amoriter, Perisiter, Jebusiter und Girgasiter seinem Samen zu geben. Und du hast deine Worte aufrechterhalten, denn du bist gerecht.

Zuerst wird die Erwählung Abrahams beschrieben (בָּחַרְתָּ בְּאַבְרָם).[219] Dass Gott ihn «herausgenommen» hat (וְהוֹצֵאתוֹ) zeigt, dass er sozusagen aus den Umständen in Ur in Chaldäa «befreit» wurde. Nach Berufung und Befreiung folgt die Namensgebung (וְשַׂמְתָּ שְּׁמוֹ אַבְרָהָם) und dann der Bundesschluss (V.8). Williamson leitet daraus die Reihenfolge «Erwählung, Befreiung, Namensänderung, Bund» ab.[220] V.8 ist von besonderem Interesse. Zuerst wird gesagt, dass Gott das Herz Abrahams als «treu» erfunden hatte (נֶאֱמָן). Die beiden Begriffe נֶאֱמָן und אֲמָנָה (in Neh 10,1) sind verwandt, wie Bautch bemerkt: «אמנה (‹commitment›) in 10.1, an uncommon expression of cove-

---

Studies in Persian Period History and Historiography, FAT 38, Tübingen: Mohr Siebeck, 2004, 285–289. Blenkinsopp vertritt dieselbe Strukturierung, teilt aber den letzten Abschnitt auf in: «Conquest» (V.22–25), «Rebellion» (V.26–31) und «Final petition» (V.32–37), vgl. Blenkinsopp, *Ezra-Nehemiah*, 305–307. Dieselbe Gliederung schlägt auch Zastrow vor, der den letzten Abschnitt mit «Von der Katastrophe zur Gegenwart (V.32–37)» überschreibt, Zastrow, *Die drei grossen Bussgebete*, 22. Andere Strukturvorschläge finden sich bei Duggan, *Covenant Renewal*, 167f; Eskenazi, *Nehemiah 9–10*, 13.

216 Mathys, *Dichter und Beter*, 4.

217 Vgl. die tabellarische Übersicht über die Gattungsbezeichnungen für Neh 9 in der Forschung bei Boda, *Praying the tradition*, 198–202.

218 Williamson, *Ezra, Nehemiah*, 306.

219 Rendtorff bemerkt, dass es die einzige Stelle im AT ist, welche בחר im Zusammenhang mit Abraham verwendet, vgl. Rendtorff, *Nehemiah 9*, 112.

220 Williamson, *Ezra, Nehemiah*, 312.

nant, appears to be a catchword derived from 9.8, where Abraham's faithful (אמנה) heart is a basis for the covenant that God makes with the patriarch.»[221] Für David Noel Friedman und David Miano dient Gen 15,18–21 als Grundlage für Neh 9,8.[222] Der mosaische Bund sagt göttliche Gnade und Erbarmen denjenigen zu, die ihn lieben. Esra-Nehemia will aber gemäss Friedman und Miano aufzeigen, dass das Vertrauen des Volkes nicht auf den Gesetzesgehorsam oder die vergebende Natur Gottes ausgerichtet ist. Die Stelle über Abraham im levitischen Gebet (Neh 9,7f.) «shows their trust to be in God's *personal obligation* to his people, his ancient promise to bless them and give them peace in the land».[223] Freedman und Miano betonen also die Priorität des göttlichen Versprechens an Abraham in Neh 9.[224] Das Modell von Freedman und Miano, dass der Abrahamsbund als bedingungsloser Bund die Grundlage für die Wiederherstellung des Sinaibundes bildet, wird weiter unten ausgeführt und besprochen.[225]

Es gibt einen weiteren exegetischen Zugang zu Neh 9,7f., der den Gehorsam Abrahams betont: «[T]he sequence of actions in 9:8 indicates that *first* Abraham is found to be faithful, and *then* God makes a covenant with him.»[226] Boda hat diese Position in seiner Monographie über Neh 9 herausgearbeitet und betont, dass in diesen Versen «a covenant made on the basis of the faithfulness of Abraham's heart»[227] beschrieben wird. Bautch ist der Ansicht, der Ansatz von Boda korrigiere und ergänze das Modell von Freedman und Miano: «[T]he reference to covenant in Neh 9:8 is predicated on divine initiative *and* human response because the covenant in question is understood to be bilateral.»[228] Für die weitere Diskussion ist die Frage, ob der Abrahamsbund konditional war oder nicht, weniger entscheidend als die Frage nach dem Verhältnis von Abrahams- und Mosebund. Dass in Neh 9,8 die Gerechtigkeit Gottes stärker betont wird als die Treue Abrahams, zeigt die Tatsache, dass der Vers mit dem Verweis auf Gottes Gerechtigkeit endet: «Und du hast deine Worte aufrechterhalten, denn du bist gerecht» (וַתָּקֶם אֶת־דְּבָרֶיךָ כִּי צַדִּיק אָתָּה). In צַדִּיק אָתָּה sieht Williamson «the main point of the section»: «Not only is God creator, but his character is such that he must

221 Bautch, *Function of Covenant*, 18.

222 David Noel Freedman/David Miano, *People of the New Covenant*, in: Stanley E. Porter/Jacqueline C.R. de Roo (Hrsg.), The Concept of Covenant in the Second Temple Period, JSJSup 71, Leiden/Boston: Brill, 2003, 7–26, 11f.

223 Ibid., 11.

224 Vgl. dazu Richard J. Bautch, *An Appraisal of Abraham's Role in Postexilic Covenants*, in: CBQ 71, 2009, 42–63, 54.

225 S.u. II.3.1.1.

226 Bautch, *Abraham's Role in Postexilic Covenants*, 54.

227 Boda, *Praying the tradition*, 105.

228 Bautch, *Abraham's Role in Postexilic Covenants*, 55.

fulfill what he has promised; ‹righteous› conduct in relation to speech involves complete faithfulness and truth; cf. Deut 32:4.»[229] Die Betonung von Gottes Gerechtigkeit lässt das Modell von Freedman und Miano plausibel erscheinen, wenn auch den Anmerkungen von Boda einiges abzugewinnen ist. Auf jeden Fall wird mit dem Wortspiel von אֲמָנָה in Neh 10,1 und נֶאֱמָן in Neh 9,8 ein Bezug zwischen dem Bundesschluss in der Zeit Esra-Nehemias und dem Abrahambund hergestellt, der von Bedeutung ist.

Neh 9,8 macht zudem deutlich, dass der Abrahambund eng mit der Landgabe verknüpft ist. Die Intention des Bundes, den Gott mit Abraham schloss (וְכָרוֹת עִמּוֹ הַבְּרִית), ist, dass Gott das Land gibt (לָתֵת אֶת־אֶרֶץ).[230] Diese Aussage ist angesichts der Rückkehr aus dem Exil und der erneuten Landnahme bedeutsam.[231] Wie in Esr 9,2 kommt hier wieder der «Same» vor, indem betont wird, dass Gott das Land dem Samen Abrahams gibt (לָתֵת לְזַרְעוֹ).[232]

Im Gebet folgt nun die Schilderung von Exodus und Landnahme. Für das Thema «Bund» ist die Beschreibung des Sinaibundes relevant, der in Neh 9 nicht mit dem Terminus בְּרִית umschrieben wird. V.13 schildert das Sinaigeschehen:

וְעַל הַר־סִינַי יָרַדְתָּ וְדַבֵּר עִמָּהֶם מִשָּׁמָיִם וַתִּתֵּן לָהֶם מִשְׁפָּטִים יְשָׁרִים וְתוֹרוֹת אֱמֶת חֻקִּים וּמִצְוֹת טוֹבִים׃

> Und auf den Berg Sinai stiegst du herunter und redetest mit ihnen vom Himmel herab und gabst ihnen richtige Vorschriften, wahrhafte Lehren, gute Satzungen und Gebote.

Es wird betont, dass Gott vom Himmel herab geredet hat, dass er richtige Vorschriften, wahrhafte Lehren (תּוֹרוֹת אֱמֶת), gute Satzungen und Gebote gab. V.14 erwähnt den Sabbat und wiederholt, dass Gott Gebote, Satzungen und Lehre durch Mose seinem Volk weitergab (וּמִצְווֹת וְחֻקִּים וְתוֹרָה צִוִּיתָ לָהֶם בְּיַד מֹשֶׁה עַבְדֶּךָ). Die prominente Rolle der Tora (תּוֹרוֹת in V.13, תּוֹרָה in V.14) wird sichtbar. Der Bundesschluss am Sinai wird mit der Tora in Verbindung gebracht.

Die enge Verbindung von Bund und Tora ist auch im weiteren Verlauf des Gebetes zu beobachten, wie die folgenden Erläuterungen aufzeigen. Die Sünde des Volkes ist in V.26 so charakterisiert, dass die Tora verworfen

---

229 Williamson, *Ezra, Nehemiah*, 312.

230 Vgl. die Ausführungen von Zastrow zum Thema «Die Landgabe als Inhalt des Abraham-Bundes von V. 8» und zur Landgabe in Neh allg., Zastrow, *Die drei grossen Bussgebete*, 100–106.

231 Vgl. dazu Kapitel III.

232 S.o. die Anm. zu Esr 9,2 in II.2.1.2

wurde: «Sie warfen deine Tora hinter ihren Rücken» (וַיַּשְׁלִכוּ אֶת־תּוֹרָתְךָ אַחֲרֵי גַוָּם). Über die Propheten heisst es im selben Vers: «Sie erschlugen deine Propheten, die sie warnten, um sie zu dir zurückzuführen» (וְאֶת־נְבִיאֶיךָ הָרָגוּ אֲשֶׁר־הֵעִידוּ בָם לַהֲשִׁיבָם אֵלֶיךָ).[233] Die Rebellion des Volkes richtete sich gegen die Tora und die Propheten. Gott warnte das Volk immer wieder, um es zurückzuführen, wie V.29 aufzeigt:

> וַתָּעַד בָּהֶם לַהֲשִׁיבָם אֶל־תּוֹרָתֶךָ וְהֵמָּה הֵזִידוּ וְלֹא־שָׁמְעוּ לְמִצְוֺתֶיךָ וּבְמִשְׁפָּטֶיךָ
> חָטְאוּ־בָם אֲשֶׁר־יַעֲשֶׂה אָדָם וְחָיָה בָהֶם וַיִּתְּנוּ כָתֵף סוֹרֶרֶת וְעָרְפָּם הִקְשׁוּ וְלֹא
> שָׁמֵעוּ׃

> Und du warntest sie, um sie zu deiner Tora zurückzuführen. Sie aber handelten vermessen und hörten nicht auf deine Gebote. Sie sündigten gegen deine Rechte, die der Mensch tun soll, dass er durch sie lebe und sie sie zeigten eine störrische Schulter und verhärteten ihren Nacken und hörten nicht.

Das Ziel der Warnung war, das Volk zur Tora zurückzuführen (לַהֲשִׁיבָם אֶל־תּוֹרָתֶךָ). Das Volk aber sündigte gegen Gottes Rechte, «die der Mensch tun soll, dass er durch sie lebe» (אֲשֶׁר־יַעֲשֶׂה אָדָם וְחָיָה בָהֶם). Die Tora wird als Weg zum Leben beschrieben, ein Gedanke, der für das Deuteronomium typisch ist (vgl. Dtn 4,1; 5,33). Die grösste wörtliche Parallele bildet aber Lev 18,5.[234] Trotz des Bundesbruchs des Volkes bleibt Gottes Barmherzigkeit bestehen, wie V.31 mit starken Worten beschreibt:

> וּבְרַחֲמֶיךָ הָרַבִּים לֹא־עֲשִׂיתָם כָּלָה וְלֹא עֲזַבְתָּם כִּי אֵל־חַנּוּן וְרַחוּם אָתָּה׃

> Doch in deiner grossen Barmherzigkeit hast du nicht ein Ende mit ihnen gemacht noch sie verlassen, denn du bist ein gnädiger und barmherziger Gott.

Direkt an diese Ansammlung von Synonymen, die Gottes Barmherzigkeit und Gnade beschreiben, folgt der zweite Vers in Neh 9, der den Begriff בְּרִית enthält (V.32):

> וְעַתָּה אֱלֹהֵינוּ הָאֵל הַגָּדוֹל הַגִּבּוֹר וְהַנּוֹרָא שׁוֹמֵר הַבְּרִית וְהַחֶסֶד אַל־יִמְעַט לְפָנֶיךָ
> אֵת כָּל־הַתְּלָאָה אֲשֶׁר־מְצָאַתְנוּ לִמְלָכֵינוּ לְשָׂרֵינוּ וּלְכֹהֲנֵינוּ וְלִנְבִיאֵנוּ וְלַאֲבֹתֵינוּ
> וּלְכָל־עַמֶּךָ מִימֵי מַלְכֵי אַשּׁוּר עַד הַיּוֹם הַזֶּה׃

---

233 Für Steck bildet Neh 9,26 die «älteste Gestalt» der «Vorstellung vom gewaltsamen Geschick der Propheten in der deuteromistischen Tradition», vgl. Odil Hannes Steck, *Israel und das gewaltsame Geschick der Propheten. Untersuchungen zur Überlieferung. Untersuchungen zur Überlieferung des deuteronomistischen Geschichtsbildes im Alten Testament, Spätjudentum und Urchristentum*, WMANT 23, Neukirchen-Vluyn: Neukirchener Verlag, 1967, 60ff.

234 Vgl. Clines, *Ezra, Nehemiah, Esther*, 197.

> Und nun, unser Gott, grosser, starker und furchtbarer Gott, der den Bund und die Gnade bewahrt, lass nicht gering vor dir sein all die Mühsal, die uns getroffen hat, unsere Könige, unsere Fürsten, unsere Priester, unsere Propheten, unsere Väter und dein ganzes Volk, seit den Tagen der Könige von Assur bis auf diesen Tag.

Gott bewahrt den Bund und die Gnade (שׁוֹמֵר הַבְּרִית וְהַחֶסֶד). Auch in Neh 1,5 (שֹׁמֵר הַבְּרִית וָחֶסֶד) und in Dan 9,4 (שֹׁמֵר הַבְּרִית וְהַחֶסֶד) wird Gott als derjenige angerufen, der Bund und Gnade bewahrt. Gottes Bund wird in den Kontext seiner Gnade gestellt.[235] חֶסֶד kommt zweimal in Neh 9 vor, beide Male an exponierter Stellung. In V.17 ist die חֶסֶד die Antwort Gottes auf den Ungehorsam der Israeliten während der Wüstenzeit. Hier in V.32 steht חֶסֶד «an der Nahtstelle zwischen Vergangenheit und Gegenwart».[236] Mit der Einleitung וְעַתָּה beginnt in diesem Vers der Bezug zur «Landnahme» in der Gegenwart.[237] Gott, der den Bund und die Treue bewahrt, wird in der gegenwärtigen schwierigen Situation, die mit «Mühsal, Beschwerde»[238] (תְּלָאָה) beschrieben wird, angerufen. Diese Anrufung Gottes ist die einzige konkrete Bitte an Gott im ganzen Gebet.[239] Inhalt der Bitte ist, dass Gott die Mühsal, welche das Volk getroffen hat, vor ihm «nicht gering sein lässt». Bezeichnend ist, dass diese Mühsal die Könige, Fürsten, Priester, Propheten, Väter und das ganze Volk «seit den Tagen der Könige von Assur bis auf diesen Tag» (מִימֵי מַלְכֵי אַשּׁוּר עַד הַיּוֹם הַזֶּה) plagt. Seit der Zeit, als die Assyrer das Nordreich einnahmen, kannte Gottes Volk keine wahre Freiheit «from subservience in greater or lesser degree to foreign powers».[240] Gleichzeitig macht die Aussage deutlich, dass an die Wiederherstellung von ganz Israel (das Nordreich eingeschlossen) gedacht wird. In dieser Mühsal wird Gottes Bundestreue angerufen. Wie damals beim Bundesbruch am Sinai, als das Volk das gegossene Kalb verehrte (V.18) – ein Bundesbruch schlechthin – und Gott חֶסֶד walten liess (V.17), hofft Israel erneut auf Gnade.

Die Strafe des Exils als Konsequenz des Bundesbruchs wird mit dem Nichtbefolgen der Tora begründet. Auch in V.34 wird die Schuld das Volkes so charakterisiert, dass die Menschen die Tora nicht befolgten (לֹא עָשׂוּ תּוֹרָתֶךָ). Das Volk diente Gott nicht (לֹא עֲבָדוּךָ, V.35). Als Folge davon muss es anderen dienen und ist immer noch in Knechtschaft. Die Aussage הִנֵּה

---

235 S.o. Vgl. die Ausführungen bei Zastrow, *Die drei grossen Bussgebete*, 176ff.

236 Ibid., 114.

237 Zu וְעַתָּה als Strukturmerkmal des Gebetes vgl. Williamson, *Structure and Historiography*, 283.

238 So HAL, 1600.

239 «The transitional verse (ועתה, ‹And now›) contains the only explicit request of the whole prayer», Williamson, *Ezra, Nehemiah*, 317.

240 Ibid., 318.

אֲנַחְנוּ הַיּוֹם עֲבָדִים in V.36 ist ein Wortspiel zu לֹא עֲבָדוּךָ in V.35.[241] Die explizite Erwähnung der bis «heute» (הַיּוֹם) anhaltenden Zustände der Sklaverei ist eine Zuspitzung der Aussage von Esr 9,9. [242] In dieser Not wendet sich das Volk an Gott und schliesst mit ihm einen Bund.

2.2.3 Nehemia 10

Nach dem Gebet in Neh 9 wird in Neh 10,1 der Bund (אֲמָנָה) mit Gott geschlossen:

וּבְכָל־זֹאת אֲנַחְנוּ כֹּרְתִים אֲמָנָה וְכֹתְבִים וְעַל הֶחָתוּם שָׂרֵינוּ לְוִיֵּנוּ כֹּהֲנֵינוּ׃

> Und in Anbetracht von all dem schliessen wir eine feste Abmachung[243] und schreiben (sie) auf. Und auf der gesiegelten Urkunde[244] (stehen die Namen) unserer Obersten, unserer Leviten (und) unserer Priester.

Wie oben dargelegt, wird אֲמָנָה als Synonym für בְּרִית verwendet und deshalb auch mit כרת verwendet.[245] Die Verwendung von אֲמָנָה für Bund ist für das AT singulär.[246] Auf die Verbindung von נֶאֱמָן als Charakterisierung Abrahams bei der Erwähnung des Bundes in Neh 9,8 und אֲמָנָה als Bundesbezeichnung in 10,1 bin ich oben bereits eingegangen.[247] Holmgren schlägt aufgrund dieser Beziehung die Übersetzung «Faithful Covenant» vor.[248] Der

---

241 Vgl. ibid.

242 S.o. zu Esr 9,9 in II.2.1.2

243 So übersetzt Rudolph אֲמָנָה wörtlich, vgl. Rudolph, *Esra und Nehemia*, 172, dazu s.o.

244 הֶחָתוּם (wörtlich: das Versiegelte) bezieht sich wie in Jer 32,11.14 auf ein versiegeltes Dokument, vgl. Williamson, *Ezra, Nehemiah*, 323.

245 Kalluveettil ist überzeugt, dass כרת אמנה in Neh 10,1 in «all probability» ein Synonym für den technischen Ausdruck כרת ברית bildet, vgl. Paul Kalluveettil, *Declaration and Covenant. A Comprehensive Review of Covenant Formulae from the Old Testament and the Ancient Near East*, AnBib 88, Rome: Biblical Institute Press, 1982, 51. (Vgl. dazu auch Duggan, *Covenant Renewal*, 21.)

246 Vgl. die Aussage von Boda: «The term for the document in Neh 10.1 is אמנה a term never used elsewhere for covenant in the Hebrew Bible», Mark J. Boda, *Redaction in the Book of Nehemiah*, in: Mark J. Boda/Paul L. Redditt (Hrsg.), Unity and Disunity in Ezra-Nehemiah. Redaction, Rhetoric and Reader, Sheffield: Phoenix Press, 2008, 25–54, 37.

247 S.o. die Anm. zu Neh 9,8 in II.2.2.2.

248 Fredrick C. Holmgren, *Faithful Abraham and the ʾ^{a}mānâ Covenant. Nehemia 9,6–10,1*, in: ZAW 104, 1992, 249–254, 250. Holmgren bezieht sich auf die LXX, die διατιθέμεθα πίστιν übersetzt wird. Er zeigt eine interessante chiastische Struktur in 9,6–10,1 auf, wo נֶאֱמָן und אֲמָנָה als «inclusio» fungieren, vgl. ibid., 250f. Mit seiner These, dass in Neh 10,1 der Abrahambund erneuert wird, weil dieser Bund der einzige ist, der in Neh 9,6–10,1 erwähnt wird, stimme ich nicht überein, vgl.

Bund, der geschlossen wird, wird schriftlich in einem Dokument festgehalten (וְכֹתְבִים). Es folgt die Liste der Unterzeichnenden (V.2–29), die von Nehemia (V.2), den Priestern (V.2–9) und Leviten (V.10–14) angeführt wird und auf welche die «Häupter des Volkes» (רָאשֵׁי הָעָם) folgen (V.15–28). In V.29 wird das «übrige Volk» (וּשְׁאָר הָעָם) summarisch erwähnt, das sich ebenfalls dem Bund anschloss, ohne den Namen auf das Dokument zu setzen. Dass dabei «ihre Frauen, ihre Söhne und ihre Töchter, wer immer die erforderliche Einsicht besitzt[249]» (נְשֵׁיהֶם בְּנֵיהֶם וּבְנֹתֵיהֶם כֹּל יוֹדֵעַ מֵבִין, V.29) erwähnt werden, erinnert an Esr 10,1 und Neh 8,2.[250]

Die ausführliche Namensliste in Neh 10,2–29 gibt Anlass, über die Bedeutung des Volkes im Kontext der Bundesschlüsse in Esra-Nehemia nachzudenken. Das Volk hat bei den Bundesschlüssen in Esra-Nehemia eine Schlüsselstellung, wie Dennis J. McCarthy in seiner Analyse der Bundesschlüsse in den Chronikbüchern und in Esra-Nehemia herausgearbeitet hat. Zum Bundesschluss in Esr 9–10 bemerkt er, dass die Menschen aus eigenem Antrieb heraus (nicht auf Anleitung der Leiter wie in den Chronikbüchern) beginnen, ihre Schuld zu beweinen (Esr 10,1.2), und einen Bund schliessen wollen (10,3). Esra nimmt von den führenden Priestern und Leviten sowie vom ganzen Volk einen Eid ab, nach den Vorsätzen zu handeln (10,5). «Though an individual expresses the resolve to reform, the community and *the* leader, Ezra, remain the true protagonists.»[251] Dass das Volk als Protagonist agiert, ist auch für Neh 8–10 zutreffend. Obwohl Nehemia als erster das Bundesdokument unterschreibt, übernehmen hier die Leiter nicht die Initiative.[252] Gerade im Vergleich mit Bundeserneuerungen in den Chronikbüchern

---

dazu ibid., 252f. Die Erwähnung von Mose (Neh 10,30) und die inhaltlichen Angaben zum Bund (V.31ff.), welche Inhalte der Tora aufnehmen, deuten auf den Mosebund.

249 Rudolph übersetzt כֹּל יוֹדֵעַ מֵבִין mit «wer immer die erforderliche Einsicht besitzt» und gibt es wörtlich mit «jeder, der versteht, Einsicht zu haben» wieder, Rudolph, *Esra und Nehemia*, 174.

250 S.o. zu Esr 10,1 in II.2.1.2. Für Williamson ist dieser Vers ein Hinweis darauf, dass Neh 8–10 bewusst als Einheit zusammengestellt wurde, welche den Höhepunkt der Reformen Esras und Nehemias darstellt: «This verse gives strong support, therefore, to the view that Neh 8–10 did not come together accidentally, but was consciously molded into a unity by the final editor, who saw in this agreement the climax of the reforms of Ezra and Nehemiah.» (Williamson, *Ezra, Nehemiah*, 333.)

251 McCarthy, *Covenant and Law*, 33.

252 «Here the leader never really reassumes the initiative, though Nehemiah does sign first.» (Ibid., 34.)

kommt McCarthy zum Ergebnis, dass in Esra-Nehemia «a more active role for the ‹congregation›» sichtbar wird.[253]

In diesem Zusammenhang kommt dem Gesetz eine Schlüsselstellung zu. McCarthy zeigt auf, wie das Gesetz einen Ausdruck von Loyalität innerhalb der Gesellschaft darstellt. Die grösste Einheit der Gesellschaft kommt in der gemeinsamen Anbetung Gottes zum Ausdruck. Das Gesetz ist nicht nur um Loyalität in der Gesellschaft bemüht, sondern auch um moralische Reinheit, dass die Gemeinde in Einheit anbeten kann. So konnte beispielsweise die anbetende Gemeinschaft in Neh 5 die Ungerechtigkeit nicht dulden, weil sie die Einheit der Gruppe zerstört hätte. «The whole picture of covenant-renewal does *not* point to law as a self-existent thing standing by itself in a realm of ideas. Its heart is commitment to a person in community.»[254] Letztlich geht es nicht um allgemeine Regeln, sondern um die persönliche Haltung und Treue, sodass das Volk Einheit mit Gott in der Anbetung erleben kann. Deshalb ist in Esra-Nehemia «the consequent need of regular renewal of fidelity within the covenanted community»[255] zu beobachten.

Für Tamara Cohn Eskenazi ist die Namensliste der Unterzeichnenden in Neh 10,2–29 ein weiterer Hinweis «to the significance of the community as whole».[256] Eskenazi bezieht sich auf die Analyse von McCarthy[257], geht aber darüber hinaus und betont, dass sowohl in Neh 8 und Neh 10 die Iniative des Geschehens ganz vom Volk ausging: «Every aspect of Nehemiah 8–10 incessantly reiterates the central significance of the people as a whole.»[258] Sara Japhet bestätigt diesen Sachverhalt, indem sie die öffentliche Gesetzgebung in Esra-Nehemia, die in Form von Bundesschlüssen vereinbart wird, als «religious in its foundation and disposition but simultaneously very democratic in the source of its authority» beschreibt: «The people take upon themselves, freely and with full responsibility, the obligation to live by the rules they decide upon; in the language of Neh 10:33[32]: ‹we have laid upon ourselves

---

253 Ibid., 35.

254 Ibid., 41.

255 Ibid.

256 Eskenazi, *Age of Prose*, 103. Wie im einleitenden Kapitel gezeigt (s.o. I.2.1), ist für Eskenazi «The People» das erste der drei wichtigsten Leitthemen in Esra-Nehemia, anhand derer sie das Buch untersucht. Die Wichtigkeit des Volkes ist gerade aus den Listen ersichtlich: «The first major theme can be discerned initially from the profusion of lists in Ezra-Nehemiah. The book underscores the importance of the community by its numerous lists of persons.» (Ibid., 40.)

257 «Dennis J. McCarthy's analysis of covenant renewals shows Nehemiah 10's uniqueness as a democratically focused covenant», Eskenazi, *Age of Prose*, 103.

258 Ibid., 104. Eskenazi betont auch die Wichtigkeit, dass Neh 10 mit der Nennung des Hauses Gottes aufhört, und nennt «the house of God» «Leitwort» für Neh 10,33–40, vgl. ibid., 105.

obligations.›»[259] Ähnlich spricht Mark J. Boda von einer «‹democratization› of covenant» in späterer Zeit: «Whereas before the leader often acted as a representative of the people or was placed alongside ‹the people›, in the later covenant ceremonies the leader merges with the people and those entering into covenant are listed (Ezra 10:18–44; Neh 5:7, 12; Neh 10).»[260] Der Leiter fungiert immer noch als Katalysator: Herausgefordert von den Sünden seiner Landsleute übernimmt er dezidierte Handlungen (Esr 9,1–5; Neh 5,1–7.13). «But soon he recedes (figuratively) into the crowd after guiding the people into a common action bound by an oath.»[261]

Richard J. Bautch hat in diesem Zusammenhang die Bedeutung von «Verwandtschaft» («kinship») bei den Bundesschlüssen in Esra-Nehemia untersucht.[262] In Esra 9–10 wird deutlich, dass durch den Ehebund die Identität des בֵּית־אָבוֹת gebildet wird: «[F]amilies in Israel would establish new kinship bonds through marriage *qua* covenant.»[263] Die Ehen mit Nichtjuden bedrohten die Identität dieser Väterhäuser. Durch Esras Reform wird diese Gefahr abgewendet. Für Bautch ist diese Reform aber auch ein Hinweis darauf, dass ein Wechsel stattgefunden hat, das בֵּית־אָבוֹת nicht mehr nur als «a local structure» zu sehen, sondern als «element of the state».[264] Der Gedanke der Verwandtschaft bzw. Bruderschaft ist auch im Bundesschluss in Neh 5 entscheidend.[265] In Neh 5,1–13 werden Misstände deutlich, welche die Elite des Landes zu verantworten hat: «[T]hese elite suffer none of the privation and familial dislocation that their ‹kin› (אח) must undergo.»[266] Den Massnahmen Nehemias stimmen die Verantwortungsträger zu.[267] Die Juden werden in diesem Abschnitt als «Brüder» bezeichnet (Neh 5,1.5.7.8.10) und die Tatsache, dass alle Brüder sind, lässt Nehemias Vorschlag erfolgreich sein.

---

259 Japhet, *Law*, 151.

260 Boda, *Praying the tradition*, 35.

261 Ibid.

262 Vgl. Bautch, *Function of Covenant*. Das Kapitel «Kinship and Covenant in the Postexilic Period» stellt eine überarbeitete Version dieses Aufsatzes dar, Bautch, *Glory and Power*, 87–122. Im Folgenden zitiere ich aus dem zuerst publizierten Aufsatz, die Zitate sind aber – meist wörtlich – auch in der später erschienenen Monographie zu finden.

263 Bautch, *Function of Covenant*, 11.

264 Ibid., 14.

265 Die Elemente des Eides (5,12) und das Schütteln des Gewandes (5,13) sind für Bautch deutliche Zeichen eines Bundes und für ihn besteht «*prima facie* evicence», diesen Abschnitt als Bundesschluss zu lesen, ibid., 17. Er bezieht sich dabei auf Blenkinsopp, *Ezra-Nehemiah*, 260.

266 Bautch, *Function of Covenant*, 15.

267 Bautch spricht im Anschluss an Blenkinsopp von einem «emergency jubilee» nach Lev 25, ibid. Vgl. Blenkinsopp, *Ezra-Nehemiah*, 259.

Der Gebrauch von אָח in diesem Zusammenhang entspricht dem Sprachgebrauch im Deuteronomium: In Dtn 23,20f. wird der Begriff אָח im Kontext des Gesetzes, dem Bruder ohne Zinsen zu leihen, verwendet. Schliesslich ist der Verwandtschaftsgedanke («kinship») auch in Neh 10 von entscheidender Bedeutung. Aus der Tatsache, dass in der Liste in Neh 10,2–28 vorwiegend Familiennamen vorkommen, schliesst Bautch, «that the writer's understanding of covenant requires that the community reflected in Nehemiah 10 comprises families and clans rather than individuals».[268] In Neh 10,30 werden die Unterzeichner der Liste zusammenfassend mit אֲחֵיהֶם אַדִּירֵיהֶם bezeichnet, was Bautch mit «noble kinsmen» übersetzt.[269]

Diese Streiflichter aus der Forschung zeigen die hohe Bedeutung des Volkes bei den Bundesschlüssen in Esra-Nehemia, wie sie auch aus der Auflistung der Namen in der Liste in Neh 10,2–28 zum Ausdruck kommt. In Neh 10,30 wird die Grundsatzbestimmung des Bundes erläutert. Mit einem Eid verpflichtet sich das Volk, «zu wandeln nach der Tora Gottes, die durch Mose, den Knecht Gottes, gegeben wurde, und zu bewahren und zu tun alle Gebote Jhwhs, unseres Herrn, seine Rechte und Satzungen». In Anlehnung an Baltzer[270] kann diese grundlegende Verpflichtung graphisch folgendermassen dargestellt werden:

לָלֶכֶת בְּתוֹרַת הָאֱלֹהִים אֲשֶׁר נִתְּנָה בְּיַד מֹשֶׁה עֶבֶד־הָאֱלֹהִים
וְלִשְׁמוֹר
וְלַעֲשׂוֹת אֶת־כָּל־מִצְוֹת יְהוָה אֲדֹנֵינוּ
וּמִשְׁפָּטָיו
וְחֻקָּיו:

Die drei Infinitive לָלֶכֶת, לִשְׁמוֹר und לַעֲשׂוֹת bestimmen diese Grundsatzerklärung. Das Wandeln, Bewahren und Tun bezieht sich auf die Tora, die sowohl als «Tora Gottes, die durch Mose, den Knecht Gottes, gegeben wurde» (תוֹרַת הָאֱלֹהִים אֲשֶׁר נִתְּנָה בְּיַד מֹשֶׁה עֶבֶד־הָאֱלֹהִים) als auch mit den Begriffen «alle Gebote Jhwhs, unseres Herrn, seine Rechte und Satzungen» (אֶת־כָּל־מִצְוֹת יְהוָה אֲדֹנֵינוּ וּמִשְׁפָּטָיו וְחֻקָּיו) charakterisiert wird. Auf welche Gebote, Rechte und Satzungen sich das Volk verpflichtet, wird in den in Neh

---

[268] Bautch, *Function of Covenant*, 20. Bautch geht davon aus, dass 80% der Liste in Neh 10,2–28 Familiennamen darstellen. Abschliessend bemerkt Bautch zur Liste: «The community's members are united as kin, with the more prominent persons mentioned by name.» (Ibid., 21.)

[269] Bautch, *Function of Covenant*, 21.

[270] Baltzer, *Das Bundesformular*, 52.

10,31–40 folgenden Einzelbestimmungen ausgeführt. Ich gliedere die Einzelverpflichtungen folgendermassen[271]:

A) Mischehenproblematik (10,31)
Verzicht auf Eheschliessungen mit Männern bzw. Frauen fremder Völker

B) Sabbat- und Sabbatjahr (10,32)
1. Sabbatheiligung: keine Kaufgeschäfte mit den «Völkern des Landes» (10,32a)
2. Sabbatjahr: Verzicht auf Ernteertrag und Schuldforderungen (10,32b)

C) Verpflichtungen im Zusammenhang mit dem Tempel (10,33–40)
1. Tempelsteuer und deren Verwendungszweck (10,33.34)
2. Brennholzlieferung (10,35)
3. Verschiedene Abgaben (10,36–40a):
   a. Erstlingsfrüchte und Erstgeburten (10,36–37)
   b. רֵאשִׁית von Brotteig, Früchten, Wein und Öl (10,38aα)
   c. Levitenzehnter (10,38aβ–40a)
4. Abschliessende Bestimmung: Fürsorge für den Tempel (10,40b)

Wie in Neh 10,30 beschrieben, verstehen sich diese Einzelbestimmungen als Verpflichtung, «gemäss der Tora zu wandeln» (לָלֶכֶת בְּתוֹרַת). Auf welche Torastellen beziehen sich die Einzelbestimmungen? Ohne genauere Analyse soll hier ein kurzer Überblick geboten werden.[272] In Hintergrund des Misch-

---

271 Die Struktur ist ähnlich wie bei Duggan, *Covenant Renewal*, 240. Doch ich unterteile seinen ersten Abschnitt in die Teile A) und B), sodass die Ähnlichkeit mit Neh 13 besser sichtbar wird. Zu den einzelnen Sinneinheiten vgl. auch Rudolph, *Esra und Nehemia*, 176ff; Schunck, *Nehemia*, 298ff. Zur Gesamtstruktur von Neh 10,29–40 vgl. auch David A. Glatt-Gilad, *Reflections on the Structure and Significance of the ʾamānāh (Neh 10,29–40)*, in: ZAW 112, 2000, 386–395.

272 Eine kurze tabellarische Übersicht (jedoch nur der wichtigsten Stellen) findet sich bei Lester L. Grabbe, *Ezra-Nehemiah*, Old Testament Readings, London: Routledge, 1998, 146. Die einschlägigen Kommentare bearbeiten die Stellen ausführlich, vgl. z.B. Schunck, *Nehemia*, 298ff; Rudolph, *Esra und Nehemia*, 176ff; Williamson, *Ezra, Nehemiah*, 334ff. Speziell zu dieser Thematik vgl. Titus Reinmuth, *Reform und Tora bei Nehemia. Neh 10,31–40 und die Autorisierung der Tora in der Perserzeit*, in: ZAR 7, 2001, 287–317; Geert W. Lorein, *Dealing with Scripture and Circumstances in Nehemiah 9–10*, in: Siegbert Riecker/Julius Steinberg (Hrsg.), Das heilige Herz der Tora. Festschrift für Hendrik Koorevaar zu seinem 65. Geburtstag, Aachen: Shaker Verlag, 2011, 61–77. Zu den Pentateuchzitaten in ganz Esra-Nehemia vgl. Juha Pakkala, *The Quotations and References of the Pentateuchal Laws in Ezra-Nehemiah*, in: Hanne Von Weissenberg u.a. (Hrsg.), Changes in Scripture. Rewriting and Interpreting Authoritative Traditions in the

ehenverbotes steht Dtn 7,3.[273] Das Gebot der Sabbatruhe (vgl. z.B. Ex 20,8–11; 23,12; 31,13–17; 34,21; 35,1–3; Lev 23,3; Dtn 5,12–15) beinhaltet in der Tora auch das Verbot Feuer zu machen (Ex 35,3) oder Holz zu sammeln (Num 15,32–36). Dass das Sabbatgebot auch als ein Verbot von Kaufgeschäften aufgefasst wurde, wird in Am 8,5 und Jer 17,19–27 (vgl. auch Jes 58,13) deutlich. Hintergrund für das Sabbatjahr bildet Lev 25,1–7 (vgl. auch Ex 23,11), für den damit verbundenen Schuldenerlass Dtn 15,1–3. Die jährliche Steuer von einem Drittel Schekel (שְׁלִשִׁית הַשֶּׁקֶל, Neh 10,33) kann von der Steuer für die Stiftshütte in Ex 30,11–16 abgeleitet werden, wo die Höhe allerdings einen halben Schekel (מַחֲצִית הַשֶּׁקֶל, Ex 30,13) umfasst. Für die Brennholzlieferung gibt es keine direkte Parallele in der Tora. Wichtigster Hintergrund für die verschiedenen Abgaben in Neh 10,36–40a bildet Num 18, wo in V.12–13 von den Erstlingsfrüchten, in V.15–18 von den Erstgeburten und V.21–32 vom Zehnten die Rede ist.[274] Auch die רֵאשִׁית-Forderung wird in Num 18,12 erwähnt.[275]

Die Schwierigkeiten, die sich im Umgang mit Pentateuchzitaten in Neh 10 ergeben, hat David J.A. Clines beschrieben. Er vertritt die These, dass die Einzelbestimmungen in Neh 10 «the result of exegetical work upon previously existing laws»[276] darstellen. Dabei erkennt er fünf verschiedene Kategorien, wie mit früherem Recht umgegangen wurde:[277] 1. Die Schaffung von unterstützenden Gesetzen, welche es ermöglichen, frühere Regelungen auszuführen. Unter diese Kategorie fällt das Holzopfer (Neh 10,35). Mit der Vorschrift wird das Einhalten von Lev 6,1–6 ermöglicht. 2. Die Überarbeitung von unterstützenden Gesetzen. In diese Kategorie fällt die Vorschrift in Neh 10,39, dass die Leviten den Zehnten zum Tempel bringen. Es bedeutet für das Zehntenwesen eine Erleichterung, wenn die Bürger den Zehnten nicht selber zum Tempel bringen müssen (vgl. Dtn 14,23ff.; Mal 3,10). Neu ist diesbezüglich auch die Gegenwart eines Priesters bei der Erhebung des Zehnten durch die Leviten. 3. Die Schaffung einer neuen Vorschrift aufgrund einer vorangehenden Anordnung im Pentateuch. Zu dieser Gruppe gehört das

---

Second Temple Period, BZAW 419, Berlin/New York: de Gruyter, 2011, 193–221.

273 Vgl. die exegetischen Ausführungen zu Esr 9,1 in II.2.1.2.

274 Dazu vgl. die Aussage von Fishbane: «There is thus no reason to deny that Num. 18 has served as the basic source for the draftsman of Neh. 10:36–39», Fishbane, *Biblical interpretation*, 214.

275 Vgl. auch Num 15,20f.; Dtn 18,4; 26,1ff. Die Nennung der «פְּרִי כָל־עֵץ» ist neu. Williamson sieht in Num 18,13, wo von den ersten Früchten von «allem, was im Land ist» (כָּל־אֲשֶׁר בְּאַרְצָם) die Rede ist, eine mögliche Erklärung für diese Forderung, vgl. Williamson, *Ezra, Nehemiah*, 337.

276 Clines, *Nehemiah 10*, 111.

277 Ibid., 112f.

Gesetz in Neh 10,33, welches die jährliche Abgabe eines dritten Shekels erwähnt. Ex 30,21ff. beschreibt eine einmalige Abgabe von einem halben(!)[278] Shekel für den Bau der Stiftshütte (2Chr 24,4.7 spricht auch von einer Steuer). 4. Neudefinition von Kategorien, immer in der Richtung einer grösseren Vollständigkeit. Die erstmalige Definition der Früchte der Bäume als Erstlingsgabe (Neh 10,36 im Gegensatz zu Dtn 26,2) fällt in diese Kategorie – genauso die Ausweitung des Sabbatgebotes im Hinblick auf das Kaufen von Waren (im Gegensatz zur Beschränkung auf den *Ver*kauf als am Sabbat verbotene Arbeit, vgl. Am 8,5) und die Gültigkeit des Heiratsverbots mit Fremden aller im Land ansässigen Nationen (לְעַמֵּי הָאָרֶץ im Gegensatz zu Dtn 7,3.4; Ex 34,16). 5. Die Zusammenführung von getrennten rechtlichen Vorschriften. Unter die letzte der fünf von Clines genannten Kategorien fällt in Neh 10,36–40 die Tatsache, dass die Gesetze kumulativ verstanden werden (Erstlingsabgaben müssen zum Zehnten dazugezählt werden, Zehnter und Steuern werden addiert).

Clines nennt vier exegetische Prinzipien, welche diese Entwicklung gefördert haben[279]: 1. Der Pentateuch wird als relativ geschlossenes System betrachtet. Jede genannte Halacha hat Bezug zum Pentateuch. 2. Das Gesetz des Pentateuchs ist teilweise offen: Erweiterung oder «re-application» ist möglich, «even to the extent, for example, of bypassing the letter of the law for the sake of its spirit».[280] 3. Die Gesetze des Pentateuchs brauchen Hilfsgesetze («ancillary law»), um effektiv zu sein. 4. Die Gesetze des Pentateuchs werden harmonisch betrachtet. Spannungen werden eher durch «a principle of addition» als durch «mediation or compromise» gelöst.

Clines zeigt im Folgenden, dass gerade das Prinzip der Addition von Gesetzen oder auch die Einführung von Hilfsgesetzen zu einer Verschärfung des Gesetzes führen kann.[281] Er bemerkt zwar, dass diese Regelungen wahrscheinlich «ad hoc»-Antworten auf Probleme waren, denen Nehemia gegenüberstand. Anhand des Sabbatgebotes und des Verbots von Mischehen zeigt er auf, dass das Gesetz (um den «Geist» des Gesetzes nicht zu verletzen!) verschärft wurde, und bemerkt: «It is a curious fact that the spirit of the law

---

278 Vgl. die jüdische Auslegung: «The Torah requires that each person give half a shekel yearly for the Temple needs [...]. The amount here was a third of a shekel, because that amount, in the days of Nehemiah, was equal to half a shekel during the time of the Torah.» (Yosef Rabinowitz, *The Book of Nehemiah. A New Translation with a Commentary Anthologized from Talmudic, Midrashic and Rabbinic Sources*, The Artscroll Tanach Series, New York: Mesorah, 1990, 174.)

279 Clines, *Nehemiah 10*, 113.

280 Ibid.

281 Ibid., 113f.

can be more rigorous than the letter.»[282] Und er schliesst seinen Aufsatz mit der Bemerkung: «In this case, the spirit ‹killed›, so to speak, while the letter would have ‹given life›.»[283]

In diesem Zusammenhang ist die Formel כַּכָּתוּב, die in Esra-Nehemia häufig vorkommt (Esr 3,2.4; 6,18 (aram.); Neh 8,15; 10,35.37), von Interesse.[284] In Neh 10,35 wird die Wendung כַּכָּתוּב בַּתּוֹרָה im Zusammenhang mit der Regelung der Brennholzlieferung für den Tempel verwendet. In Neh 10,37 steht כַּכָּתוּב בַּתּוֹרָה nach der Erwähnung der Erstgeburt der Söhne und des Viehs, vor der Erwähnung der Erstgeburt der Rinder und der Schafe. Wie ist כַּכָּתוּב בַּתּוֹרָה zu verstehen?

Ist die Formel ein Hinweis auf exegetische Prozesse in nachexilischer Zeit? Für Thomas Willi ist Israels Schrift «nichts anderes als schriftgewordene Mündlichkeit».[285] Der Befund in den Chronikbüchern und Esra-Nehemia zeigt ihm, dass mit der Erwähnung der «Tora» gerade nicht der Buchstabe, sondern «die aktuelle Lehre, die Unterweisung in actu» gemeint sei.[286] Thomas Willi übersetzt die Formel כַּכָּתוּב mit «‹schriftgemäss›, nicht: ‹wie (inhaltlich) dort und dort aufgeschrieben ist›». Es handelt sich für ihn um eine Schriftkonformitätsklausel, nicht um eine Zitationsformel.[287] Im Anschluss an Herbert Donner spricht er von einer kanonischen Hinweisformel.[288] Pakkala sieht bei diesen Torazitaten den Beginn der halachischen Tradition.[289]

---

282 Ibid., 116.

283 Ibid., 117.

284 Vgl. dazu Fishbane, *Biblical interpretation*, 213ff; Thomas Willi, «*Wie geschrieben steht» - Schriftbezug und Schrift. Überlegungen zur frühjüdischen Literaturwerdung im perserzeitlichen Kontext*, in: Reinhard G. Kratz (Hrsg.), Religion und Religionskontakte im Zeitalter der Achämeniden, Gütersloh: Kaiser/Gütersloher Verlagshaus, 2002, 257–277. Zu Fishbane vgl. die Ausführungen von Bautch, *Intertextuality*, 32ff. Zur Diskussion vgl. auch Joseph Blenkinsopp, *Was the Pentateuch the Civic and Religious Constitution of the Jewish Ethnos in the Persian Period?*, in: James W. Watts (Hrsg.), Persia and Torah, Atlanta: Society of Biblical Literature, 2001, 41–62, 57ff; Sebastian Grätz, *The Second Temple and the Legal Status of the Torah: The Hermeneutics of the Torah in the Book of Ruth and Ezra*, in: Gary N. Knoppers/Bernard M. Levinson (Hrsg.), The Pentateuch as Torah. New Models for Understanding Its Promulgation and Acceptance, Winona Lake: Eisenbrauns, 2007, 273–277.

285 Willi, *Wie geschrieben steht*, 275.

286 Ibid., 268. Vgl. auch den Exkurs über «Tora» in Willi, *Juda – Jehud – Israel*, 91–101.

287 Willi, *Wie geschrieben steht*, 264.

288 Ibid., 265f.

289 «The similarities and differences between the author and later Midrashic methods allow us to situate him at the beginning of the extra-pentateuchal Halakhic pro-

Dass exegetische Prozesse in dieser Zeit stattfanden, ist, wie oben bereits gezeigt, sicher richtig. Trotzdem lohnt sich ein Blick darauf, wie die Formel כַּכָּתוּב verwendet wurde.

Für Fishbane ist die Formel «used as a shorthand formula to indicate conformity with the ‹written› rules of the Torah».[290] Für erstaunlich unter diesen «shorthand allusions» hält er Neh 10,35, weil es keine Parallele im Pentateuch für eine Holzlieferung gibt. Neh 10,37 erklärt er ausführlich, indem er zeigt, wie die Stelle Num 18,15 interpretiert. Die Erstlinge des unreinen Viehs (בְּכוֹר־הַבְּהֵמָה הַטְּמֵאָה) müssen gemäss Num 18,15 wie die erstgeborenen Menschen ausgelöst werden. In Neh 10,37 wird durch den Verweis כַּכָּתוּב בַּתּוֹרָה nach וּבְהֶמְתֵּינוּ auf diese Tatsache hingewiesen. Im Gegenteil zu den folgenden reinen Tieren (Rinder und Schafe), bei denen die Erstgeburt geopfert wird, müssen die unreinen Tiere ausgelöst werden. So fällt das «Vieh» (וּבְהֶמְתֵּינוּ) in Neh 10,37 in die Kategorie des «unreinen Viehs» (הַבְּהֵמָה הַטְּמֵאָה) in Num 18,15.

Williamson geht einen Schritt weiter als Fishbane, der die Formel כַּכָּתוּב als «rather broad qualification of the preceding context» anzusehen scheint[291], und schlägt vor, כַּכָּתוּב werde verwendet, «to qualify only the word or phrase which immediately precedes it, and that such a word or phrase is thus *distinguished* from ist prevailing context».[292] In Neh 10,35 beziehe sich כַּכָּתוּב בַּתּוֹרָה auf das unmittelbare Brennen des Feuers auf dem Altar und nicht auf das im Pentateuch fehlende Holz-Opfer. In Neh 10,37 zeige כַּכָּתוּב בַּתּוֹרָה, dass die Erwähnung der Erstgeburt der Söhne und des Viehs wieder auf dem festen Boden der Schrift stattfindet (Num 18,15; auch Williamson betont die Verwendung des ungewöhnlichen בְּהֵמָה in beiden Fällen) als Kontrast zu den «Erstlingsfrüchten aller Fruchtbäume» (וּבִכּוּרֵי כָּל־פְּרִי כָל־עֵץ), was so im Pentateuch nicht gefordert wird.[293] Williamson ist der Ansicht, in nachexilischer Zeit sei es nicht unberechtigt, «in terms of ‹the use of Scripture›» zu sprechen, und er meint, «in this exercise the writers were perhaps more aware of the distinction between text and interpretation than Fishbane gives them credit for».[294] Williamson kommt zum Schluss, «that on close examination the post-exilic historians appear to have been remarkably self-conscious in

---

cess.» (Juha Pakkala, *Ezra the Scribe. The Development of Ezra 7–10 and Nehemia 8*, BZAW 347, Berlin: Walter de Gruyter, 2004, 284.)

290 Fishbane, *Biblical interpretation*, 213.

291 So Williamson über den Ansatz von Fishbane, vgl. Hugh G. M. Williamson, *Scripture Citing Scripture: The Historical Books*, in: Studies in Persian Period History and Historiography, FAT 38, Tübingen: Mohr Siebeck, 2004, 235.

292 Ibid.

293 Ibid., 236.

294 Ibid., 237.

their use of legal Scripture and that they drew a sharper distinction than has generally been recognised between text and exegesis».[295] Gerade die Verwendung der Formel כַּכָּתוּב in Neh 10 zeigt, dass die exegetischen Prozesse in grossem Bewusstsein darüber, was in der Schrift steht und schriftgemäss ist, stattgefunden haben.

2.2.4 Anmerkungen zu Nehemia 13

Für die weitere Argumentation ist ein Blick auf Neh 13 im Vergleich zu Neh 10 wichtig. Auffällig ist die Korrespondenz der Einzelverpflichtungen in Neh 10 zur Tätigkeit Nehemias in seiner zweiten Amtszeit, die in Neh 13,4–31 beschrieben wird. In chiastischer Anordnung finden sich in Neh 13,4–31 die Themen von Neh 10,31–40 wieder[296]:

Bundeserneuerung (Neh 10,31–40):	*Durchsetzung des Bundes (Neh 13,4–31)*
A. Mischehenproblematik (V.31)	C. Tempel und Abgaben (V.4–14)
B. Sabbat (und Sabbatjahr) (V.32)	B. Sabbat (V.15–22)
C. Tempel und Abgaben (V.33–40)	A. Mischehenproblematik (V.23–29)
	Abschliessende Bemerkung (V.30–31)

Nehemia war im 32. Jahr des Artaxerxes, im Jahr 433 v.Chr.[297], zum König gereist (Neh 13,6) und erst «nach einiger Zeit» (וּלְקֵץ יָמִים, V.6) wieder zurückgekehrt. Längere Reisen eines Statthalters an den Königshof waren da-

[295] Ibid., 239.

[296] Steinmann ist zuzustimmen: «It is significant that, apart from the items from the solemn agreement mentioned in the summary, Nehemiah in chapter 13 *works backward in order through the same concerns in the solemn agreement*. In this way Nehemiah 13 forms a chiastic inclusio with Nehemiah 10.» (Steinmann, *Ezra and Nehemiah*, 602.) Steinmann macht zwar eine detailliertere Gegenüberstellung von Neh 10 und 13, teilt aber Neh 13,4–31 in dieselben Sinnabschnitte ein, vgl. ibid., 601ff. Anders Williamson und Throntveit, die eine andere symmetrische Struktur herausarbeiten, in der Neh 12,44–47 mit Neh 13,10–13 und Neh 13,1–3 mit Neh 13,4–9 korrespondiert, Williamson, *Ezra, Nehemiah*, 380; Throntveit, *Ezra-Nehemiah*, 122. Für die oben dargelegte Struktur spricht, dass die Abschnitte jeweils mit dem Ruf «Gedenke mein, mein Gott» (זָכְרָה־לִּי אֱלֹהַי) in Neh 13,14.22.31 abgeschlossen werden, vgl. Böhler, *Die heilige Stadt*, 369. Böhler umschreibt die drei Abschnitte mit den Stichworten Concessio, Commercium und Conubium: «*Concessio* der Kammer an Tobija hindert Kultunterhalt», «*Commercium* mit Fremden schändet Sabbat» und «*Conubium* mit Fremden, sogar in Hohepriesterfamilie», vgl. ibid.

[297] Vgl. Klement, *Rhetorical, Theological and Chronological Features*, 64.

mals nicht unüblich.[298] Auch dass Nehemia vom «König von Babel» spricht, ist nachvollziehbar, da Babel «für den Juden nun einmal die Haupt- und Residenzstadt im Osten» war, «gleichviel ob Könige dort wirklich residierten oder nicht».[299] Nach seiner Rückkehr macht sich Nehemia an die Arbeit, Missstände zu bewältigen.

Zunächst wird die Tempelkammer, die Tobija unrechtmässig zur Verfügung gestellt wurde, diesem wieder enteignet und zum ihr bestimmten kultischen Zweck wieder mit Speiseopfern und Weihrauch gefüllt (Neh 13,4–9). Danach kümmert sich Nehemia um den Eingang des Levitenzehnten, der nicht eingebracht worden war (Neh 13,10–14), und setzt damit die Forderung von Neh 10,38aβ–40a durch. Der Abschnitt über die Durchsetzung der Sabbatheiligung (Neh 13,15–22) behandelt nach dem Verbot von Arbeit am Sabbat (V.15) als Schwerpunkt vor allem das Verbot von Kaufgeschäften (V.16–22), so wie es in Neh 10,32a gefordert wird.[300] Zur Durchsetzung der Sabbatheiligung in diesem Kontext spielt die Mauer, deren Einweihung in Neh 12,27–43 geschildert wurde, eine Schlüsselrolle.[301] Die Durchsetzung des Verbotes von Ehen mit ausländischen Frauen (Neh 13,23–29) entspricht der Forderung der ersten Einzelverpflichtung in Neh 10,31. Wie ein Cantus firmus zieht sich das Problem der Mischehen als eines der Hauptprobleme, mit dem sich sowohl Esra als auch Nehemia konfrontiert sehen, durch das Esra-Nehemia-Buch (vgl. Esr 9–10; Neh 10,31; Neh 13,1–3.23–29) und bildet auch den Abschluss des Buches. In Neh 13,23 werden Frauen aus Aschdod, Ammon und Moab erwähnt. Die Ammoniter und Moabiter werden in Dtn 23,4 im Zusammenhang mit Mischehen genannt.[302] Aschdod war der

298 Vgl. die Tatsache, dass die Zerstörung des Jhwh-Tempels in Elephantine stattfand, als der Statthalter Arsames beim König war. Zu Beginn des Briefes aus Elephantine (Cowley 30,4f.) finden wir die Angabe: «In the month of Tammuz, year 14 of King Darius, when Arsames had departed and gone to the king [...]» und dann am Schluss des Briefes (Cowley 30,30) die Erklärung: «Arsames did not know about this which was done to us.» (Zit. nach Porten/Yardeni, *Aramaic documents*, 71. Vgl. dazu Rudolph, *Esra und Nehemia*, 203.)

299 Bertholet, *Esra und Nehemia*, 91.

300 In Neh 13,16 werden Tyrer genannt, die dort wohnten (וְהַצֹּרִים יָשְׁבוּ בָהּ). Das Wohnen der Fremden im Land korrespondiert mit Neh 10,32a, wo die Gefahr von den Völkern den Landes (עַמֵּי הָאָרֶץ) ausgeht.

301 Dazu s.u. V.2.2.

302 Die Stelle in Neh 13,23 zeigt erneut (s.o. Ausführungen zu Esr 9,1–2, II.2.1.2), dass sich das Esra-Nehemiabuch im Hinblick auf die Mischehenproblematik nicht nur auf Dtn 7,1–6, sondern auch auf Dtn 23,4–9 bezieht, vgl. Fishbane, *Biblical interpretation*, 116. Weil die Ammoniter und Moabiter ohne Konjunktion angefügt sind und in Neh 13,24 nur die Sprache der Aschdoditer erwähnt wird, denken einige Kommentatoren, diese beiden Völker seien von einem späteren Kommentator hinzugefügt worden, vgl. z.B. Blenkinsopp, *Ezra-Nehemiah*, 362; Williamson,

Name der Provinz westlich von Juda, daher ist dieser Verweis völlig verständlich.[303] Dass in Neh 13,23 nur «aschdodisch» explizit als Sprache erwähnt wird, kann damit zusammenhängen, dass sie weiter vom Hebräischen entfernt war als die Sprache der Ammoniter und Moabiter.[304] Dass die Kinder nicht «jüdisch sprechen» (לְדַבֵּר יְהוּדִית, V.24) können, ist ein Problem, denn so können sie die Tora nicht kennenlernen. Der Eid, den Nehemia von den Männern abverlangt, entspricht der Forderung in Neh 10,31, nur dass die Aufforderung, ausländische Töchter weder «für eure Söhne *noch für euch selbst*» (לִבְנֵיכֶם וְלָכֶם) zu nehmen, mit dem וְלָכֶם noch darüber hinausgeht.[305] Interessanterweise fügt Nehemia Salomo als Argument gegen die Mischehe an (Neh 13,26f.)![306] Auch ihn haben die ausländischen Frauen zur Sünde verleitet (גַּם־אוֹתוֹ הֶחֱטִיאוּ הַנָּשִׁים הַנָּכְרִיּוֹת, V.26). In diesem Zusammenhang wird wieder מעל für den Bundesbruch (לִמְעֹל, V.27) verwendet.[307] Als Pointe wird in Neh 13,28 geschildert, wie ein Enkel des Hohepriesters[308] Eljaschib eine Tochter des Horoniters Sanballat heiratete! Die von Nehemia ergriffene Aktion bedeutet, dass das Ehepaar aus dem Gebiet der Provinz Jehud verbannt wurde[309] und wohl zum Haus der Braut nach Samaria heimkehren musste[310]. Dass selbst in der Familie des Hohenpriesters eine fremde Frau gefunden wurde – und erst noch die Tochter Sanballats –, ist eine bittere Tatsache am Ende des Esra-Nehemia-Buches. Das Priestertum wurde befleckt (vgl. Neh 13,29).

In den abschliessenden Bemerkungen von Nehemia finden wir den Hinweis auf die Lieferung des Brennholzes und der Erstlingsfrüchte (Neh 13,31), was mit Neh 10,35 (Brennholzlieferung) und Neh 10,36 (Erstlingsfrüchte)

Ezra, Nehemiah, 397. Dann müsste auch die Bemerkung in V.24 über die Sprachen anderer Völker (וְכִלְשׁוֹן עַם וָעָם) eine Glosse sein, dazu vgl. Williamson, *Ezra, Nehemiah*, 393. Das halte ich aber für unwahrscheinlich und schliesse mich Rudolph an: «Die Streichung der Ammoniterinnen und Moabiterinnen (Hölscher) wird durch 24 b verwehrt.» (Rudolph, *Esra und Nehemia*, 208.)

303 Vgl. Williamson, *Ezra, Nehemiah*, 397.

304 Vgl. Steinmann, *Ezra and Nehemiah*, 610f.

305 Vgl. ibid., 611.

306 Siehe dazu IV.2.3. Williamson spricht in Zusammenhang der Erwähnung Salomos in Neh 13,26 von einer rhetorischen Trumpfkarte («his trump rhetorical card»), Williamson, *The Belief System of the Book of Nehemiah*, 279.

307 S.o. zu Esr 9,2 in II.2.1.2.

308 Es wird aus dem Vers nicht ganz klar, ob Eljaschib noch im Amt ist oder ob sein Sohn Jojada nun das Amt des Hohenpriesters bekleidet, vgl. Williamson, *Ezra, Nehemiah*, 399.

309 Vgl. Steinmann, *Ezra and Nehemiah*, 611.

310 Vgl. Williamson, *Ezra, Nehemiah*, 399ff. Vgl. dort auch die Ausführungen zu Sanballat.

korrespondiert. Die hier kurz geschilderte Übereinstimmung von Neh 10,31–40 und Neh 13,4–31 bedingt aber nicht, dass Neh 10 erst nach den Geschehnissen in Neh 13 – sozusagen als Antwort auf die Missstände – verfasst wurde.[311] Gerade in den Punkten, auf die sich das Volk einigte, fand in kleinem zeitlichen Abstand wieder ein Bundesbruch statt, von dem das ganze Volk, bis hin zur Familie des Hohenpriesters, betroffen war. Eine grosse Ambivalenz wird damit aufgezeigt.[312]

3. Ambivalenzen

3.1 Erneuerung des Sinaibundes, kein neuer Bund

3.1.1 Erneuerung des Sinaibundes

Die Untersuchung der Bundeserneuerungen in Esr 9–10 und Neh 9–10 hat gezeigt, dass in Esra-Nehemia der Sinaibund erneuert wird. In Esr 9 werden Stellen aus der Tora zitiert und die Mischehenproblematik wird als Bundesbruch (מַעַל) gegen diese Anordnungen definiert. Hintergrund des Bussgebetes bildet Lev 26, wo Gott seinem Volk verspricht, beim Bekennen der Schuld werde er an den Bund mit den Vätern zurückdenken (Lev 26,42). Dasselbe Bild zeigt die Analyse des Bussgebetes in Neh 9. Der Geschichtsrückblick ist voller Anspielungen auf die Tora. Die Hauptschuld des Volkes wird so charakterisiert, dass das Volk Gottes Tora «hinter ihren Rücken warf» (vgl. וַיַּשְׁלִכוּ אֶת־תּוֹרָתְךָ אַחֲרֵי גַוָּם, Neh 9,26). Gottes Wunsch war es, dass das Volk zu seiner Tora zurückkehrte (vgl. לַהֲשִׁיבָם אֶל־תּוֹרָתֶךָ, Neh 9,29), was aber nicht der Fall war. Das Exil (vgl. Neh 9,30) war die Konsequenz des Ungehorsams. Da Gott aber «Bund und Gnade bewahrt» (Neh 9,32), wird dem Volk eine neue Chance eröffnet. Der Bund, der in Neh 10 geschlossen wird, ist deshalb ein Bund auf der Basis der Tora. Nicht nur die Grundsatzerklärung beinhaltet die Verpflichtung, in der Tora Gottes zu wandeln, die durch Mose, den Knecht Gottes gegeben wurde (לָלֶכֶת בְּתוֹרַת הָאֱלֹהִים אֲשֶׁר נִתְּנָה בְּיַד מֹשֶׁה, Neh 10,30), sondern auch die folgenden Einzelverpflichtungen beziehen sich auf Vorschriften in der Tora. Die prominente Stellung der Tora im Zusammenhang mit den Bundeserneuerungen in Esra-Nehemia zeigt, dass es sich um eine Erneuerung des Sinaibundes handelt.

Im Zusammenhang von Esr 9 wurde auf Lev 26 und den Väterbund aufmerksam gemacht. In Neh 9 wird der Bund mit Abraham explizit erwähnt. Auf die Verbindung von נֶאֱמָן in Neh 9,8 und אֲמָנָה in Neh 10,1 bin ich oben

[311] So Clines: «[T]he activity of Nehemiah's so-called second governship (Neh. 13) preceded the making of the pledge of Nehemiah 10.» (Clines, *Nehemiah 10*, 112.) Vgl. auch Williamson, *The Torah and History*, 169.

[312] Dazu mehr unter II.3.2.

eingegangen. Zum Verständnis des Verhältnisses des Abrahambundes und der Erneuerung des Sinaibundes kann folgendes Modell hilfreich sein, das David Noel Freedman und David Miano in ihrem Aufsatz «People of the New Covenant» im Sammelband «The Concept ot the Covenant in the Second Temple Period» dargelegt haben.[313] Freedman hat bereits 1964 auf die beiden im AT vorherrschenden Bundestypen aufmerksam gemacht.[314] Der erste Typus, bei dem Pflichten von Gott dem menschlichen Bundespartner übertragen werden, ist im Bundesbeschluss am Sinai sichtbar. Dieser Bundestypus hat Parallelen in der Umwelt des Alten Orients, z.B. in den Hethitischen Vasallenverträgen, wie George E. Mendenhall[315], Klaus Baltzer[316] und Dennis J. McCarthy[317] gezeigt haben.[318] Dass die biblische Darstellung des Sinaibundes diesem Bundestyp folgt, zeigt gemäss Freedman und Miano, «that it too has its origins in the second millennium».[319] Im zweiten Bundestyp ist es umgekehrt: Hier ist es der Lehnsherr, der gewisse Bedingungen zu erfüllen hat, nicht der Vasall. Der Herr macht diese Verpflichtung aber aus freien Stücken. In königlichen Schenkungen der Babylonier, Hethiter und Assyrer wurden Parallelen zu biblischen Texten entdeckt. Freedman und Miano nennen Bundesschlüsse dieses Typs «covenants of divine commitment», da Gott der Bundespartner ist.[320] Dieser Bundestyp ist bedingungslos und findet die beste Illustration im Abrahambund in Gen 15. Die Bundesschlüsse zwischen Gott und Israel in der Bibel können in diese beiden eben beschriebenen Kategorien klassifiziert werden mit Ausnahme des «neuen Bundes», den Jeremia beschreibt.[321]

---

313 Freedman/Miano, *People of the New Covenant.*

314 David Noel Freedman, *Divine Commitment and Human Obligation. The Covenant Theme*, in: Int 18, 1964, 419–431.

315 George E. Mendenhall, *Recht und Bund in Israel und dem Alten Vordern Orient*, Zürich: EVZ-Verlag, 1961.

316 Baltzer, *Das Bundesformular.*

317 Dennis J. McCarthy, *Treaty and Convenant. A Study in Form in the Ancient Oriental Documents and in the Old Testament*, Rome: Biblical Institute Press, New Edition completely rewritten 1978.

318 Für die Forschungsgeschichte zu «Bund» im AT vgl. Ernst Kutsch, Art. *Bund I*, TRE 7, 1981, 397–403; Jan Christian Gertz: Art. *Bund*, RGG4 1, 1998, 1862–1865; Koch, *Vertrag, Treueid und Bund*, 2ff. In letzterem findet sich ein übersichtlicher, aktueller Überblick über die Etappen der Forschungsgeschichte zur Bundestheologie.

319 Freedman/Miano, *People of the New Covenant*, 8. Vgl. dazu auch die Ausführungen zu Verträgen aus dem zweiten Jahrtausend bei Samuel R. Külling, *Zur Datierung der «Genesis-P-Stücke». Namentlich des Kapitels Genesis XVII*, Riehen: Immanuel-Verlag, 2. erw. und durchges. Aufl. 1985, 228–236.

320 Freedman/Miano, *People of the New Covenant*, 8.

321 Ibid., 8f.

Freedman und Miano bezeichnen die beiden Bundestypen, die am besten durch den Sinai- und den Abrahambund repräsentiert werden, als «interrelated»[322]. Gottes Motivation für den Bund mit Abraham war dessen Glaube (Gen 15,6). In Gen 17 wird der Bund mit der Aufforderung an Abraham, rechtschaffen (תָּמִים) vor Gott zu leben, eingeführt. Gen 22 zeigt auf, wie weit Gott Loyalität von Abraham erwartete. Obwohl das nicht Bundesbedingungen im eigentlichen Sinn sind, wird die gegenseitige Beziehung im Bund sichtbar und weisen diese Verpflichtungen auf den kommenden Bund hin. Gleichermassen werden die mit dem Sinaibund verbundenen Segnungen mit der Verheissung an Abraham verknüpft (vgl. Ex 19,6; 23,22f.; 34,12). Vor dem Exil gab es verschiedene Begebenheiten, bei denen Menschen realisierten, dass die Bundesbedingungen gebrochen wurden und deshalb die gestörte Beziehung zu Gott wiederhergestellt werden sollte. Bundeserneuerungen wurden in den Tagen Asas (2Chr 15,10–15), Jojadas (2Kön 11,17), Hiskias (2Chr 29,10) und Josias (2Kön 23,3) durchgeführt. Dies geschah in der Hoffnung, dass durch Busse die Gunst Gottes wiederhergestellt werden kann. Die Entscheidung über die Erneuerung oblag dem göttlichen Lehnsherr, doch das Volk vertraute darauf, dass Gott die Busse annehmen würde.

Die Grundlage für die Annahme, dass der Bund mit Gott immer wieder erneuert werden kann, ist Gottes Bund mit Abraham. Freedman und Miano verwenden das Bild des Hauses um das zu demonstrieren: «We might compare the arrangement to a house. The Abrahamic covenant is the foundation upon which the house is constructed, and the Sinai covenant is the house itself.»[323] Die Bedingungen in diesem Haus sind abhängig vom Verhalten seiner Bewohner. Das Haus kann zerstört werden, doch das Fundament ist beständig und jederzeit kann ein neues Haus darauf aufgebaut werden. Bei gewissen Gelegenheiten in Israels Geschichte musste das Haus repariert werden. Nach mehreren Vertrauensbrüchen kam die Geduld Gottes ans Ende und die Bundesflüche brachen über die Nation herein. Indem das Königreich erobert, der Tempel zerstört und ein Teil der Bevölkerung ins Exil geführt wurde, wurde das Haus zerstört.

Trotz dieser Geschehnisse behielt Israel die Hoffnung, dass Gott seinen Bund mit dem Volk erneuern würde. Hesekiel spricht von ausgetrockneten Knochen, die zu neuem Leben erweckt werden (Hes 37,1–14), «which is an illustration not only of Israel's physical restoration but of covenant restoration as well».[324] Die Propheten hielten daran fest, dass das Haus noch einmal gebaut werden kann «and would go on to demonstrate this belief by encour-

---

322 Ibid., 9.
323 Ibid., 10.
324 Ibid., 11.

aging the people to rebuild (literally) the House of God».[325] Die nachexilische Literatur bestätigt nach Freedman und Miano diese Annahme.

In Neh 1,5, wo Nehemia zu Gott, «der den Bund und die Gnade bewahrt», betet, spricht er die Sprache von Ex 20,6 (= Dtn 5,10) und Ex 34,6f., sodass der Bund, auf den er sich bezieht, gemäss Freedman und Miano der Bund am Sinai sein muss. Das im Nehemiabuch zum Ausdruck gebrachte Vertrauen basiert aber nicht nur auf den erneuten Anstrengungen des Volkes, die Mosetora zu befolgen. Vielmehr zeigt das levitische Gebet das Vertrauen auf Gottes «*personal obligation* to his people» in seinen alten Verheissungen an Abraham. So wird in Neh 9,7f. Abrahams Erwählung geschildert und die Schilderung des Bundes in Neh 9,8 bezieht sich direkt auf Gen 15,18–21. Zu den Verweisen auf den Abrahambund in nachexilischen Gebeten meinen Freedman und Miano: «True, they hoped to merit divine approval by repenting and keeping to the terms of the Sinai covenant, but their positive outlook was based on their trust that God would keep the irrevocable covenant, the covenant of divine commitment to Abraham.»[326]

Natürlich steht auch die Frage im Raum, ob der Davidbund in nachexilischer Zeit erneuert wird. In Bezug auf den Davidbund gibt es nach Freedman und Miano zwar eine gewisse Ambiguität in den Texten, ob er als «conditional» oder «unconditional» eingeordnet werden soll[327], dennoch besteht eine grössere Ähnlichkeit mit dem Sinai- als mit dem Abrahambund.[328] Mit der Begnadigung Jojachins am Ende der Königbücher wird nach Freedman und Miano durch die Tatsache, dass die königliche Linie lebt, die Hoffnung der Erneuerung des Königsbundes wach gehalten.[329] Hesekiel macht Anspielungen, dass der davidische Bund erneuert werden würde. So verheisst Gott beispielsweise in Hes 34,23–31, dass er dem Volk seinen Knecht David als Hirten erwecken wird.[330] Freedman und Miano sehen auch in Sach 11,4–17 einen Hinweis auf den davidischen Bund. Das Brechen des Bundesstabes kann sich nicht auf den Abrahamitischen Bund beziehen, auch nicht auf den Bund am Sinai, sondern in Kombination mit dem Hirtenmotiv legt sich eine Verbindung zum Davidbund nahe. Die Passage ist abhängig von Hes 37 und Jer 23, die sich beide auf die davidische Monarchie beziehen: «When read

325 Ibid.

326 Ibid., 12.

327 Ibid., 13.

328 Ibid., 16.

329 Ibid., 16f.

330 Vgl. Hes 34,23: «Ich will ihnen einen einzigen Hirten erwecken, der sie weiden wird, nämlich meinen Knecht David; der wird sie weiden, und der wird ihr Hirte sein.» Freedman und Miano behandeln auch Hes 21,30–32 und Jes 55,3–4, ibid., 17.

together, these passages indicate a belief that the Davidic Kingdom covenant will be (or has been) annulled due to corrupt rulership, and, in the Jeremiah and Ezekiel visions, there is talk of covenant renewal.»[331]

Die obige Analyse der Bundeserneuerungen in Esra-Nehemia hat nichts von einem Bezug zum Davidbund gezeigt. Daher ist festzuhalten, dass von einer Bundeserneuerung des Davidbundes in Esra-Nehemia nicht die Rede sein kann. Auf die Abwesenheit des davidischen Herrschers werde ich in Kap. IV weiter eingehen.[332]

In Esra-Nehemia wird offensichtlich, dass in nachexilischer Zeit der Sinaibund erneuert wird. Bereits direkt nach der Heimkehr aus dem Exil wird das Bestreben sichtbar, zum Gesetz Mose zurückzukehren (Esr 3,1–2). Die Toraverlesung in Neh 8 ruft zu einem «renewal of the Sinai covenant».[333] Das öffentliche Schuldbekenntnis ist ein wesentliches Element der Bundeserneuerungsfeiern. Während sich die Grundlage dafür in Lev 26,40–42 findet, wird diese in den Bussgebeten in Esra-Nehemia in die Praxis umgesetzt. Das Verlesen der Tora, in Neh 8 geschildert, bildet die Basis des Bussgebetes in Neh 9: «A reading of the Law in covenant-renewal ceremonies (Neh. 8.5–8) forced acknowledgment of past misconduct and served as a reminder that the community was still under obligation (cf. Deut 31.9–13).»[334]

Der von Freedman und Miano erwähnte Bezug von Neh 8 und Dtn 31 wird uns im nächsten Kapitel näher beschäftigen.[335] Das Modell von Freedman und Miano, dass der Abrahambund sozusagen den Grund legt, auf dem der Sinaibund wie ein Haus aufgebaut werden kann, bestätigt die Analyse der Bundeserneuerungen in Esra-Nehemia. Garant für die mögliche Reaktivierung bzw. Neuerrichtung des Sinaibundes ist der feste Boden des Abrahambundes. Auch Adrian Schenker spricht vom Väterbund als dem bleibenden Kontinuum in der Geschichte Israels. Der Väterbund ist «ein unantastbares Kapital, jederzeit zu Israels Verfügung stehend, sobald dieses bereit ist, sich den Bedingungen des Sinai-Bundes zu fügen».[336] Bevor Israel umkehrt und

---

331 Ibid., 18.

332 S.u. IV.2.3.

333 Freedman/Miano, *People of the New Covenant*, 20. Interessant ist auch die Erwähnung des Blutes des Bundes (בְּדַם־בְּרִיתֵךְ) in Sach 9,11. Dieser Ausdruck kommt sonst in Ex 24,3–8 im Kontext des Sinaibundes vor. Dort erinnert der symbolische Akt der Besprengung mit dem Blut des Bundes daran, die Worte im Bundesbuch (Ex 20–23) zu befolgen.

334 Ibid., 21.

335 S.u. III.3.3.

336 Adrian Schenker, *Unwiderrufliche Umkehr und neuer Bund. Vergleich zwischen der Wiederherstellung Israels in Dt 4,25–31; 30,1–14 und dem neuen Bund in Jer 31,31–34*, in: FZPhTh 27, 1980, 93–106, 96. Schenker erarbeitet seine Aussagen

sich dem Sinaibund fügt, bleibt dieses Kapital zwar verschlossen. Der Väterbund garantiert aber, dass dieses Kontinuum erhalten bleibt und dass der Sinaibund, der potentiell noch existiert, jederzeit aktualisiert werden kann: «Diese Potentialität des Sinaibundes, der nie zurückgezogen wurde, beruht offenbar auf der Permanenz des Väterbundes, der absolut gegeben worden ist.»[337] Das entspricht dem Modell von Freedman und Miano.

Wie in den exegetischen Betrachtungen zu Neh 9,8 bereits dargelegt, modifiziert Richard J. Bautch das Modell von Freedman und Miano in dem Sinn, dass auch der Abrahambund nicht als bedingungslos angesehen wurde.[338] Dennoch kommt er zu demselben Ergebnis wie Freedman und Miano. Er spricht davon, dass die nachexilische Gemeinschaft «*something* to their understanding of covenant as an expression of the divine-human relationship» wiederherzustellen suchte, was einer «strategy for restoration focused on bringing to light some fundamental but heretofore implicit dimension of the Mosaic covenant» entsprach.[339] Dass der Bund erneuert werden kann, ist von verschiedenen Faktoren abhängig. Einer davon ist Abraham: «The everlasting covenant made with Abraham in Genesis 17 is the basis for new hope.»[340]

Das Modell von Freedman und Miano ist m.E. hilfreich, um die Frage zu klären, welcher Bund in Esra-Nehemia erneuert wird. Es ist der Sinaibund, der jedoch aufgrund des Väterbundes, des Garants von Gottes Treue gegenüber Israel, wieder neu aktiviert werden kann. Diese Reaktivierung des Sinaibundes ist schon innerhalb des Deutereronomiums feststellbar.

J. Gordon McConville und J. Gary Millar haben in ihrem Buch «Time and Place in Deuteronomy»[341] Gedanken zu Raum-Zeit-Konzepten im Deuteronomium herausgearbeitet. Besonders die Studie von Millar («Living at the Place of Decision») ist für unsere Fragestellung hilfreich. Millar zeigt auf, wie die Geschehnisse in Moab in Dtn 5 mit dem Horeb in Verbindung gebracht werden, sodass die Moabgeneration an der Theophanie am Horeb partizipiert. Dies darf nicht als Anachronismus gesehen werden, sondern als

anhand von Dtn 4,25–31 im Zusammenhang mit der Erneuerung des Väterbundes. Dasselbe Konzept ist in Esra-Nehemia zu beobachten.

337 Ibid., 97.

338 S.o. II.2.2.2. Wie oben dargelegt, sind auch für Freedman und Miano die beiden Bundestypen miteinander verbunden.

339 Bautch, *Abraham's Role in Postexilic Covenants*, 61.

340 Ibid.

341 J. Gordon McConville/J. G. Millar, *Time and Place in Deuteronomy*, Sheffield: JSOT Press, 1994.

«part of a carefully conceived theological scheme».[342] Die Moabgeneration soll an den Bund vom Horeb nicht nur als reine Erinnerung denken, sondern «*as a memory which is actualized in the present at Moab*»[343]. Die Erzählung ist zum präzisen theologischen Zweck so angeordnet, zu zeigen, dass die Worte des Mose in Moab dieselbe Autorität tragen wie direkt nach der Theophanie am Horeb.[344] Moab ist der Platz der Entscheidung: «The past, present and future of the nation are intimately tied to Moab, the place of decision.»[345] Moab ist also nicht nur «*place of recapitulation*», sondern auch «*place of anticipation*».[346] Moab ist das zweite Kadesh Barnea, hängt doch nicht nur die Landnahme, sondern auch das Leben im Land von der Entscheidung in Moab ab.

Mose verlangt in Dtn 27, dass «the ‹day of decision› of Moab» zum «‹day of response› in Canaan» wird.[347] Der Berg Ebal wird zum neuen Moab, der neue Tag der Entscheidung wird am Ebal sein. Die Reise geht weiter ins Land. Es wird eine Beziehung zwischen Horeb und Ebal hergestellt. «As the perspective of the preacher shifts inceasingly to the future, the significance of Moab recedes, as the frame is filled with the new places of decision awaiting Israel in the land.»[348] Wenn Sichem Moab als nächste Etappe auf der rhetorischen Reise ersetzen soll, erwartet man, dass Israel in Sichem mit einer ähnlichen Entscheidung konfrontiert sein wird wie in Moab. Genau diese Funktion übernimmt die Liste mit den Flüchen in Dtn 28.[349] Die Funktion dieser Liste von Flüchen «is ultimately to present to Israel in painful detail the consequences of disobedience – this is nothing less than a new journey of reversal, culminating in a renewed exposure to the painful reality of life ‹in Egypt› (28.47–48)».[350] Die ganze Liste in Dtn 28,27–68 kann als Rückkehr in die Sklaverei Ägyptens gelesen werden. Es droht die Gefahr eines «Anti-Exodus»[351], denn auf die Reise von Ägypten zum Horeb, nach Moab und schliesslich nach Sichem könnte «a shocking reversal of an instant return to Egypt»[352] folgen. So wie am Anfang des Deuteronomiums eine Korrespon-

---

342 J.G. Millar, *Living at the Place of Decision: Time and Place in the Framework of Deuteronomy*, in: J. Gordon McConville/J.G. Millar (Hrsg.), Time and Place in Deuteronomy, Sheffield: JSOT-Press, 1994, 15–88, 58.

343 Ibid.

344 Ibid., 59.

345 Ibid., 60.

346 Vgl. dazu die graphische Darstellung ibid., 61.

347 Ibid., 72.

348 Ibid.

349 Ibid., 74.

350 Ibid., 76.

351 Ibid.

352 Ibid., 77.

denz zwischen dem Horeb und Moab hergestellt wurde, werden die Linien in Dtn 27–28 nun bis nach Sichem ausgezogen: «The climactic significance of Moab in the journey of Israel is now extrapolated to Gerizim und Ebal, within the land itself.»[353]

Interessant ist der Bundesschluss in Moab, der in Dtn 28,69 explizit neben den Bundesschluss am Sinai gestellt wird. In Moab wird der Bund am Horeb nicht ersetzt, sondern erweitert und auf die neuen Gegebenheiten im Land Kanaan hin aktualisiert. «If Israel is to avoid the journey of reversal, then they must abide by the conditions set out at the new Horeb.»[354]

Vor der Landnahme wird also der Sinaibund aktualisiert. Im Land selber wird er sich bewähren müssen, dafür stehen die Berge Ebal und Garizim. In Esra-Nehemia sehen wir ebenfalls eine Aktualisierung des Sinaibundes bei der «Landnahme» in nachexilischer Zeit. Millar spricht von Raum-Zeit-Konzepten («temporal and spatial concepts»), die im Rahmen einer «parenetic agenda» verwendet werden und damit «a valuable hermeneutical tool» darstellen, um den Rahmen des Deuteronomiums zu interpretieren.[355] Das nächste Kapitel zeigt auf, dass auch das Esra-Nehemia-Buch mit Raum-Zeit-Konzepten arbeitet. So wie es Millar für das Deuteronomium herausgearbeitet hat, wird auch in Esra-Nehemia der Sinaibund aktualisiert.[356]

Die dargelegten Ausführungen haben gezeigt, dass bei der Bundeserneuerung in Esra-Nehemia vor allem an die Erneuerung des Sinaibundes zu denken ist, was aufgrund der Zusage Gottes an die Väter im Abrahambund ermöglicht wird.

3.1.2 Kein neuer Bund

Wie oben erwähnt, hat Christiane Karrer-Grube die Frage aufgeworfen, ob Esra-Nehemia nicht aufgrund des Verweises auf Jeremia am Buchanfang auf dem Hintergrund des in Jer 30–33 beschriebenen neuen Bundes gelesen werden müsse. Die offensichtliche Nähe von Esra-Nehemia zur Tora ist für sie klar: «If the books of Ezra and Nehemiah are read together, it becomes clear that the Torah is the foundation for all actions of the Community».[357] Dennoch denkt sie, dass die Bundeserneuerung auf dem Hintergrund der Verheissung des neuen Bundes gelesen werden soll. Die Tora spielt beim neuen Bund in Jeremia ebenfalls eine zentrale Rolle, wie Jer 31,31–33 zeigt:

---

353 Ibid.
354 Ibid., 78f.
355 Ibid., 16.
356 Fried geht so weit, dass sie Esra-Nehemia sogar als Nachbildung des Sinaigeschehens lesen möchte, s.u. III.1.3.2.
357 Karrer-Grube, *Conceptual Unity of Ezra and Nehemiah*, 148.

31 הִנֵּה יָמִים בָּאִים נְאֻם־יְהוָה וְכָרַתִּי אֶת־בֵּית יִשְׂרָאֵל וְאֶת־בֵּית יְהוּדָה בְּרִית
חֲדָשָׁה׃
32 לֹא כַבְּרִית אֲשֶׁר כָּרַתִּי אֶת־אֲבוֹתָם בְּיוֹם הֶחֱזִיקִי בְיָדָם לְהוֹצִיאָם מֵאֶרֶץ מִצְרָיִם
אֲשֶׁר־הֵמָּה הֵפֵרוּ אֶת־בְּרִיתִי וְאָנֹכִי בָּעַלְתִּי בָם נְאֻם־יְהוָה׃
33 כִּי זֹאת הַבְּרִית אֲשֶׁר אֶכְרֹת אֶת־בֵּית יִשְׂרָאֵל אַחֲרֵי הַיָּמִים הָהֵם נְאֻם־יְהוָה
נָתַתִּי אֶת־תּוֹרָתִי בְּקִרְבָּם וְעַל־לִבָּם אֶכְתֲּבֶנָּה וְהָיִיתִי לָהֶם לֵאלֹהִים וְהֵמָּה יִהְיוּ־לִי
לְעָם׃

> [31] Siehe, Tage kommen, Spruch JHWHs, da werde ich mit dem Haus Israel und dem Haus Juda einen neuen Bund schließen, [32] nicht wie der Bund, den ich geschlossen habe mit ihren Eltern am Tag, als ich [sie] faßte an ihrer Hand, um sie herauszuführen aus dem Land Ägypten, den sie, sie gebrochen haben, meinen Bund – wo ich doch Herr bin über sie, Spruch JHWHs. [33] Sondern dies ist der Bund, den ich schließen werde mit dem Haus Israel nach diesen Tagen, Spruch JHWHs: Ich gebe meine Tora in ihr Inneres, und auf ihr Herz werde ich sie schreiben, und ich werde ihnen Gott sein, und sie, sie werden mir Volk sein.[358]

Der Ausdruck «neuer Bund» (בְּרִית חֲדָשָׁה) ist im AT einzigartig.[359] Nach Georg Fischer hebt sich der «hier versprochene Bund […] *von allem Früheren ab*».[360] In der Forschung wird kontrovers diskutiert, ob dieser Bund wirklich als «neu» anzusehen sei oder eine Erneuerung des Mosebundes darstelle.[361] V.32 macht deutlich, dass der neue Bund nicht wie der Bund sein wird (לֹא כַבְּרִית), den Gott mit seinem Volk nach dem Exodus schloss. Gleichzei-

---

358 Übersetzung nach Georg Fischer, *Jeremia 26–52*, HThK AT, Freiburg i. Br.: Herder, 2005, 143.

359 Zur einmaligen Erwähnung des «neuen Bundes» im AT meint Fischer, diese Vorstellung sei «offenbar so revolutionär und schockierend» gewesen, «dass durch Jahrhunderte, nämlich bis zur Gemeinschaft von Qumran und bei Jesus, kein anderer Text diesen Ausdruck aufzugreifen wagte», Georg Fischer, *Jer 31,31–34*, in: Der Prophet wie Mose. Studien zum Jeremiabuch, BZAR 15, Wiesbaden: Harrassowitz Verlag, 2011, 280. Einen Überblick über die Stellen, wo בְּרִית חֲדָשָׁה in den Qumranschriften vorkommt, gibt der Abschnitt «The New Covenant in the Dead Sea Scrolls» in Thomas R. Blanton, *Constructing a New Covenant. Discursive Strategies in the Damascus Document and Second Corinthians*, WUNT 2/233, Tübingen: Mohr Siebeck, 2007, 76–79.

360 Fischer, *Jeremia 26–52*, 171.

361 Lundbom nennt wichtige Vetreter beider Positionen, vgl. Jack R. Lundbom, *Jeremiah 21–36*, AncB 21B, New York: Doubleday, 2004, 466. Er selber denkt nicht, dass der «neue Bund» auf eine Erneuerung des Sinaibundes reduziert werden kann, wie es in den Ebenen Moabs (Dtn 5,2–3, 28,69), in Sichem (Jos 24) oder in Jerusalem während der josianischen Reform (2Kön 23) geschehen ist, vgl. ibid.

tig ruft der Vers «die Erinnerung an Vergangenes wach»[362] und auch V.33 knüpft sprachlich daran an: Beim Bund am Sinai hatte Gott die Tora (תּוֹרָה) auf Steintafeln geschrieben (כתב) und Mose gegeben (נתן). Alle diese Begriffe kommen auch in Ex 24,12 vor.[363] Eine gewisse Kontinuität zum Sinaibund wird durch die Aufnahme dieser Begriffe in V.33[364] und vor allem durch die Tatsache, dass zum Inhalt des neuen Bundes erneut die Tora gehört[365], angezeigt. Die Diskontinuität zum früheren Bund besteht darin, dass die Tora direkt (ohne Mittler) und unmittelbar ins Herz vermittelt wird.[366]

---

362 Helga Weippert, *Das Wort vom neuen Bund in Jeremia XXXI 31–34*, in: VT 29, 1979, 336–351, 336.

363 Vgl. Fischer, *Jeremia 26–52*, 172.

364 Weippert macht darauf aufmerksam, dass für die «Zeichnung des Künftigen [...] vertraute Begriffe und Vorstellungen aus der Geschichte und dem bisherigen Leben des Volkes» aufgegriffen werden und dass dabei beachtet werden muss, dass die Zukunftshoffnung unter dasselbe «Leitmotiv» gestellt wird, dass nämlich Jhwh mit seinem Volk wieder einen Bund schliesst, Weippert, *Das Wort vom neuen Bund*, 337.

365 Vgl. ibid., 338. Auch Böhmer betont, dass «die Tora die entscheidende Rolle im neuen ‹Bund›» spielt, Siegmund Böhmer, *Heimkehr und neuer Bund. Studien zu Jer 30–31*, GTA 5, Göttingen: Vandenhoeck & Ruprecht, 1976, 78. Über die Frage nach dem Inhalt der Tora des neuen Bundes gibt es freilich eine lange Debatte. Eine ausführliche Darstellung der Auslegungsgeschichte findet sich im Kapitel «History of Interpretation of the New Covenant Torah» in Fẹmi Adeyẹmi, *The New Covenant Torah in Jeremiah and the Law of Christ in Paul*, Studies in Biblical Literature 94, New York: Peter Lang, 2006, 21–41. Ich stimme mit seiner Ansicht, mit der Tora in Jer 31,33 könne nicht die Mosetora gemeint sein, nicht überein. Vgl. seine Aussage, «the New Covenant Torah (Jer 31:33) cannot be said to be the same Mosaic Law», Adeyẹmi, *New Covenant Torah*, 202. Sondern Schmid ist zuzustimmen, wenn er sagt: «Es ist klar, daß 31,31–34 keine andere Tora fordert – das ist nicht der Punkt der Torakritik –, sondern die Tora als geschriebene und von außen an den Menschen herangetragene ist ein zum Scheitern verurteiltes Unterfangen, deswegen wird die im Grunde genommen absurde Situation gegenseitiger Belehrung der allgemeinen Gotteserkenntnis weichen, die aus der Gabe und Einschreibung der Tora ins Herz resultiert.» (Konrad Schmid, *Buchgestalten des Jeremiabuches. Untersuchungen zur Redaktions- und Rezeptionsgeschichte von Jer 30–33 im Kontext des Buches*, WMANT 72, Neukirchen-Vluyn: Neukirchener Verlag, 1996, 68.)

366 Eine gute Zusammenstellung von Aspekten der Kontinuität und Diskontinuität des neuen Bundes zum Sinaibund findet sich bei Tiberius Rata, *The Covenant Motif in Jeremiah's Book of Comfort. Textual and Intertextual Studies of Jeremiah 30–33*, Studies in Biblical Literature 105, New York: Peter Lang, 2007, 52–54. Als ein Hauptmerkmal, das die Diskontinuität des neuen Bundes zum Mosebund zum Ausdruck bringt, nennt er «the internalization of the law», ibid., 53. Von Rad beschreibt es so: «Und hier setzt das Neue ein: Die Übereignung des Gotteswillens an den Menschen wird sich anders vollziehen. [...] Jahwe wird den Vorgang

Dabei ist Jhwh der Handelnde, der den Bund mit seinem Volk schliesst und die Tora auf das Herz seines Volkes[367] schreibt. Durch die Ausdrücke «Inneres» und «Herz» in V.33 resultiert eine «doppelt betonte Unmittelbarkeit»[368].

Jer 17,1 spricht davon, dass Judas Sünde auf die Tafel des Herzens geschrieben sei. Nach Fischer bildet die «untilgbare innere Sündenzeichnung» in Jer 17,1 «den negativen Gegenpol zur Beschreibung des Herzens hier mit der Tora», bei der «die *grundlegende innere Verkehrtheit*» geheilt wird.[369] Gottes Tora bleibt auf diese Weise ins Herz eingeprägt. Schenker spricht im Zusammenhang mit der Inschrift der Tora ins Herz von der «Identifikation des menschlichen Denkens und Wollens mit der Tora» oder von der «‹Einherzung› der Tora».[370]

Fischer sieht in Gottes Verheissung in Jer 24,7: «Ich gebe ihnen ein Herz, mich zu erkennen» (וְנָתַתִּי לָהֶם לֵב לָדַעַת אֹתִי) die Vorbereitung dafür, dass das Herz beschrieben werden kann, denn dadurch seien, im Bild gesprochen, «neue Beschriftungsflächen» auf dem Herzen frei.[371] Diese Vorstellung deckt sich mit folgender, der Jeremiastelle vom neuen Bund verwandter, Passage in Hes 36,26–28:

26 וְנָתַתִּי לָכֶם לֵב חָדָשׁ וְרוּחַ חֲדָשָׁה אֶתֵּן בְּקִרְבְּכֶם וַהֲסִרֹתִי אֶת־לֵב הָאֶבֶן מִבְּשַׂרְכֶם וְנָתַתִּי לָכֶם לֵב בָּשָׂר׃
27 וְאֶת־רוּחִי אֶתֵּן בְּקִרְבְּכֶם וְעָשִׂיתִי אֵת אֲשֶׁר־בְּחֻקַּי תֵּלֵכוּ וּמִשְׁפָּטַי תִּשְׁמְרוּ וַעֲשִׂיתֶם׃
28 וִישַׁבְתֶּם בָּאָרֶץ אֲשֶׁר נָתַתִּי לַאֲבֹתֵיכֶם וִהְיִיתֶם לִי לְעָם וְאָנֹכִי אֶהְיֶה לָכֶם לֵאלֹהִים׃

---

des Anredens und Hörens gleichsam überspringen und seinen Willen gleich in Israels Herz legen.» Bereits das Deuteronomium «drang […] auf einen innerlichen, gewissensmäßigen Gehorsam; doch Jeremia geht gerade in dieser Sache weit über das Deuteronomium hinaus», Gerhard Von Rad, *Theologie des Alten Testaments. Band II: Die Theologie der prophetischen Überlieferungen Israels*, München: Kaiser, 2. Aufl. 1961, 225f.

367 Herz (בְּקִרְבָּם) steht im Sg., McConville spricht in einer Überlegung zu Jer 31,33 im Zusammenhang von Dtn 30,6 vom «heart of Israel as such», vgl. J. Gordon McConville, *Deuteronomy*, Apollos Old Testament Commentary 5, Leicester: Apollos, 2002, 432.

368 Fischer, *Jeremia 26–52*, 172.

369 Ibid., 173.

370 Schenker, *Unwiderrufliche Umkehr*, 103. Auch Levin betont, dass das Herz «für den hebräischen Menschen der Sitz des Verstandes, des Gedächtnisses und des Willens» ist. (Vgl. Christoph Levin, *Die Verheißung des neuen Bundes in ihrem theologiegeschichtlichen Zusammenhang ausgelegt*, FRLANT 137, Göttingen: Vandenhoeck & Ruprecht, 1985, 259.)

371 So Fischer, *Jeremia 26–52*, 173.

> [26] Ich gebe euch ein neues Herz, einen neuen Geist gebe ich in euch, ich nehme weg das steinerne Herz aus eurem Leibe, und gebe euch ein fleischernes Herz. [27] Und meinen Geist gebe ich in euren Leib, ich mache, dass ihr in meinen Satzungen wandelt und meine Rechte wahret und tut. [28] Sitzen sollt ihr in dem Lande, das ich euren Vätern gegeben, ihr sollt mir zum Volk werden und Ich werde euch zum Gott.[372]

Hier verspricht Gott, seinem Volk ein neues Herz zu geben. Das steinerne Herz, das Israel zur Zeit noch hat, ist «hartherzig, eigensinnig und widerspenstig».[373] Im Unterschied zu Jeremia, bei dem die Tora ins Herz der Menschen geschenkt wird, beschreibt Hesekiel die Erneuerung des Herzens durch Gottes Geist.[374] Das Resultat ist dasselbe wie bei Jeremia: Das Volk wird in seinen Satzungen wandeln und Gottes Recht einhalten (V.27). Greenberg sieht hier die Forderung von Lev 26,3 erfüllt («Wenn ihr in meinen Satzungen wandelt, meine Gebote wahret und tut», אִם־בְּחֻקֹּתַי תֵּלֵכוּ וְאֶת־מִצְוֹתַי תִּשְׁמְרוּ).[375] In V.28 wird als Folge davon das Sitzen im Land verheissen, so wie in Lev 26,4 der «Regen zur rechten Zeit» ebenfalls als Folge des Gehorsams genannt wird.

In diesem Zusammenhang ist auch die Beschneidung des Herzens in Dtn 30,6 («Und Jhwh dein Gott wird dein Herz beschneiden […] zu lieben Jhwh deinen Gott mit ganzem Herzen […]») zu erwähnen[376], denn Jeremia 30f.

---

372 Übersetzung nach Moshe Greenberg, *Ezechiel*, HThK AT, Freiburg im Breisgau: Herder, 2001, 432.

373 Ibid., 447.

374 Vgl. die beinahe identische Aussage in Hes 11,19: וְנָתַתִּי לָהֶם לֵב אֶחָד וְרוּחַ חֲדָשָׁה אֶתֵּן בְּקִרְבְּכֶם וַהֲסִרֹתִי לֵב הָאֶבֶן מִבְּשָׂרָם וְנָתַתִּי לָהֶם לֵב בָּשָׂר׃.

375 Greenberg, *Ezechiel*, 447.

376 Für Robinson ist das Argument, Jer 31,33 weise eine Nähe zu Dtn 30,6 auf, «surely questionable», Bernard P. Robinson, *Jeremiah's New Covenant: Jer 31,31–34*, in: SJOT 15, 2001, 181–204, 183. Dtn 10,16 (וּמַלְתֶּם אֵת עָרְלַת לְבַבְכֶם, «Beschneidet nun nun die Vorhaut eures Herzens») fordert das Volk auf, aktiv zu werden und ihr Herz zu beschneiden. Das Jeremiabuch greift in Jer 4,4 (הִמֹּלוּ לַיהוָה וְהָסִרוּ עָרְלוֹת לְבַבְכֶם, «Beschneidet euch für Jhwh und entfernt die Vorhäute eurer Herzen») genau dieses Bild der aktiven Beschneidung des Herzens, die Israel selber vornehmen muss (Dtn 10,16), auf. Genauso wird in Hes 18,31 das Volk aufgefordert, sich ein neues Herz und einen neuen Geist zu «schaffen (וַעֲשׂוּ לָכֶם לֵב חָדָשׁ וְרוּחַ חֲדָשָׁה), während das neue Herz und der neue Geist in Hes 36,26 (und 11,19) Gottes Gabe ist. Die Tatsache, dass sowohl in Hes als auch im Dtn das neue Herz bzw. die Beschneidung des Herzens auch als etwas beschrieben wird, zu dem die Aktivität des Menschen gefordert ist, muss nicht zur Schlussfolgerung führen, dass der neue Bund «not comparable […] to the cicumcision of the heart» sei, gegen Robinson, *Jeremiah's New Covenant*, 183. McConville sieht in der Entwicklung von Hes 18,31 zu 36,26 «a logical progression», die «remarkably similar» zur Entwicklung von Dtn 10,16 zu Dtn 30,6 verläuft, vgl.

weist deutliche Bezüge zu Dtn 30,1–10 auf.[377] Die Folge der Beschneidung des Herzens, dass das Volk in Gottes Geboten wandelt (vgl. Dtn 30,6.10), ist dieselbe, wie sie in Jer 31,31–33 und Hes 36,26–28 beschrieben wird, sodass McConville im Zusammenhang mit Dtn 30,6 sogar von «new covenant-theology»[378] spricht. Wenn Dtn 30,1–10 auch nicht so weit geht wie Jeremia und von einem «neuen Bund» spricht, wird mit der Beschneidung des Herzens doch ein ähnliches Bild wie in Jer 31,33 verwendet.[379]

Die «Einherzung» der Tora im neuen Bund in Jer 31,31–33 hat zur Folge, dass die Tora eingehalten wird. Wie oben gezeigt, steht die Frage im Raum, ob es beim «neuen Bund» um einen «erneuerten» oder wirklich einen qualitativ «neuen» Bund geht. Walter Groß stellt eine doppelte Frage: «(1) ob nach Jer 31 *neuer Bund* oder *erneuerter Bund* zu übersetzen und der vormalige Bund als erledigt anzusehen und (2) ob, wann und inwiefern der ja allein

McConville, *Deuteronomy*, 432. Die Tatsache, dass Dtn 10,16 in Jer 4,4 aufgegriffen wird, schliesst nicht aus, dass Dtn 30,6 bzw. Hes 36,26 mit Jer 31,33 in Verbindung gebracht werden kann, denn hier sind Sachparallelen nicht von der Hand zu weisen.

377 Dtn 30,3 wird in Jer 30,3 zitiert, vgl. Eckart Otto, *Old and New Covenant. A Post-exilic Discourse between the Pentateuch and the Book of Jeremiah. Also a Study of Quotations and Allusions in the Hebrew Bible*, in: OTE 19, 2006, 939–949, 943. Otto zeigt die Nähe von Jer 30f. zu Dtn 30,1–10 auch in der identischen Abfolge der Motive: Die Beschneidung des Herzens (Dtn 30,6–8) folgt auf die Sammlung aus der Diaspora und die Rückkehr ins Land (Dtn 30,4–5), genauso wie in Jer 30f. der neue Bund mit der auf die Herzen geschriebenen Tora auf die erneute Bevölkerung des Landes (Jer 31,27–28) folgt, ibid., 944. Eine thematisch Nähe zu Jer 31,33 ist auch in der Aussage «das Wort ist nahe […] in deinem Herzen, es zu tun» in Dtn 30,14 zu sehen.

378 «The kind of thinking in such passages culminates in what may be called new-covenant theology, to use the term in Jer. 31:33. The essence of it is the law written on the heart (31:33)», McConville, *Deuteronomy*, 432.

379 Wetter spricht von «similar images», betont aber, die Idee des «neuen Bundes» gehe weiter, Anne-Mareike Wetter, *Balancing the Scales: The Construction of the Exile as Countertradition in the Bible*, in: Bob Becking u.a. (Hrsg.), From Babylon to Eternity. The Exile Remembered and Constructed in Text and Tradition, London: Equinox, 2009, 34–56. Auch Schenker erkennt das Gemeinsame von Dtn 30,6 und Jer 31,33: «*Gemeinsam* an beiden Texten ist der Eingriff JHWHs ins Herz, der eine dauernd verändernde Wirkung auf die berührten Menschen zur Folge haben wird.» (Schenker, *Unwiderrufliche Umkehr*, 103.) Bei aller Nähe sieht er hingegen auch eine «*große Differenz* des Denkens» zwischen Dtn 4,25–31; 30,1–14 und Jer 31,31–34 und empfiehlt nicht, «die beiden Textgruppen miteinander zu identifizieren», da sie «einen verschiedenen Klang» aufweisen, ibid., 104.

Israel verheißene neue Bund von Jer 31 bereits zu alttestamentlicher Zeit realisiert worden sei».[380]

Groß referiert die Positionen von Lohfink und Zenger, welche die Kontinuität zwischem dem Sinaibund und dem «neuen Bund» betonen[381], kommt aber nach einer Analyse von Jer 31 zur Einsicht, dass der neue Bund zwar viel mit dem Sinai-Bund gemeinsam hat, der Text jedoch «sein argumentatives Schwergewicht nicht auf die Kontinuität, sondern auf die Diskontinuität»[382] legt. Groß führt im Anschluss an Jenni aus, dass im Hebräischen nicht zwischen «ganz neu» und «ein wenig neu» lexikalisch differenziert werden kann. Als deutsche Übersetzung erscheint ihm allein «neuer Bund» und nicht «erneuerter Bund» sachgemäss.[383]

Zu einem ähnlichen Resultat in Bezug auf den «neuen Bund»[384] kommen Freedman und Miano. Nicht nur das Medium, auf das geschrieben wird (das Herz anstelle der Steintafeln), wird erneuert, sondern bei genauerem Hinsehen wird klar: «[T]he term חדשה refers to something completely new, or at least a radical departure from the past.»[385] Freedman und Miano plädieren jedoch für eine Position, welche gleichzeitig sowohl die Kontinuität als auch die Diskontinuität zwischen dem neuen Bund und dem Sinaibund betont: Es wäre falsch, בְּרִית חֲדָשָׁה nur als Erneuerung im Sinn von früheren Bundeserneuerungen zu sehen, doch es wäre genauso falsch, darin einen vollständig neuen Bund zu sehen. Einerseits sieht Jeremia etwas Neues, andererseits ändert Gott seine «Standards» nicht, sein Gesetz bleibt Gesetz.[386] Neu ist die Art und Weise, wie das Gesetz übermittelt und erfüllt wird. Für Freedman und Miano ist der neue Bund ein Symbol und eine Hoffnung, die Jeremia

---

380 Walter Groß, *Erneuerter oder Neuer Bund? Wortlaut und Aussageintention in Jer 31,31–34*, in: Friedrich Avemarie/Hermann Lichtenberger (Hrsg.), Bund und Tora. Zur theologischen Begriffsgeschichte in alttestamentlicher, frühjüdischer und urchristlicher Tradition, WUNT 92, Tübingen: J.C.B. Mohr (Paul Siebeck), 1996, 41–66, 45.

381 Ibid., 45ff. Vgl. Fischer, *Jeremia 26–52*, 175f.

382 Groß, *Erneuerter oder Neuer Bund*, 51.

383 Ibid. Es müsste nach Groß auch erst bewiesen werden, dass man eine «schon geschnittene» Berit «nochmals schneiden kann.» Denn es heisst im Text nicht: «*Ich schneide euch die Berit als eine neue*, sondern: *Ich schneide euch eine neue Berit.*» (Vgl. dazu ibid., 51f.)

384 Freedman und Miano ordnen den «neuen Bund» keiner der oben beschriebenen Klasse zu. «It is modeled on the old Sinai covenant and so follows the pattern of conditional covenants, but the chance for termination of the relationship would not exist, nor would the threat of punishment. […] This covenant, therefore, is neither conditional nor unconditional. It is unique.» (Freedman/Miano, *People of the New Covenant*, 25.)

385 Ibid., 23.

386 Ibid.

nicht zu seinen Lebzeiten erwartete. Doch auch in der Periode des zweiten Tempels wurde diese Hoffnung nicht erfüllt: «Yet to think that a new covenant as Jeremiah envisioned was ever achieved in the Second Temple period, or any other era, is incompatible with the vision of the prophet.»[387]

Ich schliesse mich der Position an, dass der in Jer 31,31–33 beschriebene neue Bund als «neuer Bund» betrachtet werden muss, dass er aber sowohl in Kontinuität als auch Diskontinuität zum Sinaibund steht. Das Neue im «neuen» Bund muss aber beachtet werden: «Under this new covenant, the law will not be placed on breakable stone tablets, erasable scroll, or flammable parchment, but rather it will be interiorized.»[388] Genau diese Verinnerlichung[389] bzw. «Einherzung»[390] hat im Esra-Nehemia-Buch nicht stattgefunden.

In Esra-Nehemia wird der Bund auf die Tora, der in Neh 10 geschlossen wird, nicht von Herzen eingehalten. Die Worte werden zwar auf das Bundesdokument, offensichtlich aber nicht auf die Herzen der Menschen geschrieben. Aus den Bussgebeten in Esr 9 und Neh 9 wird ersichtlich, dass das Volk immer noch im Zustand der Knechtschaft verweilt (vgl. Esr 9,8; Neh 9,36). Der Bundesschluss in Neh 10 ändert nichts an diesem Zustand, denn der grosse Durchbruch ist noch nicht gekommen, wie das Buchende in Neh 13 zeigt. Der Aussage, die McConville unter dem Titel «Pointers to New Covenant» zu Neh 13 macht, ist zuzustimmen: «It is the very inconstancy of human beings which makes us realize that no mere restoration of Jerusalem *could* ever be a final fulfilment of the Old Testament's prophecies. Something totally new would be required.»[391]

Der Vorschlag von Karrer-Grube, die Bundeserneuerungen in Esra-Nehemia auf dem Hintergrund des «neuen Bundes» in Jer 30–33 zu lesen,

---

387 Ibid., 25.

388 Rata, *Covenant Motif*, 123. Im Schlusswort seiner Untersuchung betont Rata, dass sowohl Kontinuität und Diskontinuität zwischen dem neuen Bund und dem Sinaibund zu beobachten sind, und folgert, «that indeed the new covenant is not a brand new covenant, but it is in many aspects the renewal of the old, Mosaic covenant», ibid.

389 Vom Verinnerlichen der Tora spricht auch Fischer in seiner Definition des neuen Bundes: «Das Schreiben auf das Herz verinnerlicht die Tora, durch die persönliche Gotteserkenntnis erübrigt sich menschliche Vermittlung, und die zugesagte Verzeihung und das Nicht-Erinnern an die Schuld geben der neuen Beziehung Gottes mit der Gemeinschaft eine bleibend tragende, nicht mehr zerstörbare Grundlage.» (Georg Fischer, *Jeremia. Der Stand der theologischen Diskussion*, Darmstadt: Wissenschaftliche Buchgesellschaft, 2007, 157.)

390 Genauso könnte gesagt werden, die «Beschneidung des Herzens» habe nicht stattgefunden, um das Bild in Dtn 30,6 aufzugreifen.

391 J. Gordon McConville, *Ezra, Nehemiah, and Esther*, Daily Study Bible, Louisville, Kentucky: Westminster John Knox Press, 1985, 151.

verstärkt den ambivalenten Eindruck. Der neue Bund, wie in Jer 31 angekündigt, bei dem die Tora den Menschen so «eingeherzt» wird, dass das Einhalten der Tora geradezu selbstverständlich wird, wird offensichtlich nicht realisiert. Das Buchende hinterlässt schon dann, wenn von einer Erneuerung des Sinaibundes ausgegangen wird, einen bitteren Nachgeschmack. Doch auf dem Hintergrund der durch die «Einherzung der Tora» gewährleisteten neuen Qualität des neuen Bundes erscheint der Bundesbruch am Buchende noch dramatischer. Esra-Nehemia kann zwar nicht als Erfüllung des im Jeremiabuch beschriebenen neuen Bundes gelesen werden. Doch die Lektüre von Esra-Nehemia auf dem Hintergrund des Jeremiabuches, wozu Esr 1,1 einlädt, dient dazu, dass die Dramatik in Bezug auf das erneute Nichteinhalten des Bundes, wie es Neh 13 vor Augen führt, verstärkt wird.

3.2 Ambivalentes Buchende

3.2.1 Nehemia 13: Der gefährdete Bund

Die drei Hauptthemenbereiche, die im Bundesdokument in Neh 10,31–40 behandelt werden (Mischehenproblematik, Sabbatgebot sowie der Bereich Tempel und Abgaben), werden in Neh 13,4–31 wieder aufgegriffen (s.o.). Die Toraabschnitte, auf die sich das Volk in Neh 10 verpflichtete, wurden in der Zwischenzeit wieder gebrochen und Nehemia musste für deren Durchsetzung kämpfen. Eine zweifache Ambivalenz wird deutlich: 1. Es findet eine Bundeserneuerung statt, doch der Bund ist nicht ein neuer Bund, wie ihn die Propheten Jeremia und Hesekiel ankündigten. 2. Der Bund ist offenbar immer wieder neu gefährdet, wie Neh 13 deutlich macht. Die Stellung von Neh 13 als Buchschluss vermittelt diesem Tatbestand grosses Gewicht.

In diesem Abschnitt spielen Sanballat und Tobija eine wichtige Rolle, die im ganzen Nehemiabuch als Anführer der Gegenspieler Israels geschildert werden (vgl. Neh 2,10.19; 3,33.35; 4,1; 6,1.2.5.12.14.17.19). Ausgerechnet Tobija wurde eine Kammer im Tempel zur Verfügung gestellt (Neh 13,5), er konnte sich also mitten im Heiligtum Jerusalems einnisten. Zudem wurde die Tochter Sanballats mit einem Angehörigen der Familie des Hohepriesters vermählt (Neh 13,28).[392] Die fremden Frauen waren sozusagen in die «innerste Familie» Israels, in die des Hohepriesters, vorgedrungen. Und in Bezug auf die Sabbatobservanz waren die fremden Völker (als Beispiel werden die Tyrer genannt, Neh 13,16) am Sabbat in die Heilige Stadt (Jerusalem wird in Neh 11,1 עִיר הַקֹּדֶשׁ genannt) vorgedrungen, um sie durch Handel zu entheiligen. Das Heiligtum, die heilige Stadt und die «heilige Familie» sind vom

[392] Böhler bezeichnet die in Neh 13 geschilderten Missstände als «Skandale», Böhler, *Die heilige Stadt*, 368.

erneuten Bundesbruch bedroht. Nehemia setzt alles daran, den Bund wiederum durchzusetzen. Der Tempel wird wieder gereinigt (Neh 13,9), der Levitenzehnten wieder eingebracht (V.10–14). Die Sabbatobservanz kann nur mit Hilfe der neu erstellten Mauer durchgesetzt werden (V.19–22). In Bezug auf die Mischehen wird das Volk von allem Ausländischen gereinigt (vgl. V.30), der Schwiegersohn Sanballats aus der Familie des Hohenpriesters wird durch Nehemia aus dem Volk[393] ausgestossen.

Nehemia kann den Bund zwar erneut durchsetzen, doch dieses Buchende ist bedenkenswert. Böhler ist zuzustimmen, wenn er Neh 13,4–31 als «ein wichtiges Schlußwort»[394] betrachtet. Es zeigt, dass die Errungenschaften, die im Esra-Nehemia-Buch beschrieben werden, insbesondere die Bundeserneuerung in Neh 10, auf die sich Neh 13,4–31 bezieht, einen immer gefährdeten Besitz darstellen, denn «das toragemäße Leben bedarf des fortwährenden Schutzes».[395]

3.2.2 Das Buchende und die Gesamtbotschaft des Buches

Blenkinsopp gibt zum Ende von Neh 13, das gleichzeitig das Ende des Esra-Nehemia-Buches ist, zu bedenken: «The conclusion of this section, and of the book, will inevitably leave the reader disappointed, though abrupt endings are not so unusual in the Hebrew Bible».[396] Das Ende evoziert sicherlich eine Enttäuschung. In Bezug auf das Thema Wiederherstellung zeigt das Buchende kein idealisiertes Bild der Gemeinschaft, wie Throntveit zu Recht zu be-

---

393 Das ist vermutlich die Implikation der Aussage in V.28. Es ist anzunehmen, «that the couple returned to the bride's home in Samaria», doch die Details dieser Geschichte «are obscure», Williamson, Ezra, Nehemiah, 399. Josephus erzählt in JosAnt 11,306–312 eine ähnliche Episode, die gerne mit dieser Stelle in Verbindung gebracht wird, dazu vgl. Williamson, *Ezra, Nehemiah*, 400f; Blenkinsopp, *Ezra-Nehemiah*, 365.

394 Böhler, *Die heilige Stadt*, 369.

395 Ibid., 368. Böhler spricht davon, «daß der religiöse Hochstand, der sich nur im Schutz der Mauer […] entfalten kann, durch diese allein nicht ein für alle Mal gesichert ist, sondern des permanenten Schutzes durch die eigenständigen politischen Instanzen Israels bedarf, da er jederzeit gefährdet ist», ibid., 369. Die im Esra-Nehemiabuch beobachtbaren Ambivalenzen deuten darauf hin, dass auch nach den durch Esra und Nehemia durchgeführten Reformen nicht unbedingt von einer Zeit des «religiösen Hochstandes» gesprochen werden kann. Böhler hat hingegen Recht mit der Beobachtung, dass das Buchende auf die Gefährdung des Erreichten aufmerksam machen möchte. Die Mauer allein kann diesen Schutz nicht gewähren, doch zielt das Esra-Nehemiabuch nicht primär darauf, diesen in «eigenständigen politischen Instanzen» zu suchen, sondern m.E. möchte das Buch die Lesenden zur Befolgung der Tora, die selber eine «innere Mauer» bildet, auffordern, dazu s.u. V.2.2.

396 Blenkinsopp, *Ezra-Nehemiah*, 366.

denken gibt.[397] Williamson betont, das letzte Kapitel sei «remarkably anti-climactic».[398] Der Autor von Esra-Nehemia erinnert uns, «that restoration is not a once-for-all event which can be documented and then consigned to history».[399]

Ein Anfang ist gemacht, doch die Wiederherstellung ist immer noch gefährdet. Zwar hat Gott ein wenig Aufleben (מִחְיָה, Esr 9,8.9) in der Sklaverei geschenkt, die neue Landnahme ist aber noch nicht vollständig geglückt. War das Übertreten der Tora der Grund dafür, dass Israel das Land verlassen musste (Neh 9,29f.), ist das Einhalten der Tora mit der Bundeserneuerung noch nicht gewährleistet.

Sozusagen als rhetorische Spitze des Buches endet Neh 13 mit der Schilderung, dass dieselben Punkte, auf die man sich beim Bundesschluss einigte, gefährdet sind. Sogar die hohepriesterliche Familie ist bei einer erneuten Mischehe beteiligt (Neh 13,28). Klement macht deutlich, dass diese Aussage als Letztaussage des Buches rhetorisch von grosser Bedeutung ist. Dass dies auch in einer angesehenen Familie nicht toleriert werden darf, verdeutlicht der Verweis auf Salomo, den seine ausländischen Prinzessinnen zur Sünde verleiteten (Neh 13,26). Klement äussert sich zur rhetorischen Spitze des Buches:

> The rhetorical thrust of the book is thus *aimed at a readership which has not yet overcome the danger of assimilation*. There is a real risk of a relapse. The review of past history, especially in the penitential prayers (Ezra 9.6–15; Neh. 1.5–11; 9.5–37), make it clear that the success of the fresh start is in no way guaranteed.[400]

Klement macht deutlich, dass die Gefährdung der Verschmischung noch nicht überwunden ist, der Rückfall noch als Gefahr im Raum steht und der Neubeginn nicht einfach als selbstverständlich vorausgesetzt werden kann. Die Leserschaft wird aufgerufen, in dieser kritischen Phase der Geschichte der Wiederherstellung besonnen zu handeln. Das Volk steht gleichermassen wie im Josuabuch vor einer erneuten Landnahme.

Das Esra-Nehemia-Buch hat einen kunstvollen Gesamtaufbau mit einer paränetischen Intention, in der die Leserschaft über die Zerbrechlichkeit des neuen Anfangs aufgeklärt wird. Bund und Tora sind in Esra-Nehemia aufs engste miteinander verknüpft, wie in diesem Kapitel aufgezeigt wurde. Die Tora hat eine Schlüsselrolle für die Struktur des Esra-Nehemia-Buches inne, wenn es darum geht, die Zeit von Esra-Nehemia als Aktualisierung von Exodus und Landnahme zu schildern. Die rhetorische Spitze des Buches positio-

---

[397] Throntveit, *Ezra-Nehemiah*, 122.
[398] Williamson, *The Torah and History*, 169.
[399] Ibid.
[400] Klement, *Rhetorical, Theological and Chronological Features*, 75.

niert die Leserschaft an der Schwelle zu einer neuen Landnahme, deren Erfolg sich noch in der Schwebe befindet. Im nächsten Kapitel wird es um diese Aktualisierung von Exodus und Landnahme und um die Positionierung zu Beginn einer neuen Landnahme gehen.

4. Zusammenfassung

Neh 8–10 bildet die Klimax des Esra-Nehemia-Buches. Da diese Kapitel als Bundeserneuerung charakterisiert werden, habe ich die Bundeserneuerung als erstes Konzept der Wiederherstellung in Esra-Nehemia untersucht. Betrachtet man die im Zusammenhang mit dem Bund stehenden Stellen, wird klar, dass sich das Volk in Esra-Nehemia auf die Tora und damit auf den Sinaibund neu verpflichtet. Es hätte auch erwartet werden können, dass das in Jer 31 (oder Hes 36) erwähnte Konzept des «neuen Bundes» auf den Bundesschluss in Neh 10 angewandt wird. Dies ist nicht der Fall. Das Esra-Nehemia-Buch geht nicht davon aus, dass mit der in Neh 8–10 geschilderten Bundeserneuerung neue Zustände geschaffen wurden, wie Jer 31,31–34 impliziert. Besonders deutlich wird das im Vergleich von Neh 13,4–31 mit den Einzelverpflichtungen in Neh 10,31–40. Die Toraabschnitte, auf die sich das Volk verpflichtete, wurden wieder gebrochen und Nehemia musste für deren Durchsetzung kämpfen.

Eine deutliche Ambivalenz wird sichtbar: 1. Es findet eine Bundeserneuerung statt, doch der Bund ist nicht ein neuer Bund, wie ihn die Propheten Jeremia und Hesekiel ankündigten. 2. Der Bund ist offenbar immer wieder neu gefährdet, wie Neh 13 darlegt. Die Stellung von Neh 13 als Buchschluss verleiht diesem Tatbestand grosses Gewicht.

Das Esra-Nehemia-Buch fordert das Volk auf, den Sinaibund einzuhalten. Die Reaktivierung des Sinaibundes war möglich aufgrund der Permanenz des Väterbundes und der Gnade Gottes zu seinem Volk. Die beiden Bussgebete in Esr 9 und Neh 9, die im Rahmen der Bundeserneuerungen stehen, appellieren an die Treue Gottes. Sie bringen zugleich eine ambivalente Einschätzung der eigenen Zeit zum Ausdruck: Einerseits hat Gott nach der Exilszeit dem Volk ein «Aufleben» (Esr 9,8f.) geschenkt, andererseits wird der gegenwärtige Zustand immer noch als «Knechtschaft» (Esr 9,8f.; Neh 9,36) empfunden.

Um in die Freiheit zu gelangen, muss sich das Volk neu auf die Tora besinnen, die Leben verschafft (Neh 9,29), und in den Bahnen des Sinaibundes wandeln.

III. Wiederherstellung als aktualisierte Heilsgeschichte

1. Neuer Exodus und Periodisierung

1.1 Hinführung

Williamson schlägt vor, «that we are being invited to regard the restoration period as a *history of salvation* [Hervorhebung T.B.], a way of history writing which in one sense puts these books on a par with the Torah».[1] Die Geschehnisse in Esra-Nehemia werden als «Heilsgeschichte» geschildert. Die Rückkehr aus Babylon wird typologisch als zweiter Exodus präsentiert, die Schilderung der Ereignisse der eigenen Zeit wird an die Geschichte des Ursprungs der Nation angelehnt:

> It seems clear from this, therefore, that not only do the books conflate the scattered events of the restoration period in the manner of a salvation history, but that they present them as typologically related to the foundational salvation history of the birth of the nation itself. [...] The use of typology, however, opens the eye of faith to the hand of God behind the historical process.[2]

Die Tora spielt eine Schlüsselrolle dabei, die eigene Zeit als Zeit der Wiederherstellung zu deuten.[3] Sie bildet selber eine wichtige Grösse der Kontinuität zum vorexilischen Volk.[4] Dass sie inhaltlich für das Esra-Nehemia-Buch signifikant ist, kam schon im letzten Kapitel zum Ausdruck, wo der enge Bezug von Bund und Tora deutlich wurde. In diesem Kapitel wird ersichtlich, dass die Tora bedeutsam ist, um die eigene Zeit als Aktualisierung einer vergangenen Heilsgeschichte zu verstehen.

Ben Zvi sagt zu Recht: «[I]mages of restoration – such as those in common reference to gathering the exiles or to returning to a former, idealized situation necessarily point to, and construct a former time.»[5] Um die eigene Zeit als «Wieder»-Herstellung deuten zu können, muss auf eine frühere Epoche verwiesen werden können. Dabei kommt die in der Tora geschilderte

---

1 Williamson, *The Torah and History*, 160f.

2 Ibid., 162.

3 «[T]he Torah plays a central role in the way that the writers give shape to their narrative as an expression of restoration», ibid., 158.

4 Die Rolle des geschriebenen Gesetzes kann für den Ausdruck der Kontinuität des nachexilischen Judas und somit für eine Auffassung des Geschehenen als Wiederherstellung nach Williamson kaum übertrieben werden («can scarcely be exaggerated»), ibid., 165.

5 Ben Zwi, *What is New in Yehud?*, 39f. Vgl. das Zitat in ganzer Länge im einleitenden Kapitel unter I.3.

Heilsgeschichte Gottes mit seinem Volk zum Tragen. Doch nicht nur in dieser Hinsicht ist die Tora von Bedeutung, sondern auch für die Struktur des Esra-Nehemia-Buches als solches. Eine Annäherung zu dieser Rolle der Tora in Esra-Nehemia «may best be approached from a consideration of the overall shape of these books».[6] Die Tora war massgeblich dafür verantwortlich, auf welche Art und Weise die Fülle von Quellen, Listen und Dokumenten, die das Esra-Nehemia-Buch ausmachen, zusammengefügt und bearbeitet wurden. Anhand der Gesamtkomposition, der Art und Weise, wie das Material angeordnet wurde, wird sichtbar, dass die eigene Zeit als neuer Exodus und neue Landnahme gedeutet wird. Das Modell der «Periodisierung» von Sara Japhet ist geeignet, um dieses faszinierende «Zeitkonzept», welches Esra-Nehemia strukturiert, aufzuzeigen, wie es der erste Hauptteil dieses Kapitels darlegt. Im zweiten Teil wird dieses Modell der Periodisierung mit dem Festkalender in Esra-Nehemia in Verbindung gebracht, der eine prominente Rolle in Esra-Nehemia spielt. Schliesslich wird im dritten Abschnitt deutlich, dass das Esra-Nehemia-Buch die Leserschaft an den Beginn einer neuen Landnahme mitnimmt und dabei Ambivalenzen in Bezug auf die Vorstellung von Wiederherstellung sichtbar werden. Das Kapitel legt insgesamt die herausragende Rolle der Tora in Esra-Nehemia dar. Pakkala übertreibt nicht, wenn er sagt: «The Torah plays a larger role in Ezra-Nehemiah than perhaps in any other book of the Hebrew Bible outside the Pentateuch itself.»[7]

Im ersten Teil dieses Kapitels wird nun das Esra-Nehemia-Buch auf Analogien zu Exodus und Landnahme hin befragt und das Modell der Periodisierung von Sara Japhet vorgestellt.

1.2 Neuer Exodus und neue Landnahme

1.2.1 Einleitende Bemerkungen

Dass Esra-Nehemia die Rückkehrbewegung nach dem Exil als neuen Exodus schildert, wird von vielen Exegeten beschrieben.[8] Die Idee wurde besonders

---

6 Williamson, *The Torah and History*, 165.

7 Pakkala, *Quotations and References*, 193.

8 Vgl. Sara Japhet, *Periodization between History and Ideology II: Chronology and Ideology in Ezra-Nehemiah*, in: Oded Lipschitz/Manfred Oeming (Hrsg.), Judah and the Judeans in the Persian Period, Winona Lake: Eisenbrauns, 2006, 491–508, 502. Vgl. auch ihre Aussage «It has often been pointed out that the biblical outlook likens the Restauration to the Exodus from Egypt.» (Sara Japhet, *The Temple in the Restoration Period: Reality and Ideology*, in: From the Rivers of Babylon to the Highlands of Judah. Collected Studies on the Restoration Period, Winona Lake: Eisenbrauns, 2006, 202.) Vgl. dazu z.B. folgende Kommentare: Allen, *Ezra-Nehemiah*, 19f.; Blenkinsopp, *Ezra-Nehemiah*, 75f., 136, 175, 290, 292;

populär, seit Klaus Koch 1974 seine These äusserte, dass Esras Rückkehr von Babylon nach Jerusalem «*a cultic procession which Ezra understood as a second Exodus and a partial fulfilment of prophetic expectations*»[9] darstellte. Koch arbeitet Analogien zum Exodus in Esr 7–10 heraus, doch die meisten Exegeten sehen das Exodusmotiv noch stärker in Esr 1–6 vertreten.[10] In beiden Teilen, auch in Nehemia, finden sich diesbezüglich Hinweise, wie der folgende Durchgang durch das Esra-Nehemia-Buch zeigt.

1.2.2 Esra 1–6

Im Unterschied zum Pharao der Exoduserzählung, der die Israeliten in Ägypten knechtet und nicht in die Freiheit entlassen will, ist Kyrus in Esr 1 nicht Opponent, sondern Initiator des Exodus (freilich wird bereits in Esr 1,1 Jhwh als Hauptagent geschildert, der den Geist von Kyrus erweckte: הֵעִיר יְהוָה אֶת־רוּחַ כֹּרֶשׁ מֶלֶךְ־פָּרַס).[11] Kyrus erlaubt die Heimkehr der Juden, um dem Gott des Himmels ein Haus in Jerusalem in Juda zu bauen (לִבְנוֹת־לוֹ בַיִת בִּירוּשָׁלִַם אֲשֶׁר בִּיהוּדָה, Esr 1,2). Hier beginnen nach Japhet schon die Analogien: «The people of Israel left the Babylonian Exile to go back to Jerusalem, with the pronounced purpose of building the temple, similar to the Exodus from Egypt to worship the Lord (Exod 5:1–3) and build the tabernacle.»[12]

Das erste Argument, das in der Exoduserzählung als Grund des Auszugs erwähnt wird, ist der Wunsch, Jhwh Elohim zu opfern (וְנִזְבְּחָה לַיהוָה אֱלֹהֵינוּ, Ex 3,18). Vor dem Pharao sprechen Mose und Aaron zuerst von einem Fest in der Wüste («So spricht Jhwh, der Gott Israels: Lass mein Volk ziehen, dass es mir in der Wüste ein Fest halte», כֹּה־אָמַר יְהוָה אֱלֹהֵי יִשְׂרָאֵל שַׁלַּח אֶת־עַמִּי וְיָחֹגּוּ לִי בַּמִּדְבָּר, Ex 5,1) und in diesem Zusammenhang vom Opfer («Wir wollen Jhwh, unserem Gott, opfern» וְנִזְבְּחָה לַיהוָה אֱלֹהֵינוּ, Ex 5,3). Der Opferaltar ist das Erste, was in Esra-Nehemia wiederhergestellt wird (Esr 3), bevor Israel – in Analogie zum Bau des Heiligtums für Jhwh in der Wüste (Ex 25–40) – nach dem zweiten Exodus den Tempel baute (Esr 3–6).

Gunneweg, *Esra*, 46; McConville, *Ezra, Nehemiah, and Esther*, 9; Rudolph, *Esra und Nehemia*, 6; Steinmann, *Ezra and Nehemiah*, 142f.; Throntveit, *Ezra-Nehemiah*, 15ff., 44ff., 51f.; Williamson, *Ezra, Nehemiah*, 16, 93, 296.

9 Klaus Koch, *Ezra and the Origins of Judaism*, in: JSS 19, 1974, 173–97, 184.

10 «The majority of those who have followed Koch's lead, however, have identified a ‹second Exodus› motif in Ezra 1–6 rather than in Ezra 7–10.» (Brown, *Hope Amidst Ruin*, 131.)

11 Vgl. dazu die Bemerkung von Japhet, dass Gott das Herz des Pharao verhärtete (Ex 9,12 u.a.), aber den Geist des Kyrus erweckte (Esr 1,1), Japhet, *Periodization II*, 503.

12 Ibid., 502f. Japhet sieht im Tempelbau gleichzeitig eine Anlehnung an den Bau der Stiftshütte und an den Salomonischen Tempel.

Der Hinweis in Esr 1,4, wo von freiwilligen Gaben (הַנְּדָבָה)[13] für den Tempelbau die Rede ist, ist eine Steigerung gegenüber der Exoduserzählung, wo die Ägypter um Gaben gebeten werden (vgl. Ex 3,21f.; 11,2; 12,35f.): «Most likely the author has in mind the exodus theme of the despoiling of the Egyptians».[14]

In Esr 1,7f. werden die Tempelgeräte, die Nebukadnezzar von Juda nach Babylon gebracht hatte, Scheschbazzar, dem Fürsten Judas (לְשֵׁשְׁבַּצַּר הַנָּשִׂיא לִיהוּדָה, 1,8), übergeben und aufgelistet (1,9–11). In Anlehnung an Jes 52,11f., wo das Tragen der heiligen Geräte im Zusammenhang mit dem Exodusmotiv verwendet wird, sieht Williamson ein Bild für den zweiten Exodus und gibt zu bedenken, dass in Num 7,84–86 goldene und silberne Gefässe in der Wüste von den Fürsten Israels (נְשִׂיאֵי יִשְׂרָאֵל) als Weihgabe gebracht werden.[15] Mit der Rückkehr der Tempelgeräte wird auch eine Kontinuität zum vorexilischen Tempel hergestellt.[16]

Als Hintergrund von Esra-Nehemia sind die Erwähnungen der Tempelgeräte innerhalb des Jeremiabuches wichtig. In Jer 27,16–22 äussert sich Jeremia über die Tempelgeräte. Es sind falsche Propheten, welche weissagen, die verschleppten Tempelgeräte kämen bald aus Babylon zurück (Jer 27,16). Im Gegenteil: Auch die noch nicht verschleppten Tempelgeräte werden nach Babylon gebracht werden (Jer 27,19–22) und dort bleiben, bis Jhwh sie wieder zurückbringt, vgl. V.22: «Sie sollen nach Babel gebracht werden und dort bleiben bis zu dem Tag, da ich mich ihrer annehme, Spruch Jhwhs, und ich sie heraufhole und an diesen Ort zurückbringe.» In der Auseinandersetzung mit Hananja spielen die Tempelgeräte eine Schlüsselrolle. Hananja prophezeit im Namen Jhwhs, das Joch des Königs von Babel sei zerbrochen (Jer 28,2) und in zwei Jahren würden «alle Geräte des Hauses Jhwhs, die Nebukadnezzar, der König von Babel, von diesem Ort weggenommen und nach Babel gebracht hat» (V.3), wieder zurückgebracht. Hananja zerbricht das Joch auf dem Nacken Jeremias (28,10). Am Buchschluss in Jer 52,17–23 werden ausführlich die Tempelgeräte beschrieben, die nach der Zerstörung Jerusalems nach Babylon verschleppt werden. Diese Passage ist mit Georg Fischer als thematische Verklammerung auf dem Hintergrund der Ankündigung Jeremias und der Auseinandersetzung zwischen ihm und Hanaja zu lesen: «Die ausführliche Passage zu den Geräten und Säulen des Tempels in

13 Vgl. auch הִתְנַדֵּב in V.6.

14 Blenkinsopp, *Ezra-Nehemiah*, 75. Vgl. auch z.B. McConville, *Ezra, Nehemiah, and Esther*, 9; Steinmann, *Ezra and Nehemiah*, 142; Throntveit, *Ezra-Nehemiah*, 16; Williamson, *Ezra, Nehemiah*, 16; Williamson, *The Torah and History*, 161.

15 Williamson, *The Torah and History*, 161.

16 Vgl. Blenkinsopp, *Ezra-Nehemiah*, 78.

Jer 27,16–22, die ihre Verschleppung nach Babel vorhersagt, realisiert sich alleine mit Jer 52,17–23.»[17]

Nun kommen die Tempelgeräte nach Jerusalem zurück. Williamson macht darauf aufmerksam, dass in Esr 1,11 das Verb עלה im Zusammenhang mit den Tempelgeräten verwendet wird und an Beschreibungen des Exodus erinnert.[18] Brown, der selber zurückhaltend ist, im Esrabuch Anspielungen auf das Exodusmotiv zu sehen, meint, am ehesten könnte man argumentieren, «that these potentially allusive events were intended to recall Jeremiah's promises of a restoration that would eclipse the Exodus (Jer. 16:14–15; 23:7–8).»[19] Der Bezug von Esr 1 zu den Exoduserwartungen im Jeremiabuch ist sicher interessant[20], tritt jedoch meiner Meinung nach im Vergleich zum Bezug zum Pentateuch in den Hintergrund. Das Exodusmotiv in Esra-Nehemia wird direkt aus der Exoduserzählung im Pentateuch gespiesen.[21]

In der Heimkehrerliste in Esr 2,1–70 (= Neh 7,6–72a)[22] kann nach Blenkinsopp eine weitere Analogie zur Zeit von Exodus und Landnahme gesehen werden:

---

17 Georg Fischer, *Jeremia 52 – ein Schlüssel zum Jeremiabuch*, in: Bib. 79, 1998, 333–359, 356. Seine Bemerkung am Anfang des Aufsatzes über Schlüsse biblischer Bücher gilt auch für das Esra-Nehemiabuch im Hinblick auf die rhetorische Spitze am Ende des Buches. Fischer schreibt in Anlehnung an ein Hesse-Wort: «‹Jedem Anfang wohnt ein Zauber inne›. Dies gilt in gleicher Weise auch für die Enden, und ebenso für biblische Bücher. Anfänge und Enden zeigen oft besonders deutlich die Absichten oder Hauptanliegen von Autoren.» (Ibid., 333.)

18 Williamson, *Ezra, Nehemiah*, 19.

19 Brown, *Hope Amidst Ruin*, 131.

20 Auch Japhet erwähnt den Vergleich des Auszugs aus Babylon mit dem Auszug aus Ägypten in den Prophetenbüchern und verweist namentlich auf Jes 48,20; 51,9–11; 52,4; Jer 16,14–18 (= 23,7–8), vgl. Japhet, *Periodization II*, 502.

21 McConville spricht in Bezug auf Esr 1 von einer «analogy between the release from Babylon and that earlier release from captivity which was to become central to Israel's faith in God, namely the exodus from Egypt», McConville, *Ezra, Nehemiah, and Esther*, 9.

22 Für Anmerkungen zu den Listen vgl. die ausführlichen Erörterungen bei Williamson, *Ezra, Nehemiah*, 24–39. Die meisten Unterschiede zwischen den beiden Listen können nach Williamson «simply as later, textual corruptions» erklärt werden, vgl. ibid., 29. Die substiantielleren Unterschiede am Schluss der Liste können gemäss Williamson eher so erklärt werden, dass Esr 2,68–69 eine Kürzung von Neh 7,69–71 darstellt als dass in Neh 7 Esr 2 erweitert wurde, so auch Rudolph, *Esra und Nehemia*, 26; Sara Japhet, *Sheshbazzar and Zerubbabel – Against the Background of the Historical and Religious Tendencies of Esra-Nehemiah*, in: ZAW 94, 1982, 66–98, 84. Andererseits argumentiert Pohlmann, dass die Liste ursprünglich in Ers 2 mit dem expliziten Bezug zum Tempelbau (Esr 2,68) stand und Neh 7 diese Erwähnung wegliess, weil «der in Esr 2 noch ausstehende Wiederaufbau des Tempels inzwischen (Neh 7) längst abgeschlossen war», Pohlmann,

> The clue to the theological significance of the list is to be sought in the parallelism with the occupation of the land in Joshua, which also makes extensive use of lists. More specifically, we are to think of the Priestly version of the distribution of land to the twelve tribes (cf. twelve Leaders, Ezra 2:2) under Joshua and Eleazar the priest (cf. Zerubbabel and Jeshua).[23]

Nicht nur das Josuabuch beinhaltet ausgedehnte Listen. In Num 1,5–46 finden wir die Liste der Männer des Volkes, die nach Stämmen gezählt wurden, die Zahl beträgt 603 550 (Num 1,46). Interessanterweise findet in Numeri nach der in Num 25 erwähnten Plage eine zweite Zählung statt. Diese zweite Liste (Num 26,5–51) umfasst diesmal 601 730 Männer (Num 26,51). In Esra-Nehemia findet sich die identische Liste zweimal, beide Male umfasst die Liste 42 360 Männer (vgl. Esr 2,64; Neh 7,66). In der Zwölfzahl der Leiterschaft (in Esr 2,1 und Neh 7,7 werden zwölf Leiter erwähnt) sowie in der Tatsache, dass 42 360 durch zwölf teilbar ist[24], kann ein Bezug zu den zwölf Stämmen des vorexilischen Israel gesehen werden.[25]

Studien zum dritten Esra, 62. Er kommt zum Schluss, dass «Esr 2,68f. nicht von Neh 7,69–71 abhängig sein kann», vgl. ibid., 63. Auch Mowinckel hält «Neh 7:69–71 gegenüber Ezr 2:68–69 als sekundär», vgl. Sigmund Mowinckel, *Studien zu dem Buche Ezra-Nehemia I. Die nachchronistische Redaktion des Buches. Die Listen*, SNVAO.HF NS 3, Oslo: Universitetsforlaget, 1964, 31. Ich halte die Argumentation für plausibel, Esr 2 die Priorität einzuräumen. Auch Williamson teilt in Bezug auf die Datierung die Ansicht, dass die Liste aus der Zeit des Tempelbaus stammt: «It must, therefore, be concluded that most of the component parts of the list were already fixed by the time that work began in earnest on the rebuilding of the temple.» (Williamson, *Ezra, Nehemiah*, 31.) Neh 7,5 ist ebenfalls ein Hinweis darauf, dass die Liste nicht aus der Zeit Esras und Nehemias stammt. Für Williamson bildet die Ansicht, dass die Liste erst in Neh 7 eingearbeitet wurde und Esr 2 als sekundär anzusehen ist, ein Argument für seine These, dass die Komposition von Esr 1–6 nach der Zusammenstellung von Esr 7 – Neh 13 erfolgte, vgl. ibid., 30. Die Liste in Esr 2 scheint mir jedoch kein stichaltiges Argument dafür zu bieten, dazu s.o. I.2.2.3.

23 Blenkinsopp, *Ezra-Nehemiah*, 83f.

24 Darauf macht Blenkinsopp aufmerksam, ibid., 282. Er lässt offen, ob damit eine eschatologische Perspektive eröffnet wird oder ob man von einer Form von «realized eschatology» ausgehen könne. Interessant ist die Bemerkung von Blenkinsopp zur Entdeckung des Einflusses der Prophetie auf die Restauration: «It is only fairly recently in the history of Christian Old Testament scholarship that the negative estimate of the work of Ezra and Nehemiah has been set aside sufficiently to allow for other perspectives – the influence of prophecy and the restorative intent and effect of their missions as fulfilling prophecy.» (Ibid.)

25 Vgl. Gunneweg zu Esr 2,2: «Die Angehörigen der Provinz sind solche, die aus dem göttlichen Gericht des Exils heimgekehrt sind; sie stellen das vollständige Is-

Die Doppelung der Liste in Esr 2 und Neh 7 könnte eine Analogie zur Doppelung der Liste in Num 1 und 26 darstellen. So weit ich sehe, hat noch niemand diesen Erklärungsversuch unternommen. M.E. ist diese theologische Erklärung im Hinblick auf das Buch stichhaltiger als das literaturwissenschaftliche Argument von Eskenazi. Die Wiederholung der Heimkehrerliste definiert für Eskenazi die gesamte Struktur des Esra-Nehemia-Buches.[26] Denn dadurch werden zwischen Esr 2 und Neh 7 drei Restaurationsbewegungen zusammengebunden: Die erste Bewegung erneuert den Tempel, die zweite – unter Esra – bringt die Tora und die dritte Bewegung unter Nehemia baut die Mauer. In der Überleitung zu Neh 8 heisst es zum ersten Mal, dass sich das Volk in Einheit versammelte. Das ist für Eskenazi ein Hinweis dafür, dass die Bewegung «into the next stage» gehen kann.[27] Eskenazi sieht richtige und interessante Aspekte, unter anderem die Tatsache, dass die Liste Personengruppen und Bewegungen zusammenführt. Sie hat auch zu Recht das Augenmerk auf die Funktion der Liste in der jetzigen literarischen Anordnung gelegt.[28] Dennoch vermag die von ihr herausgearbeitete Struktur des Esra-Nehemia-Buches nicht zu überzeugen. In ihrer Fuktion als «inclusio» umrahmt die Liste den längsten Abschnitt des Buches von Esr 2–Neh 7, in dem Eskenazi «the heart of the book and its central event»[29] sieht. An dieser Stelle wurde der Ansatz von Eskenazi zu Recht stark kritisiert[30], denn die

---

rael (Zwölfzahl) dar, dem der Würdename Israel – allein – zusteht.» (Gunneweg, *Esra*, 59.)

26 «The weighty repetition of the list in Ezra-Nehemiah, as a literary technique, defines the structure of the narrative.» Eskenazi, *Age of Prose*, 90. Oder an anderer Stelle: «The lists shape Ezra-Nehemiah and articulate its distinctive ideology.» (Ibid., 182.)

27 Eskenazi, *Age of Prose*, 90.

28 «Whatever the original sense, one must ponder the role of the repetition of the list in the book's final form.» (Ibid., 182.)

29 Ibid.

30 Duggan bemerkt: «[...] Eskenazi must overstate the case when she asserts that the major census lists (Ezra 2:1–67; Neh 7:6–72) provide the inclusion for the ‹process of actualization› since narrative material (Ezra 1:5–11) precedes the first list.» Die Liste wird in der ersten Phase des Aktualisierungsprozesses mit einbezogen, sie trennt diese hingegen von der dritten Phase, indem sie diese als Abschluss des Aktualisierungsprozesses in Esra 1,5–Neh 7,72 betrachtet. Dabei gilt: «[S]he [Eskenazi] delimits the lists differently in each case (Ezra 2:1–67; cf. Neh 7:1–72) because she perceives a dissimilarity in their respective relationships to the subsequent narratives.» (Duggan, *Covenant Renewal*, 55.) Auch nach Min führt der Ansatz Eskenazis, die Liste als Strukturmerkmal des gesamten Buches zu verwenden, dazu, «to overstate the compositional significance of the census lists in Ezra 2.1–67 and Neh. 7.6–72». Min schliesst sich der Themenanalyse von

Klimax des Esra-Nehemia-Buches bildet, wie im vorhergehenden Kapitel dargestellt[31], Neh 8–10.[32]

Überzeugender als der literarische Ansatz wäre meiner Ansicht nach, die Liste als theologische Klammer zu erklären, welche die beiden in Esra-Nehemia genannten Rückkehrgenerationen (s.u. zum Periodisierungsmodell) zusammenbringt. Während Eskenazi dafür kritisiert wurde, moderne literarische Ansätze von aussen an den Text heranzutragen[33], hätte die Doppelung der Heimkehrerlisten nach dieser Erklärung ein Vorbild in der Doppelung der Listen in Num 1 und 26 und entspräche somit einem biblischen Prinzip.[34] So wie damals in der Wüstenzeit – zwischen Exodus und Landnahme – das Volk doppelt gezählt werden musste, wird hier, nach dem «neuen Exodus» und zu Beginn einer «neuen Landnahme», die Liste der Heimkehrer ebenfalls doppelt angegeben und damit eine weitere Analogie zu Exodus und Landnahme geschaffen.

Die Überleitungen nach den beiden Listen führen zu Höhepunkten in Esra-Nehemia. Nach den Listen folgt in Esr 3,1 und Neh 7,72b–8,1 zweimal fast dieselbe Überleitung:

וַיִּגַּע הַחֹדֶשׁ הַשְּׁבִיעִי וּבְנֵי יִשְׂרָאֵל בֶּעָרִים וַיֵּאָסְפוּ הָעָם כְּאִישׁ אֶחָד אֶל־יְרוּשָׁלִָם׃

Und als der siebte Monat herankam und die Kinder (wörtlich: Söhne) Israel in ihren Städten (wohnten), da versammelte sich das Volk wie ein Mann nach Jerusalem.

[...] וַיִּגַּע הַחֹדֶשׁ הַשְּׁבִיעִי וּבְנֵי יִשְׂרָאֵל בְּעָרֵיהֶם׃ וַיֵּאָסְפוּ כָל־הָעָם כְּאִישׁ אֶחָד
אֶל־הָרְחוֹב אֲשֶׁר לִפְנֵי שַׁעַר־הַמָּיִם [...]

Eskenazi an, bemerkt aber zu ihren strukturellen Überlegungen: «[H]er comments on structure have won few supporters», vgl. Min, *Levitical Authorship*, 37.

31 S.o. II.1.2.1.

32 Aufgrund ihrer Strukturierung kann Eskenazi auch die wichtige literarische Bedeutung des Buchschlusses nicht erkennen, wie Reinmuth bemerkt: «Die Funktion von Neh 13 am Buchschluß kann bei *Eskenazi* nicht befriedigend erklärt werden, das Kapitel erscheint lediglich als ‹appendix›.» (Reinmuth, *Der Bericht Nehemias*, 13.) Dazu vgl. auch die Anm. zu Eskenazi im einleitenden Kap., s.o. I.2.1.

33 Duggan erwähnt, Eskenazi sei aufgrund von «imposing a predetermined construct upon the text» kritisiert worden. Ihr Vorgehen reflektiere zu einem gewissen Grad «the imposition of a modern mind on an ancient text». (Duggan, *Covenant Renewal*, 54.)

34 Eskenazi selber nennt biblische Beispiele von Repetition: «Biblical narrative, as well as other ancient and modern literature, characteristically repeats ideas, information or phrases that are significant (note the repeated stories of creation and the ten commandments, etc.).» (Eskenazi, *Age of Prose*, 91.)

> Und als der siebte Monat herankam und die Kinder (wörtlich: Söhne) Israel in ihren Städten (wohnten), da versammelte sich das ganze Volk wie ein Mann auf dem Platz, der vor dem Wassertor war.

Die Wendung כְּאִישׁ אֶחָד zeigt grosse Entschlossenheit des Volkes (vgl. dazu die folgenden Stellen in den vorderen Propheten: Ri 20,1.8.11; 1Sam 11,7; 2Sam 19,14).[35] In Esr 3 wird der Brandopferaltar gebaut, in Neh 8 liest Esra dem Volk die Tora vor. Auf beide Stellen (Esr 3,4; Neh 8,13–18) folgt die Feier des Laubhüttenfestes. Dies ist bezeichnend: Wie die Erläuterungen zum Festkalender weiter unten zeigen werden, könnte auch von Sukkot als theologischer Klammer im Esra-Nehmiabuch gesprochen werden.[36]

Wie bereits oben erwähnt, ist in der Exoduserzählung das erste Argument für den Auszug der Wunsch, Gott zu opfern (vgl. Ex 3,18), und die ersten Aktionen der in Esra-Nehemia geschilderten Wiederherstellung sind der Bau des Brandopferaltars (Esr 3,1–3a) und die Aufnahme des Opferdienstes ab dem ersten Tag des siebten Monats (Esr 3,3b–6). In Analogie zum Bau des Heiligtums in der Wüste (Ex 25–40) wird in Esr 3,8–6,18 der Tempelbau geschildert. Auch in der Finanzierung des Tempelbaus sieht Japhet eine Analogie zum Exodusgeschehen: In Esr 1,4.6 werden den Exulanten Silber, Gold und weitere Gaben für den Tempel in Jerusalem überreicht, so wie Ägypter den Israeliten damals Silber, Gold und weitere Gaben mit auf den Weg gaben (Ex 3,21f.; 12,2.35). Analog zum freiwilligen Opfer der Israeliten für den Bau der Stiftshütte in der Wüste (Ex 25,2.21–29) bringen auch die Exluanten nach ihrer Rückkehr ein freiwilliges Opfer für den Tempelbau (Esr 2,68–69).[37] Erwähnenswert ist auch Esr 6,8–10, wo betont wird, dass die Perser Mittel für den Tempelbau zur Verfügung stellten.

In Esr 6,19–22 wird geschildert, wie nach Vollendung des Tempelbaus das Pessachfest gefeiert wurde. Pessach per se bildet schon einen Bezug zum Exodus: So wie Israel damals mit Pessach das Fest der Befreiung aus Ägypten feierte und in die Wüste ziehen konnte, um Gott ein Heiligtum zu bauen, so feiert die Rückkehrgemeinde nach Vollendung des Tempelbaus das Pes-

---

[35] Insgesamt kommt die Wendung an folgenden Stellen vor: Num 14,15; Ri 6,16; 20,1.8.11; 1Sam 11,7; 2Sam 19,15; Esr 3,1; Neh 8,1. Gunneweg bringt die Entschlossenheit in Esra-Nehemia mit dem Herannahen «des heiligen 7. Monats» in Verbindung. Zur Parallelität von Esr 3,1 und Neh 8,1 bemerkt er: «So werden die Geschlossenheit und Einmütigkeit der beiden zentralen Akte von kultischem Neubeginn und Neubegründung der Gemeinde und auch deren Parallelität auf das stärkste betont.» (Gunneweg, *Esra*, 70.)

[36] S.u. III.2.

[37] Japhet bemerkt dazu: «The temple's financing is also described with this analogy in mind», Japhet, *Temple*, 203.

sachfest. Die genauere Betrachtung des Festes in Esr 6,19–22 zeigt noch weitere Anlehnungen an den Exodus auf.[38]

Japhet ist sicher zuzustimmen, wenn sie in ihrer «unavoidable conclusion» im Hinblick auf Esr 1–6 über dessen Autor festhält: «He perceives the Restoration as an entirely new beginning, paralleling in many respects the first, constitutive beginning in Israel's history – the Exodus from Egypt.»[39]

1.2.3 Esra 7–10

Die Exodusthematik findet sich auch zu Beginn des zweiten Buchteils von Esra-Nehemia, in Esr 7–10. Nach dem Stammbaum Esras, der auf Aaron, den Hohepriester (אַהֲרֹן הַכֹּהֵן הָרֹאשׁ, Esr 7,5) zurückgeht (Esr 7,1–5), heisst es in Esr 7,6 als Erstes über Esra, er sei von Babel heraufgezogen (עָלָה מִבָּבֶל). עלה erscheint auch in Esr 7,7, und in Esr 7,9 wird der Beginn des Aufbruchs von Babel eigenartigerweise mit יְסֻד הַמַּעֲלָה (Grundlegung des Hinaufziehens[40]) umschrieben. Die dreifache Verwendung von עלה in Esr 7,6–10 ist auffällig. Aufgrund der Versanfänge in Esr 7,9 und 7,10 mit כִּי als syntaktischer Verbindung der beiden Verse sieht Koch den Aufbruch nach Jerusalem im Torastudium Esras (7,10) begründet. Esra gestaltet aufgrund der Tora seinen Aufbruch als zweiten Exodus und deshalb wird der Aufbruch auf den ersten Tag des ersten Monats gelegt (Esr 7,9), was ein Hinweis auf den Auszug aus Ägypten darstellt (vgl. Ex 12,2): «The departure from Babylonia at the beginning of a new year reminds us of the date of the Exodus from Egypt».[41] Obwohl sich diese Analogien im Text finden, muss offengelassen werden, inwieweit sie im Bewusstein Esras waren.[42] Die letztendliche Abreise vom Fluss Ahawa findet am zwölften Tag des ersten Monats, zwei Tage vor Pessach (Esr 8,31), statt.

Bei der Versammlung am Fluss Ahawa fehlen die Leviten (Esr 8,15). Die Gruppe bricht erst auf, nachdem sich Leviten und Tempeldiener finden liessen (Esr 8,16–20). Die Annahme von Koch, Esra habe nicht ohne Leviten aufbrechen wollen, um in Analogie zum ersten Exodus mit Leviten, welche besondere Aufgaben wahrzunehmen hatten (vgl. Num 10,13ff.), unterwegs

---

[38] S.u. III.2.1.2.

[39] Japhet, *Temple*, 203.

[40] Koch übersetzt mit «Foundation of the procession», Koch, *Ezra and the Origins*, 185.

[41] Ibid., 186.

[42] Williamson kommentiert die Überlegungen von Koch: «It is not at all certain, however, whether this was Ezra's own understanding of his mission, or whether it is the interpretation of the editor», vgl. Williamson, *Ezra, Nehemiah*, 93. Dazu vgl. auch Throntveit, *Ezra-Nehemiah*, 44.

zu sein, schiesst argumentativ wohl etwas über das Ziel hinaus.[43] Dennoch bildet die Betonung der Bedeutung der Leviten tatsächlich eine Analogie zum ersten Exodus. Auch im Ausdruck «Hand Gottes» («denn die Hand Jhwhs, seines Gottes, war über ihm» כְּיַד־יְהוָה אֱלֹהָיו עָלָיו, Esr 7,6 vgl. auch Esr 7,9.28; 8,18.22.31) kann ein Hinweis auf die Exodustradition gesehen werden, wo der Ausdruck der «Hand Gottes» in Ex 3,19; 6,1; 9,3.15; 13,3 etc. erscheint.[44]

Die Rückreise der zweiten in Esra-Nehemia geschilderten Exulantengruppe unter Esra findet zu Beginn der «zweiten Generation» statt, die in Japhets Periodisierungsmodell mit der Landnahmegeneration parallel gesetzt wird (s.u.). Es gibt im Zusammenhang mit der Reise Esras Analogien zum Josuabuch. So wird zu Beginn des Josuabuches das Pessachfest gefeiert (Jos 5,10–12). Zuvor zog Israel durch den Jordan und richtete in Gilgal zwölf Gedenksteine auf (Jos 3–4). Bei Esras Reise nach Jerusalem spielt die Pessachthematik eine Rolle und der Fluss ist ebenfalls ein Motiv, das Erwähnung findet (vgl. Fluss Ahawa in Esr 8,15.21.31).

Am ersten Tag des fünften Monats erreicht die Gruppe unter der Anführung Esras Jerusalem (Esr 7,9). Auch diese Datumsangabe ist interessant, weil im fünften Monat, im Monat Aw[45], der Zerstörung des ersten Tempels gedacht wurde (vgl. 2Kön 25,8; Sach 7,3; 8,19). Blenkinsopp weist auch darauf hin, dass dieser Tag nach dem Kalender der Qumrangemeinschaft auf einen Freitag gefallen wäre, was dem Wochentag entspricht, an dem Josua ins Land kam.[46] Da wir aber nicht darüber informiert sind, ob die Rückkehrergemeinde im 5. Jh.v.Chr. denselben Kalender verwendete, ist dieser Bezug unsicher. In der Tatsache, dass die Exulantengruppe nach Ankunft in Jerusalem zunächst drei Tage ruhte (Esr 8,32), kann aber eine Analogie zum Josuabuch gesehen werden. Unmittelbar vor der Landnahme macht das Volk drei Tage Pause (Jos 3,1–2). Blenkinsopp sieht darin einen weiteren Hinweis «in keeping with the exodus-occupation typology of the narrative as a whole.»[47]

Esr 8,35 schildert das Opfer, das die Heimkehrer nach der Ankunft Gott darbringen:

---

[43] Koch, *Ezra and the Origins*, 187.

[44] Vgl. ibid. Die Hand Jhwhs erscheint auch in Neh 2,8.18 und ist ein wiederkehrendes Motiv im Esra-Nehemiabuch, vgl. dazu Blenkinsopp, *Ezra-Nehemiah*, 138.

[45] Für die Schreibweise der babylonischen Monatsnamen folge ich der Übersicht bei Corinna Körting, *Der Schall des Schofar. Israels Feste im Herbst*, BZAW 285, Berlin: Walter de Gruyter, 1999, 69.

[46] Vgl. die Erläuterungen bei Blenkinsopp, *Ezra-Nehemiah*, 171.

[47] Ibid. Allerdings findet die dreitägige Pause in Jos 3,1–2 unmittelbar vor dem Übergang über den Jordan, nicht danach, wie Blenkinsopp fälschlicherweise schreibt, statt. Zur Analogie der drei Tage zu Jos 3,1f. vgl. auch Williamson, *Ezra, Nehemiah*, 120.

הַבָּאִים מֵהַשְּׁבִי בְנֵי־הַגּוֹלָה הִקְרִיבוּ עֹלוֹת לֵאלֹהֵי יִשְׂרָאֵל פָּרִים שְׁנֵים־עָשָׂר עַל־כָּל־יִשְׂרָאֵל אֵילִים תִּשְׁעִים וְשִׁשָּׁה כְּבָשִׂים שִׁבְעִים וְשִׁבְעָה צְפִירֵי חַטָּאת שְׁנֵים עָשָׂר הַכֹּל עוֹלָה לַיהוָה׃

Die aus der Gefangenschaft Gekommenen, die Söhne des Exils, brachten dem Gott Israels Ganzopfer dar: zwölf Stiere für ganz Israel, 96 Widder, 77 Lämmer, 12 Ziegenböcke, alles als Ganzopfer für Jhwh.

Das Opfer, die zwölf Stiere für ganz Israel (עַל־כָּל־יִשְׂרָאֵל), wird dem Gott Israels (לֵאלֹהֵי יִשְׂרָאֵל) dargebracht. Die Verwendung von «Israel» im Kontext der nachexilischen Wiederherstellung in der Provinz Jehud ist bezeichnend. Wie in anderen Stellen in Esra-Nehemia[48] wird deutlich gemacht, dass die Wiederherstellungsbewegung als Wiederherstellung von ganz Israel gedacht wird. Das gehäufte Vorkommen der Zwölfzahl in diesem Vers verstärkt den Hinweis auf «ganz Israel» (עַל־כָּל־יִשְׂרָאֵל): Es werden 12 Stiere, 12 Ziegenböcke und 8x12 (96) Widder dargebracht. Viele Exegeten lesen zudem mit 3Esr 8,63[49] «72 Lämmer», damit das Zwölferschema gewahrt bleibt.[50] Der MT ist aber nach Gunneweg «durchaus möglich»[51] und falls die Zahl nicht verderbt ist, «so ist diese Zahl eine Potenzierung von Sieben als der Zahl der Vollkommenheit und symbolisiert, daß nach der Heimkehr Esras und der Seinen Israel vollständig da ist».[52] Mit dem expliziten Bezug zu «Israel» und der Zwölfzahl wird in diesem Vers ein Bezug zu den zwölf Stämmen Israels geschaffen.

---

48 Zur Verwendung von «Israel» in Esra-Nehemia s.o. Anm. zu Esr 10,2 in II.2.1.3.

49 3Esr 8,63 liest *ἄρνας ἑβδομήκοντα δύο*. Im MT könnte וְשִׁבְעָה ein Abschreibfehler von וּשְׁנַיִם aufgrund eines Homoioarktons und aufgrund des vorangehenden שִׁבְעִים sein. Dazu vgl. BHS, 1426, Williamson, *Ezra, Nehemiah*, 114; Rudolph, *Esra und Nehemia*, 84.

50 Z.B. auch Throntveit, *Ezra-Nehemiah*, 45. Er spricht von einer «unusual concentration upon the number twelve in chapter 8» und macht darauf aufmerksam, dass in der Liste der Rückkehrer mit Esra (Esr 8,2–14) nach den priesterlichen Familien von Pinhas und Itamar sowie der königlichen Familie Davids zwölf israelitische Familien genannt werden. Zudem beauftragt Esra zwölf Priester und zwölf Leviten (Scherebja, Haschabja und zehn ihrer Brüder), die Tempelgeräte zu transportieren (8,24). Er sieht auch im Auftrag, den Esra von Artaxerxes bekommt, im Land Richter einzusetzen, eine Analogie zu Ex 18,13–27, wo Mose seine Autorität weiter delegiert – gerade auch deshalb, weil davon im weiteren Verlauf der Erzählung nicht mehr die Rede ist.

51 Vgl. Gunneweg, *Esra*, 158. Steinmann macht darauf aufmerksam, dass die Änderung genauso gut in 3Esr vorgenommen wurde: «[O]ne can just as easily argue that the reading of 1 Esdras may be a purposeful change to make this number a multiple of twelve like the other numbers in the verse», vgl. Steinmann, *Ezra and Nehemiah*, 315.

52 Gunneweg, *Esra*, 158.

Eine Herausforderung der Landnahmegeneration war die Vermeidung der Vermischung mit der Bevölkerung im Land (vgl. Jos 9). Die Auflösung von Mischehen ist eines der zentralen Themen der Esra-Erzählung. Japhet sieht hier eine Parallele: «The second generation is parallel to that of settlement, when Israel consolidated its hold on the land, withstood the temptations represented by the local population, and strove to create a pure and holy community.»[53] Die Mischehenthematik ist Schwerpunkt in Esr 9–10.

1.2.4 Nehemia

In Nehemia lassen sich Motive der Landnahmegeneration entdecken. Die erste Herausforderung für die Josuageneration im neuen Land ist die hohe Mauer Jerichos (Jos 6). Die Mauer ist das Schlüsselthema der Nehemia-Erzählung. Es gilt diesmal aber nicht, eine Mauer einzureissen, sondern eine Mauer zu bauen. Die Feinde befinden sich diesmal nicht innerhalb der Mauer, sondern ausserhalb (vgl. die Anfeindungen während des Mauerbaus in Neh 3,33–6,19). Wie die Kundschafter Jericho erkunden (vgl. Jos 2), so erkundet Nehemia bei seiner Ankunft die Mauern Jerusalems (Neh 2,11ff.). Bei der Einweihung der Mauer umkreisen zwei Chöre die Stadtmauer mit Gesang und Instrumenten (Neh 12,27ff.), was in grosser, weitherum hörbarer Freude (Neh 12,43) endet – eine Parallele zur Umrundung Jerichos mit Posaunen und Kriegsgeschrei (Jos 6,20), wo es freilich um den Einsturz, nicht um die Einweihung einer Mauer ging.

Gemäss Japhets Modell der «Periodisierung», das unten vorgestellt wird, bildet die Generation Esras und Nehemias die Landnahmegeneration, die in Analogie zur Generation Josuas steht. Die einzige explizite Erwähnung Josuas in Esra-Nehemia befindet sich in Neh 8,17. Nach der Schilderung des Laubhüttenfestes wird gesagt, Israel hätte es seit der Zeit Josuas, des Sohnes Nuns (יֵשׁוּעַ בִּן־נוּן), nicht mehr so gefeiert. Die Stelle wird uns weiter unten noch beschäftigen.[54] Das Problem dabei ist, dass im Josuabuch Sukkot nicht erwähnt wird. Der Bezug zu Josua beim Laubhüttenfest in Neh 8 findet aber im Zusammenhang mit der Toraverlesung statt. In Jos 8,34f. findet eine Verlesung des Gesetzes statt, so wie es in Dtn 27 gefordert wird. Der explizite Bezug zu Josua in Neh 8,17 im Zusammenhang mit der Toraverlesung ist nach Blenkinsopp bezeichnend:

> The implied analogy between Joshua and Ezra as leader of a new occupation guaranteed by observance of the law newly promulgated fits the typological pattern which we have noted at several points in the narrative to date.[55]

---

[53] Japhet, *Periodization II*, 503.

[54] S.u. III.2.1.3.

[55] Blenkinsopp, *Ezra-Nehemiah*, 290.

Esra liest die Tora zu Beginn einer neuen Landnahme, so wie Josua die Tora zu Beginn der Landnahme lesen liess. Blenkinsopp spricht von einem typologischen Muster («typological pattern»), das in Esra-Nehemia zu finden ist. Sara Japhet versucht die Analogien zu Exodus und Landnahme in Esra-Nehemia in einem Modell der Periodisierung zu erfassen. Die soeben besprochenen Analogien sind für sie das Motiv hinter der Periodisierung der literarischen Struktur des Esra-Nehemia-Buches.[56] Diesem Thema wenden wir uns nun zu.

1.3 «Periodisierung» als Schlüssel zum Aufbau des Buches

1.3.1 Das Modell von Sara Japhet

Die jetzige Struktur des Esra-Nehemia-Buches zeigt nach Childs «a clear mark of intentionality which an author or editor established by means of a chronological sequence». Er sieht «a purposeful chronological pattern».[57] In diesem Zusammenhang spricht er auch von einer historischen Periodisierung.[58]

Sara Japhet hat ein interessantes Modell einer solchen Periodisierung in Esra-Nehemia vorgestellt.[59] Für historisch-chronologische Fragestellungen stellen sich dem Leserkreis von Esra-Nehemia verschiedene Herausforderungen, die nicht nur «objektive», historische Aspekte betreffen, sondern auch die Frage nach dem Konzept der Chronologie des Autors umfassen. Esra-Nehemia weist kein «chronological skeleton» oder «systematical chronological framework» auf.[60] Sucht man nach einer konsistenten chronologischen Struktur, die «in historical-political terms» überprüft werden könnte, findet man sie nicht.[61] Dem Autor seine Fähigkeit als Historiker abzusprechen, führt

---

56 «[T]he motive behind the specific periodization and the literary structure of EN is straightforwardly ideological: the analogy between the period of the Restauration and the Exodus from Egypt.» (Japhet, *Periodization II*, 504.)

57 Childs, *Introduction*, 631.

58 «Another indication of canonical shaping lies in the historical periodization within the two books.» (Ibid., 632.)

59 Japhet, *Composition and Chronology*; Sara Japhet, *Periodization: Between History and Ideology. The Neo-Babylonian Period in Biblical Historiography*, in: Oded Lipschits/Joseph Blenkinsopp (Hrsg.), Judah and the Judeans in the Neo-Babylonian Period, Winona Lake: Eisenbrauns, 2003, 75–89; Japhet, *Periodization II*.

60 Japhet, *Composition and Chronology*, 201. Genauso Klement: «The dating format varies», Klement, *Rhetorical, Theological and Chronological Features*, 62. Er gibt eine detaillierte Übersicht über die Datierungsangaben in Esra-Nehemia, ibid., 63.

61 Vgl. Japhet, *Composition and Chronology*, 207.

nach Japhet in eine falsche Richtung. Vielmehr sollte die historisch-chronologische Sichtweise des Autors «on the historiographical-literary level» untersucht werden.[62] Dann wird klar, dass der Autor über ein sehr klares Zeitkonzept verfügt, das die Basis der literarischen Struktur von Esra-Nehemia bildet.

Japhet spricht im Zusammenhang von Komposition und Chronologie in Esra-Nehemia von einem «miraculous key», der uns die Tür zu einem besseren Verständnis vieler Aspekte aufschliesst: «The tag of this key is *periodization*, the system of time-structuring that constitutes the foundation of the entire work.»[63] Grundsätzlich sieht Japhet in Esra-Nehemia zwei Zeitabschnitte beschrieben[64]: Die erste Einheit (Esr 1–6) umschreibt eine Periode von 22 Jahren, von 538 bis 516 v.Chr., vom Erlass des Kyrusediktes bis zur Einweihung des Tempels unter Darius. Die zweite Einheit (Esr 7 – Neh 13) beschreibt die 26 Jahre von 458 bis 432 v.Chr., von Esras Ankunft aus Babylonien im 7. Jahr der Regierung des Artaxerxes (Esr 7,7) bis zur zweiten Amtszeit Nehemias im 36. Jahr der Regierung des Artaxerxes (Neh 13,6.7). Beide Perioden umspannen je eine Generation und sind ähnlich strukturiert. In beiden Perioden gibt es zwei Leiterpersonen: Serubbabel und Jeschua in der ersten, Nehemia und Esra in der zweiten. «One of the leaders is a layman, responsible for the political administration; the other is a priest, responsible for the religious or spiritual sphere.»[65] Die Zeit der Wiederherstellung wird als Zeit von zwei Generationen beschrieben:

> The picture of the Restauration as a time span of two consecutive generations, with a political system characterized by the leadership of two leaders, a layman and a priest, follows a venerable historical and literary model: the Exodus from Egypt, followed by conquest and settlement in the land of Israel.[66]

Einen Hinweis im Esra-Nehemia-Buch dafür, dass das Geschilderte tatsächlich als Geschehnisse in zwei Generationen verstanden werden soll, sieht

---

62 Ibid., 208.

63 Japhet, *Periodization II*, 496.

64 Japhet, *Composition and Chronology*, 208. Hier spricht Japhet bereits von «historical periodization». Sie hat ihren Ansatz aber später weiter ausgebaut, deshalb beschränke ich mich im Folgenden auf den neuesten Aufsatz Japhet, *Periodization II*. In ihrem zweiten Artikel zum Thema behandelt sie Esra-Nehemia nur kurz und erwähnt nichts substantiell Neues für die Darlegung an dieser Stelle, vgl. Japhet, *Periodization: Between History and Ideology. The Neo-Babylonian Period in Biblical Historiography*, 79–82.

65 Japhet, *Periodization II*, 497.

66 Ibid., 502.

Japhet in Neh 12,47, wo von den Tagen Serubbabels und von den Tagen Nehemias die Rede ist (בִּימֵי זְרֻבָּבֶל וּבִימֵי נְחֶמְיָה).[67]

An verschiedenen Stellen wird im Zusammenhang mit der Rückkehr aus dem Exil die Terminologie des Exodus gebraucht, wie wir schon festgestellt haben (s.o.). Japhet geht aber bezüglich dieser Analogien zu Exodus und Landnahme einen Schritt weiter:

> So far, however, no one has observed that through its specific time concept and mode of periodization this analogy constitutes the foundational infrastructure for the entire historical account of EN. The first generation of the Restoration is conceived as parallel to the departure from Egypt. The people of Israel left the Babylonian Exile to go back to Jerusalem, with the pronounced purpose of building the temple, similar to the Exodus from Egypt to worship the Lord (Exod 5:1–3) and build the tabernacle. The second generation is parallel to that of settlement, when Israel consolidated its hold on the land, withstood the temptations represented by the local population, and strove to create a pure and holy community.[68]

Die beiden Perioden von Exodus und Landnahme wurden auch jeweils von zwei Leiterpersönlichkeiten, einem «politischen» Führer und einem Priester, angeführt: Mose und Aaron in der «ersten» und Josua und Eleasar in der «zweiten Generation». Die oben festgestellen zwei Generationen von Leitern in Esra-Nehemia stehen in Parallelität dazu: Mit Serubbabel und Jeschua als Leiter der ersten und Nehemia und Esra der zweiten Generation ist in der Restaurationszeit dasselbe Muster zu beobachten.[69]

Die Zwischenzeit zwischen den beiden Generationen von 58 Jahren (von der Tempelweihe im Jahr 516 v.Chr. bis zum Aufbruch Esras im Jahr 458 v.Chr.) wird in Esra-Nehemia nur durch die Formulierung «nach diesen Begebenheiten» (וְאַחַר הַדְּבָרִים הָאֵלֶּה, Esr 7,1) angedeutet.[70] Ähnlich verhält es

---

67 Vgl. ibid., 499.

68 Ibid., 502f.

69 Dazu vgl. ibid., 503.

70 Vgl. ibid., 498. Japhet datiert die Tempelweihe auf das Jahr 516 v.Chr. Nach der Datierung von Yamauchi, der ich folge, wäre die Zwischenzeit nur 57 Jahre (515–458 v.Chr.), Edwin M. Yamauchi, *Ezra-Nehemiah*, EBC 6, Grand Rapids: Zondervan, 1988, 561–771, 595. Zur Chronologie vgl. auch Andrew E. Steinmann, *A Chronological Note: The Return of the Exiles under Sheshbazzar and Zerubbabel (Ezra 1–2)*, in: JETS 51, 2008, 513–22. Doch seine Datierung der Rückkehr unter Serubbabel auf 533 vermag nicht zu überzeugen, Steinmann, *Chronological Note*, 520f. Diana Edelman behandelt in den ersten beiden Kapiteln (Kap. 1: «When Generations Really Count: Dating Zerubbabel and Nehemiah Using Genealogical Information in the Book of Nehemiah», Kap. 2 «What's in a Date: The Unreliable Nature of the Dates in Haggai and Zechariah») ihrer Studie zu den Ursprüngen des Zweiten Tempels Datierungsfragen sehr ausführlich (ihrem Fazit folgere ich

sich nach Japhet zur Zeit von Exodus und Landnahme. Alle in Ex 3 bis Num 14 geschilderten Ereignisse finden in einer kurzen Periode von weniger als zwei Jahren statt. Die weiter berichteten Vorkommnisse datiert Japhet gegen Ende der Wüstenzeit, kurz vor der Landnahme, so fand z.B. Aarons Tod (Num 20,22–29) gemäss Num 33,38 im 40. Jahr der Wüstenwanderung statt. Die 40 Jahre Wanderung in der Wüste «are passed over by just one chapter (Numbers 33)».[71]

Auch innerhalb der beiden in Esra-Nehemia beschriebenen Perioden gibt es wiederum eine Art Periodisierung[72], d.h. jeweils einzelne kürzere Zeitabschnitte treten besonders hervor.[73] In der ersten Periode werden der Anfang und der Schlusspunkt geschildert. Das Kyrusedikt, die Rückkehr aus Babylon und die Grundsteinlegung des Tempels finden nach Japhet im ersten Jahr der Periode statt.[74] Die Fertigstellung des Tempels markiert das Ende der Periode, vom zweiten bis zum sechsten Jahr von Darius (Esr 4,24; 6,15). Die Zeit dazwischen, von Kyrus bis zu Darius (vgl. Esr 4,5), wird in Esr 4,24 mit nur einem einzigen Satz erwähnt.

In der zweiten Zeitperiode werden drei kurze Zeiträume dargestellt.[75] Die Rückkehr Esras erfolgt vom ersten bis zum fünften Monat im siebten Jahr des Königs Artaxerxes (Esr 7,7–9; 8,31) und die Auseinandersetzung um die Mischehenfrage vom neunten Monat des Jahres bis zum ersten des nächsten Jahres (Esr 10,9.17). Der nächste Zeitpunkt, der beschrieben wird, ist Nehemias Ankunft in Jerusalem zwölf Jahre später im 20. Jahr des Artaxerxes (445 v.Chr.). Alles, was in Neh 1–12 berichtet wird, scheint in einem Jahr stattgefunden zu haben: Nehemias Abreise nach Jerusalem im ersten Monat (Neh 2,1), die Fertigstellung der Mauer im sechsten Monat Elul (Neh 6,15), die Versammlungen im Rahmen der Bundeserneuerung im siebten Monat (Neh 7,72; 9,1) und die anschliessende Einweihung der Mauer (Neh 12,27–

---

allerdings nicht), vgl. Diana Edelman, *The Origins of the ‹Second› Temple. Persian Imperial Policy and the Rebuilding of Jerusalem*, London: Equinox Publishing, 2005, 13–79 bzw. 80–150.

71 Japhet, *Periodization II*, 503, Anm. 40. Die Richtigkeit dieser Aussage kann hier nicht überprüft werden. Auch wenn möglicherweise nicht *alle* nach Num 14 berichteten Ereignisse erst gegen Ende der Wüstenzeit geschehen sind, so bilden doch die ersten zwei Jahre und das Ende der Wüstenzeit unmittelbar vor der Landnahme (Ende Num und Dtn) den Schwerpunkt der Erzählung.

72 Japhet spricht von einer «internal periodization» jeder Epoche «with all the events clustered at definite focal points», ibid., 497.

73 Vgl. dazu ibid., 497f.

74 Das Edikt von Kyrus ist in dessen erstem Jahr datiert (Esr 1,1). Der Aufbruch aus Babylon erfolgte direkt danach (Esr 1,5) und die Grundsteinlegung im «zweiten Jahr nach der Ankunft» (Esr 3,8), vgl. ibid., 497f, Anm. 25.

75 Japhet spricht von «two beginnings and one conclusion», vgl. ibid., 498.

43). Die folgenden zwölf Jahre der ersten Amtszeit Nehemias werden wiederum nur in einem Satz erwähnt (Neh 5,14). Der dritte beschriebene Zeitpunkt findet etwa zwölf Jahre später statt: Nehemias Tätigkeit in seiner zweiten Amtszeit (Neh 13,6–31).[76]

Ich versuche im Folgenden das Modell der Periodisierung von Sara Japhet graphisch zu verdeutlichen:

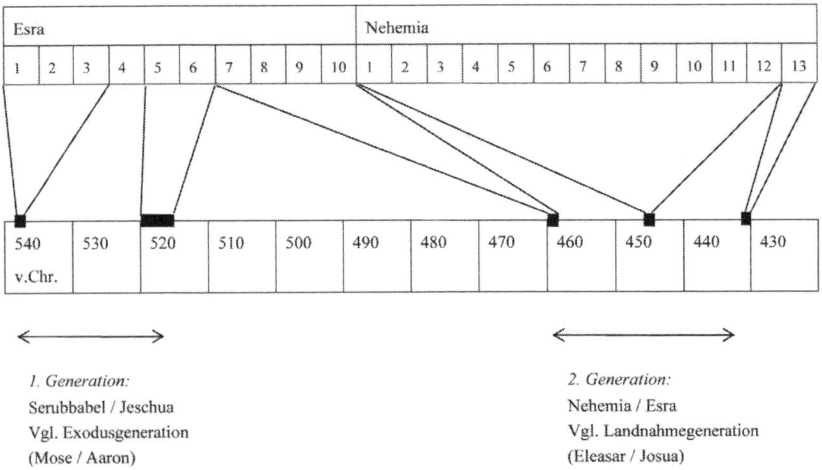

Die Darstellung zeigt im oberen Balken die Kapitel in Esra-Nehemia und unten einen Zeitstrahl (jeweils die linke Linie neben der Jahreszahl markiert den Ort der Zahl). Weil in Esra 4 anachronistisches Material verwendet wird, habe ich Esra 4 nicht eingetragen.[77] In beiden «Generationen» wird jeweils ein Abschnitt zu Beginn bzw. Ende der Epoche ausführlicher geschildert. Bei der zweiten Generation werden in Neh 1–12 zudem ca. in der «Mitte» der beschriebenen Zeit (445 v.Chr.) die Ereignisse eines Jahres ausführlich erläutert. So legen zwölf von insgesamt 23 Kapiteln des Esra-Nehemia-Buches die Geschehnisse innerhalb eines Jahres, das ungefähr in der Mitte der zweiten Periode liegt, dar.

[76] Im 32. Jahr (zwölf Jahre später) reist Nehemia zurück an den Hof des Artaxerxes. Er reist erst nach längerer Zeit (וּלְקֵץ יָמִים, Neh 13,6) wieder zurück. Die meisten Exegeten setzen seine Rückkehr auf etwa 432 v.Chr. an, also etwas mehr als zwölf Jahre nach dem letzten beschriebenen Zeitpunkt, vgl. Yamauchi, *Ezra-Nehemiah*, 595.

[77] Japhet geht in ihrer kurzen Beschreibung der Periodisierung gar nicht auf den Anachronismus in Esr 4,6–24 ein, vgl. Japhet, *Periodization II*, 497f.

Für Japhet ist diese Perspektive der Periodisierung nicht nur für die Chronologie, sondern auch für die literarische Komposition ein Schlüssel: «It is indeed the author's time concept – expressed by his method of periodization – that forms the basis for the literary composition.»[78] Das Zeitsystem bestimmt die Art und Weise, wie der Autor das Esra-Nehemia-Buch strukturierte und dabei die ihm zur Verfügung stehenden Quellen, Dokumente und Listen mit einfügte.[79] Die innere Motivation dieser Periodisierung war für den Autor nach Japhet, wie bereits erwähnt, die Analogie zu Exodus und Landnahme. Diese Analogie ist für Japhet auch ein Schlüssel für andere Charakteristika im Esra-Nehemia-Buch. So beginnt das Buch mit der Aussage, dass Gott den Geist des Kyrus erweckte (Esr 1,1), um eine Antithese zum ägyptischen Pharao darzustellen, dessen Herz Gott verhärtete (Ex 9,12, vgl. auch z.B. 7,3.13.22; 8,11.15; 10.1).[80] Ein anderes gemeinsames Merkmal der beiden Epochen von Esra-Nehemia und Exodus-Landnahme ist nach Japhet «the presentation of the overarching historical cycle, of enslavement and deliverance, as a fulfillment of the word of God».[81] Der Exodus ist die Erfüllung der Verheissung Gottes an Abraham, dass seine Nachkommen in einem fremden Land als Sklaven dienen werden, doch nach vierhundert Jahre mit grossem Reichtum ausziehen werden (Gen 15,13f.). So ist das Kyrusedikt die Erfüllung von Jeremias Wort (Esr 1,1), dass die Dominanz des babylonischen Reiches über die Welt zerfallen wird und die Juden nach Zion zurückkehren werden (Jer 25,9–14; 27,6–8; 29,10–14). Die Zeit der Restauration ist gemäss Japhet auch die Realisierung von Jeremias Wort über den neuen Exodus in Jer 16,14f. (und mit kleinen Abweichungen in Jer 23,7f.).[82]

Japhet kommt zum Schluss, dass das Motiv hinter der spezifischen Periodisierung und literarischen Struktur des Esra-Nehemia-Buches ein ideologisches ist, nämlich die Analogie zwischen der Epoche der Restauration und dem Exodus aus Ägypten. Damit stellt sich aber notgedrungen die Frage nach der Historizität: «[H]ow much of the historical picture is determined by historical ‹fact› and how much is ‹constructed›, directed by historical concepts and ideological goals?»[83]

---

78 Ibid., 499. Zur Komposition vgl. ibid., 499–502.

79 Japhet ist der Ansicht, «EN introduced into biblical historiography a specific literary methodology, in which existing documents were integrated as they stood into a narrative framework», Japhet, *Periodization II*, 499.

80 Ibid., 503.

81 Ibid., 504.

82 Ibid.

83 Ibid.

Japhet sieht «a limit to the imposition of ideology on the historical account of EN».[84] Der Autor schaffe zwar Analogien zum Exodus, doch keine Typologie. Der Inhalt der Geschehnisse sowie die Darstellung von Zahlen geschieht gemäss den Daten, die dem Autor vorlagen. Die Art und Weise, wie der Autor mit Quellen umgeht, ist ein weiterer Hinweis auf seine Vorgehensweise: Eher als die Vorkommnisse mit eigenen Worten zu beschreiben, belässt er die Quellen so, wie sie waren. Dennoch ist die Periodisierung nach Japhet ein Werkzeug, um die Vergangenheit zu rekonstruieren, und bietet als solches die Möglichkeit, die Perspektive des Historikers mit einzubringen.[85] Deshalb kommt Japhet zum Schluss: «It seems that a balanced conclusion is that no historical work is totally ‹fact› or totally ‹fiction› – in the same way that historical events themselves are not free from ideological components.»[86] Auch Ideologien, die in einem Werk zu beobachten sind, können gewissermassen «historische Tatsachen» sein, wie Japhet anmerkt.

1.3.2 Evaluation von Japhets Modell

Japhet bestreitet, dass die Beobachtung der Periodisierung von vornherein bedeuten muss, dass der Autor von Esra-Nehemia von ideologischen Vorstellungen geleitet wurde und deshalb historische Tatsachen überging.

Bei der Notwendigkeit, die Quellen in Esra-Nehemia auf ihre Historizität zu überprüfen, verweist sie aber auf einen Aufsatz von Grabbe.[87] Gerade Lester L. Grabbe hat sich immer wieder dafür eingesetzt, die ideologische Natur des Esra-Nehemia-Buches stärker zu sehen und das Esra-Nehemia-Buch konsequenter als Literatur zu lesen. Am Ende seines Kommentars hält er fest: «We know what the books of Ezra-Nehemiah want us to believe. We know what the story is that they want to tell, and that story has validity in its own right, as theology and literature.»[88] Er betont, dass die Geschichte der nachexilischen Zeit in Jehud nicht anhand des Esra-Nehemia-Buches rekonstruiert werden könne. So wehrt er sich z.B. in seinem Aufsatz «Reconstructing History from the Book of Ezra» dagegen, den Quellen in Esra-Nehemia

---

[84] Ibid.

[85] Ibid., 505; Japhet, *Periodization: Between History and Ideology. The Neo-Babylonian Period in Biblical Historiography*, 75f.

[86] Japhet, *Periodization II*, 505.

[87] Ibid. Sie verweist auf Lester L. Grabbe, *The ‹Persian Documents› in the Book of Ezra: Are They Authentic?*, in: Oded Lipschitz/Manfred Oeming (Hrsg.), Judah and the Judeans in the Persian Period, Winona Lake: Eisenbrauns, 2006, 531–570.

[88] Grabbe, *Ezra-Nehemiah*, 195f.

eine hohe Authentizität zuzumessen.[89] Ich erwähne Grabbe aufgrund des Bezugs am Ende des Aufsatzes von Japhet.

Der Ansatz der Periodisierung verlangt nicht, in denselben Bahnen wie Grabbe zu denken.[90] Trotzdem ist die Verwendung und Zusammenstellung von Quellen immer von inneren Motiven geführt, wie Japhet es darstellt. Japhet grenzt sich aber meiner Meinung nach zu Recht davon ab, Esra-Nehemia vorschnell unter Ideologieverdacht zu stellen und dem Autor sein Bestreben nach Historizität abzusprechen zu wollen.

Japhet grenzt sich ebenfalls davon ab, in Esra-Nehemia eine typologische Nachbildung des Sinaigeschehens sehen zu wollen.[91] Ein Beipiel für ein typologisches Verständnis ist Lisbeth S. Fried, die in Esra-Nehemia Aspekte der Exodusgeschichte typologisch nachgebildet sieht. Fried postuliert eine Verfasserschaft von Esr 7 – Neh 13 durch einen Schüler Hesekiels, der in der Rückkehr der rechtmässigen Population Israels, in der Einsetzung der rechtmässigen Priesterschaft und im Bundesschluss des Volkes die Erfüllung der Vision Hesekiels des wiederhergestellten Jerusalem sah. «He modelled his story after the most important story that he knew, the story of Moses and the

---

89 Lester L. Grabbe, *Reconstructing History from the Book of Ezra*, in: Philip R. Davies u.a. (Hrsg.), Second Temple studies. 1. Persian Period, JSOTSup 117, Sheffield: JSOT Press, 1991, 98–106, 98. Er meint, Aufgabe eines modernen Historikers sei es, «to write history, not invent it», ibid., 106. Vgl. auch die Schlussfolgerung zu einem Aufsatz über die Historizität Esras: «[D]eciding that the historical Ezra is not so accessible as current fashion has it is itself a conclusion worth taking the time to argue.» (Lester L. Grabbe, *What was Ezra's Mission?*, in: Tamara Cohn Eskenazi/Kent Harold Richards (Hrsg.), Second Temple studies. 2. Temple and Community in the Persian Period, JSOTSup 175, Sheffield: JSOT Press, 1994, 286–299, 299.)

90 In der voliegenden Arbeit spielen zwar historische Fragen eine untergeordnete Rolle, weil es um theologische Konzepte geht, doch ich halte mit Williamson und vielen anderen die Historizität der in Esra-Nehemia verwendeten Dokumente für hoch, s.o. I.2.2.2.

91 Vgl. die Aussage: «[T]he author of EN creates an analogy with the Exodus and settlement, but not a typology.» (Japhet, *Periodization II*, 504.) Die Begriffe Analogie und Typologie überschneiden sich und die Unterscheidung ist etwas willkürlich. So schreibt Pannenberg: «Im weiteren Sinne kann jede Ähnlichkeit A. [= Analogie] heißen.» (Wolfhart Pannenberg: Art. *Analogie*, RGG3 1, 1957, 350–353, 350.) Eine gute Reflexion über Typologie bietet Stefan Felber, *Typologie als Denkform biblischer Theologie*, in: Herbert H. Klement/Julius Steinberg (Hrsg.), Themenbuch zur Theologie des Alten Testaments, Bibelwissenschaftliche Monographien 15, Wuppertal: Brockhaus, 2007, 35–54, zum Exodus bes. 40–43.

Covenant at Sinai.»[92] Fried sieht folgende Parallelen[93]: Sowohl die Exodusgeschichte (Ex 12,2) als auch die Ereignisse in Esr 7,9 beginnen am ersten Tag des ersten Monats. Mose befreit die Israeliten aus der Sklaverei, in Esr 9,9 ist ebenfalls von Sklaverei die Rede. Mose bringt das Volk zum Sinai, um ihnen das Gesetz zu verlesen (Ex 19–20), und auch Esra kommt, um die Tora zu lesen (Esr 7,10). Bei der Ankunft am Sinai tritt das Volk in einen Bund mit Gott (Ex 19) und auch in Esr 10,2.3 ist von einem Bundesschluss die Rede. Beim Bundesschluss am Sinai befindet sich das Volk am Fuss des Berges, beim Bund in Esr 10 ausserhalb des Tempels. Sowohl in Ex 19,14–16 als auch in Esr 10,8 wird das Volk aufgefordert, in drei Tagen wieder vor dem Herrn zu erscheinen. In der Exodusgeschichte dürfen die Frauen während drei Tagen nicht berührt werden, in Esr 10 bekommt das Volk nach drei Tagen die Anweisung, die fremden Frauen auszustossen. Fried erkennt im Bau der Mauer (Neh 3) eine Parallele zur Tatsache, dass Mose in Ex 19,12 die Anweisung bekommt, um das Volk eine Grenze zu ziehen.

«Most striking» beim Vergleich zwischen Mose und Esra findet Fried, dass in beiden Erzählungen vor der Reise zu Gottes heiligem Wohnort, der Reinigung der Menschen, der Trennung von den Frauen, dem Bau der Mauer und dem Lesen der Tora der Befehl steht, Richter einzusetzen (Ex 18,22 bzw. Esr 7,25).[94] Auch in der Bundeserneuerung zieht Fried eine Parallele zum Exodusgeschehen: Mose liest das Gesetz (Ex 20–23), reinigt das Volk mit dem Blut des Bundes (Ex 24,8) und danach besteigen die Ältesten des Volkes den Sinai, sehen Gott (Ex 24,10) und essen und trinken (Ex 24,11). Auch Esra liest die Tora (Neh 8), das Volk ratifiziert das Bundesdokument (Neh 10). Vor der Einweihung der Stadtmauer (Neh 12,27ff.) vermutet Fried eine Reinigung des Volkes mit Öl. Als Esra die Festprozession anführt (Neh 12,36), bringen sie Gott (im Tempel) Opfer dar (Neh 12,43). Indem Esra und die Ältesten den Tempel betreten, kommen sie in eine «sphere of the divine.»[95] Fried vermutet, dass ein Festessen die Opfer begleitete, und sieht in diesem Festessen vor Gott den Abschluss beider Bundesschlüsse in Exodus und Esra-Nehemia.

Fried geht noch weiter. Während Mose 40 Tage auf dem Berg Sinai verweilt (Ex 24,18), fällt das Volk von Gott ab und macht sich ein goldenes Kalb (Ex 32). Mose beauftragt die Leviten zur Rache (Ex 32,28) und betet zu Gott für die Sünden des Volkes (Ex 32,31f.). Während der Abwesenheit

---

92 Lisbeth S. Fried, *Who Wrote Ezra-Nehemiah – and Why Did They?*, in: Mark J. Boda/Paul L. Redditt (Hrsg.), Unity and Disunity in Ezra-Nehemiah. Redaction, Rhetoric and Reader, Sheffield: Phoenix Press, 2008, 75–97, 97.

93 Zum Folgenden siehe ibid., 92–97.

94 Ibid., 94.

95 Ibid., 95.

Nehemias (Neh 13,6) fällt das Volk ebenfalls von Gott ab (vgl. die Misstände in Neh 13,7ff.), Nehemia beschliesst nach seiner Rückkehr Rache (Neh 13,25) und betet schliesslich zu Gott (Neh 13,29). In Ex 33–35 erhält Mose die Anweisungen zu Bau der Stiftshütte, sie wird gebaut (Ex 36–39) und schliesslich mit der Herrlichkeit Gottes erfüllt (Ex 40,34). Die Geschichte des Tempelbaus wurde nach Fried an den Anfang des Esra-Nehemia-Buches (Esr 1–6) verschoben. Den Einzug der Herrlichkeit sieht Fried «in a very prosaic way» in der Tatsache beschrieben, dass Esra von Artaxerxes die Tempelgeräte bekommt (Esr 7,16) und sie dann im Tempel in die Hand des Priesters Meremot abgibt (Esr 8,33).[96]

Fried bemerkt einleitend zu ihrem Vorschlag: «Understanding the author's arrangement of Ezra 7–Nehemiah 13 is key to understanding his intent.»[97] Dass die Anordnung des Materials ein Schlüssel für das Verständnis des Autors ist, davon geht auch Japhet aus. Doch Fried entwickelt mehr als Analogien, wenn sie denkt, ein Schüler Hesekiels habe – quasi typologisierend – die Sinaierzählung nachgebildet. Der Vorschlag von Fried ist sicherlich anregend, doch kann man ihm kaum insgesamt folgen. Ihre Argumentation ist inkonsequent, wenn plötzlich Nehemia in der Rolle des «zweiten Mose» auftritt und ihre Analogien spekulativ und gesucht, wenn z.B. die dreitägige Abstinenz von Frauen mit der Mischehenproblematik und die Grenze zwischen Gott und Volk mit dem Mauerbau oder die Abwesenheit des Mose mit der Abwesenheit Nehemias zwischen den Amtszeiten verglichen wird.

Während man Japhets Modell in gewissen Punkten ebenfalls Spekulation vorwerfen könnte (gerade in der angeblichen Periodisierung der Wüstenzeit, die sie aber selber nur in einer Fussnote erwähnt und mit den Worten «I venture to suggest […]» einführt[98]), ist ihr Modell im Vergleich zu Frieds Vorschlag viel näher an den Texten. Sie grenzt sich bewusst von einer spekulativen Typologie ab.

Das Modell der Periodisierung ist m.E. hilfreich für das Verständnis der Struktur von Esra-Nehemia.[99] Anhand dieses Modells kann auch ein mögli-

---

[96] Ibid., 91. Im Schlusswort präzisiert Fried: «A later author prefaced it [= Esr 7–Neh 13] with the story of the temple's building and dedication ceremony. He shifted the Installation of the temple vessels under Cyrus to the time after the temple's dedication when Ezra, the descendant of Aaron, could bring them there.» (Ibid., 97.)

[97] Fried, *Who Wrote Ezra-Nehemiah*, 91.

[98] Japhet, *Periodization II*, 503.

[99] Auf kleine Unstimmigkeiten des Modells bin ich oben schon eingegangen (vgl. die Anm. zur Datierung oder zum anachronistischen Abschnitt Esr 4,6–24).

cher Strukturaufriss des Esra-Nehemia-Buches nachgezeichnet werden, wie ich ihn im Folgenden aufzeige.

1.3.3 Aufbau von Esra-Nehemia anhand des Periodisierungsmodells

In literarischer Hinsicht geht Japhet von drei Haupteinheiten in Esra-Nehemia aus: Esr 1–6, Esr 7–10 und Neh 1–12.[100] Die drei literarischen Einheiten setzen bei den Neuanfängen der beiden Perioden ein. In der ersten gibt es nur einen Anfang (Esr 1), in der zweiten Periode gibt es mit dem Auftreten Esras und Nehemias jeweils einen Anfang in Esr 7 und Neh 1.

Anhand des Periodisierungsmodells können die beiden Perioden weiter aufgeteilt werden. In Esr 1,1–4,6 wird die Anfangszeit (538–536 v.Chr.) beschrieben, in Esr 5,1–6,22 das Ende der Epoche von der Wiederaufnahme des Tempelbaus bis zu dessen Vollendung (520–515 v.Chr.). Das in Esr 4,6–24 Geschilderte ist ein Beispiel aus der Zeit des Artaxerxes, um die Feindseligkeiten in der Zeit des Tempelbaustopps zu illustrieren.

In der zweiten Periode stellen die Ereignisse in Esr 7–10 den ersten Abschnitt, der mit dem Auftreten Esras (458 v.Chr.) beginnt, dar. Schlusspunkt sind die in Neh 13,4–31 geschilderten Vorkommnisse in der zweiten Amtszeit Nehemias (nach 532 v.Chr.). Sozusagen die «Mitte» bildet Neh 1–12. Da die Bundeserneuerung wiederum das Kernstück dieser im Jahr 445 v.Chr. datierten Geschehnisse bildet, habe ich Neh 8–10 als eigenen Abschnitt bezeichnet. Damit ergeben sich die drei Abschnitte Neh 1,1–7,72a, 7,72b–10,40 und 11,1–13,3. Es ist interessant, dass Esra und Nehemia in der «Mitte» der zweiten Periode gemeinsam auftreten (Neh 8,9; 12,26). Strukturell wird durch diese Verzahnung der Wirksamkeit von Esra und Nehemia (vgl. Neh 8,9) zum Ausdruck gebracht, dass die Verlesung der Tora, das Bussgebet und die daraus resultierende Bundeserneuerung den Höhepunkt des Buches bilden.

Vom Modell der Periodisierung Japhets ausgehend, lassen sich in diese Überlegungen auch die von Willi definierten Makroblöcke (Esr 1–6, 7–10, Neh 1–7, 8–13) in Esra-Nehemia mit den spezifischen Leitworten eintragen.[101]

Ich erweitere die oben abgedruckte graphische Darstellung des Periodisierungsmodells von Japhet mit diesen Angaben. Zuoberst steht wiederum die

---

[100] «On the basis of internal criteria such as contents, style, narrative technique and the like, and on the basis of formal criteria such as opening formulae, EN comprises three well-defined units», Japhet, *Composition and Chronology*, 190. Wie im einleitenden Kap. zitiert, geht Japhet davon aus, dass das Esra-Nehemiabuch «‹all at once›, by an author, according to a clear plan» verfasst wurde, vgl. ibid., 200f. S.o. I.2.2.3.

[101] Dazu s.o. I.2.1.

Einteilung des Esra-Nehemia-Buches in die einzelnen Kapitel. In den Zeilen darunter erfolgen die literarische Einteilung von Japhet in drei Einheiten und die Aufteilung in zwei Generationen (bzw. Epochen oder Perioden). Die beiden Perioden (I und II) werden in der nächsten Zeile weiter aufgeteilt und schliesslich folgen die Leitworte in den von Willi definierten Makroblöcken[102]:

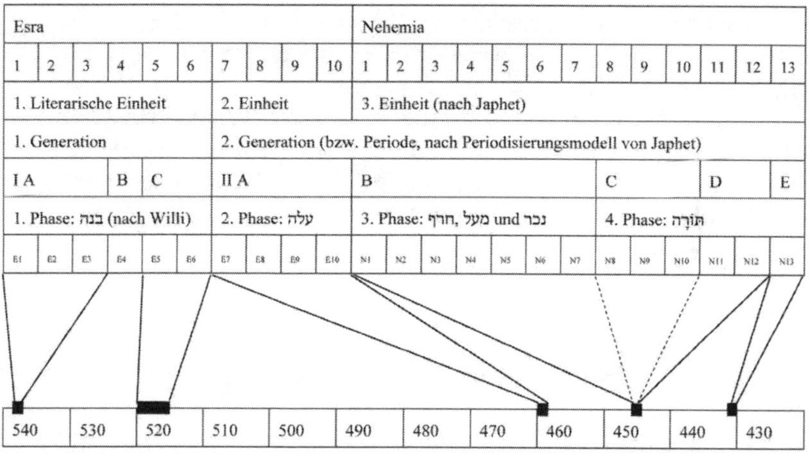

Das ergibt folgenden Aufriss von Esra-Nehemia gemäss Periodisierungsmodell:

Teil I (1. Generation)	A Esr 1,1–4,5	Anfang der Epoche (538–536 v.Chr.)
	B Esr 4,6–24	„Mitte", stellt die Anfeindungen in der Zwischenzeit dar (anachronistisch aus der Zeit des Artaxerxes)
	C Esr 5,1–6,22	Ende der Epoche (520–515 v.Chr.)
Teil II (2. Generation)	A Esr 7,1–10,44	Anfang der Epoche (458 v.Chr.)
	B Neh 1,1–7,72a	Mitte, in deren Mittelpunkt wiederum Neh 8–10 steht (445 v.Chr.)
	C Neh 7,72b–10,44	
	D Neh 11,1–13,3	
	E Neh 13,4–13,31	Ende der Epoche (nach 432 v.Chr.)

Ich habe versucht, die Struktur des Esra-Nehemia-Buches anhand der historischen Periodisierung im Esra-Nehemia-Buch nachzuzeichnen. Leitgedanke

102 Willi, *Juda – Jehud – Israel*, 65.

dabei ist die Tatsache, dass die Restaurationsbewegung im Esra-Nehemia als Bewegung von zwei Generationen geschildert wird. Zwischen den Generationen gibt es einen Zeitraum, über den das Buch schweigt. Innerhalb der beiden beschriebenen Zeitperioden gibt es wichtige Stellen (Anfang, Mitte, Schluss), die intensiv beschrieben werden. Als auffällig gewichtig stellt sich die Mitte der zweiten Epoche heraus, in deren Mittelpunkt die Bundeserneuerung in Neh 8-10 steht.

Es erscheint plausibel, dass bei der Komposition des Esra-Nehemia-Buches tatsächlich solche Überlegungen, die Japhet mit dem Begriff «Periodisierung» bezeichnet, leitend waren.[103] Das Modell der Periodisierung von Japhet wurde m.W. bisher nicht breiter rezipiert.

In den Überlegungen betreffend der Analogien zu Exodus und Landnahme wurde an mehreren Stellen ein Bezug zum Festkalender deutlich. Der Festkalender strukturiert das Jahr, hebt bestimmte Stellen darin hervor und nimmt sozusagen eine «Periodisierung» des Jahres vor. Ich kombiniere das Periodisierungsmodell von Sara Jahpet im Folgenden mit dem Festkalender in Esra-Nehemia, der dem Buch ebenfalls eine «heilsgeschichtliche Struktur» vermittelt.

2. Aktualisierte Heilsgeschichte im Festkalender

Eine Periodisierung und Zeitstrukturierung im kultischen Jahr bilden die Feste. Sie strukturieren nicht nur das Jahr, sondern erinnern fortwährend an den Exodus (Pessach) und den Bau des Heiligtums bzw. die Wüstenzeit (Sukkot). Sukkot wird auch mit der Landnahme in Verbindung gebracht. Für die «heilsgeschichtliche Struktur» in Esra-Nehemia spielen die Feste eine grosse Rolle. Wichtige Errungenschaften der Restaurationsbewegung in Esra-Nehemia sind mit einem Fest verbunden. Maria Häusl bemerkt dazu: «Feste und Feiern werden also im Buch Esra/Nehemia an exponierten Positionen, oftmals als Abschluss eines Erzählzusammenhanges erwähnt und besitzen daher eine wichtige Bedeutung für die kompositorische Anlage des Bu-

---

[103] Zu einem ähnlichen Strukturaufriss kommt Duggan in seiner literarischen Analyse des Esra-Nehemiabuches. Er vertritt ebenfalls eine Zweiteilung des Esra-Nehemiabuches (Esr 1–6 und Esr 7 – Neh 13). Teil II teilt er beinahe in dieselben Einheiten, die ich oben nenne, ein: A: Esr 7,1–10,44; B: Neh 1,1–7,72a; C: Neh 7,72b–10,40; D: Neh 11,1–12,43; E: Neh 12,44–13,3 (die Zäsur zwischen den beiden letzten literarischen Blöcken setzt er anders). Teil I teilt er jedoch in 6 Abschnitte auf, Duggan, *Covenant Renewal*, 60.

ches.»[104] Die Bedeutung der Feste in der Gesamtkomposition von Esra-Nehemia soll in diesem Abschnitt untersucht werden.

2.1 Feste in Esra-Nehemia

2.1.1 Esra 3: Sukkot

Die erste Erwähnung eines Festes findet sich in Esra 3,4:

וַיַּעֲשׂוּ אֶת־חַג הַסֻּכּוֹת כַּכָּתוּב וְעֹלַת יוֹם בְּיוֹם בְּמִסְפָּר כְּמִשְׁפַּט דְּבַר־יוֹם בְּיוֹמוֹ׃

> Und sie hielten das Laubhüttenfest wie geschrieben steht und das Brandopfer, Tag für Tag nach der Zahl, die jedem Tag vorgeschrieben ist[105].

In Esra 3,2 wird beschrieben, dass der Altar (des «Gottes Israels», אֱלֹהֵי יִשְׂרָאֵל) errichtet wurde, um darauf zu opfern (לְהַעֲלוֹת עָלָיו עֹלוֹת). Dies geschah gemäss der «Mosetora» (כַּכָּתוּב בְּתוֹרַת מֹשֶׁה אִישׁ־הָאֱלֹהִים, Esr 3,2). Genauso wird in V.4 betont, dass das Feiern des Laubhüttenfestes in Übereinstimmung mit der Überlieferung (vgl. die Ausdrücke כַּכָּתוּב, כְּמִשְׁפַּט) gefeiert wurde. Die Feier von Sukkot wird nicht näher beschrieben.

Im Zusammenhang mit den Feierlichkeiten des Laubhüttenfestes wurde der gesamte Festkalender aufgenommen, wie V.5 nahelegt, wo von den täglichen Opfern, den Opfern an den Neumonden und Festtagen die Rede ist.[106] Die Morgen- und Abendopfer werden bereits in V.3 erwähnt (עֹלוֹת לַיהוָה עֹלוֹת לַבֹּקֶר וְלָעָרֶב). Der Beginn der Aufnahme des Opfers wird mit dem ersten Tag des siebten Monats angegeben (V.6). Das Laubhüttenfest ist also «das erste der Jahresfeste, das mit den Opfern auf dem neu errichteten Altar stattfindet», wie Maria Häusl zu Recht sagt und dazu bemerkt: «Die Feier dieses Laubhüttenfestes dokumentiert zusammen mit den täglich dargebrachten Opfern (Esr 3,3), die Neuinstallation eines kultischen Kalenders bzw. eines Opferkalenders.»[107] Die «Neuinstallation» des Opferkalenders fand genauer gesagt nicht mit Sukkot, sondern mit dem ersten Tag des siebten Monats, mit dem Beginn des Festmonats, statt, wie V.6 zum Ausruck bringt:

---

[104] Maria Häusl, *Feste feiern. Zur Bedeutung der Feste im Buch Esra/Nehemia*, in: Maria Häusl/Stephanie Ernst (Hrsg.), Kulte, Priester, Rituale. Beiträge zu Kult und Kultkritik im Alten Testament und Alten Orient. Festschrift für Theodor Seidl zum 65. Geburtstag, St. Ottilien: EOS Verlag, 2010, 231–251, 231.

[105] Der aus מִסְפָּר und מִשְׁפָּט zusammengesetzte Ausdruck erscheint auch in Num 29,18.21 im Zusammenhang mit dem Laubhüttenfest, vgl. Rudolph, *Esra und Nehemia*, 28; Gunneweg, *Esra*, 70.

[106] Sogenannte Fest- und Opfersummarien finden wir in den Abschnitten Esr 3,1–5 und Neh 10,33–40, vgl. Häusl, *Feste feiern*, 233.

[107] Ibid.

מִיּוֹם אֶחָד לַחֹדֶשׁ הַשְּׁבִיעִי הֵחֵלּוּ לְהַעֲלוֹת עֹלוֹת לַיהוָה וְהֵיכַל יְהוָה לֹא יֻסָּד׃

Vom ersten Tag des siebten Monats an begannen sie, Jhwh Brandopfer darzubringen, doch der Tempel Jhwhs war noch nicht gegründet.

Der erste Tag des siebten Monats hat auch in Neh 8 eine wichtige Bedeutung, da die Toraverlesung am ersten Tag des siebten Monats stattfindet (vgl. Neh 8,2). Erwähnt wird der siebte Monat ferner in Esr 3,1 und Neh 7,72b in den überleitenden Bemerkungen nach den Heimkehrerlisten. Der siebte Monat war mit dem Fest des «Lärmblasens»[108] am ersten, dem Versöhnungstag am zehnten, dem Laubhüttenfest vom 15. bis zum 21. Tag und der anschliessenden heiligen Versammlung am 22. Tag des Monats der wichtigste Festmonat (vgl. die Auflistung in Lev 23,23–36[109]). Ob der erste des siebten Monats zu dieser Zeit als Jahresanfang gefeiert wurde, ist in der Forschung umstritten.[110] Auf jeden Fall wurde zu Beginn des siebten Monats der Opferkalender neu aufgenommen. Esr 3,6 betont, dass dies vor der Grundsteinlegung des Tempels geschah.

Erst im Anschluss an die Errichtung des Altars und die Aufnahme der Opfer wird mit dem Tempelbau begonnen (V.7ff.). In Esr 3,10–13 wird in diesem Kontext ein «Fest zur Gründung des Tempels»[111] beschrieben. Bei der Grundsteinlegung des Tempels versammeln sich die Priester und Leviten (Letztere werden als Söhne Asafs identifiziert[112]) mit ihren Instrumenten, um Jhwh «nach der Ordnung Davids, des Königs von Israel» (עַל־יְדֵי דָּוִיד מֶלֶךְ־יִשְׂרָאֵל) zu loben. Das Loblied (כִּי טוֹב כִּי־לְעוֹלָם חַסְדּוֹ עַל־יִשְׂרָאֵל, «Denn er ist gütig, und seine Barmherzigkeit währt ewiglich über Israel», V.11[113]) wird angestimmt. Interessant dabei ist die Tatsache, dass der beinahe identische Psalmvers bei der Einweihung des Salomonischen Tempels gesungen wurde (vgl. 2Chr 5,13; 7,3.6). Die Festfreude wird in Esr 3,11 stark betont

108 Zu dieser Übersetzung von יוֹם תְּרוּעָה (Num 29,1) vgl. den Abschnitt «Der Tag des Lärmblasens» bei Körting, *Der Schall des Schofar*, 154–162.

109 Vgl. die Stellen zum Fest des Lärmblasens (זִכְרוֹן תְּרוּעָה, Lev 23,24 bzw. יוֹם תְּרוּעָה, Num 29,1): Lev 23,23–25; Num 29,1–6; zum Versöhnungstag (יוֹם הַכִּפֻּרִים): Lev 16,1–34; 23,26–32; Num 29,7–11; zu Sukkot: Ex 23,26b; 34,32b; Lev 23,33–36a; Num 29,12–34; Dtn 16,13–16; zur Versammlung am achten Tag (בַּיּוֹם הַשְּׁמִינִי) nach dem siebentägigen Laubhüttenfest (am 22. Tishri): Lev 23,36b; Num 29,35–38. Dazu vgl. Steinmann, *Ezra and Nehemiah*, 509.

110 Vgl. Williamson, *Ezra, Nehemiah*, 287. Zur Diskussion vgl. Håkan Ulfgard, *The story of Sukkot. The Setting, Shaping, and Sequel of the Biblical Feast of Tabernacles*, BGBE, Tübingen: Mohr Siebeck, 1998, 37–40, 44–47, 194–196.

111 Diese Bezeichnung verwendet Häusl, *Feste feiern*, 239.

112 Vgl. ibid; Williamson, *Ezra, Nehemiah*, 48.

113 Vgl. Jer 33,11; 1Chr 16,34.41; 2Chr 5,13; 2Chr 7,3.6; 20,21; Ps 100,5; 106,1; 107,1; 118,1; 136,1.

(וְכָל־הָעָם הֵרִיעוּ תְרוּעָה גְדוֹלָה, «das ganze Volk jauchzte mit gewaltigem Jauchzen»). Viele von denen, welche das frühere Haus gesehen hatten, weinten aber auch laut (בֹּכִים בְּקוֹל גָּדוֹל, V.12). Viele aber erhoben im Jauchzen der Freude ihre Stimme (וְרַבִּים בִּתְרוּעָה בְשִׂמְחָה לְהָרִים קוֹל, V.12), sodass man die Stimme des Jauchzens und des Weinens nicht unterscheiden konnte (V.13). Auf diese Spannung bei der Grundsteinlegung des Tempels zwischen Freude und Weinen werde ich im Kapitel «Wiederherstellung als Wiederaufbau» näher eingehen.[114]

Esr 3 schildert das erste Fest, das nach der Ankunft der Exulantengruppe im Land gefeiert wird, in Verbindung mit der Einweihung des Altars und der Grundsteinlegung des Tempels. Håkan Ulfgard schreibt in seiner Studie zu Sukkot zu unserer Stelle in Esr 3,4: «Their primary task, the restoration of the temple at the King's – in reality, God's – order, has an analogy in the liberation of the ‹children of Israel› from Egypt in order that they may ‹celebrate a festival to him› in the desert (cf. *e.g.* Ex 5:1).»[115] Ulfgard sieht im Rahmen der bereits beschriebenen Analogie zwischen dem Auszug aus Babylon und dem Exodus eine Parallele zwischen dem Wunsch beim Exodus, Gott ein Fest in der Wüste zu feiern, und der Feier von Sukkot in Esr 3. Sukkot ist das erste Fest, das in Esra-Nehemia gefeiert wird. Es ist das Fest, das an die Wüstenzeit erinnert. Steinmann macht darauf aufmerksam, dass Sukkot eigentlich die Zeit zwischen Auszug und Einzug betont: «This feast recalled the wilderness wanderings with the tabernacle, after the exodus but before the settlement in the promised land».[116] Mit der Feier des Laubhüttenfestes erinnert sich das Volk an die Zeit nach dem Auszug, als es in der Wüste war. McConville weist darauf hin, dass mit dem Laubhüttenfest auch immer auf die Zerbrechlichkeit des Lebens aufmerksam gemacht wird. Aufgabe ist es, «to remind them not only that God had delivered them, but that their continuing existence was more fragile than the security of a regular pattern of life could suggest».[117] Dieser Gedanke ist im Kontext des Festkalenders von Esra-Nehemia bedeutsam.

2.1.2 Esra 6: Pessach

Nach Sukkot wird in Esr 6 als zweites Wallfahrtsfest die Feier des Pessachfestes geschildert. Esr 6,16–18 beschreibt die Einweihung des neu errichteten Tempels. Dabei werden – wie an anderen Stellen im Buch Esra-Nehemia – die «Söhne Israels» (בְנֵי־יִשְׂרָאֵל) in die drei Kategorien Priester, Leviten und übrige Söhne des Exils (כָּהֲנַיָּא וְלֵוָיֵא וּשְׁאָר בְּנֵי־גָלוּתָא) aufgeteilt. Interessan-

---

114 S.u. V.1.1.
115 Ulfgard, *Sukkot*, 122.
116 Steinmann, *Ezra and Nehemiah*, 213.
117 McConville, *Ezra, Nehemiah, and Esther*, 20.

terweise werden bei den Opferungen zur Einweihung des Gotteshauses (חֲנֻכַּת בֵּית־אֱלָהָא, V.17) als Sündopfer für ganz Israel (עַל־כָּל־יִשְׂרָאֵל) zwölf Ziegenböcke nach der Zahl der Stämme Isaels (לְמִנְיָן שִׁבְטֵי יִשְׂרָאֵל) dargebracht.[118] Die Restaurationsbewegung versteht sich als Bewegung im Namen von ganz Israel, aller zwölf Stämme. Im Zusammenhang mit der Einweihungsfeier werden die Priester und Leviten nach ihrer Ordnung eingesetzt und zwar nach Vorschrift des Buches Mose (כִּכְתָב סְפַר מֹשֶׁה, V.18). Esr 6,18 ist der letzte Vers im aramäischen Abschnitt (4,8–6,18). Direkt im Anschluss daran wird das Pessachfest erwähnt (Esr 6,19):

וַיַּעֲשׂוּ בְנֵי־הַגּוֹלָה אֶת־הַפָּסַח בְּאַרְבָּעָה עָשָׂר לַחֹדֶשׁ הָרִאשׁוֹן׃

Und die Söhne des Exils hielten Pessach am vierzehnten Tag des ersten Monats.

In den folgenden Versen (20–21) wird die Reinigung der Priester und Leviten sowie die Feier des Festes beschrieben. Interessanterweise kommt den Leviten bei der Schlachtung eine besondere Bedeutung zu, da das Opfer «für alle Söhne des Exils, für ihre Brüder, die Priester, und für sich» (לְכָל־בְּנֵי הַגּוֹלָה וְלַאֲחֵיהֶם הַכֹּהֲנִים וְלָהֶם, V.20) dargebracht wird. Zu Beginn des Verses werden im Zusammenhang mit der Reinigung sowohl Priester und Leviten genannt[119], doch waren es offenbar die Leviten (wie וְלָהֶם zeigt), welche schlachteten. Das war zwar im Pentateuch für die Leviten nicht vorgesehen, sondern das Volk sollte das Pessachopfer darbringen (vgl. Ex 12,6; Dtn 16,2), doch offenbar wurde diese Praxis später üblich, wie auch 2Chr 30,17; 35,10f. nahelegt. Das weist auf eine grössere Forderung nach ritueller Reinheit hin.[120] Zum Fest waren nicht nur die aus dem Exil Zurückgekehrten (הַשָּׁבִים מֵהַגּוֹלָה, V.21) eingeladen, sondern auch diejenigen, die sich von der

[118] Vgl. auch das Opfer der zwölf Stiere in Esr 8,35.

[119] Zu Beginn des Verses sind die Priester und die Leviten (הַכֹּהֲנִים וְהַלְוִיִּם) Subjekt. Wegen der Wendung הַכֹּהֲנִים וְלָהֶם in der zweiten Vershälfte (und aufgrund von 3Esr 7,11, wo οἱ Λευῖται das Subjekt bildet), gehen viele Exegeten davon aus, dass ursprünglich nur הַלְוִיִּם Subjekt des Satzes bildete, vgl. BHQ, 25; Rudolph, *Esra und Nehemia*, 64; Gunneweg, *Esra*, 115; Blenkinsopp, *Ezra-Nehemiah*, 131. Auch Min unterstützt diese Ansicht und denkt, ein späterer Redaktor habe den Gedanken als unpassend empfunden, dass nur die Leviten beim Schlachten beteiligt waren, nicht aber die Priester, vgl. Min, *Levitical Authorship*, 76f. Williamson jedoch belässt die Priester in der ersten Vershälfte und übersetzt: «[F]or the priests had purified themselves, and the Levites were all pure to a man, and they slaughtered the Passover for all the exiles, and for their brothers the priests, and for themselves.» (Williamson, *Ezra, Nehemiah*, 69, Anm. dazu 72.) Williamson denkt, die Stelle mache einen Gegensatz zu 2Chr 30,3 deutlich, wo sich nicht genügend Priester für Pessach gereinigt hatten, vgl. ibid., 85.

[120] Dazu vgl. Williamson, *Ezra, Nehemiah*, 85.

Unreinheit der Völker des Landes abgesondert hatten (הַנִּבְדָּל מִטֻּמְאַת גּוֹיֵ־הָאָרֶץ). In V.22 wird das Mazzotfest beschrieben, das direkt auf Pessach folgt:

וַיַּעֲשׂוּ חַג־מַצּוֹת שִׁבְעַת יָמִים בְּשִׂמְחָה כִּי שִׂמְּחָם יְהוָה וְהֵסֵב לֵב מֶלֶךְ־אַשּׁוּר עֲלֵיהֶם לְחַזֵּק יְדֵיהֶם בִּמְלֶאכֶת בֵּית־הָאֱלֹהִים אֱלֹהֵי יִשְׂרָאֵל׃

Und sie hielten das Fest der ungesäuerten Brote sieben Tage lang mit Freuden, denn Jhwh hatte sie froh gemacht und das Herz des Königs von Assur ihnen zugewandt, um ihre Hände bei der Arbeit am Haus Gottes, des Gottes Israels, zu stärken.

Das חַג־מַצּוֹת[121] wurde direkt in der Woche nach Pessach gefeiert, wie in Ex 12,15–20; Lev 23,6–8; Num 28,17 vorgegeben. Interessanterweise ist in diesem Vers vom «König von Assur» (מֶלֶךְ־אַשּׁוּר) die Rede. Wie erwähnt, wurde in Esr 6,17 beschrieben, dass explizit nach der Zahl der zwölf Stämme (לְמִנְיָן שִׁבְטֵי יִשְׂרָאֵל) zwölf Ziegenböcke für ganz Israel geopfert wurden. Häusl bemerkt zu Recht, dass «ganz Israel» an dieser Stelle «wohl mehr umfasst als die Rückkehrer».[122] In der Erwähnung des «Königs von Assur» (מֶלֶךְ־אַשּׁוּר) könnte meiner Meinung nach ein Hinweis dafür gefunden werden, dass mit «ganz Israel» wirklich alle Stämme – auch die des Nordreiches – mindestens theoretisch mitgedacht werden. Das impliziert einen Beginn des Exils nicht erst zur Zeit der babylonischen Könige, sondern schon zu assyrischer Zeit. Ich meine, dass wir im Hinweis auf den König von Assur mehr sehen müssen als nur «a stereotyped description of a foreign ruler, since Babylon inherited the Assyrian empire, and Persia the Babylonian».[123] Nicht

---

121 Das Fest wird auch in Exod 23,15; 34,18; Lev 23:6; 2Chr 30,13.21; 35,17 so genannt. Blenkinsopp, der von der These des chronistischen Geschichtswerkes ausgeht, betont, dass auch während der Erneuerungen von Hiskia und Josia (vgl. 2Chr 30,13; 35,17) das Mazzotfest im Zusammenhang mit Pessach gefeiert wurde, vgl. Blenkinsopp, *Ezra-Nehemiah*, 133.

122 Vgl. Häusl, *Feste feiern*, 236.

123 So Williamson, *Ezra, Nehemiah*, 85. Blenkinsopp macht die erwägenswerte Bemerkung: «In view of the close parallels between this paragraph and the account of Hezekiah's Passover, the allusion in the latter to the remnant which has escaped from the hand of the king of Assyria (2 Chron. 30:6) may well have been in the writers mind as he brought his story of the return and restoration to a close.» (Blenkinsopp, *Ezra-Nehemiah*, 133.) Auch Clines sieht einen Hinweis auf die Assyrer, welche am Anfang der Feindschaft gegen Israel standen: «[M]ore probably the Chronicler deliberately employs this term to show how Cyrus, eventual heir of the Assyrian empire, has finally undone the evil against Israel initiated by the Assyrian kings.» (Clines, *Ezra, Nehemiah, Esther*, 97.)

nur für das Nordreich, auch für das Südreich hat die Bedrängnis natürlich schon mit den assyrischen Königen begonnen.

Als sehr interessant erachte ich die Tatsache, dass der sprachliche Wechsel von Aramäisch auf Hebräisch genau mit der Erwähnung von Pessach erfolgt. Die ersten Worte auf Hebräisch lauten in Esr 6,19: וַיַּעֲשׂוּ בְנֵי־הַגּוֹלָה אֶת־הַפָּסַח. Mit dem Ausdruck «Söhne des Exils» kommt das Exil, das nach Neh 9,36 der Sklaverei gleichkommt, und mit der Erwähnung von Pessach der Auszug aus dem Exil zum Ausdruck.[124] Mit dem Sprachwechsel wird auch sprachlich der Übergang vom Exil (mit der Weltsprache Aramäisch) ins jüdische Stammland (mit der Sakralsprache Hebräisch) markiert.[125] Häusl bemerkt zu Recht, dass die beiden Feste (Tempelweihe und Pessach/Mazzot) durch den sprachlichen Wechsel voneinander getrennt werden, doch sie erwähnt keine theologische Implikation dieser Tatsache.[126] Williamson beschreibt die Feier von Pessach als «most appropriate conclusion» des ganzen literarischen Blocks in Esr 1–6. «Consciousness of this fact, we may suggest, caused the author to revert to Hebrew.»[127] Das ist sicherlich richtig, doch wäre dieser Übergang ins Hebräische auch schon vor dem Tempelweihfest denkbar gewesen. Der Autor gestaltet hier m.E. mit dem Pessachfest bewusst einen sprachlichen Übergang vom Exil zurück ins Heimland, was aber bisher m.W. nie so interpretiert wurde. So unterstreicht der Sprachwechsel die Bedeutung von Pessach, dem Fest, das den Exodus aus der Sklaverei symbolisiert.

Auch Ulfgard erachtet Pessach in Esr 6,19-22 als Parallele zum Exodusgeschehen. Er vergleicht es mit dem Pessachfest in Jos 5: «The Passover celebrated by the ‹children of the exile› (בְּנֵי הַגּוֹלָה) after their return and after the inauguration of the rebuilt temple (6:19–22) parallels the Passover celebrated by the ‹children of Israel› in Josh 5 after they have crossed Jordan and entered the Promised Land.»[128] Ulfgard vergleicht Sukkot in Esr 3 mit der Wüstenzeit und Pessach in Esr 6 mit dem Übergang ins verheissene Land.

Wie oben bereits dargelegt, finden sich in Esr 7–8 zu Beginn der Esraerzählung ebenfalls Anlehnungen an Pessach. So bricht die Exulantengruppe am 12. Tag des ersten Monats (zwei Tage vor Pessach, Esr 8,31) vom Fluss Ahawa auf. Bei der Opferung bei Ankunft der Gruppe am Ziel wird – wie bei der Schilderung von Pessach in Esra 6 – wiederum die Zwölfzahl erwähnt,

---

124 Obwohl gerade Neh 9,36 impliziert, dass die Sklaverei eben noch nicht zu Ende ist. S.o. zu Neh 9,36 unter II.2.2.2 und s.u. IV.1.2.1

125 Das Exodusmotiv ist somit eine Klammer um den ersten grossen Teil im Esrabuch (Esra 1–6). In Esra 1 wird auf die Exodusgeschichte angespielt, s.o. III.1.2.

126 Vgl. Häusl, *Feste feiern*, 235.

127 Williamson, *Ezra, Nehemiah*, 73.

128 Ulfgard, *Sukkot*, 122.

wenn zwölf Stiere für ganz Israel (עַל־כָּל־יִשְׂרָאֵל, Esr 8,35) geopfert werden.[129] Die Monatsangabe Nissan (בְּחֹדֶשׁ נִיסָן) in Neh 2,1 kann als ein Hinweis auf den Pessachmonat gedeutet werden kann. Der Hinweis würde sagen, dass sich auch das Sich-Aufmachen Nehemias als Exodus aus Babylon verstehen lässt. Dies wird jedoch nur angedeutet. Das nächste Fest, welches explizit erwähnt wird, ist Sukkot in Neh 8.

2.1.3 Nehemia 8: Sukkot

Die dritte explizite Erwähnung eines Festes aus dem Festkalender bildet die Beschreibung des Laubhüttenfestes in Neh 8,14–18. Am ersten Tag des siebten Monats (בְּיוֹם אֶחָד לַחֹדֶשׁ הַשְּׁבִיעִי, Neh 8,2, vgl. auch Neh 7,72b) versammelt sich das Volk zur grossen Toraverlesung durch Esra (vgl. Neh 7,72b–8,12).[130] Wie in Esr 3,1 bei der Beschreibung der Geschehnisse im siebten Monat, wird auch in Neh 8,1 die Wendung, dass sich das Volk wie ein Mann (כְּאִישׁ אֶחָד) versammelt, verwendet. Nach der Toraverlesung ans ganze Volk versammeln sich am zweiten Tag (בַיּוֹם הַשֵּׁנִי) die Stammhäupter (הָאָבוֹת לְכָל־הָעָם), die Priester und Leviten bei Esra, um Einsicht in die Worte der Tora zu erhalten (לְהַשְׂכִּיל אֶל־דִּבְרֵי הַתּוֹרָה, Neh 8,13). Da entdecken die Ältesten die Beschreibung von Sukkot im Gesetz (Neh 8,14):

> וַיִּמְצְאוּ כָּתוּב בַּתּוֹרָה אֲשֶׁר צִוָּה יְהוָה בְּיַד־מֹשֶׁה אֲשֶׁר יֵשְׁבוּ בְנֵי־יִשְׂרָאֵל בַּסֻּכּוֹת בֶּחָג בַּחֹדֶשׁ הַשְּׁבִיעִי׃
>
> Da fanden sie in der Tora, die Jhwh durch Mose geboten hatte, geschrieben, dass die Söhne Israel am Fest im siebten Monat in Laubhütten wohnen sollten.

Der Schriftbezug wird mit כָּתוּב בַּתּוֹרָה zum Ausdruck gebracht. Von den Stellen im Pentateuch, welche das Laubhüttenfest erwähnen (Ex 23,16; 34,22; Lev 23,33–36.39–43; Num 29,12–38 und Dtn 16,13–15), wird es nur in Lev 23,34 (und Num 29,12) auf den siebten Monat datiert. Auch das Gebot, in Hütten zu wohnen, findet sich nur in Lev 23,42, die Erwähnung eines achten Festtages (Neh 8,18) in Lev 23,36.39 (sowie in Num 29,35).[131] Nur in Lev 23,40 werden wie in Neh 8,15 verschiedene Arten von Zweigen aufgelistet, was unterstreicht, dass Neh 8 am meisten Gemeinsamkeiten mit Lev 23 aufweist.

---

129 S.o. III.1.2.3.

130 Dies ist das Datum des Festes des Lärmblasens, s.o. III.2.1.1. Das Fest wird nicht explizit erwähnt, doch wird darauf hingewiesen, dass der Tag heilig ist (Neh 8,11).

131 Zum Überblick über die Stellen zu Sukkot vgl. auch Rudolph, *Esra und Nehemia*, 150f.

Der Schriftbezug כָּתוּב בַּתּוֹרָה wirft zugleich Fragen auf. Die Schilderung des Festes konzentriert sich gänzlich auf die Laubhütten. In V.15 wird beschrieben, dass verschiedene Zweige gesammelt werden sollen, um die Hütten nach Vorschrift zu errichten (לַעֲשֹׂת סֻכֹּת כַּכָּתוּב), auch V.17 konzentriert sich auf den Bau der Hütten. Die Opfer, die in Lev 23,36 summarisch, in Num 29,13–28 genauestens beschrieben werden, werden in Neh 8 mit keinem Wort erwähnt. Eine mögliche Erklärung dafür könnte sein, dass in Neh 8,15–17 die Arbeit des Volkes beim Vorbereiten des Laubhüttenfestes das Thema bildet und die Opfer nicht Aufgabe des Volkes waren.[132] Die Beschreibung des Laubhüttenfestes steht im Kontext des Treffens der Leiter des Volkes, die sich Einsicht in die Tora wünschen (Neh 8,13). Neh 8 schweigt auch über die Herbeischaffung der Ernteerträge (vgl. Lev 23,39 sowie Ex 23,16; 34,22). Weil es sich bei Sukkot um ein Erntefest handelt, könnte dieser Aspekt des Festes vorausgesetzt sein[133] und der Bericht konzentriert sich «only on that aspect of the Law that had not previously been observed».[134]

Das Proklamieren des Festes (V.15) kann nicht direkt aus den Anweisungen zum Laubhüttenfest in Lev 23,33–36.39–43, wohl aber aus Lev 23,2.4 abgeleitet werden, wo gesagt wird, die Feste sollen ausgerufen werden.[135] Die Konzentration des Laubhüttenfestes auf Jerusalem (V.16) kann nicht von Lev 23, sondern nur von Dtn 16,15 her begründet werden, wo klar gesagt wird, das Fest sei an der Stätte, die Jhwh erwählen wird (בַּמָּקוֹם אֲשֶׁר־יִבְחַר יְהוָה), abzuhalten. Dies zeigt, dass die Schilderung des Laubhüttenfestes in Neh 8 zwar in erster Linie von Lev 23 abhängig, doch auch von Dtn 16 beeinflusst ist. Williamson spricht vom exegetischen Prinzip «Scripture interpreting Scripture», das die Exegese Esras beeinflusst. Das Versende von V.15 mit dem Hinweis כַּכָּתוּב in Bezug auf den Bau der Laubhütten zeige deutlich, «that the words spoken are not intended as a literal quotation from the law, but are a summary of its contents».[136]

Im Zusammenhang mit der exegetischen Praxis können die erwähnten vier Arten von Zweigen in Neh 8,15 genauer untersucht werden. Mit den Zweigen sollen Laubhütten gemacht werden, wie geschrieben steht (לַעֲשֹׂת סֻכֹּת כַּכָּתוּב, Neh 8,15). Doch in Lev 23,40 wird nichts darüber gesagt, was mit den Zweigen geschehen soll, sondern die Tatsache, dass neben den

---

132 So Williamson, der sagt, die Opfer würden nicht erwähnt «because they are not relevant to the theme of the laity's reception of and response to the Law», Williamson, *Ezra, Nehemiah*, 295.

133 So erklärt es Williamson: «[S]ince this feast was a celebration of harvest, it had long been the practice to bring fruit to the ceremony.» (Ibid.)

134 Ibid.

135 Vgl. – auch zu den folgenden Erläuterungen – ibid.

136 Ibid.

Zweigen auch Früchte erwähnt werden, schliesst die Verwendung der Zweige zum Bau der Laubhütte geradezu aus.[137] Spätere Quellen (vgl. 2Makk 10,7[138], Josephus[139] und Talmud[140]) belegen, dass die vier Arten als Strauss in der Hand getragen wurden.[141] Weil aber in Lev 23,40 nicht näher bestimmt wird, was mit den vier Arten zu tun sei und der Text im Anschluss (Lev 23,42) von der Anfertigung der Laubhütten spricht, hat gemäss Blenkinsopp «the Ezra seminar» daraus gefolgert, die Zweige seien zum Bau der Laubhütten zu verwenden.[142] Dass die Arten von Zweigen in Neh 8,15 nicht mit denjenigen in Lev 23,40 identisch sind, kann verschiedene Gründe haben. Williamson geht davon aus, dass hier nicht dieselben Zweige wie in Lev 23,40 Verwendung finden, da diese zum Anfertigen der Laubhütten gesucht werden.[143] Der Gebrauch von כַּכָּתוּב am Versende bezieht sich nicht auf die Art und Weise der Anfertigung der Hütten mit Hilfe der Zweige, sondern auf die grundlegende Vorschrift, für das Fest Hütten anzufertigen.[144] Es wäre zu überlegen, ob hier in Neh 8,15 im Sinn einer frühjüdischen Exegese eine Neuinterpretation von Lev 23,40 vorliegt. Ulfgard erwägt ebenfalls die Möglichkeit, dass die Unterschiede zwischen Neh 8,15 und Lev 23,40 «the result of a continuing exegetical word by which new laws concerning the building of the festal booths were created out of the Pentateuchal tradition»[145] darstellen könnten.

---

137 Vgl. Rudolph, *Esra und Nehemia*, 151.

138 «Sie trugen laubumwundene Stäbe und schöne Zweige und Palmwedel [...].»

139 Vgl. JosAnt, 3,245: «Und wenn sie [...] acht Tage lang ein Fest feiern, [...] und Büschel von Myrten-, Weiden-, Palmen- und Pfirsichzweigen in den Händen tragen.» JosAnt, 13,372: «Es ist nämlich bei den Juden Gebrauch, dass am Laubhüttenfest jedermann Palm- und Zitronenzweige mitbringt, wie ich bereits an anderer Stelle erwähnt habe.»

140 Suk. 4,1–7.

141 Vgl. dazu auch Blenkinsopp, *Ezra-Nehemiah*, 291f.; Rudolph, *Esra und Nehemia*, 121; Williamson, *Ezra, Nehemiah*, 294.

142 Vgl. Blenkinsopp, *Ezra-Nehemiah*, 292.

143 «The present proclamation is dealing with materials for the making of booths, and thus need not be expected to correspond with the separate stipulations concerning produce for the festival.» Williamson, *Ezra, Nehemiah*, 295.

144 So Keil, *Chronik, Esra, Nehemia und Esther*, 555. Gegen Rudolph, *Esra und Nehemia*, 151.

145 Ulfgard, *Sukkot*, 134. Ulfgard verweist dabei auf Blenkinsopp, *Ezra-Nehemiah*, 291f; Fishbane, *Biblical interpretation*, 109–111. Anderer Ansicht ist Choi, der in seiner Untersuchung von der Beobachtung ausgeht, «that a number of biblical texts contain points of detail that are at odds with the Pentateuch», John M. Choi, *Traditions at Odds. The Reception of the Pentateuch in Biblical and Second Temple Period Literature*, Library of Hebrew Bible/Old Testament Studies, New York: T & T Clark, 2010, 238. Er betont die Unterschiede zwischen Neh 8,15f. und Lev 23,40, vgl. ibid., 84f.

Solche Aktualisierungen sind an anderen Stellen im Esra-Nehemia-Buch zu beobachten.[146] Ob eine Rekonstruktion der exegetischen Vorgänge möglich ist, ist aber eher fraglich.[147] Auch Ulfgard rät zu Zurückhaltung mit Erklärungsversuchen.[148]

Nachdem in Neh 8,16 von der Anfertigung der Laubhütten die Rede war[149], beschreibt V.17 die Feier des Festes:

---

146 S.o. zu Neh 10 in II.2.2.3.

147 Die Palmzweige (כַּפֹּת תְּמָרִים, Lev 23,40; עֲלֵי תְמָרִים, Neh 8,15) und die Zweige vom Baum Abot (עֲנַף עֵץ־עָבֹת, Lev 23,40; עֲלֵי עֵץ עָבֹת, Neh 8,15) kommen an beiden Stellen vor. Die anderen Arten müssten einander zugeordnet werden können. Dass die Myrtenzweige (עֲלֵי הֲדַס, Neh 8,15) aufgrund der Ähnlichkeit des Wortes mit den Früchten schöner Bäume (פְּרִי עֵץ הָדָר, Lev 23,40) korrespondieren, ist eher unwahrscheinlich. Vielmehr müssten die schönen Bäume, die Früchte tragen, den Ölbaumzweigen (עֲלֵי־זַיִת und עֲלֵי־עֵץ שֶׁמֶן) in Neh 8,15 entsprechen. In עֵץ שֶׁמֶן, was oft mit wilder Ölbaum übersetzt wird, müsste wohl eher eine Pinie oder Zypresse gesehen werden, vgl. Blenkinsopp, *Ezra-Nehemiah*, 290, 292; Clines, *Ezra, Nehemiah, Esther*, 187. Falls aber Ölbaumzweige mit den Früchten schöner Bäume korrespondieren (obwohl es dann nicht mehr um die Früchte, sondern ebenfalls um die Äste geht), würden die Myrtenzweige (עֲלֵי הֲדַס) in Neh 8,15 den Bachweidenzweigen (עַרְבֵי־נָחַל) in Lev 23,40 entsprechen. Das wäre dann interessant, wenn z.Zt. Esras unklar gewesen wäre, was mit den «Zweigen des Bachtals» (עַרְבֵי־נָחַל) gemeint sein könnte, denn Myrten wuchsen tatsächlich in den Tälern um Jerusalem. Von der Myrthe gilt: «Besonders häufig ist sie in Wassernähe (Sach 1,8), doch findet man sie auch noch bis in 1000m Höhe, in den Tälern um Jerusalem und in der Jordanebene.» (Fritz Rienecker/Gerhard Maier, *Lexikon zur Bibel*, Wuppertal: Brockhaus Verlag, 6. Aufl. 1994, 1108.) So könnte es denkbar sein, dass als עַרְבֵי־נָחַל Myrthenzweige gewählt wurden. Falls die Früchte schöner Bäume als Ölbaumzweige und die Myrthenzweige als geeignete «Zweige des Bachtals» beim Suchen von Ästen für den Bau der Laubhütten z.Zt. Esras interpretiert wurde, wäre es ein schönes Beispiel einer frühjüdischen Exegese. Nur ist diese Interpretation höchst unsicher und die spätere Entwicklung unterstützt diese Auslegung ebenfalls nicht, da sich sowohl der Myrten- als auch der Weidenzweig als Teil der «vier Arten» etablierte, vgl. Israel Meir Lau/Schaul Meislisch, *Wie Juden leben. Glaube, Alltag, Feste*, Gütersloh: Gerd Mohn, 1988, 202. Ulfgard weist hingegen darauf hin, dass die in Neh 8 beschriebene Praxis sowieso nicht «normative within the dominating current of Judaism» wurde, vgl. Ulfgard, *Sukkot*, 134.

148 «In my own opinion the tension between Lev and Neh cannot and should not be explained away.» (Ulfgard, *Sukkot*, 134.)

149 Zur Konzentration auf Jerusalem und im Hinblick auf die Rolle des Tempels sagt Häusl: «Die weitere Erzählung richtet ihren Fokus jedoch auf die Beschreibung des Festes in Jerusalem. Auffällig ist dabei, dass für keine der Handlungen in Neh 8,9–18 der Tempel eine Rolle spielt. Damit korrespondiert, dass anders als beim Laubhüttenfest in Esr 3,4 oder beim Pascha in Esr 6,19–22 keinerlei Opferhand-

וַיַּעֲשׂוּ כָל־הַקָּהָל הַשָּׁבִים מִן־הַשְּׁבִי סֻכּוֹת וַיֵּשְׁבוּ בַסֻּכּוֹת כִּי לֹא־עָשׂוּ מִימֵי יֵשׁוּעַ
בִּן־נוּן כֵּן בְּנֵי יִשְׂרָאֵל עַד הַיּוֹם הַהוּא וַתְּהִי שִׂמְחָה גְּדוֹלָה מְאֹד׃

Und die ganze Gemeinde derjenigen, die aus aus der Gefangenschaft zurückgekehrt waren, machten Hütten und wohnten in den Hütten. Denn seit den Tagen Josuas, des Sohnes Nuns, hatten es die Söhne Israel nicht so gemacht bis zu jenem Tag. Und es herrschte eine sehr grosse Freude.

Der Verweis auf Josua im Zusammenhang mit dem Laubhüttenfest ist entscheidend. Interessanterweise wird Josua hier nicht wie sonst üblich als יְהוֹשֻׁעַ, sondern das einzige Mal im AT als יֵשׁוּעַ bezeichnet, so wie in Esra-Nehemia[150] auch der Priester Jeschua genannt wird.[151] Mit dem Zusatz בִּן־נוּן wird aber klar, dass Josua gemeint ist. Sara Japhet hat in ihrem Periodisierungsmodell die Generation von Esra und Nehemia mit der Josuageneration verglichen (s.o.). Bei der Feier des Laubhüttenfestes findet tatsächlich ein expliziter Bezug zu Josua statt.[152] Im Buch Josua findet sich keine Schilderung des Laubhüttenfestes (s.o.). So muss der Hinweis auf Josua «programmatically rather than literally» gesehen werden, wie Blenkinsopp es ausführt: «It implies a correspondence between Ezra's aliyah and the exodus from Egypt, and between return to the homeland of the deportees and Joshua's occupation of the land.»[153] An den Exodus erinnert die Bezeichnung der Rückkehrergemeinde als «diejenigen, die aus der Gefangenschaft zurückgekehrt waren» (הַשָּׁבִים מִן־הַשְּׁבִי).[154] Die Frage ist, was seit den Tagen Josuas am Laubhüttenfest nicht mehr so gefeiert wurde. Das Fest selber war in Israel etabliert und wurde regelmässig gefeiert (vgl. z.B. Ri 21,19; 1Sam 1,3; 1Kön

---

lungen erwähnt werden. Zentral ist vielmehr das Verlesen der Tora, das in Neh 8,9–12 allein Anlass für einen Heiligen Tag ist.» (Häusl, *Feste feiern*, 243.)

150 Vgl. die Verwendung von יֵשׁוּעַ in Esra-Nehemia: Esr 2,2.6.36.40; 3,2.8f.; 4,3; 8,33; 10,18; Neh 3,19; 7,7.11.39.43; 8,7.17; 9,4f.; 10,10; 11,26; 12,1.7f.10.24.26.

151 Vgl. Rudolph, *Esra und Nehemia*, 150.

152 Gegen die Ansicht von Häusl, dass nicht auf die Zeit Josuas angespielt wird: «Es scheint mir auch wenig wahrscheinlich, dass geschichtstheologisch auf die Wüstenwanderung angespielt ist (Lev 23,43). Josua ist nicht der Führer in der Wüste.» Hingegen sind ihre Überlegungen zu Dtn 31 sehr interessant: «Es ist vielmehr nach einer Verknüpfung der Einhaltung der Toravorschriften für das Laubhüttenfest und der Figur des Josua zu suchen, denn schließlich liegt der Fokus auf der toragemäßen Feier des Laubhüttenfestes. In Dtn 31,1–8 geht die Berufung des Josua unmittelbar der Verordnung voraus, dass die Tora in jedem siebten Jahr zum Laubhüttenfest zu lesen ist (Dtn 31,9–13). Josua wird so neben Mose zum Garanten für die Umsetzung der Tora und der richtigen Feier des Laubhüttenfestes.» (Häusl, *Feste feiern*, 245.)

153 Blenkinsopp, *Ezra-Nehemiah*, 292.

154 Vgl. Williamson, *Ezra, Nehemiah*, 296.

8,2.65; Hos 12,9; Sach 14,3 und auch Esr 3,4). Auch die Konzentration auf Jerusalem kann nicht neu sein und könnte nicht «seit den Tages Josuas» nicht mehr so gefeiert worden sein.[155] Die Aussage muss sich auf die Laubhütten beziehen, die in Neh 8 ausführlich beschrieben werden. Blenkinsopp denkt, das Neue sei die Verwendung der verschiedenen Arten von Zweigen für die Konstruktion der Sukka gewesen.[156] Williamson ist der Ansicht, dass die Laubhütten früher wohl eher im Zusammenhang mit dem Ernteaspekt des Festes gedeutet wurden. Jetzt wurde aber ihre Bedeutung im Sinn der historischen Bedeutung für Israel neu eingeführt: «For the first time in centuries (in the author's view, at any rate), they were erected in Jerusalem as a reminder of the wilderness wanderings.»[157] Dieser Vorschlag scheint mir plausibel zu sein. Es geht um den historischen Bezug von Exodus und Landnahme.

In diesem Zusammenhang ist die Lesung der Tora von Bedeutung, auf die Neh 8,18 verweist:

וַיִּקְרָא בְּסֵפֶר תּוֹרַת הָאֱלֹהִים יוֹם בְּיוֹם מִן־הַיּוֹם הָרִאשׁוֹן עַד הַיּוֹם הָאַחֲרוֹן
וַיַּעֲשׂוּ־חָג שִׁבְעַת יָמִים וּבַיּוֹם הַשְּׁמִינִי עֲצֶרֶת כַּמִּשְׁפָּט׃

> Und er las aus dem Buch der Tora Gottes Tag für Tag vor, vom ersten Tag bis zum letzten Tag. Und sie feierten das Fest sieben Tage lang. Und am achten Tag war eine Festversammlung nach der Verordnung.

Mit diesem Vers schliesst die Schilderung des Laubhüttenfestes in Neh 8. Im Hintergrund steht die in Dtn 31,9–13 geforderte Toralesung im Rahmen des Laubhüttenfestes im Sabbatjahr. Aufgrund von Neh 8,18 kann nicht gesagt werden, ob der Autor davon ausging, dass es sich in diesem Jahr tatsächlich um ein Sabbatjahr handelte, oder ob die Toralesung Teil der jährlichen Feier wurde.[158] Der Hinweis auf Josua (V.17) und die Verbindung zu Dtn 31 (V.18) bestätigt auf jeden Fall die oben dargelegte These der Parallelsetzung der Zeit Esras und Nehemias mit der Landnahmegeneration.

Der Abschnitt über Sukkot in Neh 8 endet mit der Erwähnung der Festversammlung am achten Tag (בַּיּוֹם הַשְּׁמִינִי עֲצֶרֶת), die nach Verordnung (כַּמִּשְׁפָּט) abgehalten wurde. Die Festversammlung am achten Tag wird in Lev 23,36.39 und Num 29,35–38 angeordnet. Die Verwendung des seltenen

---

155 Vgl. ibid.
156 Blenkinsopp, *Ezra-Nehemiah*, 292f.
157 Williamson, *Ezra, Nehemiah*, 296.
158 Vgl. dazu Blenkinsopp, *Ezra-Nehemiah*, 293; Williamson, *Ezra, Nehemiah*, 297.

Wortes עֲצֶרֶת (Feiertag, Festversammlung[159]) zeigt die Abhängigkeit von diesen Stellen.[160]

Die Feier des Laubhüttenfestes ist geprägt von Freude, wie das Ende von Neh 8,17 zeigt (וַתְּהִי שִׂמְחָה גְּדוֹלָה מְאֹד). Das Motiv der Freude wird auch im vierten im Esra-Nehemia-Buch beschriebenen Fest aufgenommen und noch einmal gesteigert: im Mauerweihfest.

2.1.4 Nehemia 12: Mauerweihfest

Das Mauerweihfest gehört zwar nicht zum liturgischen Festkalender und spielt für die Überlegungen zum liturgischen Jahr in Esra-Nehemia eine untergeordnete Rolle. Dennoch soll an dieser Stelle kurz darauf eingegangen werden.

Die Mauer, deren Fertigstellung schon in Neh 7 berichtet wird, wird erst in Neh 12 eingeweiht. Die Einweihungsfeier der Mauer (חֲנֻכַּת חוֹמַת יְרוּשָׁלַםִ, Neh 12,27) ist als weiteres Fest in Esra-Nehemia beschrieben. Die Leviten werden aufgefordert, die Einweihung als Freudenfest zu begehen (חֲנֻכָּה וְשִׂמְחָה, V.27). Nachdem die Leviten (V.27) und Sänger (V.28) sich in Jerusalem versammelt haben, reinigen die Priester und Leviten sich selbst, das Volk, die Tore und die Mauer (V.30). Nehemia stellt zwei Dankchöre auf die Mauer (V.31), die in entgegengesetzter Richtung die Mauer abschreiten. Esra (in V.36 erwähnt) leitet den Chor, der zur Rechten zieht, während Nehemia («ich» in V.38) den Chor zur Linken begleitet. Markante Punkte werden jeweils aufgezählt (V.37 bzw. V.39). Beide Chöre treffen sich beim Tempel (V.40). Es wird laut gesungen (V.42) und es werden grosse Opfer dargebracht (V.43). Die Festbeschreibung endet mit einer Betonung der grossen Freude (V.43):

> וַיִּזְבְּחוּ בַיּוֹם־הַהוּא זְבָחִים גְּדוֹלִים וַיִּשְׂמָחוּ כִּי הָאֱלֹהִים שִׂמְּחָם שִׂמְחָה גְדוֹלָה וְגַם הַנָּשִׁים וְהַיְלָדִים שָׂמֵחוּ וַתִּשָּׁמַע שִׂמְחַת יְרוּשָׁלַםִ מֵרָחוֹק׃
>
> Und sie opferten an jenem Tag grosse Schlachtopfer und freuten sich, denn Gott hatte ihnen grosse Freude gegeben; und auch die Frauen und die Kinder freuten sich; und die Freude Jerusalems war weithin zu hören.

Das Motiv der Freude steht schon zu Beginn der Feier, wo in Neh 12,27 die Einweihung der Mauer (חֲנֻכַּת חוֹמַת יְרוּשָׁלַםִ) mit einer Einweihung in Freude (חֲנֻכָּה וְשִׂמְחָה) verbunden wurde und die Leviten aufgefordert werden, das

[159] Vgl. HAL, 825. Die Bedeutung ist aber «umstritten», vgl. D. P. Wright/Jacob Milgrom: Art. עצר, ThWAT VI, 1989, 333–338, 336.

[160] עֲצֶרֶת erscheint im Pentateuch nur in Lev 23,36 und Num 29,35 zur Bezeichnung der Festversammlung im Rahmen des Laubhüttenfestes am achten Tag und in Dtn 16,8 zur Festversammlung am siebten Tag des Pessachfestes.

Fest mit Lobliedern, Gesang und Zimbeln, Harfen und Zithern zu begehen. Am Schluss der Feier (V.43) wird das Motiv wieder aufgegriffen, wo die Freude in fünf Ausdrücken in demselben Vers zum Ausdruck kommt.[161] Auch sonst wird die Freude im Esra-Nehemia-Buch immer wieder erwähnt: bei der Grundsteinlegung des Tempels (Esr 3,12f.), bei der Einweihung des Tempels (Esr 6,16) und dem anschliessenden Pessachfest (Esr 6,22), bei der Toraverlesung (Neh 8,10) und dem anschliessenden Laubhüttenfest (Neh 8,17). Neh 12,43 bildet aber die Klimax der Freude im ganzen Esra-Nehemia-Buch. Auch Frauen und Kinder freuen sich mit. Dass die Freude weithin hörbar war, wird schon in Esr 3,13 geschildert (עַד־לְמֵרָחוֹק in Esr 3,13, מֵרָחוֹק in Neh 12,43). Dort ist aber der Schall der Freude der einen noch mit dem Weinen der anderen durchsetzt.[162] Hier aber in Neh 12,43 kommt die Freude zu einem Höhepunkt.

Der Bericht über dieses letzte Fest in Esra-Nehemia ist auf unterschiedliche Art und Weise mit anderen Texten im Buch verknüpft, am stärksten mit dem Mauerbaubericht in Neh 3.[163] Ich werde im letzten Kapitel im Zusammenhang mit dem Mauerbau darauf zurückkommen.[164]

2.2 Die Bedeutung des Festkalenders in Esra-Nehemia

2.2.1 Heilige Zeiten – Heilige Feste

Häusl bemerkt zur Tatsache, dass Schlüsselereignisse im Esra-Nehemia-Buch mit einem Fest oder einer Feier verbunden werden: «Feste und Feiern werden also im Buch Esra/Nehemia an exponierten Positionen, oftmals als Abschluss eines Erzählzusammenhanges erwähnt und besitzen daher eine wichtige Bedeutung für die kompositorische Anlage des Buches.»[165] Das erste erwähnte Fest (Sukkot) wird nach der Errichtung des Altars in Esr 3,4 geschildert. Die weiteren drei oben beschriebenen Feste bilden jeweils den Abschluss eines Erzählzusammenhanges, wie Häusl zu Recht konstatiert.

Das Pessachfest bildet den Abschluss des ersten Buchteils (Esr 1–6), das den Tempelbau schildert. Die Erlaubnis der Rückkehr durch das Kyrusedikt (Esr 1,1–4) eröffnet diesen ersten Erzählstrang. Nach anfänglichen Erfolgen beim Tempelbau schildert Esr 4 Widerstände von aussen, durch das Volk des Landes (עַם־הָאָרֶץ, Esr 4,4). Als dieses mit der Strategie, beim Tempelbau mitzubauen (Esr 4,2), keinen Erfolg hat, versucht es, die Rückkehrer vom Bau abzuschrecken (Esr 4,4). Es werden Ratgeber (יוֹעֲצִים, Esr 4,5) gegen das

161 Vgl. Williamson, *Ezra, Nehemiah*; McConville, *Ezra, Nehemiah, and Esther*, 142.
162 Vgl. Williamson, *Ezra, Nehemiah*, 376.
163 Vgl. dazu Häusl, *Feste feiern*, 247.
164 S.u. V.2.2.
165 Häusl, *Feste feiern*, 231.

Bauprojekt mobilisiert und schliesslich mit dem Schreiben an den König rechtliche Schritte gegen den Tempelbau unternommen, die das Projekt zum Stillstand bringen (Esr 4,6–24). Um diese rechtlichen Schritte zu schildern, verwendet das Esra-Nehemia-Buch anachronistisches Material aus der Zeit von Xerxes (Esr 4,6) und Artaxerxes (Esr 4,7–23).[166] Im zweiten Jahr des Darius (Esr 4,24) erfolgt durch das Auftreten Haggais und Sacharjas (Esr 5,1f.) die Wiederaufnahme der Tempelbauarbeiten. Der Tempel wird eingeweiht (Esr 6,17) und zur Einweihung wird Pessach gefeiert (Esr 6,19–22). Mit der Schilderung von Pessach wird der erste Erzählstrang und gleichzeitig der erste Buchteil abgeschlossen.

Die beiden Erzählstränge der Missionen Esras und Nehemias sind im zweiten Buchteil (Esr 7 – Neh 13) ineinander verwoben.[167] Dennoch ist dasselbe theologische Muster zu beobachten. Am Beginn der Esraerzählung steht wiederum ein königliches Edikt, das Edikt von Artaxerxes (Esr 7,12–26), das die Mission Esras legitimiert. Die Herausforderungen kommen diesmal nicht von aussen, sondern durch die Mischehenproblematik (Esr 9–10) von innen. Esra löst die Mischehen auf und garantiert so die Existenz der israelitischen Gemeinde. Der Gemeinde wird in Neh 8 die Tora vorgelesen, was den Höhepunkt dieses Erzählstranges bildet. Im Anschluss an die Toralesung wird das Laubhüttenfest gefeiert (Neh 8,14–18). Zu Beginn der Mission Nehemias steht zwar kein Edikt, stattdessen aber die Befugnis durch Artaxerxes (Neh 2,8). Die Herausforderungen beim Mauerbau kommen diesmal sowohl von aussen als auch von innen.[168] In der Gefahr von aussen ist eine ähnliche Steigerung zu beobachten wie in Esr 1–6. Zunächst spotten die Gegner (vgl. Neh 2,19; 3,33–35), dann beschliessen sie, gegen Jerusalem zu kämpfen (לְהִלָּחֵם בִּירוּשָׁלָ֫ם, Neh 4,2), sodass das Mauerbauprojekt mit Waffengewalt verteidigt werden muss (Neh 4,10–12). In Neh 6,1–4 wird versucht, Nehemia zu überlisten, in Neh 6,5–9 wird Nehemia verleumdet, in Neh 6,10–14 soll Nehemia durch Einschüchterung «into the trap of cultic trespass»[169] geführt werden, indem er im Tempel Zuflucht sucht, und so sein Ansehen verlieren. Gleichzeitig muss sich Nehemia nach innen gegen die Gefahr der sozialen Ungerechtigkeit durchsetzen (Neh 5,1–3). Schliesslich wird die Mauer dennoch vollendet (Neh 6,15) und in einer feierlichen Pro-

---

166 S.o. zu Esr 9,9 in II.2.1.2.

167 Zum Ich-Bericht Esras und Nehemias s.o. in I.2.2.2. An dieser Stelle geht es um die theologische Linie der Erzählstränge und nicht um kompositorische Fragestellungen.

168 Vgl. den «theologischen Aufbau» bei Vom Orde, *Esra und Nehemia*, 29.

169 So Williamson, *Ezra, Nehemiah*, 260. Nehemia befand sich nicht in einer Lage, die ihn berechtigt hätte, im Tempel Zuflucht zu suchen (vgl. Ex 21,13f.).

zession eingeweiht (Neh 12,27–43). Mit dem Fest der Einweihung der Stadtmauer ist der Höhepunkt dieser drei Erzählstränge erreicht.[170]

Die Feste in Esra-Nehemia stehen also an exponierten Positionen. «Welche Bedeutung den Festen aber für das Identitätskonzept in Esra/Nehemia zukommt», fragt sich Häusl, eine Frage, die «bisher noch nicht eingehend untersucht» wurde.[171] Als Ergebnis ihrer Untersuchung stellt sie fest, dass Feste als «Heilige Zeiten»[172] im Buch aufgenommen werden. Die Freude sieht sie als inhaltliches Element, das die Feste verbindet: «Das die Festtexte verknüpfende inhaltliche Element ist in der Festfreude zu erblicken, wobei die Festfreude beim ersten und letzten Fest besonders hervorgehoben ist.»[173] Für Häusl stehen im Zentrum von Esra-Nehemia zwei «Doppelfeste»: In Esr 6,16–22 wird das Einweihungsfest des Tempels mit dem Pessach/Mazzot-Fest und in Neh 8,9–18 das Freudenfest zur Toralesung mit dem Laubhüttenfest verbunden. Diese beiden Doppelfeste werden von zwei einmaligen Festen zur Einweihung des Tempels (Esr 3,10–13) und der Stadtmauer (Neh 12,27–43) umrahmt. Mit den vier Festen verbindet Häusl vier theologische Topoi: Tempel (Esr 3,10–13), Opferdienst (Esr 6,16–22), Toralesung (Neh 8,9–18) und Stadt (Neh 12,27–43).[174] Im Anschluss an Christiane Karrer-Grube sieht Häusl im Opferdienst und in der Toralesung die «beiden Innenaspekte von Gemeinwesen» und im Tempel und der Stadt die «Außenaspekte» derselben.[175] So können die vier «theologischen Elemente» Tempel, Opferdienst, Toralesung und Stadt «als konstitutiv für das Identitätskonzept des Buches Esra/Nehemia angesehen werden».[176] Die Feste dienen im Esra-Nehemia-Buch besonders dazu, identitätsstiftende Momente zu schützen, und haben somit «eine ordnende und stabilisierende Funktion, indem sie die zentralen Elemente der neuen Ordnung hervorheben».[177]

---

170 Gunneweg, der auf ähnliche Art und Weise im Esra-Nehemiabuch zwischen Esr 1 und Neh 8 drei «Akte» nachzeichnet (dazu s.o. I.2.1), sagt: «Am Ende eines jeden Aktes ist ein Höhepunkt erreicht: Der vollendete Tempel, die reine Gemeinde, der rechte Gottesdienst in der von einer Mauer geschützten Heiligen Stadt.» Nach Neh 9 verschwimmen für ihn aber «die Konturen dieses sonst so scharf gezeichneten Bildes.» (Gunneweg, *Esra*, 31.) Man könnte die Einweihung der Mauer als Abschluss eines «Aktes» noch dazunehmen. Doch Gunneweg hat Recht mit der Aussage, dass dieses Bild verschwimmt. Die rhetorische Pointe ist nicht die Einweihung der Stadtmauer, sondern der gebrochene Bund in Neh 13.

171 Häusl, *Feste feiern*, 231.

172 Vgl. ihre Überschrift «Feste als Heilige Zeiten», ibid., 248.

173 Ibid.

174 Ibid., 248f.

175 Ibid., 249. Sie zit. Karrer, *Ringen um die Verfassung Judas*, 359.

176 Häusl, *Feste feiern*, 249.

177 Ibid.

Die Argumentation von Häusl vermag mich im Detail nicht zu überzeugen. Häusl vernachlässigt in ihrer Zusammenstellung das Laubhüttenfest in Esr 3,4. Es wird zwar durch die Datumsangabe in Esr 3,8 vom Fest der Grundsteinlegung getrennt, steht aber literarisch mit ihm in Verbindung. Ebenso würde es logischer erscheinen, den Opferdienst mit Esr 3 in Verbindung zu bringen, da die Aufnahme des Opferdienstes in Esr 3,2–6 explizit thematisiert wird, während in Esr 6,16–22 im Zusammenhang mit der Einweihung des Tempels das Thema Tempel stärker im Zentrum steht. Doch ist Häusl grundsätzlich zuzustimmen, dass die Feste im Zusammenhang mit den Themen Opfer, Tempel, Toralesung und Stadtmauer stehen und diese Grössen konstitutiv für die nachexilische Gemeinschaft sind.

Häusl bemerkt, dass dort, wo Opfer erwähnt werden, der Tempel und der Altar als Ort des Festes zwar zentral sind, während jedoch beim Laubhüttenfest in Neh 8 und bei der Einweihung der Stadtmauer in Neh 12 die Erwähnung des Tempels eher beiläufig geschieht[178], sodass insgesamt der Tora bei den Festen eine wichtigere Stellung als dem Tempel und den Opfern zukommt:

> Alle Beobachtungen zu den Festen weisen – mit aller Vorsicht – darauf hin, dass weniger der Tempel und der Opferdienst, sondern die Toralesung für das Identitätskonzept des Esra/Nehemiabuches (als Gesamtwerk) zentral ist. Dabei steht nicht die Tora als Gegenstand im Mittelpunkt, sondern das Lesen der Tora, aus dem das Verstehen des Willen [sic] Gottes erwächst. Dem Tag der Toralesung wird deshalb in herausragender Weise Heiligkeit zugesprochen.[179]

Diesen Aussagen kann zugestimmt werden. Eine wichtige Funktion nimmt dabei das liturgische Jahr ein. Häusl erwähnt zwar, dass das Laubhüttenfest in Esr 3,4 und das Pessachfest in Esr 6,19–22 «das gesamte liturgische Jahr» markieren, bei Neh 8 hingegen «nicht der Jahreskreis im Blick» sei, sondern aufgrund der verschiedenen Feste «der siebte Monat als Festmonat hervorgehoben» werde.[180] Häusls Beobachtung, dass mit der dreimaligen Betonung

---

[178] «Beide Feste scheinen das ganze Stadtgebiet Jerusalems zu erfassen, wenn die Hütten, in denen die Menschen während des Laubhüttenfestes wohnen, und die Mauer der Stadt im Mittelpunkt stehen.» (Ibid., 249f.)

[179] Ibid., 250.

[180] Ibid., 249. In diesem Zusammenhang ist die Frage interessant, weshalb der Versöhnungstag in Neh 8 nicht erwähnt wird. Die Argumentation, der Yom Kippur werde im Bussgebet in Neh 9 angedeutet, überzeugt nicht. Williamson sieht es vielmehr im Licht des Fokus von Neh 8, wo die Toralesung im Zentrum steht: «The Day of Atonement bears no close relationship to the reading, teaching, or application of the Law.» (Williamson, *Ezra, Nehemiah*, 293.) Auch Ulfgard betont: «What is described in Neh 9 is then no misplaced Day of Atonement.» (Ulfgard, *Sukkot*, 131.)

der Heiligkeit des Tages der Toraverlesung (Neh 8,9.10.11) diesem Tag eine bedeutende Rolle zukommt, ist richtig. Dennoch wird die Toraverlesung in Verbindung mit dem Laubhüttenfest geschildert. Wenn die Einweihung der Stadtmauer, die nicht mit dem Festkalender in Verbindung gebracht wird, nicht berücksichtigt wird, dann bildet Sukkot den Anfangs- (Esr 3,4) und den Schlusspunkt (Neh 8,14–18) des in Esra-Nehemia geschilderten liturgischen Jahres. Die von Häusl auf Esr 3 und Esr 6 bezogene Aussage, Sukkot und Pessach markierten «das gesamte liturgische Jahr», müsste auf das ganze Esra-Nehemia-Buch bezogen und dazu gesagt werden: Esra-Nehemia schildert einen Durchgang durch das liturgische Jahr von Sukkot in Esr 3 zu Sukkot in Neh 8. Damit lässt sich auch die prominente Rolle der Tora im Zusammenhang des Festkalenders erklären. Sukkot mit dem Hintergrund der in Dtn 31 angeordneten Toralesung hat einen engen Bezug zur Tora. Auf diese Weise bildet Sukkot einen Bogen von den ersten Reformbestrebungen in Esr 3 bis hin zur Verlesung der Tora in Neh 8. Wie bereits erwähnt, steht vor beiden literarischen Einheiten, in denen Sukkot vorkommt, die Heimkehrerliste (Esr 2,1–70; Neh 7,6–72a), die ihrerseits einen Bogen zwischen den beiden Generationen bildet.

Häusl ist der Überzeugung, dass «bei allen Festen explizite, heilsgeschichtliche Erinnerungen oder Deutungen fehlen.» Im Blick auf die Erwähnung des ersten Tempels in Esr 3,12 sieht sie «keine theologische Deutung» und auch der Hinweis auf die Tage von Josua in Neh 8,17 scheinen ihr keine «heilsgeschichtliche Funktion» zu haben.[181] M.E. trifft genau das Gegenteil zu. Auf die Erwähnung des Tempels in Esr 3,12 gehe ich im letzten Kapitel «Wiederherstellung als Wiederaufbau» genauer ein.[182] Meiner Meinung nach ist es, wie oben dargelegt, von grösster heilsgeschichtlicher Relevanz, dass Josua in Neh 8,17 erwähnt wird. Die Zeit Esras und Nehemias wird mit der Josuageneration verglichen.

Zu diesem «retrospective comment»[183] ist es interessant, das Esra-Nehemia-Buch mit den Chronikbüchern zu vergleichen, insbesondere mit den in 2Chr geschilderten Erneuerungsbewegungen unter Hiskia (2Chr 29–31) und Josia (2Chr 34–35). Auch bei Hiskia und Josia spielt das Hören der Tora und das Feiern eines Festes (Pessach) eine wichtige Rolle. Bei der Einweihung des Tempels in 2Chr 3–7 wird, wie in Esr 3 bei der Grundsteinlegung des Tempels, Sukkot gefeiert. Hier ein Vergleich zwischen 2Chr und Esr-Neh[184]:

---

[181] Häusl, *Feste feiern*, 250.
[182] S.u. V.1.
[183] Blenkinsopp, *Ezra-Nehemiah*, 54.
[184] Vgl. dazu ibid., 290.

2Chr:		Esr-Neh:	
Tempeleinweihung (2Chr 5–7)	Sukkot	Altareinweihung (Esr 3)	Sukkot
Abschluss Hiskiareform (2Chr 30)	Pessach	Abschluss Tempelbau (Esr 6)	Pessach
Abschluss Josiareform (2Chr 35)	Pessach	Abschluss Esrareform (Neh 8)	Sukkot

Nach der Pessachfeier unter Hiskia heisst es: «Seit der Zeit Salomos, des Sohnes Davids, des Königs von Israel, war solches in Jerusalem nicht geschehen» (כִּי מִימֵי שְׁלֹמֹה בֶן־דָּוִיד מֶלֶךְ יִשְׂרָאֵל לֹא כָזֹאת בִּירוּשָׁלָם, 2Chr 30,26). Beim Pessach unter Josia lesen wir: «Es ist aber kein Pessach gefeiert worden in Israel wie dieses von der Zeit des Prophcten Samuel an» (וְלֹא־נַעֲשָׂה פֶסַח כָּמֹהוּ בְּיִשְׂרָאֵל מִימֵי שְׁמוּאֵל הַנָּבִיא, 2Chr 35,18). Und schliesslich beim Sukkotfest in Neh 8,17 schreibt der Autor: «Denn seit den Tagen Josuas, des Sohnens Nuns, hatten es die Söhne Israel nicht so gemacht bis zu jenem Tag» (כִּי לֹא־עָשׂוּ מִימֵי יֵשׁוּעַ בִּן־נוּן כֵּן בְּנֵי יִשְׂרָאֵל עַד הַיּוֹם הַהוּא). Blenkinsopp vermerkt zu diesen rückblickenden Verweisen, welche jeweils die epochalen Feste begleiten und die er als «structural feature» bezeichnet: «There is a progression here which is hardly accidental: the later the point in time, the further back the retrospective allusion goes.»[185] Für ihn ist das ein Hinweis auf eine «unitiy of conception», welche beide Geschichtswerke zu einer Geschichte «with its own distinctive point of view and purpose» macht.[186] Dies ist eine Schlussfolgerung, die ich nicht teile. Dennoch ist ein Vergleich an dieser Stelle bereichernd und zeigt, dass diese retrospektiven Kommentare sehr wohl von theologischer Bedeutung sind. Im Esra-Nehemia-Buch wird damit ein Bezug zur Josuageneration hergestellt. Kraus bringt diese Stelle mit 2Kön 23,22 in Verbindung, wo es im Zusammenhang mit der Pessachfeier unter Josia heisst, kein Pessach sei so gehalten worden «seit der Zeit der Richter, die über Israel richteten und in all den Tagen der Könige von Israel und den Königen von Juda» (מִימֵי הַשֹּׁפְטִים אֲשֶׁר שָׁפְטוּ אֶת־יִשְׂרָאֵל וְכֹל יְמֵי מַלְכֵי יִשְׂרָאֵל וּמַלְכֵי יְהוּדָה). Nach Kraus bedeutet der Ver-

185 Ibid., 54.

186 Ibid. Für Blenkinsopp ist gerade Pessach in Esr 6 ein Argument für die Einheit der Bücher Esr-Neh und 1–2Chr: «A final oberservation about structure […] points us in the same direction. The last part of Chronicles is ordered according to movements of renewal and reform following on periods of religious infidelity: Hezekiah after Ahaz, Josiah after Manasseh, both followed by celebration of Passover (2 Chron. 30; 35:1–19). This pattern continues into Ezra 1–6, where the renewal of the cult concludes with celebration of the same festival (6:19–22).» (Blenkinsopp, *Ezra-Nehemiah*, 54.)

weis in Neh 8,17, dass Esra das Fest «in der ursprünglichen Gestalt» feiern möchte.[187] Die Erwähnung Josuas bedeutet aber mehr, denn im Hinblick auf das Periodisierungsmodell von Sara Japhet ist es theologisch bedeutsam, dass in die Josuazeit verwiesen wird. Die Zeit Esras und Nehemias wird mit der Zeit der Landnahmegeneration verglichen. Dieser Hinweis auf die Josuageneration geschieht im Zusammenhang mit Sukkot und mit der Toralesung in Neh 8. Im Folgenden kommt nun die spezielle Bedeutung von Sukkot in Esra-Nehemia und anschliessend die Toralesung in Neh 8 zur Sprache.

2.2.2 Die Bedeutung von Sukkot in Esra-Nehemia

Dass das Laubhüttenfest in der Zeit der Restauration eine wichtige Rolle spielt, zeigt auch die Tatsache, dass Haggai (חַגַּי), dessen Name «Feste» bedeutet, seine Botschaft anlässlich eines Laubhüttenfestes verkündigte (vgl. Hag 2,1).[188] Im Hinblick auf die Bedeutung von Sukkot ist die Untersuchung von Håkan Ulfgard hilreich.[189] Für Ulfgard ist Sukkot in beiden Fällen, in denen es in Esra-Nehemia erwähnt wird, mit zentralen Ereignissen in der Schilderung der Wiederherstellung des jüdischen Lebens im nachexilischen Jerusalem verbunden: in Esr 3 mit der Neuaufnahme des Opferdienstes (Ulfgard spricht von «resumption of worship in the temple») und in Neh 8 mit der Toralesung unter Esra. So sind die beiden Aspekte «restored temple worship» und «renewed Jewish existence under the authority of the *torah*» mit Sukkot verbunden.[190] Für ein Verständnis der Stellen muss «the larger context of the content and ideology» von Esra-Nehemia betrachtet werden.[191] Im grösseren

---

187 Vgl. Hans-Joachim Kraus, *Gottesdienst in Israel. Grundriss einer Geschichte des alttestamentlichen Gottesdienstes*, München: Kaiser, 2. bearb. Aufl. 1962, 83. Er sieht im Hinweis auf Josua in Neh 8,17 eine «Kombination» von Lev 23,43 und 2Kön 23,22.

188 Diese Tatsache betont Kraus, ibid., 269. Für Mowinckel hatte das Fest schon in der Exilszeit grosse Bedeutung. Für ihn war das Laubhüttenfest das «Hauptfest des Jahres, das ‹Fest Jahwes› schlechthin», vgl. Sigmund Mowinckel, *Religion und Kultus*, Göttingen: Vandenhoeck & Ruprecht, 1953, 58. Ausgehend von seiner These des Thronbesteigungsfestes ging er davon aus, dass das Laubhüttenfest Israel gerade in Zeiten des Exils Mut gab im Bewusstsein, dass Gott seinen Bund nicht vergessen hat, vgl. ibid., 79f.

189 Ulfgard, *Sukkot*. Die Studie von Karl William Weyde geht nicht näher auf Neh 8 ein, obwohl er im zweiten Teil seiner Arbeit zu Lev 23 «Other Biblical Texts» untersucht, vgl. Karl William Weyde, *The Appointed Festivals of YHWH. The Festival Calendar in Leviticus 23 and the sukkôt Festival in Other Biblical Texts*, FAT 2/4, Tübingen: Mohr Siebeck, 2004.

190 Ulfgard, *Sukkot*, 108.

191 Ibid.

Zusammenhang wird Esra als «Mose-ähnliche» Figur beschrieben.[192] Wie oben bereits beschrieben, sieht Ulfgard zu Beginn des Esrabuches Analogien zum Exodus und vergleicht Sukkot in Esr 3 mit dem Fest in der Wüste (vgl. z.B. Ex 5,1) und Pessach in Esr 6 mit der Pessachfeier, die unter Josua beim Einzug in das verheissene Land gefeiert wurde.[193] In Sukkot in Neh 8 sieht er dann Analogien zum Landtag in Sichem[194] in Jos 24. Zum Verweis auf Josua in Neh 8,17 bemerkt er:

> More specifically, there are good reasons for finding the main point of the reference to Joshua in the analogous situation, as depicted by the author: the return of God's chosen people to its promised land, where it can realize its divine calling to holy life with the torah in the centre. The whole situation of Neh 8–10 (Ezra's torah reading for the returnees and their renewal of the covenant) invites an analogy with the covenant renewal scene at Shechem unter the leadership of Joshua in Josh 24.[195]

Ich halte eine spezifische Zuordnung der einzelnen Feste in Esra-Nehemia zu Stellen im Josuabuch für nicht angebracht (z.B. Pessach in Esr 6 in Analogie zu Jos 5, Neh 8 in Analogie zu Jos 24), sondern m.E. ist nur von allgemeinen Analogien zu sprechen. Die Analogien zu Exodus und Landnahme erinnern allgemein an die Zeit der Landnahme. Ulfgard selber nimmt auch keine typologische Zuordnung der einzelnen Feste zur Zeit Josuas vor, obwohl er sie andenkt. Er möchte die Analogien allgemein halten. So sieht er abschliessend zum Verweis auf die «Tage Josuas» einen Bezug «to the ideal depiction, in the book with his name, of how the twelve tribes conquer the land of Canaan».[196]

In Jos 8,30–35 liest Josua dem Volk die Tora vor und in Jos 23–24 tritt das Volk in einen Bund mit Gott. Neh 8–10 weist dazu Parallelen auf. Nach der Lesung der Tora (Neh 8) tritt das Volk[197] in einen Bund mit Gott (Neh 10). Ulfgard stellt zu Recht fest: «[A] parallelism is drawn between the situa-

---

192 «In his reading from this *torah* in Neh 8, Ezra appears as a Moses-like figure.» (Ibid., 117.)

193 «The Passover celebrated by the ‹children of the exile› (בְּנֵי הַגּוֹלָה) after their return and after the inauguration of the rebuilt temple (6:19–22) parallels the Passover celebrated by the ‹children of Israel› in Josh 5 after they have crossed Jordan and entered the Promised Land.» (Ibid., 122.)

194 In der älteren Forschung wurde das Laubhüttenfest oft mit dem Sichem in Verbindung gebracht, vgl. z.B. die Ausführungen bei Artur Weiser, *Einleitung in das Alte Testament*, Göttingen: Vandenhoeck & Ruprecht, 6. Aufl. 1966, 85f.

195 Ulfgard, *Sukkot*, 138.

196 Ibid.

197 Ulfgard denkt, die Liste in Neh 7 diene dazu, die Exulanten «as the true people of God» zu identifizieren, vgl. ibid., 139.

tion of the *golah* community and the ideal twelve-tribe Israel during the period of the conquest of Canaan.»[198]

Wie gesagt sind die Parallelen allgemein zu verstehen. Gleichzeitig weckt die Toralesung Esras in Neh 8 Erinnerungen an Dtn 31,10f., wo von der Toralesung am Laubhüttenfest die Rede ist: «Ezra's reading from the ‹law of Moses› has an affinity with the prescription of Deut 31:10–11 that ‹this law› is to be read publicly every seventh year at *sukkot*.»[199] Esra verweist als «zweiter Mose» auf die Schlussreden des Mose an sein Volk kurz vor der Landnahme. So assoziiert Neh 8 beides: die Reden des Mose kurz vor der Landnahme (vgl. Dtn 31,10f.) und die Lesung der Tora durch Josua (vgl. Jos 8,34) kurz nach der Landnahme. Beides sind Gedankenverknüpfungen zu den Abschnitten unmittelbar vor und unmittelbar nach der Landnahme.

Es folgen nun Erörterungen zu Neh 8 und anschliessend zum Verständnis von Neh 8 auf dem Hintergrund von Dtn 31,10f. bzw. Jos 8,34.

3. Die Toralesung in Nehemia 8 und die neue Landnahme

3.1 Exkurs: Einleitende Bemerkungen zu Nehemia 8[200]

Entsprechend den einleitenden Bemerkungen zu den Abschnitten über Esr 9–10 und Neh 9–10[201] werden den exegetischen Ausführungen zu Neh 8 an dieser Stelle einige einleitende Überlegungen vorangestellt. Angesichts der Komplexität der Fragestellungen zu Neh 8 fallen diese Erläuterungen aber – obwohl die Fragen nur kurz und streiflichtartig angeschnitten werden – ungleich länger aus als in den früheren Kapiteln, sodass ich sie als Exkurs behandle. In der argumentativen Stringenz dieser Arbeit ist die Form des Exkurses auch deshalb angebracht, weil historische und kompositorische Fragestellungen, wie sie im Folgenden behandelt werden, nicht zum Fokus dieser theologischen Untersuchung gehören.[202]

Neh 8 gehört zum «Esra-Material», welches Esr 7–10 und Neh 8 (nach einigen Modellen auch Neh 9–10[203]) umfasst und den umstrittensten Teil des

---

198 Ibid.

199 Ibid., 203.

200 Zu Neh 8 siehe auch oben in II.1.2.1.

201 S.o. die «Einleitenden Bemerkungen» in II.2.1.1 und II.2.2.1.

202 Dazu s.o. I.2.2.2.

203 Eine gute Diskussion zum Umfang der Esra-Quelle bietet Duggan, *Covenant Renewal*, 7–9. Er kommt nach dem Abwägen der verschiedenen Argumente zum Schluss: «It seems unlikely that either the remainder of Neh 9 or all of Neh 10 were part of the Ezra source.» (Ibid., 9.) Hauptfrage in Bezug auf die Frage, ob Neh 9 Teil des Esra Materials bildete, ist der Zusatz καὶ εἶπεν Εσδρας in Neh 9,6 in der LXX. Nach der LXX wäre Esra «auch bei der nachfolgenden Begehung

Esra-Nehemia-Buches bildet.[204] Ich stelle zwei Problemkreise dar, die sich mit dem Namen Charles C. Torrey verbinden. Torrey hinterfragte den noch im ausgehenden 19. Jh. geltenden Forschungskonsens, dass die Esramemoiren eine historische Quelle bildeten, mit seiner Annahme, der Chronist habe die Esrageschichte selber ausgebildet.[205] Torrey stellte sogar die historische Existenz Esras in Frage.[206]

Der Ansicht Torreys, das Esramaterial sei eine Schöpfung des Chronisten, folgt Ulrich Kellermann in den Grundzügen. Kellermann sieht aber im Artaxerxesedikt (Esr 7,12–23.26, evtl. auch Esr 8,26f.) ein Dokument, das dem Chronisten vorlag und zu dem er einen «Midrasch» verfasste: «Die Esrageschichte in Esr 7–10 geht wie Neh 8–10 im Grundbestand auf den Chron zurück. Der Chron lehnt sich an ein Dokument an, zu dem er einen Midrasch schreibt.»[207] Mowinckel kommt in Auseinandersetzung mit Torrey zum Schluss, dass der Chronist nicht der Verfasser der Esrageschichte sein kann.[208] Der Verfasser der Esraquelle sei aber andererseits nicht Esra selber (der Wechsel von der Ich-Form zur Er-Form sind ein Grund dafür[209]), son-

---

Sprecher der Gemeinde» gewesen, so Klaus Koch: Art. *Esra/Esraschriften*, RGG4 2, 1999, 1581–1586, 1583.

204 «The EM [= Ezra material] ist the most puzzling and controversial part of Ezra-Nehemiah and accordingly, scholarly opinions on it differ more than on other parts of the composition.» (Pakkala, *Ezra the Scribe*, 4.) Williamson spricht von der «widest possible diversity of scholarly opinion». Er bietet einen guten Überblick über die Hauptfragen in der Diskussion um das Esramaterial im Abschnitt «The Ezra Memoir», Williamson, *Ezra, Nehemiah*, xxviii–xxxii. Es herrscht auch kein Konsens darüber, ob Neh 8 ursprünglich zum Esra-Material gehörte, vgl. z.B. Bob Becking, *The Idea of Torah in Ezra 7–10*, in: ZAR 7, 2001, 273–286, 276 («I do not think that Neh. 8 was originally a part of the ‹Esra-material›.»); Bob Becking, *Law as Expression of Religion (Ezra 7–10)*, in: Rainer Albertz/Bob Becking (Hrsg.), Yahwism After the Exile. Perspectives on Israelite Religion in the Persian Era, Studies in Theology and Religion 5, Assen: Royal Van Gorcum, 2003, 18–31, 21; Becker, *Esra, Nehemia*, 8f.

205 Charles Cutler Torrey, *Ezra Studies*, Chicago: Chicago Press, 1910, 238–248.

206 «The Chronicler's ‹creation of the character› of Ezra is not an especially noteworthy achievement for him.» (Ibid., 247.)

207 Kellermann, *Nehemia*, 68.

208 «So bleibt unsere Konklusion bestehen: der Chronist ist nicht der Verfasser der EG, er hat sie vorgefunden und in sein Geschichtswerk einverleibt.» (Mowinckel, *Studien III*, 17.)

209 «Ist die Ichform, bezw. der Wechsel zwischen Ich und Er, eine in den damaligen orientalischen Literaturen oft benutzte Kunstform, so leuchtet es ein, dass ihr Vorkommen in der EG kein Beweis für Ezras persönliche Verfasserschaft sein kann.» (Ibid., 94.)

dern ein Augenzeuge, der die Erlebnisse, deren Zeitzeuge er war, im Sinn einer «erbaulichen Geschichtsschreibung» niederschrieb.[210]

Es gibt aber auch nach Torrey Befürworter der These, dass das Esramaterial auch tatsächlich von Esra stammt: Hans Heinrich Schaeder[211], Klaus Koch[212] und Wilhelm Rudolph[213], um nur beispielhaft einige zu nennen. Eine besondere Position nimmt der Kommentar von Jacob M. Myers ein, weil er – wie William Foxwell Albright[214] – davon ausgeht, dass es sich bei der Person des Chronisten um Esra handelt und deshalb die Frage, ob das Material von Esra aus der Feder des Chronisten stammt, obsolet ist.[215] In Bezug auf die Frage der Autorschaft des Esramaterials vertritt Williamson eine Haltung, der ich gut zustimmen kann: «[W]e must clearly think of Ezra himself (or somebody working at his behest) unless streng arguments can be brought to be contrary.»[216]

Die zweite Frage, die ich aufgreife, betriff die Komposition. Unabhängig davon, aus welcher Quelle das Esramaterial stammt, stellt sich die Frage, ob das Material ursprünglich eine andere Reihenfolge hatte. Dabei geht es insbesondere um die Positionierung von Neh 8 bzw. Neh 8–10. Wieder gehe ich von Torrey aus, der Neh 8 zwischen Esr 8 und 9 positioniert (die ursprüngliche Reihenfolge des Esramaterials lautet bei Torrey: Esr 7–8; Neh 8; Esr 9–

---

210 Vgl. ibid., 94–99.

211 Er leitet seine Gedanken zur «Denkschrift Esras» mit folgenden Worten ein: «Über Esra sind wir so gut und zuverlässig unterrichtet wie über wenige Gestalten der israelitisch-jüdischen Geschichte. Denn die Überlieferung, die wir von ihm haben, geht auf seine eigene Hand zurück», Hans Heinrich Schaeder, *Esra der Schreiber*, BHTh 5, Tübingen: J. C. B. Mohr, 1930, 5.

212 Er urteilt über Esra: «The role of Ezra in post-exilic history can hardly be overestimated. He was one of the greatest men within a people which was truly not deficient in great men!» (Koch, *Ezra and the Origins*, 195.)

213 Nach Rudolph war nicht der Chronist der Verfasser der Esraerzählung; er kommt nach einer Auseinandersetzung mit den Argumenten von Torrey zum Schluss: «Als Ergebnis ist festzustellen, daß Esra selbst der Verfasser der Esraerzählung ist. Der Chr. hat da und dort in sie eingegriffen und hat sie am Schlusse ergänzt, aber seine Hand ist überall deutlich zu erkennen, so daß Original und Überarbeitung sich leicht unterscheiden lassen.» (Rudolph, *Esra und Nehemia*, 165.)

214 William F. Albright, *The Date and Personality of the Chronicler*, in: JBL 40, 1921, 104–124.

215 Vgl. seine Aussage zur Verfasserschaft der Chronik: «Ezra appears a more and more likely candidate for authorship.» (Jacob M. Myers, *Ezra, Nehemiah*, AncB 42, New York: Doubleday, 1965, LXVIII.) Im Talmud (Bb 15a) wird die Ansicht vertreten, Esra habe die Chronik verfasst und Nehemia habe sie vollendet: «Ezra schrieb sein Buch und die Genaologie der Chronik bis auf seine eigene. […] Wer führte es zu Ende? – Nehemja, der Sohn Hakhaljas.»

216 Williamson, *Ezra, Nehemiah*, xxxi.

10; Neh 9–10[217]). Viele, die Torrey zwar nicht im Hinblick auf die Verfasserschaft des Esramaterials folgen, schliessen sich der von ihm vertretenen Position im Hinblick auf die ursprüngliche Reihenfolge des Esramaterials an, wie z.B. Rudolph.[218] Es gibt auch andere Rekonstruktionsmodelle der ursprünglichen Anordnung der Kapitel in Esra-Nehemia, bei denen Neh 8 nach Esr 10 folgt[219]: Bertholet stellt – dem Duktus von 3Esr[220] folgend – Neh 8 hinter Esr 10 und datiert die Lesung des Gesetzes in den 14. Monat nach Esras Ankunft (die Mischehenproblematik hat die «Verzögerung der Gesetzespromulgation» ausgelöst).[221] Batten fügt aufgrund seiner Spätdatierung der Mission Esras das ganze Esra-Material nach Neh 13 ein und platziert deshalb in seinem Kommentar die Exegese von Esr 7–10 und Neh 8–10 an den Schluss.[222]

Einer der Gründe, dass Neh 8 zwischen Esr 8 und 9 positioniert wird, sind die Datierungsangaben. Die Mission Esras (Esr 7–10 und Neh 8) wird als Einheit gesehen und in eine chronologische Reihenfolge gebracht: Nach der Ankunft Esras in Jerusalem im fünften Monat (Esr 7,9) erfolgte die Toraverlesung im siebten Monat (Neh 8,2), danach die Ältestenversammlung im neunten Monat (Esr 10,9). Im zehnten Monat begann die Klärung der Mischehenfrage (Esr 10,16), die bis zum ersten Monat (Esr 10,17) dauerte. Nimmt man die Geschehnisse in Neh 9–10 dazu, so fanden diese ebenfalls im zehnten Monat (Neh 9,1) des beschriebenen Jahres statt.[223] Würde sich die Datumsangabe in Neh 8 tatsächlich wie im jetzigen Kontext auf den siebten Monat im 20. Jahr des Artaxerxes beziehen, in dem Nehemia die Mauer aufbaute (Neh 1,1; 2,1), dann lägen 13 Jahre zwischen der Ankunft Esras und der Toraverlesung in Neh 8. Für Rudolph wäre es unbegreiflich, «warum

---

217 Torrey, *Ezra Studies*, 265ff.

218 Er nennt die «ursprüngliche Reihenfolge der Kapitel im chronistischen Werk» folgendermassen: Esr 1–8; Neh 7,72b–8,18; Esr 9,1–10,44; Neh 9,1–10,40; 1,1–7,72a; 11,1–13,31, Rudolph, *Esra und Nehemia*, XXII. Bezüglich uspründlicher Positionierung von Neh 8 zwischen Esr 8 und Esr 9 folgt ihm auch Williamson: «It is argued that Neh 8 originally stood between Ezra 8 and 9, and that its move was a deliberate editorial act.» (Williamson, *Ezra, Nehemiah*, xxxi.)

219 Verschiedene Rekonstruktionsversuche graphisch gut dargestellt hat A. Philip Brown, *Nehemiah and Narrative Order in the Book of Ezra*, in: BibSac 162, 2005, 175–194, 180.

220 3Esr beinhaltet aus Esra-Nehemia folgende Stellen (in dieser Reihenfolge): Esr 1,3b–11; 4,7–24; 2,1–4,5; 5,1–10,44; Neh 7,72–8,13a, vgl. Pohlmann, *Studien zum dritten Esra*, 14.

221 Bertholet, *Esra und Nehemia*, 68.

222 Batten, *Ezra and Nehemiah*, 303ff.

223 Vom Orde, der auch diese Position vertritt, gibt einen tabellarischen Überblick der Geschehnisse anhand der Datierungen in diesem Modell, vgl. Vom Orde, *Esra und Nehemia*, 231.

Esra die Gesetzesverkündigung, der doch sein amtlicher Auftrag und seine ganze Reise galt (Esr 7 25f. 10), über ein Jahrzehnt verzögert hätte».[224] Da sich dieser Unterbruch «in keiner Weise erklären läßt», hat man nach Rudolph «die Lösung des Problems mit Recht auf literarkritischem Weg gesucht».[225]

Bei der in Neh 8 beschriebenen Toralesung muss es sich nicht zwingend um die erste Lesung dieser Art gehandelt haben. Nach Mowinckel ist ein falsches Verständnis von Neh 8 der Grund für die Umstellung des Esramaterials durch Rudolph und andere. Wie die Analyse des Textes zeigt, «handelt Neh 8 gar nicht von der Einführung eines neuen Gesetzes, sondern von einer Erneuerung und Bestätigung des Bundes auf Grund des bestehenden Gesetzes».[226] Die unten folgende Analyse des Textes bestätigt Mowinckels Schlussfolgerung: «Damit ist auch gegeben, dass Neh 8 nicht von dem Anfang des ezranischen Reformwerkes handelt, sondern von dem krönenden Abschluss desselben erzählen will.»[227] Für diesen Ansatz spricht, dass 3Esr die in Neh 8 geschilderten Ereignisse hinter die Geschehnisse von Esr 10 einordnet und damit die Esraerzählung abschliesst.[228] Auch Josephus stellt die Schilderung der in Neh 8 beschriebenen Toraverlesung an den Schluss seines Berichtes über die Tätigkeit Esras.[229]

Es gibt verschiedene Gründe, Neh 8 nicht ursprünglich zwischen Esr 8 und Esr 9 zu positionieren. So belässt z.B. Fensham aus historischen Gründen die Kapitelreihenfolge in der jetzigen Form.[230] Es mehren sich auch die

224 Rudolph, *Esra und Nehemia*, 142. So stellt sich auch Duggan die Frage nach der Datierung von Neh 8: «How can one account for the gap of thirteen years between the time of Ezra's arrival with the law (Ezra 7:9) and his actual proclamation of the law to the people (Neh 8:2)?» (Duggan, *Covenant Renewal*, 5.)

225 Rudolph, *Esra und Nehemia*, 143.

226 Mowinckel, *Studien III*, 9.

227 Ibid., 10.

228 3Esr 9,37–55 (= Neh 7,72–8,13a) folgt auf 3Esr 6,1–9,36 (= Esr 5,1–10,44), vgl. Pohlmann, *Studien zum dritten Esra*, 14.

229 JosAnt, 11,154–158. Nach der Schilderung des Laubhüttenfestes (157) folgt direkt die Schilderung des Todes Esras (158). Der Abschluss der Tätigkeit Esras mit den Ereignissen von Neh 8 ist auch ein Argument dafür, dass Neh 8 den Abschluss des «Esra-Materials» bildet.

230 Vgl. die Ausführungen bei Fensham, *Ezra and Nehemiah*, 9. Er kommt zum Schluss: «Although admittedly certain problems remain with the traditional view, it is by far the more satisfactory solution because the text as transmitted is kept intact and the sequence of the different chapters is accepted as a reliable guide to the chronology.» (Ibid.) Diese «traditional view» vertritt z.B. Keil. Er schreibt zur Datierung von Neh 8: «Die Zeitangabe: als der 7. Monat herankam, ohne Nennung des Jahres, weist zurück auf das Datum 6, 15: der 25. Elul im 20. Jahre des Artaxerxes, an welchem Tage der Bau der Mauer Jerusalems beendigt worden war. Auf Elul, den sechsten Monat folgte der siebente, der Tischri, und es steht

Stimmen, aus literarischen Gründen Neh 8 an der jetzigen Position zu belassen. Reinmuth kommt zum Schluss, «that Nehemiah 8 was created for its context from the very beginning».[231] Pointiert gegen die Annahme, dass Neh 8 vom ursprünglichen Platz zwischen Esr 8 und 9 verschoben wurde, eine Theorie, welche «Torrey proposed, Rudolph revived, and Williamson popularized», hat sich Jacob L. Wright geäussert.[232] Auch er folgert, «that Neh 7:72b and 8:1–12 have been composed fot their *present* literary settings, rather than the context of Ezra 8 or 10».[233] So gibt es ganz unterschiedliche Stimmen, die sich dafür aussprechen, Neh 8 von der jetzigen Stelle im Esra-Nehemia-Buch aus zu interpretieren.[234]

---

der Annahme nichts im Wege, daß der 7. Monat des nämlichen Jahres gemeint sei», Keil, *Chronik, Esra, Nehemia und Esther*, 550. So auch Edwin M. Yamauchi, *Persia and the Bible*, Grand Rapids: Baker Books, 1996, 256–258; Stadelmann, *Reform*, 52f., 64; Steinmann, *Ezra and Nehemiah*, 67; Lorein, *Dealing with Scripture and Circumstances in Nehemiah 9–10*, 62. Wer davon ausgeht, dass die Ereignisse in Neh 8 direkt auf die Geschehnisse in Esr 10 folgten, wird ebenfalls aus historischen Gründen Neh 8 nicht zwischen Esr 8 und Esr 9 setzen, vgl. z.B. Koch: «Falls Neh 8 in der Denkschrift auf Esr 10 gefolgt war (vgl. 3Esr), hat E. ein dreiviertel Jahr später am ersten Tishri eine feierliche Rezitation des von ihm mitgebrachten Gesetzbuches auf dem Platz vor dem Tempel durchgeführt.» (Koch: Art. *Esra/Esraschriften*, 1584.)

231 Reinmuth, *Nehemiah 8 and the Authority of Torah*, 248. Auch Rendtorff betont, dass Neh 8 in den jetzigen Kontext gehört: «Hier zeigt sich deutlich, daß die Kapitel Neh 8–10 zusammengehören. Sie bilden den Ziel- und Höhepunkt des ganzen Zusammenhangs, wie er jetzt in den Büchern Esra/Nehemia vor uns liegt.» (Rolf Rendtorff, *Noch einmal: Esra und das «Gesetz»*, in: ZAW 111, 1999, 89–91, 90.) Hier folge ich ihm, auch wenn ich ihm in seiner Analyse, dass דָּת in Esr 7 und תּוֹרָה in Neh 8 nicht dasselbe Gesetz meine, nicht folgen kann, vgl. Rolf Rendtorff, *Esra und das «Gesetz»*, in: ZAW 96, 1984, 165–184.

232 Jacob L. Wright, *Rebuilding Identity. The Nehemiah-Memoir and its Earliest Readers*, BZAW 348, Berlin: Walter de Gruyter, 2004, 325–330 (Zitat 325).

233 Ibid., 329. Er selber vertritt ein Fortschreibungsmodell, dem ich aber nicht folge. Neh 8,1–12.13–19 teilt er erst dem «Seventh Stratum» zu, vgl. ibid., 340.

234 Ein aktueller prominenter Vertreter von Torreys These, dass Neh 8 ursprünglich zwischen Esr 8 und 9 platziert war, ist Pakkala. In den Schlussfolgerungen seiner Studie zu Esr 7–10 und Neh 8 schreibt er: «[…] Neh 8 was relocated from its original position between Ezra 8 and 9. By the relocation of Neh 8, Ezra was marginalized so that his activity was made relative or subordinate to Nehemiah's activity (visible especially in Neh 8:9).» (Pakkala, *Ezra the Scribe*, 298.) Vgl. auch weitere Beiträge von ihm, z.B. Juha Pakkala, *The Original Independence of the Ezra Story in Ezra 7–10 and Neh 8*, in: BN NF 129, 2006, 17–24; Juha Pakkala, *The Disunity of Ezra-Nehemiah*, in: Mark J. Boda/Paul L. Redditt (Hrsg.), Unity and Disunity in Ezra-Nehemiah. Redaction, Rhetoric and Reader, Sheffield: Phoenix Press, 2008, 200–215.

Ich halte sowohl die genannten historischen wie auch die literarischen Argumente für plausibel, um Neh 8 an der jetzigen Stelle zu belassen und im Kontext der Bundeserneuerung in Neh 8–10 zu interpretieren. Die ursprüngliche historische Abfolge der Geschehnisse ist aber für die theologische Interpretation, wie eingangs des Exkurses erwähnt, nicht entscheidend. Wichtig für die folgenden Erläuterungen – ob man nun die Ansicht vertritt, dass Neh 8 tatsächlich eine Toraverlesung nach Vollendung der Stadtmauer oder doch eher die Erstverlesung der Tora durch Esra schildert – ist die Annahme, dass Neh 8 für diesen Kontext verfasst wurde und dementsprechend interpretiert werden muss.

3.2 Exegetische Ausführungen zu Nehemia 8

Neh 8,1 beschreibt, wie sich das ganze Volk (כָל־הָעָם) wie ein Mann (כְּאִישׁ אֶחָד) auf dem Platz vor dem Wassertor versammelt. Das Volk bittet den Schriftgelehrten (הַסֹּפֵר) Esra, «das Buch mit der Tora des Mose zu holen, welche Jhwh den Israeliten geboten hat» (לְהָבִיא אֶת־סֵפֶר תּוֹרַת מֹשֶׁה אֲשֶׁר־צִוָּה יְהוָה אֶת־יִשְׂרָאֵל). Eskenazi betont, dass dies die einzige Stelle in Esra-Nehemia ist, bei der sich das *ganze* Volk wie *ein* Mann[235] versammelt.[236] Die Initiative geht – wie beim Bundesschluss in Neh 10 – vom Volk aus. Es ist theologisch bedeutsam, dass der Platz vor dem Wassertor (vielleicht östlich des Tempelbezirks[237]), nicht der Tempel[238], als Versammlungsort fungiert: Die Toralesung findet nicht im Tempel statt und die Initiative dazu kommt aus Laienkreisen.

Esra wird gebeten, das Buch der Tora des Mose (סֵפֶר תּוֹרַת מֹשֶׁה) zu bringen. In Neh 8 finden wir nicht nur zahlreiche Hinweise auf die Tora, sondern auch eine breite Variation von Begriffen für dieselbe. Die Kumulation des תּוֹרָה-Begriffs in diesem Kapitel ist augenfällig. In neun Versen wird sie explizit erwähnt (V.1.2.3.7.8.9.13.14.18) und dreimal (V.5.15.18) wird auf sie angespielt. Hier ein Stellenüberblick:

V.1: סֵפֶר תּוֹרַת מֹשֶׁה אֲשֶׁר־צִוָּה יְהוָה אֶת־יִשְׂרָאֵל
V.2: הַתּוֹרָה
V.3: סֵפֶר הַתּוֹרָה
(V.5: הַסֵּפֶר)
V.7: לַתּוֹרָה

235 Ich habe bereits erwähnt, dass die Wendung כְּאִישׁ אֶחָד grosse Entschlossenheit des Volkes zum Ausdruck bringt, s.o., III.1.2.2.

236 Eskenazi, *Age of Prose*, 90.

237 So Blenkinsopp, *Ezra-Nehemiah*, 286. Nach Williamson ist die Lokalisation des Platzes umstritten, Williamson, *Ezra, Nehemiah*, 287.

238 Dort lokalisiert es 3Esr 9,38, vgl. Blenkinsopp, *Ezra-Nehemiah*, 286.

V.8: בַּסֵּפֶר בְּתוֹרַת הָאֱלֹהִים
V.9: דִּבְרֵי הַתּוֹרָה
V.13: דִּבְרֵי הַתּוֹרָה
V.14: כָּתוּב בַּתּוֹרָה אֲשֶׁר צִוָּה יְהוָה בְּיַד־מֹשֶׁה
(V.15: כַּכָּתוּב)
V.18: בְּסֵפֶר תּוֹרַת הָאֱלֹהִים / (כַּמִּשְׁפָּט)

Abgesehen von Ps 119, in welchem der Begriff תּוֹרָה in 25 Versen vorkommt[239], ist Neh 8 dasjenige Kapitel im AT mit den meisten expliziten Erwähnungen der תּוֹרָה. Vergleicht man die Anzahl Verse von Neh 8 und Ps 119 (18:176), so muss man zum Schluss kommen, dass Neh 8 das alttestamentliche Kapitel mit der «höchsten Dichte» des תּוֹרָה-Begriffs ist! Diese «hohe Dichte» ist über die Kapitel 8–10 (wenn auch nicht in gleicher Intensität) zu beobachten, die תּוֹרָה wird in Neh 9 in sechs (V.3.13.14.26.29.34) und in Neh 10 in vier Versen (V.29.30.35.37) explizit erwähnt.[240]

Die Tora in Neh 8 wird sowohl als die Tora des Mose (V.1) als auch Gottes (V.8) und als die Tora, die Jhwh durch Mose (בְּיַד־מֹשֶׁה) geboten hatte (V.14, vgl. auch V.1), benannt. Bezeichnend ist die erste Erwähnung der Tora in Neh 8,1 als «Buch der Tora» (vgl. V.3.8.18; Neh 9,3). Der Ausdruck סֵפֶר הַתּוֹרָה (תורה + ספר) erscheint auffällig häufig in den Schlusskapiteln des Deuteronomiums (Dtn 28,61; 29,20; 30,10; 31,26) und im Josuabuch (Jos 1,8; 8,31; 8,34; 23,6; 24,26). Der Ausdruck סֵפֶר תּוֹרַת מֹשֶׁה findet sich in Jos 8,31 und Jos 23,6, also im Zusammenhang mit der Verlesung des Gesetzes vor den Bergen Ebal und Garizim (Jos 8,30–35) sowie den letzten Reden Josuas und dem Landtag zu Sichem (Jos 23–24). Auf die intertextuellen Parallelen von Neh 8 zum Ende des Deuteronomiums sowie zum Josuabuch (bes. Jos 8,30–34) werde ich im folgenden Abschnitt näher eingehen.[241]

Es stellt sich die Frage nach dem Inhalt der «Mosetora» (סֵפֶר תּוֹרַת מֹשֶׁה), die in der Esra-Nehemiaforschung intensiv diskutiert und kontrovers beantwortet wurde. Man versuchte den Inhalt der Tora Esras anhand der Torazitate in Esra-Nehemia zu eruieren und kam zu verschiedenen Lösungsansätzen.[242] Von Spinoza bis heute gab es Vertreter, die davon ausgingen,

---

239 Ps 119,1.18.29.34.44.51.53.55.61.70.72.77.85.92.97.109.113.126.136.142.150.153.163.165.174.

240 Von den 25 Erwähnungen des תּוֹרָה-Begriffs in Esra-Nehemia finden sich 19 im Abschnitt über die Bundeserneuerung in Neh 7,72b–10,40, wie Duggan richtig beobachtet, Duggan, *Covenant Renewal*, 107.

241 S.u. III.3.3.

242 Pakkala stellt fünf Positionen zum Inhalt von Esras Tora übersichtlich dar. Ich folge den Grundlinien seiner Darstellung, vgl. Pakkala, *Ezra the Scribe*, 284–286. Eine schon etwas ältere Übersicht bietet Yamauchi, *Persia and the Bible*, 256–258.

dass Esra das Deuteronomium bzw. eine frühere Version desselben vorlag. Ein Vertreter dieser Ansicht ist Kellermann, der vom Nehemia-Material ausgehend argumentiert.[243] Die Ansicht, die im späten 19. und beginnenden 20. Jh. aktuell war, dass Esra die Priesterschrift vorlag[244], findet heute kaum mehr Vertreter.[245] Eine weitere Position versucht, diese beiden Ansichten zu kombinieren, d.h., dass Esra ein Gesetz vorlag, welches Komponenten aus verschiedenen Sammlungen enhielt. Ein Beispiel dafür ist Blenkinsopp, der nach einer Prüfung der Pentateuchzitate in Esra-Nehemia zum Schluss kommt, «that ‹the law› in Ezra-Nehemiah [...] refers basically to Deuteronomic law supplemented by ritual legislation in the Pentateuchel corpora conventionally designated P and H».[246] Eine Sonderposition vertritt Houtman, der aufgrund der Verweise auf Gesetzestexte in Esra-Nehemia davon ausgeht, dass Esra eine andere, uns nicht bekannte Version des Pentateuchs vorlag.[247] Schliesslich ist die traditionelle Ansicht, dass es sich bei Esras Tora entweder um den Pentateuch, so wie wir ihn heute kennen, oder annähernd diese Version handelt, die auch gegenwärtig am häufigsten vertretene Ansicht.[248]

In diesem Zusammenhang ist auch die von Peter Frei[249] angeregte Diskussion um die Persische Reichsautorisation zu nennen, die Auswirkungen

---

243 Er kommt in seinem Artikel über das Esragesetz zum Schluss: «Es kann nach diesem Überblick kein Zweifel daran bestehen, daß Nehemia im wesentlichen am deuteronomischen Gesetz und den deuteronomistischen Traditionen orientiert war. Bei der Priorität Esras bedeutet dies, daß Esra kaum ein anderes Gesetz in Juda durchzusetzen versucht hat.» (Ulrich Kellermann, *Erwägungen zum Esragesetz*, in: ZAW 40, 1968, 373–385, 383.)

244 Z.B. Bertholet, *Esra und Nehemia*, 69.

245 Als eine Ausnahme kann Koch genannt werden, der schreibt, die These, dass der ganze Pentateuch vorgelegen habe, werde «zunehmend aufgegeben.» Die Ansicht sei verbreitet, dass es sich «um den Grundbestand der Priesterschrift» und des «Heiligkeitsgesetzes» gehandelt habe, vgl. Koch: Art. *Esra/Esraschriften*, 1584f.

246 Blenkinsopp, *Ezra-Nehemiah*, 155. Er meint, eine detaillierte Studie der Pentateuchstellen in Esra-Nehemia (und evtl. Chronik) sei aber noch ausstehend, Blenkinsopp, *Pentateuch*, 57.

247 Seine Ansicht ist, «that the law-book which the books of Ezra and Nehemiah suppose cannot be identified with the Pentateuch or a part of it», vgl. Cornelis Houtman, *Ezra and the Law. Observations on the Supposed Relation between Ezra and the Pentateuch*, in: OTS 21, 1981, 91–115, 111.

248 Unter vielen z.B. Schaeder, *Esra*, 69; Rudolph, *Esra und Nehemia*, 169, zwar mit einer gewissen Skepsis; Mowinckel, *Studien III*, 136–141; Yamauchi, *Persia and the Bible*, 257–258.

249 Peter Frei, *Zentralgewalt und Lokalautonomie im Achämenidenreich*, in: Peter Frei/Klaus Koch (Hrsg.), Reichsidee und Reichsorganisation im Perserreich, OBO

auf die Diskussion um die Gestalt des Pentateuchs in der Perserzeit hatte. So vertritt Blum die These, dass die «D-Komposition» und die «P-Komposition» des Pentateuchs unter den Umständen einer Reichsautorisation zusammengefügt wurde:

> Sollte so etwas wie eine offizielle Autorisierung einer jüdischen Rechtsüberlieferung durch eine persische Instanz erfolgen, dann konnte dies nur auf der Basis einer von jüdischer Seite erstellten Vorlage geschehen. Diese Vorlage mußte wiederum zwei trivialen Voraussetzungen genügen: (a) sie konnte nur ein schriftliches Werk umfassen, (b) sie mußte für wichtige innerjüdische Gruppierungen konsensfähig sein. Eben dies trifft auf den Pentateuch (dagegen auf keine seiner Vorstufen!) zu, für dessen hybride Bildung wiederum irgendeine Art von wirkungsvollem Einigungsdruck zu postulieren ist.[250]

Den Grund für diesen Einigungsdruck sieht Blum in der Reichsautorisation, d.h. der Tatsache, dass die Perser lokale Rechtsüberlieferungen anerkannten, und er spricht von «persischer ‹Geburtshilfe›»[251] für den Pentateuch. Über die These der Reichsautorisation gab es eine lebhafte Diskussion.[252]

Die Ansicht, dass mit der Tora in Esra-Nehemia nicht nur bestimmte Gesetzesteile gemeint sind, entspricht gemäss aktuellem Forschungsstand der Mehrheitsmeinung. Grabbe formuliert es folgendermassen: «When we put Ezra 8–10 and Neh 8 together, a part of the common Ezra tradition, it emerges without doubt that the book of the law presupposed included both Deuteronomic and P traditions.» Es sei nicht mit Sicherheit zu sagen, «but the existence of the Pentateuch in much of its present form would be quite consistent with this narrative».[253] In seinem Kommentar meint er, es gebe nur eine Lö-

---

55, Freiburg (CH)/Göttingen: Universitätsverlag/Vandenhoeck & Ruprecht, 2. bearb. und stark erw. Aufl. 1996, 8–131. Die erste Auflage erschien 1984.

250 Erhard Blum, *Esra, die Mosetora und die persische Politik*, in: Reinhard G. Kratz (Hrsg.), Religion und Religionskontakte im Zeitalter der Achämeniden, Gütersloh: Kaiser/Gütersloher Verlagshaus, 2002, 231–254, 246f.

251 Erhard Blum, *Studien zur Komposition des Pentateuch*, BZAW 189, Berlin: Walter de Gruyter, 1990, 360.

252 Vgl. dazu die beim SBL Annual Meeting in Nashville (2000) vorgetragenen Beiträge in Watts, *Persia and Torah*. Konrad Schmid nennt die These «one of the most successful hypotheses of Old Testament scholarship during the past twenty years», Konrad Schmid, *The Persian Imperial Authorization as a Historical Problem and as a Biblical Construct: A Plea for Distinctions in the Current Debate*, in: Gary N. Knoppers/Bernard M. Levinson (Hrsg.), The Pentateuch as Torah. New Models for Understanding Its Promulgation and Acceptance, Winona Lake: Eisenbrauns, 2007, 23.

253 Lester L. Grabbe, *The Law of Moses in the Ezra Tradition: More Virtual Than Real?*, in: James W. Watts (Hrsg.), Persia and Torah. The Theory of Imperial

sung: «[T]he present text of Ezra-Nehemiah wants us to understand that Ezra's law was the complete Pentateuch. We cannot absolutely demonstrate that it had in mind the Pentateuch precisely as we know it today, but it is a fair assumption that something fairly close was in mind.»[254] Auch Williamson geht davon aus, dass die Tora Esras «similar to, if not yet fully identical with, our Pentateuch» gewesen sei.[255] Dieser Meinung schliesse ich mich an und gehe davon aus, dass die «Mosetora» (סֵפֶר תּוֹרַת מֹשֶׁה) in Neh 8 den ganzen Pentateuch, nicht nur bestimmte Teile desselben, umfasst.

Nach diesen Ausführungen zum Inhalt der Tora Esras wenden wir uns wieder dem Text von Neh 8 zu. Die vom Volk gewünschte Tora bringt Esra in Neh 8,2 vor die Versammlung:

וַיָּבִיא עֶזְרָא הַכֹּהֵן אֶת־הַתּוֹרָה לִפְנֵי הַקָּהָל מֵאִישׁ וְעַד־אִשָּׁה וְכֹל מֵבִין לִשְׁמֹעַ
בְּיוֹם אֶחָד לַחֹדֶשׁ הַשְּׁבִיעִי׃

Und Esra, der Priester, brachte die Tora vor die Versammlung, vor Männer, Frauen und vor jeden, der zu hören verstand, am ersten Tag des siebenten Monats.

Es ist interessant, dass nicht nur Männer und Frauen, sondern alle, welche die Botschaft verstehen konnten, in der Versammlung waren. Dabei ist an Kinder zu denken, wie Blenkinsopp sagt: «It is interesting to note that women and children, at least those children old enough to understand what was going on, are included in the congregation»[256]. Das stellt einen interessanten Bezug zu Dtn 31,12.13 dar, wo auch davon die Rede ist, dass Männer, Frauen und Kinder auf das Gesetz Gottes hören sollen. In Dtn 31,10ff. wird das Volk aufgerufen, jeweils im Erlassjahr zur Zeit des Laubhüttenfestes die Tora zu verlesen. Auch in Neh 8 steht die Toralesung im Zusammenhang mit dem Laubhüttenfest (8,13–18). Der Termin der Lesung ist am ersten Tag des siebten Monats, am «Tag des Lärmblasens» (יוֹם תְּרוּעָה, Num 29,1; vgl. auch Lev 23,24), gewählt.[257]

In Neh 8,3 wird in «the manner characteristic to Hebrew narrative style»[258] zusammenfassend die Szene geschildert, die anschliessend ausführlich beschrieben wird: Esra liest aus der Tora «vom Tageslicht bis zum Mittag» (מִן־הָאוֹר עַד־מַחֲצִית הַיּוֹם, Neh 8,3) und dabei sind «die Ohren des ganzen Volkes auf das Buch der Tora gerichtet» (וְאָזְנֵי כָל־הָעָם אֶל־סֵפֶר הַתּוֹרָה, Neh

Authorization of the Pentateuch, Atlanta: Society of Biblical Literature, 2001, 91–113, 96.

254 Grabbe, *Ezra-Nehemiah*, 147.

255 Williamson, *Ezra, Nehemiah*, xxxix.

256 Blenkinsopp, *Ezra-Nehemiah*, 287.

257 Zum ersten des siebten Monats s.o. III.2.1.1.

258 Williamson, *Ezra, Nehemiah*, 288.

8,3). Ab Neh 8,4 folgt die Detailbeschreibung: Esra steht auf einem Holzgerüst (עַל־מִגְדַּל־עֵץ), das man für diesen Zweck anfertigte (Neh 8,4). In der Forschung wurde diese Konstruktion bisweilen mit der Kanzel (Bima) der Synagoge in Verbindung gebracht (3Esr 9,42 übersetzt mit ἐπὶ τοῦ ξυλίνου βήματος, auch die LXX verwendet das Wort βῆμα). Die Plattform war jedoch wesentlich grösser als eine Kanzel und eine Ähnlichkeit besteht eher zur Plattform aus Kupfer, auf der sich Salomo bei der Einweihung des Tempels befand (vgl. 2Chr 6,13).[259] Neben Esra auf der Holzplattform stehen sechs Männer zu seiner Rechten und sieben zu seiner Linken (V.4), sodass sich insgesamt 14 Personen auf der Bühne befinden. Da nichts über diese Männer ausgesagt wird, ist es sehr wahrscheinlich, «that they were leading or representative members of the laity»[260]. Wieder wird betont, dass die Reformbewegung von den Laien ausging. Denkt man auch an den Ort der Toralesung, so wird klar: «Ezra was boldly proclaiming that the Torah was for all people, not just for a few privileged by either birth or particular ability.»[261]

Nun folgen weitere Beschreibungen, welche Anlass zu Überlegungen gegeben haben, ob in Neh 8 der Ablauf eines Synagogengottesdienstes beschrieben wird. Gunneweg spricht von einer «‹idealen Szene› ätiologischen Inhalts», die den Tora- und Wortgottesdienst begründet.[262] Gerade an den in

---

259 Vgl. dazu ibid; Blenkinsopp, *Ezra-Nehemiah*, 287.

260 Williamson, *Ezra, Nehemiah*, 288f. Nur einer davon (Haschum, Neh 7,22) erscheint in der Heimkehrerliste und vier der Genannten unterzeichnen den Bund in Neh 10 (Anaja, Maaseja, Haschum und Meschullam), vgl. Blenkinsopp, *Ezra-Nehemiah*, 287. Rudolph denkt, die häufiger vorkommenden Namen müsse man ausscheiden, und identifiziert in Neh 10 nur Anaja, Rudolph, *Esra und Nehemia*, 147. Williamson hält es für möglich, in Esr 10 zudem Mattitja, Maaseja und Malkija, die sich von ihren Frauen trennten, zu identifizieren, Williamson, *Ezra, Nehemiah*, 289.

261 Williamson, *Ezra, Nehemiah*, 289.

262 Gunneweg, *Nehemia*, 110. Gunneweg bemerkt weiter: «Durch Verankerung im Ereignis der Restauration soll eine ganz bestimmte Gestalt des Tora- und Wortgottesdienstes begründet und deren geradezu konstitutive, gemeindegründende Bedeutung eingeschärft werden. Der ‹Priester› Esra bringt das Buch der Tora in die Gemeinde, das ist sein priesterliches Amt; und der ‹Schriftgelehrte› Esra wird vom Volk zu diesem Dienst aufgefordert. Und es ist der ‹Schriftgelehrte› Esra, der die hier zum ersten Mal erwähnte – in Ermangelung eines noch nicht geprägten besseren Ausdrucks mit מִגְדַּל־עֵץ bezeichnete – Kanzel besteigt, auf der er seines Tora-Amtes waltet (V 4). Hier wird in einer idealen Szene ein synagogaler Gottesdienst am Vormittag skizziert. Mit dieser Feier wird der Festmonat eröffnet und die Konstituierung der nachexilischen Gemeinde eingeleitet. […] Zuerst und vor allem anderen aber sind das aufmerksame Hören auf das Gesetz, dessen feierliche Verkündigung und Auslegung erforderlich, und die vom Chr gezeichnete Szene zeigt ja deutlich genug, daß dies nicht ein bloßer Auftakt zu der darauffolgenden

Neh 8,4ff. beschriebenen Details soll die «hohe und konstitutive Bedeutung, die der Chr dem Tora- und Wortgottesdienst beimißt», abgelesen werden können.[263] Als Esra das Buch öffnet, steht alles Volk auf (וּכְפִתְחוֹ עָמְדוּ כָל־הָעָם, V.5). Esra lobt den grossen Gott (הָאֱלֹהִים הַגָּדוֹל[264]) und das ganze Volk antwortet «Amen! Amen!» (וַיַּעֲנוּ כָל־הָעָם אָמֵן אָמֵן, V.6). Das geschieht mit erhobenen Händen (בְּמֹעַל יְדֵיהֶם), «danach verneigen sie sich und werfen sich vor Jhwh mit dem Angesicht zur Erde nieder» (וַיִּקְּדוּ וַיִּשְׁתַּחֲוֻ לַיהוָה אַפַּיִם אָרְצָה, V.6).[265] Das alles wiederspiegle «aspects of liturgical practice», meint Blenkinsopp und gibt zu bedenken, dass das Lesen der Tora «in the context of an act of worship» von grosser historischer Bedeutung sei.[266]

Die Toralesung findet tatsächlich in einem liturgischen Rahmen, verbunden mit Anbetung, statt. Und dennoch beschreibt das in Neh 8,1–12 Geschilderte keinen Synagogengottesdienst, wie Rudolph zu Recht feststellt: «Schließlich stellt die These, die ganze Szene sei ein Spiegelbild des Synagogengottesdienstes zur Zeit des Chr., die Wahrheit auf den Kopf; in Wahrheit war Neh 8 das Vorbild, das man später in der Synagoge bis in Einzelheiten nachahmte».[267] Williamson gibt zu bedenken, dass der Fokus der ganzen Passage auf der Toralesung liegt. Alle anderen Elemente, inklusive die liturgischen Aspekte in V.5–6, sind diesem Hauptgedanken untergeordnet. Aus den beschriebenen liturgischen Elementen kann geschlossen werden, dass eine gewisse Form von Liturgie bereits bestand. Doch Williamson ist der Meinung, «that the passage neither describes, nor takes the form of, a literary description of a synagogue service of any kind».[268]

‹eigentlichen› Feier ist, sondern ein gottesdienstlicher Akt für sich und mit eigenem, ja mit grund-legendem Inhalt.» (Ibid.) Schlussfolgernd äussert sich Gunneweg: «Der Abschnitt bietet somit die Ätiologie des späteren synagogalen Gottesdienstes und insbesondere der Tora-Verlesung und Tora-Belehrung. Die alte Streitfrage, ob hier nur das Spiegelbild des dem Chr schon geläufigen Synagogengottesdienstes entworfen werde, oder ob die Synagoge später diesem Muster entsprechend den Wortgottesdienst gestaltete, ist nicht mit einem Entweder-Oder zu beantworten. Der Chr schuf diese Szene nicht als freie Erfindung der Phantasie, sondern konnte gewiß an zu seiner Zeit bereits Bestehendes oder sich Anbahnendes anknüpfen.» (Ibid., 112.)

263 Gunneweg, *Nehemia*, 111.

264 Den Ausdruck הָאֱלֹהִים הַגָּדוֹל finden wir sonst im AT nicht, wohl aber הָאֵל הַגָּדֹל(Dtn 10,17; Jer 32,18; Dan 9,4; Neh 1,5; 9,32).

265 Das Aufheben der Hände zum Gebet findet sich z.B. auch in Ps 28,2; 134,2 oder Esr 9,5, die Proskynesis in Esr 9,5; 10,1.

266 Blenkinsopp, *Ezra-Nehemiah*, 287.

267 Rudolph, *Esra und Nehemia*, 149. Vgl. dazu auch Rendtorff, *Esra*, 178f.

268 Williamson, *Ezra, Nehemiah*, 282. So auch Pakkala: «There is not enough evidence to assume that a synagogal service was at the background of the basic text or of any addition to this chapter.» (Pakkala, *Ezra the Scribe*, 179.) Anderer Mei-

In Neh 8,7–8 wird die Lehrtätigkeit der Leviten beschrieben. In Neh 8,7 werden 13 Leviten genannt (gleich viele wie die Männer neben Esra auf der Bühne)[269], deren Aufgabe wie folgt umrissen wird: «Die Leviten unterwiesen das Volk in der Tora» (וְהַלְוִיִּם מְבִינִים אֶת־הָעָם לַתּוֹרָה, V.7). Es wird in V.7 weiter erwähnt, dass dabei das Volk an seiner Stelle stand, wovon abgeleitet werden kann, dass die Leviten sich unter dem Volk bewegten.[270] Die Tätigkeit der Leviten wird in Neh 8,8 näher erklärt:

וַיִּקְרְאוּ בַסֵּפֶר בְּתוֹרַת הָאֱלֹהִים מְפֹרָשׁ וְשׂוֹם שֶׂכֶל וַיָּבִינוּ בַּמִּקְרָא׃

Und sie lasen aus dem Buch der Tora Gottes abschnittsweise vor, und gaben den Sinn an, so dass man das Vorgelesene verstehen konnte.

Subjekt in diesem Vers sind immer noch die Leviten in V.7. Schwierig ist das richtige Verständnis von מְפֹרָשׁ. Die Grundbedeutung von פרשׁ ist «absondern, trennen, unterscheiden, genau angeben» (vgl. akkad. *parāsu*).[271] Im *Pu.* hat das Verb (מְפֹרָשׁ ist Part. *Pu.*) die Bedeutung «auseinandergesetzt, entschieden werden»[272]. Die Übersetzung «abschnittsweise vorlesen» kommt von dieser Grundbedeutung «getrennt oder auseinandergesetzt werden» (vgl. das Derivat פָּרָשָׁה). Von Schaeder wurde die Übersetzung angeregt: «‹vom

---

nung ist Konrad Schmid, der sich auf Gunneweg bezieht und Neh 8,5–8 aufgrund der «Nähe zum Synagogengottesdienst kaum früher als in das 3. oder 2. Jh. v. Chr.» datiert, Konrad Schmid, *Literaturgeschichte des Alten Testaments. Eine Einführung*, Darmstadt: Wissenschaftliche Buchgesellschaft, 2008, 218.

269 Die Personen können nicht näher identifiziert werden, vgl. Williamson, *Ezra, Nehemiah*, 290.

270 Vgl. ibid. Mit ihrer Tätigkeit, dem Volk die Tora zu erklären, handeln die Leviten nach ihrer Bestimmung, vgl. Dtn 33,10, wo über die Leviten gesagt wird: «Sie lehren Jakob deine Rechte und Israel dein Gesetz» (יוֹרוּ מִשְׁפָּטֶיךָ לְיַעֲקֹב וְתוֹרָתְךָ לְיִשְׂרָאֵל).

271 Vgl. diese und weitere Grundbedeutungen der Wurzel פרשׁ bei HAL, 918. Interessant ist, dass der Ausdruck «Pharisäer» von dieser Wurzel her stammt: «It is from this Hebrew root that the term ‹Pharisee› is derived. The origin both of the movement and the designation itself, Pharisee, is somewhat puzzling. It has been suggested that the Pharisees, under the Hasmonean prince John Hyrcanus (135–104 B.C.), himself an ex-Pharisee, were expelled from the Sanhedrin and were subsequently branded with the name the ‹Perushim,› i.e., ‹the separators.› In other words, the term was originally one of opprobrium, akin to that attached to the Holy Club at Oxford, the ‹methodists.› And like the Methodists, the Pharisees took the name as their own but used its alternative Hebrew meaning, ‹the exponents› (of the Law). The Pharisees are, then, the ‹separators› in that they are the expositors of the Law, both written and oral.» (V.P. Hamilton, Art. פרשׁ, in: TWOT II, 1980, 740.)

272 HAL, 918.

Blatt weg›, in die Sprache des Adressaten zu übertragen».[273] Nach Schaeder muss der Satz in Neh 8,8 lauten: «Da las er aus dem Buch, der Tora Gottes, ‹interpretiert› […], d.h. vom Blatt weg übersetzend, so wie es die persischen Kanzleibeamten mit ihren Urkunden taten.»[274] Diese Bedeutung impliziert, «daß Esra die Schrift, um sie allen seinen Hörern verständlich zu machen, aus der heiligen Sprache, dem Hebräischen, übersetzte: nämlich ins Aramäische, die babylonische Landessprache».[275] Falls diese Übersetzung stimmen würde, hätten wir hier den ersten Beleg für die aramäische Wiedergabe biblischer Texte, den Anfang des Targum.[276]

Rudolph übersetzt den Vers im Sinne Schaeders, «sie lasen aus dem Buch, aus dem Gesetz Gottes, indem sie vom Blatt weg übersetzten und (dadurch) Verständnis bewirkten»277 und meint, Schaeder habe «die alte rabbinische Erklärung wieder zu Ehren gebracht und die Überlieferung bestätigt, daß der Gebrauch der Targume im Gottesdienst bis in die Zeit Esras zurückgeht»[278]. Gunneweg hingegen übersetzt: «Und sie lasen vor aus dem Buch (des) Gesetzes Gottes, deutlich und Verständnis bewirkend»[279], und denkt nicht an «übersetzen», sondern vielmehr «verdolmetschen»[280]. Keil ist sich der rabbinischen Tradition bewusst, hier eine Übersetzungstätigkeit der Leviten zu postulieren, er hält es aber für wahrscheinlicher, «an paraphrastische Auslegung und Anwendung des Gesetzes zu denken».[281] Vieles bleibt in diesem Abschnitt unklar. Keil versucht ein Fazit zu ziehen:

---

273 Schaeder, *Esra*, 52.

274 Ibid., 53.

275 Ibid.

276 Kittel schreibt dazu: «Darf man das dunkle meforasch mit H.H. Schaeder so deuten, dass es die den persischen Kanzleibeamten geläufige Technik des Übersetzens amtlicher Urkunden bedeutet, so müsste hier die Übersetzung aus dem Hebräischen in das allen geläufige Aramäisch gemeint sein. […] Wenn Ezra dem Texte gleich Erläuterungen beigibt, so sind diese natürlich auch in aramäischer Sprache gehalten und wir hätten hier den ersten Beleg aramäischer Wiedergabe und Umschreibung biblischer Texte d.h. der Anfänge des Targum, wenn auch zunächst nur in mündlicher Form.» Rudolf Kittel, *Geschichte des Volkes Israel III/2: Die Zeit der Wegführung nach Babel und die Aufrichtung der neuen Gemeinde*, Stuttgart: Kohlhammer, 1929, 590f.

277 Rudolph, *Esra und Nehemia*, 146. Vgl. auch Fensham, *Ezra and Nehemiah*, 217f.

278 Rudolph, *Esra und Nehemia*, 149.

279 Gunneweg, *Nehemia*, 109.

280 Ibid., 112. Er meint, der Ausdruck bedeutete zwar aram. wohl «übersetzen», das sei hier aber nicht gemeint.

281 Keil, *Chronik, Esra, Nehemia und Esther*, 552. Er schreibt: «מְפֹרָשׁ verdeutlicht, verstehen die Rabbinen von einer Verdeutlichung des Gesetzes in der gewöhnlichen Sprache, so daß für die des Althebräischen nicht mehr Kundigen eine Para-

> Hienach haben wir uns den Hergang wohl so zu denken, dass Ezra zuerst einen Abschnitt des Gesetzes vorlas und dann die Leviten den vorgelesenen Abschnitt dem Volke erklärten, wobei nur zweifelhaft bleibt, ob die 13 (14) Leviten der Reihe nach dies taten, oder ob sie sich in das Geschäft so teilten, dass sie gleichzeitig in abgesonderten Gruppen dem Volke den vorgelesenen Abschnitt erläuterten.[282]

Das bringt uns wieder näher zur erstgenannten Übersetzungsvariante zurück. Bertholet stellt sich vor, dass Esra erst zusammenhängend liest und danach «die Leviten das schon Vorgetragene stückweise nachnehmend», und kommt zum Schluss: «*abschnittweise* scheint מְפָרַשׁ hier zu bedeuten, und nicht: ‹deutlich› (Esr 4 $_{18}$)».[283] Dieser Übersetzung folgen Schneider[284] und Williamson («paragraph by paragraph»[285]). Gemäss dieser Übersetzung wären die Leviten nach Blenkinsopp «anticipating the Masoretic *perashot*». Er selber sieht in beiden Übersetzungsvorschlägen «some truth» und entscheidet sich im Anschluss an Fishbane[286] für die adverbielle Übersetzung «distinctly»[287]. Mit Williamson und anderen halte ich die Übersetzung «abschnittsweise» für plausibel.

Der zweite Ausdruck zur Beschreibung der Tätigkeit der Leviten in Neh 8,8 (שׂוֹם שֶׂכֶל, «Verständnis angebend»[288]) hat zu weniger Kontroverse geführt. Gemeint ist, dass die Leviten den Sinn des Textes erläuterten. Gunneweg sieht in שׂוֹם שֶׂכֶל fast einen «Terminus technicus» für die Exegese: «Sie ‹exegesierten› das Buch des Gesetzes».[289] Zu welchen Schlüssen man in diesem Vers auch kommt, «we have here invaluable information on the

---

phrase in der chaldäischen Sprache gegeben worden sei. [...] Richtiger hat man an paraphrastische Auslegung und Anwendung des Gesetzes zu denken».

282 Ibid., 553.

283 Bertholet, *Esra und Nehemia*, 69.

284 Schneider übersetzt: «Sie lasen [...] in Abschnitten und mit Erläuterungen vor», und bemerkt dazu: «Aber auch wenn nicht ausdrücklich von Übersetzungen gesprochen ist, so können die Erläuterungen wenigstens zum Teil doch Verdolmetschungen gewesen sein.» (Schneider, *Esra und Nehemia*, 208.)

285 Vgl. Williamson, *Ezra, Nehemiah*, 277.278f.

286 «Neh 8:8 indicates that the Torah was ‹read out explicitly›.» (Fishbane, *Biblical interpretation*, 109.)

287 Blenkinsopp, *Ezra-Nehemiah*, 288. Williamson schliesst diese Übersetzung nicht aus, auch wenn er selber «abschnittsweise» («paragraph by paragraph») vorzieht, Williamson, *Ezra, Nehemiah*, 278. Die Frage ist auch, wie sich diese hebr. Stelle zum aram. Ausdruck מְפָרַשׁ in Esr 4,18 verhält.

288 Fishbane übersetzt שׂוֹם שֶׂכֶל mit «gave the sense», Fishbane, *Biblical interpretation*, 109.

289 Gunneweg, *Nehemia*, 112.

study, interpretation, and teaching of Torah in the centuries preceding the emergence of Pharisaic scribalism».[290]

Das Volk war so betroffen von der Botschaft der Tora, dass es weinte (Neh 8,9). Mehrmals fordern Esra und die Leviten die Menschen auf, nicht traurig zu sein (V.9.10.11). Die Begründung für den Aufruf, nicht zu weinen, ist die Tatsache, dass dieser Tag heilig ist, was in allen drei Versen betont wird (הַיּוֹם קָדֹשׁ־הוּא in V.9, כִּי־קָדוֹשׁ הַיּוֹם in V.10 und כִּי הַיּוֹם קָדֹשׁ in V.11).[291] Feiertage werden im AT oft mit Freude verbunden (vgl. z.B. Dtn 12,12; 16,11), vielleicht deshalb, weil sie Gottes Gnade seinem Volk gegenüber in historischen Erlösungstaten feiern.[292] Das ist der eine Grund, dass das Volk ermahnt wird, nicht zu weinen. Ein weiterer Grund, nicht zu weinen, wird in Neh 8,10 genannt: כִּי־חֶדְוַת יְהוָה הִיא מָעֻזְּכֶם. Wörtlich übersetzt: Die Freude an Jhwh ist eure «Zufluchtsstätte»[293]. Rudolph übersetzt mit «Die Freude an Jahwe ist euch Schutzwehr»[294] und spricht von «Freude, und zwar (10b) Freude an Jahwe, dem großen und gütigen Gott, die die beste Schutzwehr ist gegen die Angst vor seinem Zorn»[295]. Williamson erwähnt, dass Schutz gegen die Gerichte, die den Gesetzesübertretern angedroht werden (vgl. z.B. Lev 26, Dtn 27–28), notwendig ist.[296] Das ist richtig, doch muss man den Gedanken weiter ausziehen. Unter den in Dtn 28 angedrohten Flüchen findet sich auch die Androhung des Exils (Dtn 28,36f.63ff.). Die Flüche werden das Volk treffen, wenn es der Stimme Gottes nicht gehorcht (Dtn 28,1). In Dtn 28,47 wird gefordert, dass das Volk Gott mit Freude (בְּשִׂמְחָה) dient. Die Freude an Jhwh ist der Schutz, welcher das Volk vor Gefahren beschützt. Diese Freude an Jhwh wird aber garantiert durch die Tora, welche Esra dem Volk vorgelesen hat. Die Freude an Jhwh (חֶדְוַת יְהוָה) ist mit der Tora verknüpft, sie kommt aus dem Hören des Gesetzes (Neh 8,1–8).

M.E. möchte Neh 8 somit die Tora als eigentliche Schutzwehr (מָעוֹז) darstellen. In der Makrostruktur der Kapitelanordnung wird das kunstvoll zum

290 Blenkinsopp, *Ezra-Nehemiah*, 288.

291 Die Heiligkeit des Festes des Lärmblasens wird in Lev 23,24 und Num 29,1 betont.

292 Vgl. Williamson, *Ezra, Nehemiah*, 291f.

293 Oder «Bergfeste», «Burgheiligtum», vgl. HAL, 577.

294 Rudolph, *Esra und Nehemia*, 148. Zur LXX, 3Esr und der Peschitta, die alle den Text vereinfachen, meint er: «Alle drei haben nicht verstanden, warum die Freude eine Schutzwehr genannt werden kann.»

295 Ibid., 149.

296 Williamson, *Ezra, Nehemiah*, 292. Williamson bringt die Freude an Jhwh mit der Festfreude in Zusammenhang: «‹The joy of the Lord› was the joy each Israelite felt at these festivals as he identified himself afresh with the community of God's people and so appropriated in his own generation the salvation once bestowed upon his ancestors.»

Ausdruck gebracht: Die Stadtmauer wurde vollendet (Neh 6,15), die Stadt gesichert (Neh 7,1–3), doch die Mauer wurde noch nicht eingeweiht. Erst folgte die Lesung der Tora (Neh 7,72bff.). Schlüssel dabei ist die Aussage in Neh 8,10b: Die Freude an Jhwh ist eure Schutzwehr! Der eigentliche Schutz ist eben gerade nicht der äusserliche Schutz der neu errichteten Stadtmauer, sondern ein toragemässes Leben. Erst nach der Toraverlesung und der Bundeserneuerung in Neh 8–10 wird die Mauer in Neh 12,27–43 eingeweiht.

Nach der Toralesung begeht das ganze Volk schliesslich ein Freudenfest (שִׂמְחָה גְדוֹלָה), denn sie hatten die Worte verstanden, die man ihnen mitgeteilt hatte (כִּי הֵבִינוּ בַּדְּבָרִים אֲשֶׁר הוֹדִיעוּ לָהֶם, V.12). Am zweiten Tag treffen sich die Leiter des Volkes bei Esra, dem Schriftgelehrten (הַסֹּפֵר), um Einsicht in die Worte des Gesetzes zu gewinnen (וּלְהַשְׂכִּיל אֶל־דִּבְרֵי הַתּוֹרָה, V.13), wobei sie geschrieben fanden (וַיִּמְצְאוּ כָּתוּב), dass im siebten Monat das Laubhüttenfest gefeiert werden soll (Neh 8,14). Auf die Feier des Laubhüttenfestes, die in Neh 8,14–18 beschrieben wird, bin ich bereits eingegangen.[297]

3.3 Nehemia 8 und die intertextuellen Bezüge zu Dtn 31,9–13 und Jos 8,30–34

Immer wieder habe ich auf die intertextuellen Bezüge von Neh 8 hingewiesen, ich gehe im Folgenden auf die Bezüge zu Dtn 31,9–13 und Jos 8,30–34 ein.[298]

Wenn es in Neh 8,18 im Kontext des Laubhüttenfestes heisst, dass Esra Tag für Tag, vom ersten bis zum letzten Tag, aus dem Buch der Tora Gottes las (וַיִּקְרָא בְּסֵפֶר תּוֹרַת הָאֱלֹהִים יוֹם בְּיוֹם מִן־הַיּוֹם הָרִאשׁוֹן עַד הַיּוֹם הָאַחֲרוֹן), so kommt er der Forderung von Dtn 31,10f. nach, wo Mose den Priestern und Leviten den Auftrag gibt: Jeweils im Erlassjahr an Sukkot «sollst du dieses Gesetz vor ganz Israel lesen vor ihren Ohren» (תִּקְרָא אֶת־הַתּוֹרָה הַזֹּאת נֶגֶד כָּל־יִשְׂרָאֵל בְּאָזְנֵיהֶם, Dtn 31,11). קרא kommt in Neh 8,3.8.18 vor, die Ohren werden in Neh 8,3 erwähnt, wo es heisst, dass die Ohren des ganzes Volkes auf das Buch der Tora gerichtet waren (וְאָזְנֵי כָל־הָעָם אֶל־סֵפֶר הַתּוֹרָה).[299] In Neh 8,2 werden die Gemeinde (הַקָּהָל), Männer, Frauen und «jeder, der es

---

297 S.o. III.2.1.3.

298 Vgl. die Aussage von Reinmuth: «Nehemiah 8 shows remarkable parallels to other texts in the Hebrew Bible.» Er erwähnt Dtn 31,9–13; Jos 8,30–35 und den längeren Text 2Kön 22–23, vgl. Reinmuth, *Nehemiah 8 and the Authority of Torah*, 257. Auf den letztgenannten gehe ich nicht ein, sondern ich beschränke mich auf die beiden Texte im Zusammenhang mit der Landnahme, die für dieses Kapitel entscheidend sind.

299 Für eine Zusammenstellung der «thematic parallels» und «keywords» zwischen Neh 8 und Dtn 31,9–13 vgl. ibid.

verstehen kann» (וְכֹל מֵבִין לִשְׁמֹעַ, womit an Kinder gedacht werden kann[300]) erwähnt. In Dtn 31,12 wird der Befehl gegeben, Männer, Frauen und Kinder zu versammeln (הַקְהֵל). Die Kinder werden auch in Dtn 31,13 noch einmal erwähnt. Die Versammlung geschieht mit dem Ziel, dass «sie hören und lernen und Jhwh, ihren Gott, fürchten und darauf achten, alle Worte dieser Tora zu tun» (לְמַעַן יִשְׁמְעוּ וּלְמַעַן יִלְמְדוּ וְיָרְאוּ אֶת־יְהוָה אֱלֹהֵיכֶם וְשָׁמְרוּ לַעֲשׂוֹת אֶת־כָּל־דִּבְרֵי הַתּוֹרָה הַזֹּאת, Dtn 31,12). In Dtn 31,13 wird dieses Ziel mit ähnlichen Worten wiederholt und mit der Landnahme verknüpft. Ich gebe Dtn 31,13 in ganzer Länge wieder:

> וּבְנֵיהֶם אֲשֶׁר לֹא־יָדְעוּ יִשְׁמְעוּ וְלָמְדוּ לְיִרְאָה אֶת־יְהוָה אֱלֹהֵיכֶם כָּל־הַיָּמִים אֲשֶׁר אַתֶּם חַיִּים עַל־הָאֲדָמָה אֲשֶׁר אַתֶּם עֹבְרִים אֶת־הַיַּרְדֵּן שָׁמָּה לְרִשְׁתָּהּ׃
>
> Und ihre Kinder, die es nicht wissen, sollen zuhören und lernen, Jhwh, euren Gott, zu fürchten alle Tage, die ihr in dem Land lebt, in das ihr über den Jordan zieht, um es in Besitz zu nehmen.

Das Hören auf das Gesetz wird mit der Landnahme in Verbindung gebracht. Das Leben im neuen Land wird vom Hören auf Gottes Tora abhängig gemacht. In diesem Zusammenhang muss der weitere Kontext von Dtn 31,9–13 betrachtet werden.

Mose gibt dem Volk den Auftrag, wenn es über den Jordan ins Land komme, auf dem Berg Ebal die Worte des Gesetzes auf Steine zu schreiben (Dtn 27,2). Von den Bergen Garizim und Ebal aus soll das Volk gesegnet bzw. verflucht werden. Im grossen Kapitel über Segen und Fluch (Dtn 28) wird die Vetreibung aus dem Land als Fluch erwähnt (Dtn 28,36f.63ff). Sowohl in Dtn 28,36 als auch in V.64 heisst es, das Volk müsse im Exil anderen Göttern dienen: Holz und Stein.[301] Wenn das Volk Jhwh nicht dient (vgl. Dtn 28,47 «Weil du Jhwh, deinem Gott, nicht gedient hast […]», תַּחַת אֲשֶׁר לֹא־עָבַדְתָּ אֶת־יְהוָה אֱלֹהֶיךָ), wird es im Exil anderen Göttern dienen müssen (וְעָבַדְתָּ שָּׁם אֱלֹהִים אֲחֵרִים, Dtn 28,36.64). Das Volk wird in der Sklaverei enden: Die Liste der angekündigten Flüche endet in Dtn 28,68 mit der Erwähnung Ägyptens (מִצְרַיִם) und der Sklaverei.[302] Wenn Israel sich nicht an die Tora hält, geht der Weg nicht ins verheissene Land, sondern zurück in die Sklaverei, sozusagen zurück nach Ägypten.[303] Der darauffolgende Vers, Dtn

---

300 S.o. III.3.2.

301 Vgl. Dtn 28,36: וְעָבַדְתָּ שָּׁם אֱלֹהִים אֲחֵרִים עֵץ וָאָבֶן; Dtn 28,64: וְעָבַדְתָּ שָּׁם אֱלֹהִים אֲחֵרִים אֲשֶׁר לֹא־יָדַעְתָּ אַתָּה וַאֲבֹתֶיךָ עֵץ וָאָבֶן.

302 וְהִתְמַכַּרְתֶּם שָׁם לְאֹיְבֶיךָ לַעֲבָדִים וְלִשְׁפָחוֹת וְאֵין קֹנֶה: «Und ihr werdet euch dort deinen Feinden zu Knechten und Mägden verkaufen, und es wird kein Käufer da sein».

303 S.o. die Gedanken von Millar in II.3.1.1.

28,69, bildet den Abschluss der Bundeserneuerung in Moab, wo es zusammenfassend heisst:

> אֵלֶּה דִבְרֵי הַבְּרִית אֲשֶׁר־צִוָּה יְהוָה אֶת־מֹשֶׁה לִכְרֹת אֶת־בְּנֵי יִשְׂרָאֵל בְּאֶרֶץ מוֹאָב מִלְּבַד הַבְּרִית אֲשֶׁר־כָּרַת אִתָּם בְּחֹרֵב׃
>
> Das sind die Worte des Bundes, von dem der Jhwh Mose befohlen hatte, ihn mit den Söhnen Israel im Land Moab zu schliessen neben dem Bund, den er am Horeb mit ihnen geschlossen hatte.

Duggan hat darauf hingewiesen, dass Neh 8,1 Gemeinsamkeiten mit Dtn 28,69 aufweist.[304] In diesem Vers wird der Moabbund als erneuerter Sinaibund erwähnt. Es ist bezeichnend, dass der Beginn der Bundeserneuerung von Neh 8–10 in Neh 8,1 Assoziationen an diese Stelle weckt. In der Zeit Esras steht Israel wiederum am Beginn einer Landnahme. Wieder gilt es, auf die Worte der Tora zu hören, um im Land bleiben zu können und um nicht erneut vom Fluch des Exils und allen weiteren Flüchen getroffen zu werden.

In Dtn 30 legt Mose Israel Segen und Fluch vor (vgl. Dtn 30,15: «Siehe, ich lege dir heute vor das Leben und das Gute, auch den Tod und das Böse»[305]). Israel soll den Segen wählen, indem es Gott liebt und seiner Stimme gehorcht. Dadurch wird es im Land wohnen bleiben (Dtn 30,20):

> לְאַהֲבָה אֶת־יְהוָה אֱלֹהֶיךָ לִשְׁמֹעַ בְּקֹלוֹ וּלְדָבְקָה־בוֹ כִּי הוּא חַיֶּיךָ וְאֹרֶךְ יָמֶיךָ לָשֶׁבֶת עַל־הָאֲדָמָה אֲשֶׁר נִשְׁבַּע יְהוָה לַאֲבֹתֶיךָ לְאַבְרָהָם לְיִצְחָק וּלְיַעֲקֹב לָתֵת לָהֶם׃
>
> Zu lieben Jhwh, deinen Gott, seiner Stimme zu gehorchen und ihm anzuhangen, denn er ist dein Leben und die Verlängerung deiner Tage, dass du im Land wohnst, das Jhwh deinen Vätern, Abraham, Isaak und Jakob, geschworen hat, ihnen zu geben.

---

304 Vgl. Neh 8,1: סֵפֶר תּוֹרַת מֹשֶׁה אֲשֶׁר־צִוָּה יְהוָה אֶת־יִשְׂרָאֵל mit Dtn 28,69: אֵלֶּה דִבְרֵי הַבְּרִית אֲשֶׁר־צִוָּה יְהוָה אֶת־מֹשֶׁה לִכְרֹת אֶת־בְּנֵי יִשְׂרָאֵל. Gemeinsam sind der Bezug auf Mose (מֹשֶׁה), die Wendung אֲשֶׁר־צִוָּה יְהוָה und die Erwähnung von יִשְׂרָאֵל, vgl. Duggan, *Covenant Renewal*, 107.

305 Zu Dtn 30,14 («Sondern ganz nahe ist dir das Wort, in deinem Mund und in deinem Herzen, um es zu tun», כִּי־קָרוֹב אֵלֶיךָ הַדָּבָר מְאֹד בְּפִיךָ וּבִלְבָבְךָ לַעֲשֹׂתוֹ׃) gibt es eine interessante Parallele in Esr 7,10, wo Esras Lehrtätigkeit charakterisiert wird: «Denn Esra hatte sein Herz darauf gerichtet, die Tora Jhwhs zu studieren, zu tun und in Israel Ordnung und Recht Jhwhs zu lehren», כִּי עֶזְרָא הֵכִין לְבָבוֹ לִדְרוֹשׁ אֶת־תּוֹרַת יְהוָה וְלַעֲשֹׂת וּלְלַמֵּד בְּיִשְׂרָאֵל חֹק וּמִשְׁפָּט׃. Das Erforschen, Tun und Lehren ist hier ein fast programmatischer Dreischritt. In Dtn 30,14 wird das Tun auch erwähnt. Bringt man das Erforschen der Tora mit dem Herzen und das Lehren mit dem Mund in Verbindung, finden wir in beiden Versen denselben Dreischritt.

Das Wohnen im Land ist abhängig vom Gehorsam gegenüber der Stimme Gottes. Das Bleiben im Land geht zurück auf die Väterverheissung. In Dtn 31,9–13 folgt die Aufforderung, die Tora alle sieben Jahre dem Volk vorzutragen. Das in Dtn 32 dargebotene «Lied des Mose», welches die «climax to the book of Deuteronomy in poetic form»[306] bildet, beinhaltet erneut eine Warnung an das Volk, Gott nicht zu verlassen.[307] Das Wort des Gesetzes ist nicht ein leeres Wort, sondern das Leben des Volkes. Dadurch wird es im Land leben (Dtn 32,47):

כִּי לֹא־דָבָר רֵק הוּא מִכֶּם כִּי־הוּא חַיֵּיכֶם וּבַדָּבָר הַזֶּה תַּאֲרִיכוּ יָמִים עַל־הָאֲדָמָה
אֲשֶׁר אַתֶּם עֹבְרִים אֶת־הַיַּרְדֵּן שָׁמָּה לְרִשְׁתָּהּ׃

Denn es ist euch kein leeres Wort, sondern es ist euer Leben. Und durch dieses Wort werdet ihr eure Tage verlängern in dem Land, in das ihr über den Jordan zieht, um es in Besitz zu nehmen.

Das Bleiben im Land nach der Landnahme wird durch das Wort garantiert. M.E. muss man den intertextuellen Bezug von Neh 8 zum Ende des Deuteronomiums in diesem Kontext sehen. Das Bleiben im Land steht in direkter Abhängigkeit vom Hören und Befolgen des Wortes Gottes.

Das bestätigt auch der zweite intertextuelle Bezug zu Jos 8,30–35. In Jos 8,30ff. wird beschrieben, wie Josua gemäss der Forderung aus Dtn 27,2–8 Gott auf dem Berg Ebal einen Altar baut. Eine Abschrift des Gesetzes wird auf Steine geschrieben (Jos 8,32). Zu den Bergen Garizim und Ebal hingewandt werden alle Worte des Gesetzes verlesen. Jos 8,34 beschreibt die Toralesung:

וְאַחֲרֵי־כֵן קָרָא אֶת־כָּל־דִּבְרֵי הַתּוֹרָה הַבְּרָכָה וְהַקְּלָלָה כְּכָל־הַכָּתוּב בְּסֵפֶר
הַתּוֹרָה׃

Danach las er alle Worte der Tora, den Segen und den Fluch, ganz wie es im Buch der Tora geschrieben steht.

Während die Errichtung des Altars auf dem Berg Ebal einen Bezug zu Dtn 27 schafft, assoziiert die Aussage von Segen und Fluch Dtn 28. In Dtn 31,12

---

306 McConville, *Deuteronomy*, 450.

307 Zu Beginn des Liedes in Dtn 32,2 bringt Mose seine Lehre mit Wasser in Verbindung: «Es träufle wie Regen meine Lehre, fliesse wie Tau meine Rede, wie Regenschauer aufs Grüne und Güsse auf das Gras.» Die Erwähnung des «Wassertores» (שַׁעַר־הַמָּיִם) als Ort der Toralesung kann einen Bezug zu Dtn 32,2 evozieren, wo im Zusammenhang mit der Lehre des Mose von Wasser gesprochen wird, s.o. II.2.1.3.

werden bei der Aufforderung zur Lesung der Tora auch die Frauen, Kinder und der Fremdling erwähnt. Das geschieht auch in Jos 8,35:

לֹא־הָיָה דָבָר מִכֹּל אֲשֶׁר־צִוָּה מֹשֶׁה אֲשֶׁר לֹא־קָרָא יְהוֹשֻׁעַ נֶגֶד כָּל־קְהַל יִשְׂרָאֵל
וְהַנָּשִׁים וְהַטַּף וְהַגֵּר הַהֹלֵךְ בְּקִרְבָּם׃

Es war nicht ein Wort von allem, was Mose geboten hatte, das Josua nicht gelesen hätte vor der ganzen Gemeinde Israels und den Frauen und Kindern und dem Fremden, der unter ihnen wohnte.

Das ist eine klare Anspielung auf Dtn 31,12, wo ebenfalls von den Frauen, Kindern und dem Fremdling (וְהַנָּשִׁים וְהַטַּף וְגֵרְךָ) die Rede ist. Josua erfüllt mit der Toralesung nicht nur die Anweisung, auf dem Berg Ebal einen Altar zu errichten, sondern er liest auch die ganze Tora vor dem ganzen Volk, wenn auch nicht im Kontext des Laubhüttenfestes.

In Neh 8 liest Esra die Tora im Kontext des Laubhüttenfestes. Durch den Verweis auf Josua in Neh 8,17 wird ein Bezug zu Josuas Toraverlesung hergestellt. Duggan hat auch darauf hingewiesen, dass Neh 8,1, der Beginn der Schilderung der Toralesung durch Esra, grosse Ähnlichkeiten mit Jos 8,31, dem Beginn des Abschnittes über die Toralesung bei Josua, aufweist.[308] Die Verbindung von Neh 8 mit Jos 8,30–35 ist also nicht nur durch die explizite Erwähnung Josuas, sondern auch durch diesen und weitere intertextuelle Bezüge gegeben.[309]

Die Toraverlesung in Jos 8 ist die einzige, die im Josuabuch erwähnt wird. In Jos 23 wird das Volk von Josua zum Toragehorsam aufgerufen, speziell mit dem Hinweis, sich nicht unter die Völker zu vermischen (vgl. Jos 23,6ff.) und sich nicht mit ihnen zu verheiraten (Jos 23,12). In Jos 24 schliesst Josua einen Bund für das Volk. Im Zusammenhang mit dem Bundesschluss wird aber keine Toralesung explizit erwähnt.

Somit besteht der intertextuelle Bezug von Neh 8 zur Toralesung unter Josua zu Beginn der Landnahme! Das unterstützt die These, dass das Esra-Nehemia-Buch die gegenwärtige Zeit in Analogie zu dem Beginn der Landnahme setzt. Wie damals ist das weitere Geschick des Volkes noch nicht

---

308 Vgl. Neh 8,1: סֵפֶר תּוֹרַת מֹשֶׁה אֲשֶׁר־צִוָּה יְהוָה אֶת־יִשְׂרָאֵל mit Jos 8,31: צִוָּה מֹשֶׁה עֶבֶד־יְהוָה אֶת־בְּנֵי יִשְׂרָאֵל כַּכָּתוּב בְּסֵפֶר תּוֹרַת מֹשֶׁה. Auffällig ist die Wendung סֵפֶר תּוֹרַת מֹשֶׁה, die an beiden Stellen verwendet wird (vgl. auch Jos 23,6). Auch die Worte צִוָּה יְהוָה אֶת־יִשְׂרָאֵל aus Neh 8,1 erscheinen – wenn auch in anderer Reihenfolge – in Jos 8,31, vgl. Duggan, *Covenant Renewal*, 107.

309 Für weitere Parallelen vgl. Reinmuth, der zur Schlussfolgerung kommt: «A comparison of these texts shows numerous parallels between Josh. 8.30–35 and Nehemiah 8, which should be interpreted as intertextual references.» (Reinmuth, *Nehemiah 8 and the Authority of Torah*, 258f.)

besiegelt. Damit das Volk im Land bleiben darf, muss es sich nach der Tora richten.

Esra wird im Talmud sehr hohe Wertschätzung entgegengebracht, er wird mit Mose verglichen.[310] Es könnte auch gesagt werden, wie Mose vor der «ersten» Landnahme, so verliest Esra nach der «zweiten Landnahme» die Tora und macht das Volk darauf aufmerksam, dass die Tora der einzige Schutz ist, um im Land zu bleiben.[311] In den oben erwähnten Stellen aus dem Deuteronomium wird das Volk zum Toragehorsam aufgerufen, wenn es im Land wohnen bleiben möchte. Dem entspricht die Gesetzeslesung durch Esra, die zur Toraobservanz aufruft (das Bussgebet in Neh 9 und die Bundesverpflichtung auf die Tora in Neh 10 sind die Folge davon).

So ist die Bewahrung der Tora der Schutz und Garant für ein Bleiben im Land. Im Bussgebet in Neh 9 wird entsprechend das Nichtbefolgen der Tora als Grund für die Katastrophe des Exils gesehen.[312] Dass die Toraobservanz den Schutz zum Bleiben im Land darstellt, wird, wie bereits erwähnt, durch die Aussage in Neh 8,10b, dass die Freude an Jhwh der Schutz sei, zum Ausdruck gebracht. Nach Vollendung der Mauer und Sicherung der Stadt wird nicht die Mauer eingeweiht, sondern zuerst die Tora, welche als Weg zum Leben (vgl. Neh 9,29) zur Freude an Jhwh führt und somit den wahren Schutz bildet, verlesen.[313]

Neh 8 setzt durch seine Analogien zur Landnahmegeneration die Lesenden an die Schwelle einer neuen Landnahme. Wie damals in den grossen Reden des Mose oder der Toraverlesung Josuas wird auch jetzt das Volk aufgerufen, in Gottes Wegen zu wandeln. Mit Neh 8–10 als Zentrum gewinnt man den Eindruck, dass das ganze Esra-Nehemia-Buch sich an eine neue Landnahmegeneration wendet.

So kann Esra-Nehemia als «Predigt» mit einem homiletischen Anliegen gelesen werden. Es ruft die Leserschaft auf, ein toragemässes Leben zu führen. Dies wird nicht nur dort deutlich, wo einzelne Torazitate erwähnt werden (z.B. bei der Bundesverpflichtung in Neh 10), sondern das Buch an sich zeigt

---

310 Vgl. Syn. 21b; Suk. 20a.

311 Oder: Wie Josua in Jos 8 verliest Esra dem Volk, das neu im Land ist, die Tora. Sowohl Mose am Ende seines Lebens, der zur Landnahmegeneration spricht, wie auch Josua als Leiter der Landnahmegeneration kann mit Esra parallel gesetzt werden. Das Modell der «Periodisierung» hat auch seine Grenzen. Doch sowohl das Deuteronomium als auch die Toralesung in Josua sind an die «zweite Generation» gerichtet. Insofern bleibt man im Bild der beiden Generationen.

312 S.o., Kap. II.

313 Es gilt auch die Umkehrung: Die Mauer bietet Schutz, um der Tora zum Durchbruch zu helfen, z.B. lässt Nehemia in der Auseinandersetzung um das Sabbatgebot am Sabbat die Tore schliessen, um den Sabbat zu wahren (vgl. Neh 13,19), dazu s.u. V.2.2.

auf dem Hintergrund der Tora auf, wo sich das Volk heilsgeschichtlich gesehen befindet: Es steht, wie die Josuageneration, am Beginn einer «Landnahme». So wie damals durch Mose und Josua gewarnt wurde, ergeht wieder der Ruf zu einem toragemässen Leben. Die erneuten Missstände am Ende (vgl. Neh 13) bilden in diesem Zusammenhang die rhetorische Spitze des Buches. Childs muss widersprochen werden, wenn er sagt: «The description of the ideal, restored community does not issue in an imperative analogous to the message of Deuteronomy, but it rather serves as an indicative statement.»[314] Auch die Einweihung des Tempels und der Stadtmauern sowie die Verlesung der Tora sind kein Garant dafür, dass jetzt die ideale Gesellschaft erreicht ist. Gerade die Tatsache, dass das Buch mit erneuten Missständen schliesst, zeigt die Wichtigkeit des ständigen Sich-Neuausrichtens auf Jhwh.

4. Zusammenfassung

Dieses Kapitel hat aufgezeigt, dass die Tora auch für die Gestaltung des Esra-Nehemia-Materials von grosser Bedeutung ist. Williamson betont, dass die Tora eine zentrale Rolle in der Hinsicht, wie das Esra-Nehemia-Buch «as an expression of restoration» [315] geformt wurde, spielt. Der Bezug zur Tora lädt uns ein, die Geschichte der Restaurationsperiode als «Heilsgeschichte»[316] zu lesen.

Das Esra-Nehemia-Buch weist Analogien zu Exodus und Landnahme auf. Neben den in der Literatur oft erwähnten Aspekten in Esr 1–6 und Esr 7 wurde hier auch vorgeschlagen, die Doppelung der Heimkehrerliste in Esr 2 und Neh 7 mit den Listen der beiden Volkszählungen in Num 1 und Num 26 zu vergleichen. Im Buch Numeri wird das Volk zu Beginn und am Ende der Wüstenzeit gezählt. In Esra-Nehemia wird die Heimkehrerliste im Zusammenhang mit der Generation Jeschuas und Serubbabels und der Generation Esras und Nehemias eingefügt. Steht die Wiederholung der Heimkehrerliste in Analogie zu den beiden Listen in Num 1 und 26, kann ihr eine theologische Bedeutung beigemessen werden.

Ein Modell, welches m.E. die Analogien im Esra-Nehemia-Buch zu Exodus und Landnahme gut beschreibt, ist das «Periodisierungsmodell» von Sara Japhet. Die erste Heimkehrergeneration unter Jeschua und Serubbabel entspricht der Exodusgeneration unter Mose und Aaron, die zweite Generation unter Esra und Nehemia der Landnahmegeneration unter Eleasar und Josua. Innerhalb der beiden Epochen findet eine weitere «Periodisierung» statt,

---

314 Childs, *Introduction*, 638.

315 Williamson, *The Torah and History*, 158. Dazu s.o. III.1.1., Anm. 3.

316 Williamson spricht von «history of salvation», vgl. ibid., 160f. Das vollständige Zitat s.o. III.1.1.

indem einzelne Zeitpunkte (Anfang, Mitte[317], Schluss) herausgegriffen und beschrieben werden. Japhet spricht im Zusammenhang ihres Periodisierungsmodells von einem «system of time-structuring», das für die Struktur des Buches grundlegend ist.[318] Das Modell Japhets hat sich als brauchbar und anregend zur Erklärung der Anordnung des Materials in Esra-Nehemia erwiesen und ermöglicht es, das Buch im oben genannten Sinn als «Heilsgeschichte» zu lesen.

Dieses Modell der Periodisierung habe ich mit dem Festkalender in Esra-Nehemia ins Gespräch gebracht. Interessanterweise umfasst das Esra-Nehemia-Buch mit den Wallfahrtsfesten Sukkot (Esr 3), Pessach (Esr 6) und wiederum Sukkot (Neh 8) ein ganzes liturgisches Jahr von Sukkot bis Sukkot. Der Festkalender kann in theologischer Hinsicht ebenfalls als «system of time-structuring» in Esra-Nehemia verstanden werden.

Der Sprachwechsel von der Reichssprache Aramäisch zu Hebräisch (Esr 6,19) im Zusammenhang mit dem Pessachfest ist bezeichnend und bildet eine bisher nicht näher beschriebene Analogie zum Exodus, dass nämlich im Kontext von Pessach auch sprachlich der Weg aus dem Exil in die Heimat markiert wird. Das Pessachfest (Esr 6) wird umrahmt vom Laubhüttenfest in Esr 3 und Neh 8. Damit erhält Sukkot, das im Hinblick auf den Festkalender eine theologische Klammer im Esra-Nehemia-Buch bildet, eine besondere Bedeutung.

Mit dem Hinweis auf Josua in Neh 8,17 wird in der «Josuageneration» (gemäss dem Modell von Japhet) explizit auf Josua verwiesen. Dass dies im Zusammenhang mit der Toralesung in Neh 8 geschieht, ist signifikant. Die Toralesung selber ist auf dem Hintergrund von Dtn 31,9–13 und Jos 8,30–34 zu verstehen. Wie Mose bzw. Josua sich an die «Landnahmegeneration» gerichtet haben, so liest auch Esra die Tora einer Generation vor, die zu Beginn einer neuen Landnahme steht. Die Komposition des Buches im Hinblick auf die Periodisierung und die durch den Festkalender gegebene Strukturierung hat eine rhetorische Spitze: Die neue Landnahme kann nur gelingen, wenn sich das Volk nach der Tora richtet. Denn nur die Freude an Jhwh (Neh 8,10) ist ein wirklicher Schutz (מָעוֹז) vor der Bedrohung durch ein erneutes Exil. Das Laubhüttenfest und die Toraverlesung richten den Blickwinkel ganz auf die Paränese zu Beginn der Landnahme, ebenso wie die Tatsache, dass zwölf Kapitel des Esra-Nehemia-Buches aufs Jahr 445 v.Chr., also in die «Mitte der zweiten beschriebenen Generation» datiert werden. Die oft

---

317 Die «Mitte» spielt v.a. für die zweite Periode eine grosse Rolle. In der ersten «Generation» bildet in Esr 4,6–24 anachronistisches Material die Mitte. Gerade diese Tatsache zeigt, dass das Esra-Nehemiabuch nach einer inneren Logik strukturiert ist. Zum Periodisierungsmodell s.o. III.1.3.1.

318 Vgl. Japhet, *Periodization II*, 496. S.o. das Zitat in III.1.3.1.

umstrittene Positionierung von Neh 8 hat sich als äusserst kunstvoll erwiesen: Nach der Fertigstellung der Stadtmauer (Neh 6) und vor deren Einweihung (Neh 12) erfolgt die grosse Toralesung mit der zentralen Aussage, dass die Freude an Jhwh Schutzwall sei. Nicht die Mauer vermag das Volk im Land zu behalten, sondern die Tora!

Die implizite Leserschaft befindet sich ebenfalls in der «Mitte» dieser Generation, die vor der Herausforderung steht, toraobservant zu leben, um im Land bleiben zu können. Die Zeit ist eine «Heilszeit», eine «heilige Zeit», die genutzt werden muss, damit die neue Gelegenheit zur Besiedlung des Landes und zum Bleiben darin nicht vertan wird. Die Tora muss eingehalten werden. Das Bleiben im Land ist noch nicht garantiert.

Der Buchschluss ist auch für dieses Konzept eine rhetorische Spitze. Das Ambivalente an der Wiederherstellung auf dem Hintergrund der Analogie der Esra-Nehemiageneration mit der Landnahmegeneration besteht darin, dass ein Bezug zur Zeit unmittelbar um die Landnahme gemacht wird. Das heisst: Es ist erst die erste Phase der neuen Epoche eingetreten, ihr Ausgang ist noch ungewiss. Die Vorfahren haben versagt (Neh 9) und die Tora nicht beachtet. Wird das Volk die neue Chance nutzen können?

Die Struktur des Esra-Nehemia-Buches dient der Verdeutlichung dessen Inhalts. Denn die Periodisierung, die Parallelen, die zu der Exodus- und Landnahmegeneration gemacht werden, und der Festkalender, der Sukkot als Anfangs- und Schlusspunkt betont, unterstützen die Grundaussage des Esra-Nehemia-Buches. Wie Häusl richtig analysiert hat, ist «die Toralesung für das Identitätskonzept des Esra/Nehemiabuches (als Gesamtwerk) zentral»[319]. Auf gelungene Weise verbinden sich durch dieses «system of time-structuring» Form und Inhalt des Buches.

[319] Häusl, *Feste feiern*, 250.

IV. Wiederherstellung als erfüllte Heilsprophetie

In diesem Kapitel wird untersucht, inwiefern das Esra-Nehemia-Buch die eigene Zeit als Erfüllung von Heilsprophetien deutet und welche Ambivalenzen dabei zutage treten. Ist diese Sicht im Esra-Nehemia-Buch ausreichend prominent vertreten, um in dem Zusammenhang von einem weiteren «Konzept» der Wiederherstellung sprechen zu können?

Am Buchanfang in Esr 1,1 wird direkt nach einer einleitenden Datierungsangabe festgehalten, das Folgende geschehe «um das Wort Jhwhs aus dem Mund Jeremias zu erfüllen».[1] Schon hier wird darauf hingewiesen, dass die anschliessende Erzählung als Erfüllung von Heilsprophetie zu verstehen ist. Wie bereits erläutert[2], betrachtet Karrer-Grube diese Aussage als Aufforderung dazu, das ganze Esra-Nehemia-Buch im Licht der Verheissungen von Jeremia zu lesen. Die Bedeutung des prophetischen Wortes für die Lektüre eines biblischen Buches wird ihrer Meinung nach an dieser Stelle auf eine Weise betont, die im ganzen AT einzigartig ist.[3]

Durch das Auftreten der Propheten Haggai und Sacharja in Esr 5–6 sieht Karrer-Grube die Wichtigkeit des prophetischen Wortes für das Lesen von Esra-Nehemia zusätzlich bestätigt. Um den ins Stocken geratenen Wiederaufbau des Tempels zu beleben, bedarf es des prophetischen Wortes (Esr 5,1.2) und nach Fertigstellung des Tempelbaus wird die Rolle von Sacharja und Haggai «as transmitters of God's will»[4] erneut betont (Esr 6,14). Die ausdrückliche Erwähnung von drei im AT erwähnten Propheten (Jeremia, Sacharja und Haggai) ist bemerkenswert.

Der auffällige Bucheingang mit dem Verweis auf Jeremia ist für McConville mitbestimmend für die Theologie des Esra-Nehemia-Buches: «Our books are dominated by the idea of the restoration of God's people to the land promised long ago (cf. Exod. 23:23ff.), in fulfilment of the prophecy

---

1 Esr 1,1: בִּשְׁנַת אַחַת לְכוֹרֶשׁ מֶלֶךְ פָּרַס לִכְלוֹת דְּבַר־יְהוָה מִפִּי יִרְמְיָה הֵעִיר יְהוָה אֶת־רוּחַ כֹּרֶשׁ מֶלֶךְ־פָּרַס וַיַּעֲבֶר־קוֹל בְּכָל־מַלְכוּתוֹ וְגַם־בְּמִכְתָּב לֵאמֹר׃.

2 S.o. II.1.1.

3 Sie bemerkt zu Esr 1,1: «This sentence implies that the following account is to be understood as a fulfillment of God's promises that Jeremiah transmitted. The importance of the prophetic word for the reading of the book of Ezra is emphasized in a way that is unparalleled in the Hebrew Bible.» (Karrer-Grube, *Conceptual Unity of Ezra and Nehemiah*, 150.) Diesen Beobachtungen von Karrer-Grube zum Buchanfang ist zuzustimmen, auch wenn ich ihrem Anliegen, das Esra-Nehemiabuch auf dem Hintergrund des «neuen Bundes» in Jer 31–33 zu lesen, nicht folge, s.o. II.3.1.2.

4 Ibid.

of Jeremiah.»[5] McConville zeigt auf, wie in Esra-Nehemia «restoration-prophecy»[6] auf die Situation der nachexilischen Rückkehrergemeinde angewandt wird.[7]

Es ist also durchaus legitim, zu untersuchen, inwieweit Prophetie beim Gedanken der Wiederherstellung in Esra-Nehemia mitschwingt und inwiefern die im Esra-Nehemia-Buch geschilderte Wiederherstellung als erfüllte Heilsprophetie dargestellt wird. Dabei sei noch einmal auf das im einleitenden Kapitel bereits zitierte Wort von Ben Zwi verwiesen, dass die göttlichen Verheissungen, welche das nachexilische Jehud mit Hoffnung erfüllten, mit der Vergangenheit bzw. einem «written repertoire of texts» verbunden gewesen seien.[8]

In diesem Kapitel wird ein bestimmtes «Repertoire von Texten» behandelt, die für Esra-Nehemia relevant sind.[9] In einem ersten Teil wird der Verweis auf Jeremia in Esr 1,1 thematisiert. In einem zweiten Teil werden Ambivalenzen aus den Bussgebeten in Esr 9 und Neh 9 herausgearbeitet. Dabei wird ein Vergleich zum Bussgebet in Dan 9, das grosse Ähnlichkeiten mit den Bussgebeten im Esra-Nehemia-Buch aufweist, gezogen. Ein dritter Teil untersucht die Bedeutung der beiden in Esr 5–6 erwähnten Propheten Haggai und Sacharja. Anhand eines intertextuellen Vergleichs mit Sach 6,9–15 wird aufgezeigt, dass im Sacharjabuch ähnliche Ambivalenzen zu finden sind.

1. Beginn einer neuen Heilszeit?

1.1 Der Verweis auf Jeremia zu Beginn des Buches

Zu Beginn des Esra-Nehemia-Buches wird im ersten Vers (Esr 1,1) auf Jeremia verwiesen:

וּבִשְׁנַת אַחַת לְכוֹרֶשׁ מֶלֶךְ פָּרַס לִכְלוֹת דְּבַר־יְהוָה מִפִּי יִרְמְיָה הֵעִיר יְהוָה
אֶת־רוּחַ כֹּרֶשׁ מֶלֶךְ־פָּרַס וַיַּעֲבֶר־קוֹל בְּכָל־מַלְכוּתוֹ וְגַם־בְּמִכְתָּב לֵאמֹר׃

5 McConville, *Ezra, Nehemiah, and Esther*, 4.

6 J. Gordon McConville, *Ezra-Nehemiah and the Fulfilment of Prophecy*, in: VT 36, 1986, 205–224, 222.

7 Er argumentiert, «that the books [= Esra-Nehemia] were informed by prophecy – especially by the books of Isaiah and Jeremiah – to a far greater extent than is ususally thought», ibid., 207.

8 «[M]ost of the divine promises that held hope for the community were associated with the past, and more precisely with a written repertoire of texts that were set in the past, from the perspective of Yehud.» (Ben Zwi, *What is New in Yehud?*, 40.) Ausführliches Zitat s.o. I.3.

9 Zur Auswahl der Texte, die in diesem und im nächsten Kapitel zu intertextuellen Vergleichen herbeigezogen werden, s.o. I.3.

Und im ersten Jahr des Kyrus, des Königs von Persien, erweckte Jhwh – damit das Wort aus dem Mund Jeremias erfüllt würde[10] – den Geist des Kyrus, des Königs von Persien, dass er durch sein ganzes Reich einen Ruf ergehen liess, und zwar auch durch ein Schreiben.

Das Esra-Nehemia-Buch beginnt mit dem Ausdruck וּבִשְׁנַת אַחַת. בִּשְׁנַת אַחַת kommt im AT nicht häufig vor; weitere Stellen sind Dan 9,1; 9,2 und 11,1.[11] Es verstösst «nicht gegen die Regeln der Grammatik oder des Stils»[12], dass ein biblisches Buch mit der Kopula ו beginnt. Die Datumsangabe «im ersten Jahr»[13] bezieht sich auf «Kyrus, den König von Persien» (לְכוֹרֶשׁ מֶלֶךְ פָּרַס). Nach der Datumsangabe folgt bereits der Verweis auf Jeremia: לִכְלוֹת דְּבַר־יְהוָה מִפִּי יִרְמְיָה. 2Chr 36,22 liest בְּפִי statt מִפִּי, die Bedeutung ist aber identisch. Mit Williamson kann gesagt werden, dass der Text in Chr vermutlich sekundär ist und von בְּפִי in 2Chr 36,21 beeinflusst wurde.[14]

Auf welche Jeremiastelle(n) nimmt der Beginn des Esra-Nehemia-Buches nun aber Bezug? Ich stelle diese sehr kontrovers diskutierte Frage anhand von drei grundsätzlichen Positionen dar und behandle zuerst diejenige Position, welche insbesondere von den Vertretern der Theorie des Chronistischen Geschichtswerkes favorisiert wird.

1.1.1 Interpretation von Esra 1,1 auf dem Hintergrund des Chronikschlusses

Der Chronikschluss in 2Chr 36,20.21 stellt einen eindeutigen Bezug zu Jeremia her:

20 וַיֶּגֶל הַשְּׁאֵרִית מִן־הַחֶרֶב אֶל־בָּבֶל וַיִּהְיוּ־לוֹ וּלְבָנָיו לַעֲבָדִים עַד־מְלֹךְ מַלְכוּת פָּרָס:
21 לְמַלֹּאות דְּבַר־יְהוָה בְּפִי יִרְמְיָהוּ עַד־רָצְתָה הָאָרֶץ אֶת־שַׁבְּתוֹתֶיהָ כָּל־יְמֵי הָשַּׁמָּה שָׁבָתָה לְמַלֹּאות שִׁבְעִים שָׁנָה:

20 Und er (d.h. Nebkadnezzar) führte nach Babel, was vom Schwert übriggeblieben war, und sie wurden seine und seiner Söhne Knechte, bis das Königreich Per-

10 Oder alternative Übersetzungsvariante: «Bei der Erfüllung des Wortes aus dem Mund Jeremias», s.u. die Position Frolovs in IV,1.1.3.

11 Vgl. Willi, *Juda – Jehud – Israel*, 52. (Die genau gleiche Wendung וּבִשְׁנַת אַחַת findet sich im Paralleltext in 2Chr 36,22.)

12 So Gunneweg, *Esra*, 40. (Gunneweg selber als Vertreter der Theorie des Chronistischen Geschichtswerkes denkt aber nicht, dass Esr 1,1 einen Buchanfang bildet.) Vgl. Williamson: «This is common for narrative books of the OT», Williamson, *Ezra, Nehemiah*, 4.

13 Zur Zählung der Jahre mit Kardinalzahl statt Ordinalzahl vgl. GK §134p.

14 Williamson, *Ezra, Nehemiah*, 4. Anders Blenkinsopp, der in Esr 1,1 mit 2Chr 36,22 (vgl. ἐν στόματι Ιερεμιου in 3Esr 2,1) בְּפִי lesen möchte, Blenkinsopp, *Ezra-Nehemiah*, 74.

> sien zur Herrschaft kam, [21] damit erfüllt würde das Wort Jhwhs durch den Mund Jeremias. Bis das Land seine Sabbate genossen hatte, alle Tage der Verwüstung, hielt es Sabbatruhe, damit die 70 Jahre vollendet wurden.

Die explizite Erwähnung der 70 Jahre an dieser Stelle deutet auf Jer 25,11f. und Jer 29,10. In Jer 25,11f. heisst es, dass «diese Nationen dem König von Babel 70 Jahre lang dienen werden» (וְעָבְדוּ הַגּוֹיִם הָאֵלֶּה אֶת־מֶלֶךְ בָּבֶל שִׁבְעִים שָׁנָה); «wenn die 70 Jahre voll sind» (כִמְלֹאות שִׁבְעִים שָׁנָה), wird Jhwh die Schuld am König von Babel (עַל־מֶלֶךְ־בָּבֶל) und auch am Land der Chaldäer (וְעַל־אֶרֶץ כַּשְׂדִּים) heimsuchen. Die 70 Jahre kommen auch in Jer 29,10 vor: «Erst wenn 70 Jahre für Babel voll sind, werde ich mich euer annehmen» (כִּי לְפִי מְלֹאת לְבָבֶל שִׁבְעִים שָׁנָה אֶפְקֹד אֶתְכֶם), sagt Jhwh, «und an euch mein gutes Wort erfüllen, euch an diesen Ort zurückzubringen» (וַהֲקִמֹתִי עֲלֵיכֶם אֶת־דְּבָרִי הַטּוֹב לְהָשִׁיב אֶתְכֶם אֶל־הַמָּקוֹם הַזֶּה, Jer 29,10). Nach den 70 Jahren Exilszeit wird Jhwh sein «gutes Wort» in Erfüllung bringen und das Volk aus dem Exil zurückbringen. Die Erwähnung der 70 Jahre in 2Chr 36,21 machen es wahrscheinlich, dass die Aussage לִכְלוֹת דְּבַר־יְהוָה בְּפִי יִרְמְיָהוּ in 2Chr 36,22 auf diese Stellen verweist.

Kommentatoren, die von einem Chronistischen Geschichtswerk ausgehen, interpretieren den Anfang des Esrabuches vom Ende der Chronikbücher her und sehen einen Bezug zu den Jeremiaworten von den 70 Jahren. Rudolph ist der Überzeugung, dass hier (in Esr 1,1 und 2Chr 36,17–21[15]) der Chronist federführend ist, dem es am Herzen lag, Jhwhs Verheissungtreue zu betonen: «[W]ie er die Prophezeitung Jeremias von den 70 Jahren babylonischer Herrschaft (Jer 25 11 f. 29 10) nach ihrer negativen Seite (70 Jahre Knechtschaft) hatte in Erfüllung gehen lassen (2Chr 36 21), so brachte er sie nunmehr nach ihrer positiven Seite zur Vollendung».[16] Auch für Blenkinsopp ist hier der Chronist am Werk, der sich auf die Jeremiaverheissungen abstützt: «C's account of the exile as the sabbatical rest of the land, interpreting Jer. 29:10–14 (cf. 25:11–14) in light of Lev. 26:34–35, marked the conclusion of the history of the First Temple.»[17] Gunneweg sieht ebenfalls diesen Bezug, betont aber auch Anklänge an andere Stellen: «Deutlich ist auch, daß nicht nur auf den namentlich genannten Jeremia (25,11f.; 29,10) Bezug genommen wird, sondern auch auf Stellen wie Jes 41,25; 44,28; 45,1ff.13 ange-

---

15 Für ihn bildet 2Chr 17,21 den ursprünglichen Schluss des Buches, Rudolph, *Esra und Nehemia*, 2.

16 Ibid., 3.

17 Blenkinsopp, *Ezra-Nehemiah*, 74.

spielt wird, wo Deuterojesaja Kyros als gesalbten Bevollmächtigten und Heilbringer Jahwes feiert.»[18]

Thomas Willi betrachtet das Esra-Nehemia-Buch zwar als eine selbständige literarische Einheit[19], sieht aber im Buchanfang in Esra 1 trotzdem einen Verweis auf die genannten Jeremiastellen. Er liest Esr 1,1–4 «in Korrespondenz zum ursprünglichen Chronikabschluß, aber eben *nicht als Fortschreibung* von 2Chr 36,20f».[20] So müsse auch in Esr 1,1 ein Hinweis auf Jer 25,11 und 29,10 gesehen werden. Willi sieht in der Gestaltung von Esr 1,1–4 einen Schlüssel zur Konzeption des Esra-Nehemia-Buches[21] und bemerkt zum einleitenden Verweis auf Jeremia: «*Hermeneutischer Schlüssel zum Verstehen dessen, was Israel widerfuhr, ist der Sabbat* bzw. die mit dem Jeremiawort von den 70 Jahren kombinierte Sabbatruhe des Landes in Lev 26, 34f.»[22] 2Chr 36,21 betont, dass mit der Exilszeit etwas zu Ende geht: «Wie der Sabbat Vollendung und Krönung der vorangehenden Zeitspanne ist, so gehört auch die Exilsperiode als sabbatliche Brache noch zur alten Zeit. Sie ist deren Gericht, aber auch Abschluß und Sabbat.»[23] In 2Chr 36,21 wird mit der Verwendung des Verbs לְמַלֹּאות betont, dass das Jeremiawort erfüllt wird. In Esr 1,1 wird aber nach Willi das Augenmerk mehr auf den Beginn der neuen Zeit als auf den Abschluss der alten Zeit gelegt. Deshalb verwendet Esr 1,1 anstelle von לְמַלֹּאות (Inf. cstr. *Pi.*) לִכְלוֹת (Inf. cstr. Qal), was Willi mit «zur Vollendung» übersetzt. Seiner Meinung nach legt לְמַלֹּאות das Augenmerk auf die Erfüllung oder Terminierung, während לִכְלוֹת davon spricht, dass Jeremias Gerichtswort «‹vollendet›, d.h. letztlich erledigt, abgeschrieben worden ist»[24]. Das eröffnet in Esra-Nehemia die nach vorne gerichtete Perspektive: «Die einzige Verknüpfung des Bucheingangs und damit des Buches Esr-Neh nach rückwärts geschieht also durch den Bezug auf das Wort Jere-

---

18 Gunneweg, *Esra*, 41. Die oben zitierten Kommentare von Rudolph und Blenkinsopp erwähnen diese Bezüge zum Jesajabuch auch, vgl. Rudolph, *Esra und Nehemia*, 3; Blenkinsopp, *Ezra-Nehemiah*, 74.

19 S.o., I.2.2.1.

20 Willi, *Juda – Jehud – Israel*, 54. Für Willi bildet 2Chr 36,21 den ursprünglichen Abschluss der Chronik.

21 Sein Exkurs zu Esr 1,1–4 trägt den Titel «Der Eingang des Buches Esra-Nehemia als Schlüssel zu seiner Konzeption», ibid., 47–58.

22 Ibid., 53.

23 Ibid., 55.

24 Vgl. ibid. Willis Beobachtung, dass in Esr 1,1 (und 2Chr 36,22) לִכְלוֹת anstelle von לְמַלֹּאות (2Chr 36,21) verwendet wird, hat auch Gültigkeit, wenn man – anders als Willi – davon ausgeht, dass das Chronikende erst bei 2Chr 36,23 zu sehen ist.

mias, indem es Jer 25,11 und 29,10 gewissermaßen kombiniert.»[25] Ich werde später noch einmal auf Willi zurückkommen.

1.1.2 Interpretation von Esra 1,1 unabhängig vom Chronikschluss

Als zweites stelle ich Positionen dar, welche Esr 1,1 unabhängig vom Chronikschluss interpretieren. Betrachtet man Esra-Nehemia als eigenständiges Werk, dann ist der Bezug zu den genannten Jeremiastellen nicht mehr so klar gegeben, wie Williamson zeigt:

> ‹The word› has been generally misunderstood by commentators as a reference to such passages as Jer 25:11–12 and 29:10 that look forward in a general way to the fall of Babylon and the end of the exile. This interpretation is far too generalized, however, and probably owes its origin to the comparable 2 Chr 36:21. (Note that there the reference to ‹seventy years› makes the link with the Jeremiah passages explicit.)[26]

Williamson sucht nun nach anderen Stellen, auf die sich Esr 1,1 beziehen könnte. Unmittelbar auf לִכְלוֹת דְּבַר־יְהוָה מִפִּי יִרְמְיָה folgt in Esr 1,1 die Aussage, dass Jhwh den Geist des Kyrus, des Königs von Persien erweckt (הֵעִיר יְהוָה אֶת־רוּחַ כֹּרֶשׁ מֶלֶךְ־פָּרַס). Diesen Sachverhalt findet Williamson in Jes 41,2.25, 44,28 und 45,1 beschrieben, wobei die auffälligste Parallele Jes 45,13 bildet: «Ich habe ihn [Kyros] in Gerechtigkeit erweckt (הַעִירֹתִהוּ)».[27] Williamson urteilt: «It is difficult not to suppose that the writer of Ezra indeed had such passages in the forefront of his mind».[28] Weshalb wird aber explizit auf Jeremia hingewiesen? Dem Vorschlag, «Jesaja» anstelle von «Jeremia» zu lesen, fehlen die Textgrundlagen. Auch die Idee Bernhard Duhms, Jes 40–55 sei als exilische Komposition erst unabhängig zirkuliert und bisweilen Jeremia zugeschrieben worden, ist nicht überzeugend. Zu letzterem Vorschlag bemerkt Williamson: «[T]he links between Isa 40–55 and 1–39 are being increasingly appreciated, and make it quite certain that the later chapters were always intended to accompany the earlier.»[29]

---

25 Ibid., 58. Willi sieht in Esra-Nehemia die Diskontiniuität zur monarchischen Zeit betont: «Denn *es ist sein mit Esr 1,1–4 erklärtes Ziel, in dem so eröffneten Buch die Voraussetzungen, das Werden und die verschiedenen Aspekte in der von der vorhergehenden Epoche so deutlich unterschiedenen persischen Zeit darzustellen.»* (Ibid., 54.) Meiner Meinung nach zeigt Esra-Nehemia aber mehr Rückwärtsbezüge als nur den Verweis auf Jeremia am Buchanfang. Gerade die aufgezeigten Analogien zu Exodus und Landnahme betonen die Kontinuität zum vorexilischen Israel.

26 Williamson, *Ezra, Nehemiah*, 9.

27 Ibid., 9f. Vgl. dort auch Hinweise auf ältere Kommentare.

28 Ibid., 10.

29 Ibid.

Für den expliziten Verweis auf Jeremia in Esr 1,1 denkt Williamson an Jeremia 51. Dieses Kapitel beschreibt den Fall Jerusalems in einer Sprache, die an die jesajanische Tradition erinnert (vgl. z.B. den Ausdruck מְקְדוֹשׁ יִשְׂרָאֵל in Jer 51,5). In Jer 51,1 heisst es (möglicherweise Jes 13,17 aufgreifend): «Siehe, ich erwecke (מֵעִיר) gegen Babel […] einen Geist der Zerstörung.» Und in Jer 51,11 wird das weiter erklärt: «Jhwh erweckte den Geist der Könige[30] der Meder (הֵעִיר יְהוָה אֶת־רוּחַ מַלְכֵי מָדַי), denn gegen Babel ist sein Plan, es zu zerstören, denn das ist die Rache Jhwhs, die Rache für seinen Tempel.» Williamson sieht in הֵעִיר יְהוָה אֶת־רוּחַ כֹּרֶשׁ (Esr 1,1) einen Bezug zu Jer 51,1.11:

> However, because the catchword העיר (‹stir up›) and the explicit reference to Cyrus, he would have expected his readers to interpret the negative prophecy of Jer 51 in the light of the positive statements of Isa 41, 44, and 45: God's whole purpose in raising up Cyrus to destroy Babylon was to assure that the temple in Jerusalem might be rebuilt and the exiles returned to their homeland.[31]

Nun soll noch einmal der Entwurf von Christiane Karrer-Grube zur Sprache kommen.[32] Wie eingangs des Kapitels bereits erwähnt, hält es Karrer-Grube für entscheidend, dass Esr 1,1 das Esra-Nehemia-Buch mit einem Verweis auf Jeremia eröffnet. Der Hinweis impliziert, «that the following account is to be understood as a fulfillment of God's promises that Jeremiah transmitted».[33] Wie Williamson denkt sie, die These, Esr 1,1 spiele auf Jer 25,11 und Jer 29,10 an, basiere auf der Annahme des Chronistischen Geschichtswerkes. Wolle man Esra-Nehemia als unabhängiges Werk sehen, sollte auch der Buchanfang in Esr 1,1 nicht durch die Linse des Chronikschlusses interpretiert werden. Weder in Esr 1 noch im ganzen Esrabuch findet sie «any allusions to the 70 years nor the length of the exile».[34] Sie weist auf die Unterschiede zwischen dem Ende des Chronikbuches und dem Beginn von Esra-Nehemia hin.

Am Schluss der Chronik hat die Proklamation von Kyrus die Rückkehr des Volkes zum Ziel, vgl. 2Chr 36,22:

> כֹּה־אָמַר כּוֹרֶשׁ מֶלֶךְ פָּרַס כָּל־מַמְלְכוֹת הָאָרֶץ נָתַן לִי יְהוָה אֱלֹהֵי הַשָּׁמַיִם וְהוּא־פָקַד עָלַי לִבְנוֹת־לוֹ בַיִת בִּירוּשָׁלַםִ אֲשֶׁר בִּיהוּדָה מִי־בָכֶם מִכָּל־עַמּוֹ יְהוָה אֱלֹהָיו עִמּוֹ וְיָעַל׃

30 LXX liest Sg., vgl. BHS, 888.

31 Williamson, *Ezra, Nehemiah*, 10.

32 Ich bin bereits im Zusammenhang mit der Bundeserneuerung auf Karrer-Grube eingegangen, s.o. II.1.1.

33 Karrer-Grube, *Conceptual Unity of Ezra and Nehemiah*, 150.

34 Ibid., 151.

> So spricht Kyrus, der König von Persien: Alle Königreiche der Erde hat mir Jhwh, der Gott des Himmels, gegeben. Und er hat mich beauftragt, ihm ein Haus zu bauen in Jerusalem, das in Juda ist. Wer immer unter euch aus seinem Volk ist, mit dem sei Jhwh, sein Gott, und er ziehe hinauf.

Im Unterschied dazu schliesse sich an Esr 1,1 das Thema des Tempelbaus an (Esr 1,2f.):

> 2 כֹּה אָמַר כֹּרֶשׁ מֶלֶךְ פָּרַס כֹּל מַמְלְכוֹת הָאָרֶץ נָתַן לִי יְהוָה אֱלֹהֵי הַשָּׁמָיִם
> וְהוּא־פָקַד עָלַי לִבְנוֹת־לוֹ בַיִת בִּירוּשָׁלַםִ אֲשֶׁר בִּיהוּדָה׃
> 3 מִי־בָכֶם מִכָּל־עַמּוֹ יְהִי אֱלֹהָיו עִמּוֹ וְיַעַל לִירוּשָׁלַםִ אֲשֶׁר בִּיהוּדָה וְיִבֶן אֶת־בֵּית
> יְהוָה אֱלֹהֵי יִשְׂרָאֵל הוּא הָאֱלֹהִים אֲשֶׁר בִּירוּשָׁלָםִ׃

> [2] So spricht Kyrus, der König von Persien: Alle Königreiche der Erde hat mir Jhwh, der Gott des Himmels, gegeben. Und er hat mich beauftragt, ihm ein Haus zu bauen in Jerusalem, das in Juda ist. [3] Wer immer unter euch aus seinem Volk ist, mit dem sei sein Gott, und er ziehe hinauf nach Jerusalem, das in Juda ist, und baue das Haus Jhwhs, des Gottes Israels. Er ist der Gott, der in Jerusalem ist.

Zu Beginn des Esrabuches sei die Rückkehr aus dem Exil nicht das primäre Ziel wie im Chronikschluss. Vielmehr sei die Rückkehr Mittel zum Zweck, damit der Tempelbau realisiert werden könne. Programmatisch sieht das Karrer-Grube in den beiden aufeinanderfolgenden Infinitiven in Esr 1,5 (לַעֲלוֹת לִבְנוֹת) angedeutet.[35] לִבְנוֹת folgt asyndetisch auf לַעֲלוֹת, was zum Ausdruck bringt, dass das «Hinaufziehen» zum Zweck des «Bauens» geschah. Der Tempelbau ist nicht nur zentrales Thema von Esr 1,1–5, sondern auch von Esr 1–6 insgesamt.

In diesem Kontext der Eröffnung des Esrabuches müsste man nach einer Jeremiastelle suchen, welche vom Tempelbau spricht. Nun sieht sich Karrer-Grube jedoch mit dem Problem konfrontiert, dass in Jeremia der Wiederaufbau des Tempels nicht vorhergesagt wird. Wir finden dort zwar eine ganze Anzahl von Textstellen, welche die Rückkehr aus dem Exil, die Wiederherstellung von Juda und Jerusalem in nachexilischer Zeit sowie einen neuen davidischen König und einen neuen Bund beschreiben[36], ein erneuter Tempelbau wird jedoch nicht vorhergesagt. Weshalb wird im Kontext von Esr 1,2–5 und Esr 1–6 insgesamt, wo der Tempelbau im Zentrum steht, Jeremia angesprochen, der den Wiederaufbau des Tempels nicht im Blick hat? Um eine Antwort auf diese Frage zu erhalten, schlägt Karrer-Grube vor, einen neuen Ausgangspunkt zu suchen, «that does not look at the direct context of

---

[35] Ibid.

[36] Karrer-Grube denkt v.a. an folgende Stellen: Jer 17,19–27; 23,1–8.29; 29,10–14; 30–33, vgl. ibid.

Ezra 1.1 but asks if there are texts which can be understood as fulfillment of ‹the word of the Lord spoken by Jeremiah›».[37]

Ich habe oben im Kapitel «Wiederherstellung als Bundeserneuerung» dargelegt, wie Karrer-Grube das Nehemiabuch als Erfüllung der Verheissung des neuen Bundes in Jer 30–33 liest.[38] Dabei spielt für sie zwar Neh 8–10 eine Schlüsselrolle, doch sie untersucht auch Stellen in Esr 1–2; 7–8, die sie als Erfüllung von Jer 30–33, insbesondere im Zusammenhang mit der Rückkehr der Exulanten, sieht.[39]

Karrer-Grube geht so weit, das Esra-Nehemia-Buch als Gesamtkomposition als Erfüllung der Vorhersagen Jeremias zu lesen. Sie ist überzeugt, «that the composition of Ezra and Nehemiah as a whole should be read as a fulfillment of the divine promises in Jeremiah, as the editor informs us already at the beginning of his composition (Ezra 1,1–4)».[40]

Auch der Einfluss Gottes auf den Achämenidenkönig ist in Anlehnung an das Buch Jeremia zu sehen. In der Formulierung von Esr 1,1, dass Gott den Geist des Kyrus erweckte, sieht Karrer-Grube ebenso wie Williamson eine Anspielung auf Jer 51,1 und 51,11 und hält fest: «[T]he editor understood the rise of Cyrus in the light of Jeremiah 51.»[41] Gottes Hauptabsicht war aber nicht die Zerstörung Babylons, sondern der Bau des Tempels in Jerusalem. Dazu sieht sie in Jer 50–51 bereits Hinweise. Wie ein Refrain ist in Jer 50–51 von der Rache Jhwhs die Rede (vgl. Jer 50,15.28; 51,6.11.36), in Jer 50,28 und 51,11 ist es explizit die Rache für den Tempel (vgl. Jer 51,11: כִּי־נִקְמַת יְהוָה הִיא נִקְמַת הֵיכָלוֹ). Die Anspielung auf Jer 51,1.11 in Esr 1,1 verbindet bereits Cyrus mit dem Tempel in Jerusalem.

Zugleich korrigiert der Redaktor gemäss Karrer-Grube das Konzept von Jeremia. In Esr 1,2 beginnt Kyrus sein Edikt mit den Worten: «Alle Königreiche der Erde hat Jhwh, der Gott des Himmels, mir gegeben.» Eines dieser Königreiche ist das Königreich Juda. Kyrus wird im Folgenden als Tempelbauer geschildert. Der Redaktor gibt damit eine theologische Interpretation des Nehemiaberichtes, wo die Idee des davidischen Königs über Juda verworfen wird. Dass Juda nur über beschränkte Autonomie im Achämenidenreich verfügt, unterscheidet sich von der Sicht in Jeremia 17; 23; 30,9.21 und

---

37 Ibid., 151f.

38 S.o. II.1.1. Karrer-Grube gibt mit ihrem Ansatz wertvolle Impulse für die Fragestellung dieser Arbeit, auch wenn ich ihr darin nicht folge, in Neh 8–10 die Erfüllung des in Jer 30–33 verheissenen neuen Bundes zu sehen, s.o. II.3.1.2.

39 Karrer-Grube, *Conceptual Unity of Ezra and Nehemiah*, 155.

40 Ibid.

41 Ibid., 156.

33,4. Der davidische Ursprung Serubbabels wird in Esra-Nehemia verschwiegen und Haggai wird nur als Initiator des Tempelbaus dargestellt.[42]

Die Rolle des Tempels in Esr 1–6 ist nach Karrer-Grube eine weitere, weitreichende Korrektur des Konzepts von Jeremia. Während im Jeremiabuch der Wiederaufbau des Tempels nie Thema einer Vorhersage darstellt, ist der wiederaufgebaute Tempel in der Esra-Nehemia-Komposition das theologische und politische Zentrum des postexilischen Jerusalems. In Esr 3,11 wird Gott mit einem Psalmvers gelobt (vgl. Pss 106, 118, 136 u.a.) und danach die Freude des Volkes beschrieben.[43] Derselbe Vers wird auch in Jer 33,11 verwendet, um die Freude über das wiederbevölkerte Jerusalem zu beschreiben. Die Tatsache, dass in Esr 3,11 im Kontext des Tempelbaus derselbe Vers zitiert wird wie in Jer 33,11 bei der Zusammenfassung der Verheissungen für das nachexilische Juda, zeigt für Karrer-Grube, dass nach Ansicht des Redaktors von Esra-Nehemia die Wiederherstellung des Opferdienstes und der Bau des Tempels die Erfüllung der Verheissung Jeremias darstellen. Die weiteren Elemente der Wiederherstellung sind nur «an extension of the core of the community, which is the temple».[44]

Die Spannungen, die Karrer-Grube beschreibt, würde ich nicht als Korrekturen der Konzepte Jeremias bezeichnen, sondern sie lassen sich gut in die beschriebenen Ambivalenzen des Esra-Nehemia-Buches einordnen. Wird das Esra-Nehemia-Buch konsequent auf dem Hintergrund des Jeremiabuches gelesen, wie Karrer-Grube das vorschlägt, dann fällt auf, wie defizitär die Wiederherstellung Jehuds im Vergleich zu den Heilsaussagen Jeremias ist. Die Heilszeit des neuen Bundes ist noch nicht eingetroffen.

A. Philip Brown geht einen ähnlichen Weg wie Karrer-Grube, indem er das Esrabuch «in the light of the breadth and specificity of Jeremiah's restoration theology»[45] untersucht. Er kommt zum Schluss, dass das, was wie zufällige Details in Esra aussieht, sich als «subtle statement of God's fulfillment of His word through Jeremiah»[46] erweist. Brown sieht in jeder Szene in Esr 1–6 «some reflection of Jeremiah's prophecies» und folgert, dass die

---

[42] Anders im Buch Haggai, wo der Prophet – mit Verweis auf Jeremia 22 – ankündigt, dass Gott Serubbabel als davidischen Herrscher über Juda einsetzen wird, vgl. ibid.

[43] Das Thema der Freude wird auch in Esr 6,22, Neh 8,10–12 und Neh 12,43 aufgegriffen. Karrer-Grube bemerkt dazu: «In this way the four great themes of the composition are highlighted by an emphasis on joy: building of the temple and reestablishment of temple worship; building of the wall and observance of Torah. According to the editor, these four themes, taken together, are the constitutive pillars of postexilic Judah.» (Ibid., 157.)

[44] Ibid.

[45] Brown, *Hope Amidst Ruin*, 130.

[46] Ibid.

«restoration promises of Jeremiah» ein Schlüsselprinzip für die Wahl des in Esra verwendeten Materials waren.[47] An erster Stelle steht die Rückkehr ins Land als prominenteste Erfüllung der Verheissungen Jeremias.[48] Brown[49] geht hingegen nicht davon aus, dass das Exodusthema ein Kriterium für die Art und Weise der Anordnung des Esramaterials gewesen sei. Wo der Text Anspielungen auf den Exodus beabsichtige, sei das Thema Exodus eher ein «background motive» für die Erfüllung der Heilsverheissungen Jeremias: «At most one could perhaps argue that these potentially allusive events were intended to recall Jeremiah's promises of a restoration that would eclipse the Exodus (Jer. 16:14–15; 23:7–8).»[50] In der grossen Zahl von 42 360 Exulanten, die sich auf den Weg zurück in die Heimat machen (Esr 2,64), sieht Brown den Anfang der Erfüllung der Verheissung von Jer 31,8, dass eine grosse Gemeinde (קָהָל גָּדוֹל) heimkehren werde. Auch in der Heimkehrerliste in Esr 2 findet er implizite Hinweise auf jeremianische Verheissungen. Dadurch, dass in der Liste die Söhne der Väter aufgezeichnet werden, werde an Jer 16,15; 30,3 erinnert, wo es heisst: «Und ich werde sie in ihr Land (עַל־אַדְמָתָם in 16,15 bzw. אֶל־הָאָרֶץ in 30,3) zurückbringen, das ich ihren Vätern gegeben habe (אֲשֶׁר־נָתַתִּי לַאֲבוֹתָם, Jer 16,15 und 30,3)». In Esr 2,21–35 werden anstelle der Väter die Städtenamen genannt. In den Wendungen וְכָל־יִשְׂרָאֵל בְּעָרֵיהֶם in Esr 2,70 und וּבְנֵי יִשְׂרָאֵל בֶּעָרִים in Esr 3,1 sieht Brown Anklänge an Jer 31,21: «Kehre um, Jungfrau Israel, kehre um in diese deine Städte.»

Kyrus wurde gemäss Esr 1,1 von Jhwhs dazu bewegt, den Tempel wiederherzustellen. Einer der ersten Schritte dazu war, dass er die Tempelgeräte, welche Nebukadnezzar aus Jerusalem fortgeschleppt hatte, in die Hände von Scheschbazar zurückgab (Esr 1,7–11). Das erfüllt nach Brown die Verheissung in Jer 27,21f., wo es über die Tempelgeräte heisst (Jer 27,22): «Sie sollen nach Babel gebracht werden und dort bleiben bis zu dem Tag, an dem ich mich ihrer annehme, Spruch Jhwhs, und sie heraufhole und an diesen Ort zurückbringe.»[51]

Wie Karrer-Grube beobachtet auch Brown die Parallelen von Esr 3,11 und Jer 33,10–11, wo durch den Psalmvers «Jhwh ist gut, ewig währt seine Gnade» die Freude des Volkes zum Ausdruck gebracht wird. Im freiwilligen Opfer in Esr 3,5 sieht Brown eine Anspielung an den letzten Teil von Jer 33,11, wo vom Dankopfer die Rede ist. Der weit herum hörbare Freudenjubel

---

47 Vgl. ibid.

48 Vgl. die Ausführungen zum «zweiten Exodus» in Esra, ibid., 131.

49 Zu folgenden Argumenten ibid., 131–133.

50 Ibid., 131.

51 Brown erwähnt aber Jer 52,18f. nicht, wo das Motiv der Tempelgeräte auch vorkommt, dazu s.o. III.1.2.2.

in Esr 3,13 passt zu Jer 30,19 («Lob- und Freudengesang soll von ihnen ausgehen»). Die Freude beim Pessachfest in Esr 6,22 hat Parallelen in Jer 33,11, wo von der Stimme der Wonne und der Freude (קוֹל שָׂשׂוֹן וְקוֹל שִׂמְחָה) die Rede ist. Im Auge Gottes (וְעֵין אֱלָהֲהֹם, Esr 5,5), das über dem Volk war, kommt für Brown eine Ähnlichkeit zu Jer 24,6 zum Ausdruck («Ich richte mein Auge auf sie zum Guten und bringe sie in dieses Land zurück», וְשַׂמְתִּי עֵינִי עֲלֵיהֶם לְטוֹבָה וַהֲשִׁבֹתִים עַל־הָאָרֶץ הַזֹּאת).

1.1.3 Multiple Bezüge von Esr 1,1

Als letzte Position stelle ich den Ansatz von Serge Frolov dar, der von einer Position ausgeht, die von traditionellen jüdischen Kommentaren[52] vertreten wird. Er sieht לִכְלוֹת in Esr 1,1 in einer syntaktischen Parallele zu לְכוֹרֶשׁ und folglich ebenfalls abhängig von der Zeitangabe וּבִשְׁנַת אַחַת. In Analogie zu 1Kön 6,1, wo הַחֹדֶשׁ הַשֵּׁנִי לִמְלֹךְ שְׁלֹמֹה עַל־יִשְׂרָאֵל mit «im zweiten Monat der Herrschaft Salomos über Israel» übersetzt werden muss, betrachtet er לִכְלוֹת als substantivierten Inf. mit der Präposition לְ zur Angabe des Genitivs und und übersetzt לִכְלוֹת mit «since/of fulfillment»[53]. וּבִשְׁנַת אַחַת לְכוֹרֶשׁ מֶלֶךְ פָּרַס לִכְלוֹת דְּבַר־יְהוָה מִפִּי יִרְמְיָה müsse also in dem Sinn übersetzt werden: «Im ersten Jahr des Kyrus, Königs von Persien, (dem Jahr) der Erfüllung des Wortes Jhwhs durch den Mund Jeremias»[54]. Frolov interpretiert diese Aussage in der traditionellen Annahme, dass damit die Dauer des Exils anhand von Jer 25,11 und 29,10 gemeint ist. Bezogen auf den Fall Jerusalems (586 v.Chr.) wären die 70 Jahre noch nicht zu Ende. Wieder findet Frolov in der traditionellen jüdischen Auslegung die Antwort. In Jer 25,11 heisst es «diese Nationen werden dem König von Babel 70 Jahre dienen.» Es geht also um die Herrschaft Babylons, deshalb muss der Ausgangspunkt um das Jahr 605 v.Chr. (Schlacht bei Karkemisch) gesucht werden, als die Babylonier die Kontrolle über Syro-Palästina erwarben.[55] Der Fall Babels an Kyrus bedeutete, dass die Periode des Exils zu Ende war und die Periode der Rückführung beginnen würde: Das wird mit dem Hinweis, dass das Jahr der Erfüllung des

---

[52] Frolov zitiert Ibn Ezra und David Altschuler, Serge Frolov, *The Prophecy of Jeremiah in Esr 1,1*, in: ZAW 116, 2004, 595–601, 597.

[53] Ibid., 598.

[54] Frolov übersetzt Esr 1,1 folgendermassen: «In the first year of Cyrus king of Persia, of fulfillment of Yhwh's word articulated by Jeremiah, Yhwh stirred up the spirit of Cyrus king of Persia.» (Ibid., 597.) Vgl. auch die Übersetzung von Rabinowitz: «And in the first year of Cyrus, king of Persia, upon the conclusion of HASHEM's word by the mouth of Jeremiah», Yosef Rabinowitz, *The Book of Ezra. A New Translation with a Commentary Anthologized from Talmudic, Midrashic and Rabbinic Sources*, The Artscroll Tanach Series, New York: Mesorah, 1984, 61, vgl. dort auch die Anm. zu Rashi.

[55] Frolov, *Prophecy of Jeremiah*, 600.

Jeremiawortes gekommen sei, zum Ausdruck gebracht. Diese Übersetzung impliziert folgende Interpretation: «It stresses that on the first year of Cyrus realization of Jeremiah's prophecy was both a *fait accompli* and an ongoing process and thus establishes a dynamic link between fulfilled and (yet) unfulfilled prophecy.»[56]

Frolov geht davon aus, dass der Text viele Optionen offenlässt, denn dieser sei «much more meaningful – than the conventional interpretation might suggest». So kommt Frolov zum Schluss: «[T]his text points to multiple theological and intertextual options, leaving it up to the reader to select one of them.»[57] Die Vielfältigkeit des Textes könne nicht in eine andere Sprache übertragen werden.

Dieser Ansatz von Frolov kommt dem Ansatz von Thomas Willi sehr nahe, der לִכְלוֹת mit «zur Vollendung» übersetzt (s.o.). Wie Willi und Frolov betonen, legt לִכְלוֹת in diesem Sinn nahe, dass die Exilszeit zum Ende kommt. כָּלָה «bezeichnet eine Handlung, die etwas zu Ende bringt, oder einen Vorgang, in dem etwas zu Ende geht». Die genannten Objekte oder Subjekte erreichen «das ihnen entsprechende bzw. zugedachte Ziel oder suchen es».[58] Neben der Tatsache, dass die Exilszeit zu Ende gekommen ist, er öffnet der Vers auch die Perspektive für die (noch) nicht erfüllten Verheissungen Jeremias.

Frolov bietet m.E. einen inspirierenden Ansatz, der wiederum zum Thema der Ambivalenz führt. Einerseits kann die Exilszeit als beendet betrachtet werden, andererseits sind noch einige Verheissungen Jeremias ausstehend. Der Text von Esr 1,1 ermöglicht mehrere Interpretationen. Es bleibt den Lesenden überlassen, welche dieser multiplen theologischen und intertextuellen Bezüge gewählt werden. Dies charakterisiert m.E. das Ziel des Bucheingangs am zutreffendsten. Mit der unbestimmten Erwähnung Jeremias werden beim Leser bzw. der Leserin viele Assoziationen geweckt. Die obige Übersicht über verschiedene Positionen hat diverse mögliche Assoziationen aufgezeigt. Der Leserkreis interpretiert von den jeweils eigenen Assoziationen her das Esra-Nehemia-Buch. Gerade diese Einladung, den folgenden Text auf dem Hintergrund der Heilsverheissungen Jeremias zu verstehen, führt dazu, dass das Esra-Nehemia als ambivalent empfunden wird. Es scheint die bewusste Intention des Buchanfangs zu sein, diese Ambivalenz zu initiieren.

Abschliessend sollen die dargelegten Positionen evaluiert werden. Williamson, Karrer-Grube und Brown ist zuzustimmen, dass der Verweis auf Jeremia zu Beginn des Esra-Nehemia-Buches nicht unreflektiert aufgrund des Chronikschlusses interpretiert werden soll. Trotzdem ist ein Bezug auf Jer

56 Ibid., 598.

57 Ibid., 600f.

58 Franz-Josef Helfmeyer: Art. כלה, ThWAT, 1984, 166–174, 175.

25,11 und 29,10 nicht ausgeschlossen. Geht man mit Willi[59] von einer Entstehung des Esra-Nehemia-Buches und der Chronikbücher in demselben Milieu aus, kann gerade der Chronikschluss eine mögliche Interpretation aufzeigen. Gleichwohl darf man eine Interpretion des Verweises auf Jeremia nicht auf die genannten Jeremiastellen beschränken. Sowohl die Suche nach Analogien zu Esr 1,1 (wie bei Williamson) als auch die Suche nach Analogien zum weiteren Kontext (wie bei Karrer-Grube und Brown) sind berechtigt. Der Buchanfang evoziert geradezu solche Assoziationen.

Karrer-Grubes Annahme einer Erfüllung des Jeremiabundes in Esra-Nehemia hat sich als falsch erwiesen. Der Verweis auf Jeremia am Buchanfang kann aber durchaus als mögliche Erinnerung an den neuen Bund gesehen werden. Umso stärker ist die Ambivalenzerfahrung beim Lesen des Textes. Deshalb würde ich es, wie bereits erwähnt, vorziehen, an den Punkten, wo Karrer-Grube von Korrekturen gegenüber Jeremia spricht, von Ambivalenzen zu sprechen. So tritt beispielsweise der erwartete König in Esra-Nehemia nicht in Erscheinung.

Ob man לִכְלוֹת mit Willi und Frolov mit «zur Erfüllung» (eine weitere Möglichkeit wäre: «als erfüllt war»[60]) oder «um zu erfüllen» übersetzen muss, ist nicht mit Bestimmtheit zu sagen. Auf jeden Fall markiert das Verb כָּלָה den Übergang zu einer neuen Zeit. Die Analyse Frolovs, demzufolge der Verweis auf Jeremia am Buchanfang deutlich macht, dass einerseits Heilsverheissungen Jeremias in Erfüllung gingen und andererseits noch ausstehen, trifft meiner Meinung nach die Intention des Buchanfangs. Der Buchanfang öffnet die Türe, um Ambivalenzen im Hinblick auf Heilsprophetien aufzuzeigen. Einerseits ist eine neue Heilszeit angebrochen. Andererseits ist es noch nicht die Fülle dessen, was erwartet wurde. Genau diese Erfahrung wird in den Bussgebeten in Esr 9 und Neh 9 zum Ausdruck gebracht.

1.2 Ambivalenzen in nachexilischen Bussgebeten

1.2.1 Esra 9 und Nehemia 9

Entspricht die neue Zeit einer neuen Heilszeit, wie sie von den Propheten, insbesondere Jeremia, vorhergesagt wird? Die zentralen Bussgebete in Esr 9 und Neh 9 zeigen erstaunliche Ambivalenzen. Ich gehe nicht mehr im Detail auf diese Stellen ein, weil das bereits geschehen ist.[61] Ich zeichne aber noch einmal die in diesen Gebetstexten aufzufindenden Hinweise auf den aktuellen Zustand, der noch immer einer Knechtschaft entspricht, nach.

---

59 S.o. I.2.2.1.

60 So übersetzt Leopold Zunz, *Die vierundzwanzig Bücher der Heiligen Schrift. Nach dem masoretischen Text übersetzt*, Tel Aviv: Sinai Verlag, 1997, 1411.

61 Zu Esr 9 s.o. II.2.1.2, zu Neh 9 s.o. II.2.2.2,

In Esr 9,8 betet Esra, dem Volk sei «für einen kleinen Augenblick (כִּמְעַט־רֶגַע) Gnade von Jhwh» widerfahren. Die Gnade, die Gott dem Volk zuwendet, ist noch nicht von langer Dauer. Sie liess die Augen der Exulanten erleuchten und schenkte «ein wenig Belebung in unserer Knechtschaft[62]» (מִחְיָה מְעַט בְּעַבְדֻתֵנוּ, Esr 9,8). Die Knechtschaft ist noch nicht zu Ende. Auch die «Belebung» erfolgte noch nicht gänzlich. Esr 9,9 führt diesen Gedanken weiter, wenn es heisst: «Denn Knechte sind wir, doch in unsrer Knechtschaft hat uns unser Gott nicht verlassen» (כִּי־עֲבָדִים אֲנַחְנוּ וּבְעַבְדֻתֵנוּ לֹא עֲזָבָנוּ אֱלֹהֵינוּ). Gott hat zwar sein Volk in dieser Knechtschaft nicht verlassen, sondern hat ihm «Gunst vor den Königen von Persien gewährt» und ein «Aufleben» (מִחְיָה) geschenkt, den Tempel und eine Mauer in Jerusalem aufzubauen (Esr 9,9). Doch die Belebung[63] geht nicht soweit, dass der Zustand der Knechtschaft zu Ende wäre.

Gottes Gnade wird in der zweimaligen Erwähnung von מִחְיָה in Esr 9,8f. zum Ausdruck gebracht, doch diese Belebung ist als «klein» charakterisiert (מִחְיָה מְעַט, Esr 9,8). Harm van Grol übersetzt מִחְיָה מְעַט mit «a little relief» und schlussfolgert korrekt: «and this word is ambivalent».[64] Die Ambivalenz liegt im gegenwärtigen Zustand begründet: «There is no total destruction and no more exile, but the political servitude is continuing. Therefore: ‹a little relief in our servitude›.»[65]

Auch Neh 9 deutet den jetzigen Zustand des Volkes als Knechtschaft. Das kann schon aus dem Hilfeschrei der Leviten (וַיִּזְעֲקוּ) in der Einleitung zum Gebet in Neh 9,4 herausgelesen werden, da זעק einen «terminus technicus für den Schrei des Unterdrückten um Befreiung»[66] darstellt. Neh 9,32 spricht von der «Mühsal, die uns getroffen hat […] seit den Tagen der Könige von Assur bis auf diesen Tag.» Mit den Königen von Assur begann die Bedrückung

---

62 עַבְדוּת erscheint nur 3x im AT, interessanterweise nur in Esr 9,8.9 und Neh 9,17 (dort zur Beschreibung der Knechtschaft in Ägypten), vgl. Harm Van Grol, *‹Indeed, Servants We Are›: Ezra 9, Nehemiah 9 and 2 Chronicles 12 Compared*, in: Bob Becking/Marjo C.A. Korpel (Hrsg.), The Crisis of Israelite Religion. Transformation of Religious Tradition in Exilic and Post-Exilic Times, OTS 42, Leiden: Brill, 1999, 209–227, 214.

63 Das seltene Wort מִחְיָה, das nur 8x im AT erscheint, wird in Gen 45,5 verwendet, wo Josef seinen Brüdern erklärt, Gott habe ihn um der Erhaltung ihres Lebens willen (לְמִחְיָה im Sinn von Erhaltung des Lebens, vgl. HAL, 538) nach Ägypten gesandt. Ägypten wurde für das zukünftige Volk zum Ort der Knechtschaft. Ebenfalls hier wird מִחְיָה im Sinn von Wiederaufleben im Zusammenhang mit der Erwähnung von Sklaverei gebraucht.

64 Van Grol, *Indeed, Servants We Are*, 213.

65 Ibid.

66 Böhler, *Die heilige Stadt*, 378. Vgl. auch Clines, *Ezra, Nehemiah, Esther*, 191; Williamson, *Ezra, Nehemiah*, 311.

Israels und Judas. Auch mit der Perserherrschaft ist diese nicht zu einem Ende gekommen, denn die Mühsal dauert «bis auf diesen Tag» (עַד הַיּוֹם הַזֶּה, Neh 9,32). Wie oben erwähnt, enthält Neh 9,32 die einzige explizite Bittes des Gebetes: «Lass nicht gering vor dir sein all die Mühsal, die uns getroffen hat» (אַל־יִמְעַט לְפָנֶיךָ אֵת כָּל־הַתְּלָאָה אֲשֶׁר־מְצָאַתְנוּ). Das ist nichts anderes als eine Bitte um Befreiung! Am deutlichsten tritt dies in Neh 9,36 zu Tage, wo die Sklaverei gleich doppelt geschildert wird: «Siehe, wir sind heute Knechte (הִנֵּה אֲנַחְנוּ הַיּוֹם עֲבָדִים). Und das Land, das du unseren Vätern gegeben hast, dessen Frucht und dessen Gut zu geniessen; siehe, wir sind Knechte (הִנֵּה אֲנַחְנוּ עֲבָדִים) in ihm!»

Manfred Oeming erachtet die gängige Auslegung von Neh 9,36, welche hier eine Kritik an der Herrschaft der Perser ausgedrückt sieht, als problematisch, da das Bild der Achämeniden in Esra-Nehemia sonst positiv ausfalle. Neh 9,36 stände dann im Widerspruch zum Rest von Esra-Nehemia.[67] Er übersetzt deshalb Neh 9,36 folgendermassen: «Look, we, we today are serving in the land that you promised our fathers. Look, we, we are (your) servants on it.»[68] Oeming deutet עֲבָדִים positiv als Dienst an Gott. In Neh 9,35 heisst es: «Sie (unsere Vorfahren) haben dir nicht gedient (לֹא עֲבָדוּךָ).» In der Regel wird in Neh 9,36 eine gewisse Ironie gesehen: Weil unsere Väter dir, Gott, nicht dienten (לֹא עֲבָדוּךָ, V.35), sind wir heute Sklaven (עֲבָדִים, V.36). Oeming interpretiert anders: Unsere Väter haben Gott zwar nicht gedient, doch wir heute sind Diener (Gottes).[69] Oeming ist sich dessen bewusst, dass seine Interpretation nicht eindeutig ist. In Neh 9,36f. könne man «ambiguity, at least in every concept», entdecken und das semantische Feld der Begriffe dieser Verse sei «strikingly polyvalent».[70] Dennoch hält es Oeming für naheliegend, Neh 9 als «part of the pro-Persian machinery» zu lesen. Denn

---

67 Oeming spricht in Bezug auf die gängigen Interpretationen von Neh 9,36 von «contradictions»: «All of these solutions presupposed that the book of Nehemiah contains contradictions.» (Manfred Oeming, *«See, We Are Serving Today» (Nehemiah 9:36): Nehemiah 9 as a Theological Interpretation of the Persian Period*, in: Oded Lipschitz/Manfred Oeming (Hrsg.), Judah and the Judeans in the Persian Period, Winona Lake: Eisenbrauns, 2006, 571–588, 578.)

68 Die von Oeming vorgeschlagene Übersetzung von Neh 9,36–37 lautet (er stellt den Text etwas um und ergänzt): «Look, we, we today are serving in the land that you promised our fathers. Look, we, we are (your) servants on it. And it reproduces its fruit for the kings that you (legitimately) placed over us because of the sins (of our fathers). They reign over our bodies and over our livestock with benevolent care. Yet we are now in great distress (because we once again are close to rejecting your Torah).» (Ibid., 584.)

69 «Our fathers refused to serve God; they did not repent – but we today are servants (of God).» (Ibid., 579.)

70 Ibid., 584.

grundsätzlich möglich sei beides: «It is possible to read this constellation negatively in an anti-Persian manner, which is the way it is usually read. It is also possible to reverse this understanding to read it positively. The Persians are the patrons of Judah installed by God.»[71]

Ich kann Oemings originellem Vorschlag nicht folgen. Mit seiner Leseart will er allfälligen Widersprüchen («contradictions») im Hinblick auf die Einschätzung der Perser in Esra-Nehemia entkommen. M.E. ist hier nicht von Widersprüchen, sondern von einem ambivalenten Perserbild in Esra-Nehemia zu sprechen – Oeming verwendet den Begriff Zweideutigkeit («ambiguity») im Zusammenhang von Neh 9,36. Einerseits sind die Perser tatsächlich «the custodians of Israel who have been appointed by Yahweh»[72], wie Oeming es formuliert. Andererseits bedeutet die Herrschaft der Perser über die Provinz Jehud in ihrer letzten Konsequenz eben doch eine Fremdherrschaft. Oeming beruft sich auf eine rabbinische Auslegung. Genauso gut kann sich die traditionelle Interpretation «wir sind heute Sklaven, weil unsere Vorfahren dir nicht dienten», auf alte jüdische Auslegungen berufen.[73] Die kritischen Äusserungen über die Perserherrschaft mussten aus politischen Gründen vorsichtig formuliert sein (vgl. die Aussage Oemings über deren «ambiguity»). Ich stimme Oeming zu, dass Neh 9 aus der Perserzeit stammt[74], doch nicht als Propagandatext, sondern mit einer kritischen Note der Perserherrschaft gegenüber.

Die Zeit der Sklaverei ist noch nicht vorbei. Die Tatsache, dass Gott Könige über das Volk gesetzt hat (vgl. לַמְּלָכִים אֲשֶׁר־נָתַתָּה עָלֵינוּ, Neh 9,37), wird nicht positiv gewertet, denn «sie haben Gewalt über unsere Körper und über unser Vieh nach ihrem Belieben, wir aber sind in grosser Not» (Neh 9,37).

Mit dem Anbruch der neuen Zeit nach dem Exil wurde nicht die Freiheit erreicht. Williamson beschreibt in seinem Kommentar, dass der historische Rückblick in Neh 9,26–31 mit drei Zyklen (in V.26f., 28 und 29–31) «on the pattern of rebellion» abgeschlossen wird, die nach dem Schema: «handing over to foreign power, cry for help, and response by God in mercy and deliverance» gestaltet sind.[75] Zwei vollständige Zyklen werden jeweils in V.26f. und 28 mit ähnlichen Worten beschrieben. Neh 9,30 endet mit der Aussage: «Du gabst sie in die Hand der Völker der Länder» (וַתִּתְּנֵם בְּיַד עַמֵּי הָאֲרָצֹת).

---

71 Ibid.

72 Ibid., 571.

73 Siehe Rabinowitz, *Nehemiah*, 167f.

74 Oeming datiert in die Perserzeit «because there are no real references to the Hellenistic Period», ibid., 573.

75 Williamson, *Ezra, Nehemiah*, 315. Vgl. auch Williamson, *Structure and Historiography*, 288.

Williamson bemerkt, «that the elements of a cry to God for help and what follows it were lacking in the third cycle (vv 29–31)».[76] Der Beginn von Neh 9,32 («und nun», וְעַתָּה) markiert den Übergang vom historischen Rückblick in die gegenwärtige Zeit. Mit Neh 9,30 wird die Stufe des Exils erreicht. Die Konsequenz für die Rebellion wurde in den drei Zyklen immer stärker. Weshalb fehlt nun im dritten Zyklus der Schrei nach Hilfe und die Beschreibung von Gottes Befreiung? Anhand von Neh 9,32 wird der Grund klar:

> Not considering that the restoration from that severe judgment was yet complete, our author could not record the historical fulfillment of the final cycle, but rather includes himself and his contemporaries within it as he here actualizes the cry for help in words of confession, petition, and lament which arise from his present situation […].[77]

M.E. beschreibt Williamson die Intention des Gebetes Neh 9 treffend. Neh 9,32–37 zeigt auf, dass die Zeit der «Knechtschaft» noch nicht zu Ende ist. Gott ist gnädig (Neh 9,31), doch das Volk muss an diese Gnade appellieren. Die Intention des Gebetes ist, die Lesenden zu ermutigen, Gott zu suchen und seinen Wegen zu gehorchen.[78] Der Schrei nach Hilfe («cry for help») soll in den Lesenden geweckt werden. Sie müssen sich bewusst werden, dass ihr jetziger Zustand (noch) nicht der erwarteten Heilszeit entspricht[79], was die Bussgebete zum Ausdruck bringen. Nach van Grol wäre aufgrund von Heilstexten (gerade auch Jeremiatexten[80]) in den Bussgebeten in Esr 9 und Neh 9 folgendes Paradigma zu erwarten[81]:

sin → punishment → mercy = restoration

---

[76] Williamson, *Ezra, Nehemiah*, 317.

[77] Ibid.

[78] Dem Leser wird zunehmend bewusst, dass die Wiederherstellung noch nicht erfüllt ist, wie Nykolaishen im Zusammenhang von Neh 9 beobachtet: «As the reader moves through Ezra-Nehemiah, there are continual reminders that the events narrated are part of a process of restoration that remains incomplete at the end.» (Nykolaishen, *Restoration of Israel*, 197.) Das soll ihn zum Gehorsam gegenüber Gottes Geboten bewegen: «If YHWH's commands are trustworthy, then the reader ought to obey them. Moreover, if the reader obeys YHWH's commands, there is every expectation that full restoration will be the result.» (Ibid., 198.) Im Gehorsam Gott gegenüber liegt die Hoffnung auf die Erfüllung von Verheissungen, denn «obedience is a necessary ongoing concomitant of prophecy fulfillment», McConville, *Ezra, Nehemiah, and Esther*, 10.

[79] «The narrative has maintained throughout that the restoration has only been partial and still awaits completion.» (Nykolaishen, *Restoration of Israel*, 199.)

[80] Van Grol erwähnt folgende Texte: Jer 25,11–14; 30,8–9; Hes 34,27; 2Chr 36,20, Jes 14,1–4; Sach 2,11–13 (7–9), vgl. Van Grol, *Indeed, Servants We Are*, 218.

[81] Für die beiden folgendenen Darstellungen siehe ibid., 219.

Doch stattdessen sprechen Esr 9 und Neh 9 nicht von vollständiger Wiederherstellungen, sondern malen ein anderes Bild vor Augen:

sin → punishment → mercy = a little relief + a continuing servitude

Van Grol fragt: «What is attractive about a story that moves from servitude to servitude? But that exactly is the post-exilic reality according to the texts of Ezra and Nehemiah.»[82] Auf die Zerstörung und das Exil folgt nicht die vollständige Restauration, sondern nur ein wenig Belebung und das Andauern der Knechtschaft. Die Befreiung, wie sie aufgrund von Heilsprophetien erwartet werden könnte, ist noch nicht erfüllt, das Heil in die Ferne gerückt. Ähnliches lässt sich im Zusammenhang mit dem Bussgebet in Dan 9 beobachten.

1.2.2 Exkurs: Bergsmas Exegetische Logik von Daniel 9,1–27

Unbestritten hat das Bussgebet in Daniel 9 Ähnlichkeiten mit Esra 9 und Nehemia 9: «[A] long and distinguished line of scholars has noted a close formal relationship between three prayers found in books from the post-Babylonian period: Ezra 9:6–15; Neh 9:6–37; Dan 9:4–19.»[83] Gleichzeitig geht Dan 9 vom Jeremiawort der 70 Jahre in Jer 25,11 und 29,10 aus, was einen intertextuellen[84] Vergleich an dieser Stelle (unabhängig von den Datierungsfragen[85]) zusätzlich gewinnbringend macht. Ich gehe im Folgenden von Gedanken von John S. Bergsma aus, die er im Aufsatz «The Persian Period as Penitental Era: The ‹Exegetical Logic› of Daniel 9.1–27» geäussert hat.

Dan 9,2 bezieht sich auf die Jeremiastellen betreffs der 70 Jahre:

---

82 Ibid.

83 Boda, *Praying the tradition*, 27. Vgl. auch die Arbeit von Zastrow, *Die drei grossen Bussgebete*.

84 In der jüdischen Exegese wurde die kanonische Nähe von Daniel zu Esra-Nehemia betont, vgl. Rabinowitz, *Ezra*, 60. Nach Bb. 14b folgt Esra-Nehemia nicht direkt auf Daniel, sondern das Buch Esther steht dazwischen. Zu den verschiedenen Anordnungen der Ketuvim vgl. die Übersicht bei Steinberg, *Ketuvim*, 133.

85 Zum Gebet selber (Dan 9,3–19) meint Bergsma, eine Datierung in die Perserzeit sei Konsens (vgl. auch die Erwähnung der Persischen Periode im Titel des Aufsatzes): «There is probably now a consensus that Dan. 9,3–19 is an excellent example of Second Temple penitential prayer.» (John S. Bergsma, *The Persian Period as Penitential Era: The ‹Exegetical Logic› of Daniel 9.1–27*, in: Gary N. Knoppers/Lester L. Grabbe (Hrsg.), Exile and Restoration revisited. Essays on the Babylonian and Persian Periods in Memory of Peter R. Ackroyd, London: T & T Clark, 2009, 50–64, 51.)

בִּשְׁנַת אַחַת לְמָלְכוֹ אֲנִי דָּנִיֵּאל בִּינֹתִי בַּסְּפָרִים מִסְפַּר הַשָּׁנִים אֲשֶׁר הָיָה
דְבַר־יְהוָה אֶל־יִרְמְיָה הַנָּבִיא לְמַלֹּאות לְחָרְבוֹת יְרוּשָׁלַםִ שִׁבְעִים שָׁנָה׃

Im Jahr eins seiner Herrschaft merkte ich[86], Daniel, in den Büchern auf die Zahl der Jahre, über die das Wort Jhwhs zum Propheten Jeremia ausgegangen war, dass 70 Jahre für die Verwüstung Jerusalems vollendet werden sollen.

Normalerweise wird der Text in Dan 9 so verstanden, dass Daniel Einsicht in die Prophezeiung von Jeremias 70 Jahren sucht (V.1–2). Um die wahre Bedeutung des Orakels verstehen zu können, bittet Daniel um Einsicht (V.3–19), die ihm Gott durch den Engel Gabriel dann auch tatsächlich schickt (V.20–27, v.a. V.24), und erklärt: «[T]he ‹70 years› *actually* mean ‹70 weeks of years› until the end of the desolation of Jerusalem».[87] Ein genauer Blick zeigt jedoch eine andere Abfolge. Da Daniel bereits verstanden hat, dass die Verwüstung Jerusalems 70 Jahre dauert (V.1–2), dient sein Gebet nicht der Einsicht, sondern vielmehr dem Bekenntnis der eigenen Sünde und derjenigen des Volkes (V.3–19). In seiner Antwort gibt ihm Gabriel nicht eine Exegese des Jeremiaorakels, sondern stattdessen eine neue Offenbarung (V.20–23): «The new revelation is that 70 weeks of years are decreed for the Jews and Jerusalem (v. 24).»[88] Bergsma ist der Meinung, dass בין in בִּינֹתִי Dan 9,2 tatsächlich als «verstehen» und nicht mit «zu verstehen versuchen» übersetzt werden muss. Tatsache ist, dass Daniel den Sinn der Stelle mit den 70 Jahren bereits versteht und aus diesem Grund um die Erfüllung der Prophetie Jeremias bittet. Jer 29,10 verbindet die Wiederherstellung Jerusalems mit dem Fall Babylons nach 70 Jahren, welcher im ersten Jahr von Darius dem Meder (Dan 9,1) eingetroffen ist.[89] Daniel sieht aber nicht, dass die von Jeremia verheissene Wiederherstellung Jerusalems in Erfüllung gehen würde, deshalb betet er dafür. «Thus, it is the *lack of fulfilment*, not the *meaning*, of Jeremiah's 70 years that is the driving issue of Daniel 9.»[90]

Wenn Daniel die Jeremiastelle verstanden hat, weshalb braucht er dann die Erklärung von Gabriel in Dan 9,24–27? Bergsma geht davon aus, dass sie eine neue Offenbarug darstellt: «The text presents Gabriel's ‹70 weeks [of year's]› as a new revelation. Nonetheless, there *is* a relationship between the

---

86 Nach HAL, 117, ist in Dan 9,2.23 mit «aufmerken auf» zu übersetzen. Goldingay übersetzt ähnlich: «I (Daniel) noted in the scriptures the number of years», vgl. John E. Goldingay, *Daniel*, WBC 30, Dallas: Word Books Publisher, 1989, 224f.

87 Bergsma, *Exegetical Logic*, 51.

88 Ibid.

89 Es ist zwar unklar, welche historische Gestalt damit gemeint ist, doch der Fall Babylons ist eingetroffen. Vgl. ibid., 53.

90 Ibid.

‹70 years› and the ‹70 weeks›, the ‹exegetical logic› of which will be shown below.»[91]

Daniel 9,24–27 ist keine «Reinterpretation» von Jer 25,11–12 oder 29,10. Vielmehr muss nach Bergsma die Botschaft von Gabriel in Dan 9,24–27 in dem Sinn gelesen werden, dass die Erfüllung der Jeremiaverheissung der 70 Jahre wegen der Unbussfertigkeit des Volkes um den Faktor sieben verlängert wurde.[92] Gott hat die Strafe über Jerusalem verlängert, weil das Volk die von Jeremia geforderte Busse nicht erbrachte. Daniel kannte Jer 29,12–14, wo die Verheissung, dass Gott die Gefangenschaft wenden und das Volk zurückführen wird (V.14), an folgende Bedingung geknüpft ist: «wenn (כִּי) ihr mich von ganzem Herzen suchen werdet [...]» (V.13). Deshalb beginnt Daniel mit seiner Fürbitte: «Daniel prays a prayer of confession in vv. 3–19 because he understands Jer. 29.12–14 to mean that the restoration of Jerusalem *is conditional upon the repentance of the people.*»[93] Daniel geht davon aus, dass die nötige Busse noch aussteht und bittet für sein Volk. Sein Gebet ist der persönliche Versuch, «to meet the standard of penitence necessary for the actualization of the restoration from exile according to Jeremiah, Deuteronomy and Leviticus».[94]

Gabriels gute Nachricht ist, dass Gott das Gebet von Daniel erhört hat. Die schlechte Nachricht ist die Verlängerung der Wiederherstellung um den Faktor sieben, nämlich auf 70 «Jahrwochen». Die «exegetische Logik» des Textes ist gemäss Bergsma im Vergleich zu Lev 25–26 zu finden, da sich das Konzept der «Jahrwochen» aus Dan 9,24 sonst nur in Lev 25, in den Bestimmungen über das Sabbat- und Jubeljahr, findet. Bergsma meint: «In fact, the ‹70 weeks› of years in Dan. 9.24 probably should be understood as ten jubilee cycles of 49 years each.»[95]

91 Ibid., 54.

92 «[...] Gabriel's message in Dan. 9.24–27 should be understood as a new revelation indicating that the fulfilment promised by Jeremiah at the conclusion of 70 years has been delayed by a factor of seven, because of the impenitence of the people of Israel.» (Ibid., 55.)

93 Ibid., 56. Es gibt deutliche Parallelen zwischen Daniel 9 und Lev 26: vgl. Lev 26,39a und Dan 9,3.5; Lev 26,39b und Dan 9,6.16b; Lev 26,40 und Dan 9.4.20. Bergsma beruft sich auf Fishbane, der sagt, Daniel wende sich «to a confessional prayer – that is to precisely that type of prayer required by Lev. 26:40 for the remission of sins and the termination of the sabbatical cycles of doom and desolation for the land», Fishbane, *Biblical interpretation*, 489. Ebenso gibt es Parallelen von Dan 9 zu Dtn 30,1–4, sodass Bergsma anregt, Dan 9 auf dem Hintergrund von Jer 29,12–13, Lev 26,39–42 und Dtn 30,1–4 zu lesen, Bergsma, *Exegetical Logic*, 57.

94 Bergsma, *Exegetical Logic*, 57.

95 Ibid., 58.

Die Zeitverlängerung muss nach Bergsma auf dem Hintergrund von Lev 26 gelesen werden. In Lev 26,18 heisst es: «Wenn ihr mir aber auch dann noch nicht gehorcht, so will ich euch noch weiter strafen, siebenfältig, um eurer Sünden willen.» Dieselbe Aussage der siebenfachen Strafe wird in Lev 26,21.24.28 wiederholt. Die Botschaft Gottes an Daniel ist die, dass die Zeit der Strafe für Israels Sünde um den Faktor sieben verlängert wurde.[96]

Soweit die Darstellung der «exegetischen Logik» in Dan 9 nach Bergsma. Auch andere Interpreten sehen diesen Zusammenhang mit der siebenfachen Verlängerung in Lev 26.[97] Es sei dahingestellt, ob man wirklich von Verzögerung sprechen kann oder ob man nicht vielmehr davon ausgehen müsste, dass Daniels Erwartung in einen grösseren Zusammenhang gestellt wird: Aus den 70 Jahren werden 70 Jahrwochen. Doukhan beschreibt den siebenfachen Faktor so: «It follows that just as Jeremiah predicted the 70 years of desolation from the perspective of the sabbatical year, Daniel sets forth his prophecy from the perspective of the Jubilee.»[98] In theologischer Hinsicht kann nach Doukhan geschlussfolgert werden, dass das Wort der 70 Wochen etwas mit dem Jubeljahr zu tun hat, so wie das Wort der 70 Jahre mit dem Sabbatjahr.[99]

---

96 Bergsma ist der Ansicht, die Zeit der sieben Jahrwochen beginne mit dem Kyrusedikt. Das Wort, Jerusalem werde wieder aufgebaut werden (Dan 9,25), identifiziert er mit dem Edikt von Kyrus. Bergsma argumentiert: «It would be better to recognize that Dan. 9.24 announces a 70-week penitential period that does not start with Jeremiah's prophecy of ‹70 years›, but rather is *subsequent* to the Jeremianic period. *Cyrus' decree – the ‹word to restore and build Jerusalem› of Dan. 9.25 – terminates the ‹70 years› of Jeremiah and inaugurates the ‹70 weeks› of years of Daniel.*» (Ibid., 60.)

97 Vgl. Goldingay, *Daniel*, 232.257. Doukhan zeigt, dass שׁמם sowohl in Lev 26 als auch Dan 9 ein Schlüsselwort ist (es kommt in Dan 9,17.18.26.27 (2x) vor), Jaques B. Doukhan, *The Seventy Weeks of Dan 9: An Exegetical Study*, in: Andrews University Seminary studies 17, 1979, 1–22, 7.

98 Doukhan, *Seventy Seeks*, 8. Vgl. auch die Aussage von Doukhan: «If the introduction and conclusion of Dan 9 deal with the same concerns – the salvation of Israel and the number 70 – it follows that the two periods of time (70 years in the introduction, and 70 weeks in the conclusion) must belong to the same essence. Both are historical, and both point to the levitical principle. The second one refers to the Jubilee (7 x 7 x 10), as the first refers to the sabbatical year (7 x 10).» (Ibid., 7f.)

99 Vgl. Doukhan, *Seventy Seeks*, 8. Doukhan geht davon aus, dass die 490 Jahre vom Edikt des Artaxerxes aus gerechnet werden müssen. Im Sprachwechsel in Esr 7,27f. von Aramäisch zu Hebräisch sieht er einen Hinweis: «The decree of Artaxerxes has generated this shift, suggesting that only from here began the national restoration.» (Ibid., 16.) Auch Gurney geht von diesem Datierungsansatz aus, R. J. M. Gurney, *The Seventy Weeks of Daniel 9:24–27*, in: EvQ 53, 1981, 29–36, 32. Für verschiedene Interpretationen der 70 Jahrwochen in frühjüdischer Zeit vgl. Lester L. Grabbe, *The Seventy-Weeks Prophecy (Daniel 9:24–27) in Early Jewish Interpretation*, in: Craig A.. Evans (Hrsg.), The Quest for Context and Meaning.

Die Rede vom Jubeljahr impliziert, dass der Schwerpunkt nicht auf der längeren Strafe liegt, sondern auf der Realisation des vollständigen Heils. Das zeigt Dan 9,20, der Beginn der Botschaft Gabriels:

> Siebzig Siebener[100]/Jahreswochen (שָׁבֻעִים שִׁבְעִים) sind bestimmt über dein Volk und über deine Stadt, um die Auflehnung zurückzuhalten, die Sünden zu versiegeln, die Schuld zu sühnen, eine ewige Gerechtigkeit zu bringen, Gesicht und Prophet zu versiegeln und das Allerheiligste zu salben.

Die Auslegung von Dan 9 kann an dieser Stelle nicht weiter vertieft werden, da dies nicht Gegenstand dieser Untersuchung ist. Festzuhalten ist, dass im Bussgebet von Dan 9, das von den 70 Jahren in Jeremia ausging, plötzlich ein um das siebenfache grösserer Zusammenhang aufgezeigt wird. Die vollständige Realisation der Heilszeit hat sich sozusagen um den Faktor sieben verzögert. Bergsma versucht nun am Schluss seines oben skizzierten Aufsatzes, einen Vergleich zu Esra-Nehemia herzustellen. Diese Überlegungen zitiere ich hier in grösserem Zusammenhang, da sie das Ziel dieses Exkurses darstellen:

> At times this perspective of Daniel, in which the edict of Cyrus is but a beginning and a small one at that, is contrasted with the supposed perspective of the Chronicler and Ezra-Nehemiah, according to which, it is claimed, the decree of Cyrus completely fulfils the prophecy of Jeremiah [...] However, at least in the case of Ezra-Nehemiah there is also a sense that the initial return of the exiles was at best a partial fulfilment of prophecy. Ezra-Nehemiah ends on a distinctly melancholy note (Neh. 13,1–31), with Nehemiah recounting his frustration with the people of Jerusalem and their tendency to return to all the sins of their ancestors (esp. Neh 13.17–18, 26–27). This would seem to indicate that the prophecies of Jeremiah concerning the coming restoration – especially the prophecy of a new covenant and new heart in Jer. 31.31–40 – have not been actualized. Therefore, the contrast between Daniel and Ezra-Nehemiah, in which Daniel is held to dissent from Ezra-Nehemiah's view that the edict of Cyrus ‹fulfilled› Jeremiah's prophecy of 70 years, is overdrawn.[101]

Ich stimme Bergsma zu, dass die in Esra-Nehemia geschilderte Rückkehrbewegung «at best a partial fulfilment of prophecy» darstellt. Auch die melancholische Note am Schluss des Esra-Nehemia-Buches beschreibt er zutref-

---

Studies in Biblical Intertextuality in Honor of James A. Sanders, Leiden: E. J. Brill, 1997, 595–611.

100 Anhand der Grundbedeutung «Siebenheit» übersetzt Longman: «Seventy ‹sevens› are decreed for your people and your holy city», Tremper Longman, *Daniel*, NIV Application Commentary, Grand Rapids: Zondervan, 1999, 217.

101 Bergsma, *Exegetical Logic*, 60f.

fend. Zu Recht weist er darauf hin, dass speziell die Prophetie bezüglich des neuen Bundes nicht realisiert wurde. Dass es übertrieben wäre, einen Kontrast zwischen Daniel und Esra-Nehemia in Bezug auf die Erfüllung von Heilsprophetie zu sehen, ist meiner Meinung nach noch zu milde ausgedrückt. Es könnte sogar eine ähnliche Skepsis in Bezug auf die Realisation von Heilsprophetie in Esra-Nehemia beobachtet werden wie in Dan 9. Zwar wird in Esra-Nehemia nicht etwa explizit ein Zeitfaktor genannt, der die Heilszeit verzögern würde, implizit sind aber Anzeichen zu sehen, dass die eigene Zeit nicht als vollständige Heilszeit gedeutet wird bzw. die Heilszeit noch nicht vollständig angebrochen ist.

1.2.3 Noch kein vollständiges Heil

Das bringt uns zurück zum Buchanfang von Esra-Nehemia. Die oben favorisierte Analyse von Frolov, dass der Verweis auf Jeremia in Esr 1,1 deutlich macht, dass Heilsverheissungen Jeremias einerseits in Erfüllung gehen bzw. gingen und andererseits noch ausstehen, hat sich im Blick auf die beiden Bussgebete in Esr 9 und Neh 9 sowie im intertextuellen Blick auf das Bussgebet in Dan 9 bestätigt. Das Esra-Nehemia-Buch deutet die angebrochene Zeit zwar als neue Epoche, in der Wiederherstellung realisiert wird, doch ist die Zeit der Knechtschaft noch nicht völlig vorbei. Neben Jeremia werden in Esra-Nehemia auch Sacharja und Haggai namentlich genannt. Ihnen wende ich mich im Folgenden zu.

2. Die Propheten Haggai und Sacharja in Esra-Nehemia

2.1 Die Rolle von Haggai und Sacharja

Sacharja und Haggai werden in Esr 5,1 und 6,14 explizit erwähnt. In Esr 5,1 heisst es: «Haggai, der Prophet, und Sacharja, der Sohn[102] Iddos, die Propheten, prophezeiten den Juden, die in Juda und Jerusalem waren, im Namen des Gottes Israels, der über ihnen war.» Die Folge dieses Weissagens wird in Esr 5,2 beschrieben, wo ausgeführt wird, dass Serubbabel, der Sohn Schealtiels, und Jeschua, der Sohn Jozadaks, sich aufmachten und anfingen, das Haus Gottes in Jerusalem zu bauen. Mit ihnen waren die Propheten Gottes, die sie unterstützten (מְסָעֲדִין לְהוֹן, Esr 5,2[103]). Was die Propheten sagten oder wie die Unterstützung konkret aussah, wird in Esra-Nehemia nicht expliziert.

---

[102] Dass Sacharja in Sach 1,1 als Enkel Iddos bezeichnet wird, ist kein Widerspruch zu Esr 5,1. Das hier verwendete בַּר kann auch die Bedeutung von «Grosskind» haben. Zur Diskussion vgl. Williamson, *Ezra, Nehemiah*, 69f.

[103] Die unterstützende Tätigkeit der Propheten wird mit dem Ptz. Pael von סעד umrissen.

Anschliessend wird die Auseinandersetzung mit Tattenai und Schetar-Bosnai und insbesondere der Briefwechsel mit Darius geschildert (Esr 5,3–6,12). Die Folge des Briefes von Darius ist, dass der Statthalter Tattenai, Schetar-Bosnai und die mit ihnen Verbündeten dem Befehl Folge leisten. Die eigentliche Tempelbautätigkeit wird in Esr 6,14 in einem einzigen Vers umschrieben, in dem die Propheten Sacharja und Haggai wieder erwähnt werden:

> Und die Ältesten der Juden bauten, und sie kamen gut voran durch die Weissagung Haggais, des Propheten, und Sacharjas, des Sohnes Iddos. Und sie bauten und vollendeten es nach dem Befehl des Gottes Israels und nach dem Befehl des Kyrus und Darius und Artahsasta, des Königs von Persien.

Die erneute Erwähnung von Sacharja und Haggai bildet eine narrative Inclusio[104], denn die Schilderung des Tempelbaus wird von der Erwähnung der Propheten umrahmt (Esr 5,1; 6,14). Durch die im anachronistischen Bericht in Esr 4,6–23 angedeuteten Schwierigkeiten wurde der Tempelbau nach einem euphorischen Beginn bis zur Zeit des Darius, König von Persien, gestoppt, was sowohl in Esr 4,4 als auch 4,24 ausgesagt wird. Die Schilderung der Wiederaufnahme des Tempelbaus wird mit dem Wort («und es weissagten», וְהִתְנַבִּי, Esr 5,1) eingeführt. Und auch in Esr 6,14 wird der Erfolg des Tempelbaus dem Wirken der Propheten («durch die Weissagung», בִּנְבוּאַת, Esr 6,14) zugeschrieben.

Esr 6,14 betont, der Tempelbau sei auf doppelten Befehl erfolgt: einerseits «nach dem Befehl des Gottes Israels» (מִן־טַעַם אֱלָהּ יִשְׂרָאֵל), doch andererseits auch «nach dem Befehl des Kyrus und Darius und Artahsasta, des Königs von Persien» (וּמִטְּעֵם כּוֹרֶשׁ וְדָרְיָוֶשׁ וְאַרְתַּחְשַׁשְׂתְּא מֶלֶךְ פָּרָס). Der Befehl Gottes zum Tempelbau erfolgte durch das ermutigende Prophetenwort, aber auch die die säkulare Unterstützung des Tempelbaus war göttlich initiiert (vgl. Esr 1,1).[105] Als Könige werden in Esr 6,14 Kyrus, der Initiant des Tempelprojekts, und Darius, in dessen Regierungszeit der Tempelbau realisiert wurde, erwähnt. Bezeichnend ist, dass auch Artaxerxes in diesem Vers anachronistisch Erwähnung findet. Einerseits bildet die erneute Erwähnung von Artaxerxes in Esr 6,14 nach 4,7 eine Inclusio innerhalb des aramäi-

---

104 «The reference in v 14 to the prophesying of Haggai and Zechariah and the command of the God of Israel forms a clear narrative *inclusio* with the start of the section in 5:1, while the allusion to the decrees of the Persian kings acts as a summary recapitulation of the section as a whole.» (Williamson, *Ezra, Nehemiah*, 73.)

105 «The rebuilding of the temple was therefore mandated by divine authority mediated through both prophecy and the secular arm.» (Blenkinsopp, *Ezra-Nehemiah*, 129.)

schen Abschnittes, der sich von Esr 4,7 bis 6,18 erstreckt.[106] Andererseits ist das alleine keine ausreichende Erklärung. Dem Autor eine Unsicherheit in der persischen Chronologie attestieren zu können, ist auszuschliessen.[107] Eskenazi benutzt die Stelle, um ihre Theorie zu stützen, derzufolge in Esra-Nehemia der «Tempel» ganz Jerusalem umschliesse. Hier sei umfassend die Wiederherstellung Jerusalems bis in die Zeit von Artaxerxes angedacht.[108] Diesen Ansatz halte ich aber für wenig überzeugend.[109] Eskenazi ist insofern zuzustimmen, dass Esr 6,14 tatsächlich die Zeit der verschiedenen Restaurationsbewegungen mit der Erwähnung der drei Könige, in deren Amtszeit diese stattfanden, zusammenfasst. Man kann es im Sinn des Periodisierungsmodells von Japhet so deuten, dass hier ein Bezug zwischen den Wiederherstellungsbewegungen unter Kyrus und Darius einerseits und Artaxerxes andererseits hergestellt wird. Die Tatsache, dass dies im Zusammenhang mit dem Tempel geschieht, deute ich mit Williamson im Sinn einer Antizipation der späteren Unterstützung des Tempeldienstes durch Artaxerxes.[110]

Esr 5,1f und 6,14 betonen also die Bedeutung des prophetischen Wortes von Haggai und Sacharja als Motivation beim Tempelbau. Das Geschehen der Restaurationszeit muss nicht nur allgemein auf dem Hintergrund von Heilsprophetie verstanden werden (vgl. den Verweis auf Jeremia am Buchanfang), sondern das prophetische Wort spielt auch in ganz konkreten Realisationsschritten der Wiederherstellung eine Rolle.[111] Eskenazi betont diese Aktualität des prophetischen Wortes: «Ezra-Nehemiah is concerned with the actuality of the prophetic word, but translates it into concrete and not escha-

---

[106] Vgl. ibid. Nach Blenkinsopp wird, in Analogie zu den Propheten, die den Tempelbau unterstützten und als «inclusion» in Esr 5,1 und 6,14 erwähnt werden, mit demselben Stilmittel auch der in 4,7 zu Beginn des aramäischen Abschnittes erwähnte König Artaxerxes noch einmal aufgegriffen.

[107] Vgl. dazu z.B. Williamson, *Ezra, Nehemiah*, 83.

[108] Vgl. Eskenazi, *Age of Prose*, 37.45.78.86f.188. Für sie ist die Erweiterung des Hauses Gottes vom Tempel auf die ganze Stadt ein wichtiges Thema. Dafür ist Esr 6,14 ein Schlüssel: «Ezr 6:14 confirms this point by declaring that the work on the house of God spanned the reign of the three Persian kings, Cyrus, Darius, and Artaxerxes.» (Ibid., 188.)

[109] S.u. die Anmerkungen zu Eskenazi in V.2.2.

[110] «It is much more probable that we have here an anticipation of Artaxerxes' support for the temple and its service in 7:15–24, 27 (and perhaps 9:9)», Williamson, *Ezra, Nehemiah*, 83f.

[111] Vgl. die Aussage von Thomas Krüger: «So hebt die Struktur von Esr 1–6 die Bedeutung der Institution Prophetie – repräsentiert durch Haggai und Sacharja – für das Gelingen des Tempelbaus als der ersten Phase der Restitution ‹Israels› im Lande hervor, die programmatisch schon 1,1 mit dem Hinweis auf ‹das Wort Jahwes, (das) aus dem Munde Jeremias (ergangen war)›, angedeutet hatte.» (Thomas Krüger, *Esra 1–6: Struktur und Konzept*, in: BN 41, 1988, 65–75, 69.)

tological terms.»[112] Das prophetische Wort der Propheten Sacharja und Haggai war für den Tempelbau entscheidend. Inhaltlich wird zwar nichts über die Aussagen der beiden Propheten berichtet. Der explizite Verweis auf Sacharja und Haggai fordert aber geradezu zu einem intertextuellen Vergleich zu ihren im AT überlieferten Prophetenbüchern auf.

Das nächste Kapitel über den Tempelbau wird sich mit den Aussagen Haggais beschäftigen.[113] In diesem Kapitel beschränke ich mich deshalb auf Sacharja. Das Esra-Nehemia-Buch erwähnt die beiden Propheten Haggai und Sacharja; deren Bücher werden hingegen nicht explizit erwähnt.[114] Während es beim Verweis auf Jeremia in Esr 1,1 klar ist, dass es sich um das Jeremiabuch handelt, findet hier eine Schilderung der Tätigkeit der Propheten statt. Ich behandle deshalb den folgenden Abschnitt als Exkurs.[115]

2.2 Exkurs: Heilsverzögerung in Sacharja 6,9–15

Für einen intertextuellen Vergleich im Zusammenhang mit dem Tempelbau in Esra-Nehemia sind die Nachtgesichte Sacharjas (Sach 1,8–6,8) und insbesondere die anschliessende Zeichenhandlung der Krönung Jeschuas (6,9–15) von Interesse. Durch die Datierung des Abschnittes von Sach 1,7–6,15 in Sach 1,7 auf den 24. Tag des 11. Monats, Sch^{e}wat, im zweiten Jahr des Darius (das entspricht dem 15. Februar 519 v.Chr.[116]), wird ein Zusammenhang mit dem Tempelbau im zweiten Jahr des Darius (vgl. Esr 4,24) hergestellt. In den Nachtgesichten findet man zahlreiche Bezüge zu den in Esra-Nehemia geschilderten Restaurationsbemühungen. Wie in Dan 9 erscheint das Motiv der 70-jährigen Exilszeit (Sach 1,12: «Aber der Engel Jhwhs antwortete und

---

112 Eskenazi, *Age of Prose*, 86.

113 S.u. V.1.2.

114 Marinkovic zeigt, dass Esr 4,24–5,2 und 6,14 nichts über den Inhalt der Botschaft aussagen. «The text merely stresses their simultaneous appearance (5.1) – implied in the text – and their support of the building of the ‹temple› (5.2)», Peter Marinkovic, *What Does Zechariah 1–8 Tell us about the Second Temple?*, in: Tamara C. Eskenazi/Kent H. Richard (Hrsg.), Second Temple Studies, 2. Temple and Community in the Persian Period, JSOTSup 175, Sheffield: JSOT Press, 1994, 88–103, 89.

115 Zur Vorgehensweise s.o. I.3.

116 Vgl. Robert Hanhart, *Dodekapropheton 7.1. Sacharja 1–8*, BKAT XIV/7.1, Neukirchen-Vluyn: Neukirchener Verlag, 1998, 43, 58f; Ralph L. Smith, *Micah–Malachi*, WBC 32, Waco: Word Books Publisher, 1984. Die fünf Sprüche Haggais werden zwischen dem 29. August 520 v.Chr. und dem 18. Dezember 520 v.Chr. datiert, vgl. Herbert H. Klement, *Haggai, Prophet of the New Temple*, in: Eric Peels/Fanie Snyman (Hrsg.), The Lion Has Roared. Theological Themes in the Prophetic Literature of the Old Testament, Eugene: Wipf and Stock Publishers, 2012, 175–182, 175.

sprach: Jhwh der Heerscharen, wie lange willst du dich nicht über Jerusalem und die Städte Judas erbarmen, über die du diese siebzig Jahre zornig gewesen bist?»).[117] Nun wendet sich Jhwh Jerusalem wieder zu, sein Haus soll gebaut (1,16) und Jerusalem wieder bevölkert werden (2,8)[118]. Im Zusammenhang mit dem Tempelbau ist das Wort an Serubbabel (Sach 4,6–10) im fünften Nachtgesicht von besonderer Bedeutung. Nach der einleitenden Ermutigung («Es soll nicht durch Heer oder Kraft, sondern durch meinen Geist geschehen, spricht Jhwh der Heerscharen», 4,6), folgen weitere Zusagen. Der grosse Berg vor Serubbabel soll zur Ebene werden und Serubbabel wird den Schlussstein hervornehmen können (4,7). Die Hände Serubbabels, die das Haus gegründet haben, werden es auch vollenden (4,9). Der Abschnitt in Sach 1,7–6,15 liest sich jedoch nicht einfach wie eine Illustration der Ermutigung durch die Propheten beim Tempelbau, die in Esr 5,1 und 6,14 erwähnt wird. Die Krönung Jeschuas in Sach 6,9–15, welche den Zyklus der Nachtgesichte beschliesst, ist bedeutsam.

Deshalb wird an dieser Stelle kurz auf den Abschnitt in Sach 6,9–15[119], der eine «crux interpretum»[120] darstellt, eingegangen. Rose hat überzeugend dargestellt, dass im צֶמַח von Sach 6,12 (sowie Sach 3,8) eine zukünftige Figur gesehen werden muss. Die Identifikation des צֶמַח mit Serubbabel[121] bringt verschiedene Probleme mit sich, darunter: «(a) the crowning of Joshua rather than Zerubbabel, (b) the use of the name Zemah rather than Zerubbabel, (c) the discontinuity conveyed by the name Zemah when properly under-

---

[117] Zur Beziehung von Sach 1,12 zu Jer 25 und Dan 9 vgl. William H. Shea, *The Literary Structure of Zechariah 1–6*, in: Jiří Moskala (Hrsg.), Creation, Life, and Hope. Essays in Honor of Jacques B. Doukhan, Berrien Springs, MI: Old Testament Department, Seventh-day Adventist Theological Seminary, Andrews University, 2000, 83–100, 90f.

[118] Interessanterweise soll Jerusalem ohne Mauer bewohnt werden (2,8), weil Jhwh eine «feurige Mauer» (חוֹמַת אֵשׁ) um die Stadt sein wird (2,9).

[119] Sach 6,9–15 gehört in den Abschnitt Sach 1,7–6,15, denn es gibt formale und inhaltliche Verbindungen zwischen dem Visionenzyklus und der Zeichenhandlung, vgl. Hanhart, *Sacharja*, 418; Myers, *Ezra, Nehemiah*, 366f. Anders urteilt Rudolph, der hier ein «ursprünglich für sich stehendes Stück» sieht, vgl. Wilhelm Rudolph, *Haggai, Sacharja 1-8, Sacharja 9-14, Maleachi*, KAT XIII/4, Gütersloh: Gütersloher Verlagshaus Mohn, 1976, 128.

[120] «What appears to be a description of a symbolic act in Zech 6:9–15 has been recognised as a veritable crux in earlier scholarship.» (Åke Viberg, *An Elusive Crown. An Analysis of the Performance of a Prophetic Symbolic Act (Zech 6:9–15)*, in: Svensk exegetisk årsbok 65, 2000, 161–196, 161.)

[121] Vgl. den Überblick der Vertreter, welche צֶמַח mit Serubbabel identifiziert haben, bei Wolter H. Rose, *Zemah and Zerubbabel. Messianic expectations in the early postexilic period*, JSOTSup 304, Sheffield: Sheffield Academic Press, 2000, 17–21.

stood, and (d) the future reference of most of the elements in the description of Zemah».[122] Deshalb muss יְהוֹשֻׁעַ בֶּן־יְהוֹצָדָק הַכֹּהֵן הַגָּדוֹל in Sach 6,11 nicht durch וּזְרֻבָּבֶל בֶּן־שְׁאַלְתִּיאֵל ersetzt werden, wie oft vorgeschlagen wird.[123] Vielmehr wird tatsächlich der Hohepriester Jeschua gekrönt. Bei dieser Krönung handelt es sich um einen symbolischen Akt. Die Krone auf dem Haupt Jeschuas ist ein Vorzeichen dafür, dass eines Tages der צֶמַח seine Herrschaft antreten wird, wie Rose treffend beschreibt: «The crown is a sign of the rule of Zemah (‹he shall rule›), not of the rule of Joshua, which is not mentioned at all. The priest(hood) will function as a guarantee that God will one day fulfill his promise concerning the comming of צמח, the future ruler.»[124] Das hat Konsequenzen für Sach 6,12, wo es heisst:

וְאָמַרְתָּ אֵלָיו לֵאמֹר כֹּה אָמַר יְהוָה צְבָאוֹת לֵאמֹר הִנֵּה־אִישׁ צֶמַח שְׁמוֹ וּמִתַּחְתָּיו יִצְמָח וּבָנָה אֶת־הֵיכַל יְהוָה׃

> Und sprich zu ihm: so spricht Jhwh der Heerscharen: Siehe, ein Mann, Spross ist sein Name und von seiner Stelle wird er aufsprossen und bauen den Tempel Jhwhs.

Dieses Wort über den צֶמַח soll Sacharja dem Hohepriester bei seiner symbolischen Krönung weitergeben. Das Wortspiel צֶמַח יִצְמָח erinnert an die fast identische Wendung in Jer 33,15 (אַצְמִיחַ לְדָוִד צֶמַח, «ich werde für David einen Spross aufsprossen lassen»), wo der צֶמַח mit dem zukünftigen davidischen Herrscher identifiziert wird, der auf Erden Recht und Gerechtigkeit schaffen wird.[125] Sacharja soll Jeschua verheissen, der צֶמַח werde den Tempel Jhwhs bauen. Gehen wir davon aus, dass es sich um eine zukünftige Gestalt handelt, stellt sich unweigerlich die Frage nach der Identität dieses Tempels. Wenn Serubbabel den jetzigen Tempel fertigstellen wird (Sach 4,9), welchen Tempel gibt es noch zu bauen? In Sach 6,15 heisst es: «Ferne werden kommen und am Tempel Jhwhs bauen» (וּרְחוֹקִים יָבֹאוּ וּבָנוּ בְּהֵיכַל יְהוָה). Diese Aussage wurde als Hinweis darauf ausgelegt, dass es sich um einen zukünftigen Tempel handeln muss.[126] Meyers und Meyers formulieren es so:

---

[122] Ibid., 140. Vgl. die ausführliche Diskussion der Argumente bei ibid., 121–141.

[123] Vgl. so auch der Vorschlag zu Sach 6,11 von Elliger in BHS, 1069.

[124] Rose, *Zemah and Zerubbabel*, 58.

[125] Vgl. Joyce G. Baldwin, *Semah as a Technical Term in the Prophets* in: VT 14, 1972, 93–97, 94; Wenzel, *Reading Zechariah*, 152.

[126] Rose meint: «This may be right, but it is difficult to be absolutely certain.» (Rose, *Zemah and Zerubbabel*, 139.) Einige Ausleger denken hier an einen zukünftigen Tempel, vgl. z.B. Carol L. Meyers/Eric M. Meyers, *Haggai, Zechariah 1–8. A New Translation with Introduction and Commentary*, AncB 25B, New York: Doubleday, 1987, 356f; Smith, *Micah–Malachi*, 219; Baldwin, *Semah*, 96.

«The building of this temple is a future and probably eschatological event. […] Since the present temple restoration did not conform to the arrangement established during the monarchy, a future construction with a full royal component was envisioned.»[127] Das ist überzeugend, denn es würde wenig Sinn machen, wenn mit der Aussage über den Tempelbau des צֶמַח derselbe Tempel gemeint wäre, der im Begriff steht, fertiggestellt zu werden.

Sach 6,13 bestätigt, dass der צֶמַח einen Tempel baut: «Und er wird den Tempel Jhwhs bauen und er wird Majestät tragen und er wird sitzen und regieren auf seinem Thron» (וְהוּא יִבְנֶה אֶת־הֵיכַל יְהוָה וְהוּא־יִשָּׂא הוֹד וְיָשַׁב וּמָשַׁל עַל־כִּסְאוֹ).[128] Wie bereits erwähnt, hat Rose überzeugend dargelegt,

---

127 Myers, *Ezra, Nehemiah*, 356f.

128 Die Interpretation der zweiten Vershälfte (וְהָיָה כֹהֵן עַל־כִּסְאוֹ וַעֲצַת שָׁלוֹם תִּהְיֶה בֵּין שְׁנֵיהֶם) ist umstritten. Wer ist Subjekt, צֶמַח aus der ersten Vershälfte oder כֹּהֵן? Ist von einem oder zwei Thronen die Rede? Was ist mit שְׁנֵיהֶם gemeint? Zudem liest LXX *καὶ ἔσται ὁ ἱερεὺς ἐκ δεξιῶν αὐτοῦ* anstelle von וְהָיָה כֹהֵן עַל־כִּסְאוֹ. Rudolph hält weder einen Doppelthron noch einen zweiten priesterlichen Thron neben dem königlichen für eine Vorstellung der Zeit und erachtet darum die Leseart der LXX als «sachlich richtig», vgl. Rudolph, *Haggai, Sacharja 1-8, Sacharja 9-14, Maleachi*, 128. Der Vorschlag der LXX beruht aber auf einer exegetischen Überlegung und kann ausgeschlossen werden, vgl. Hanhart, *Sacharja*, 410. Falls כֹּהֵן Subjekt des Satzteils wäre, stellt sich die Frage, ob mit עַל־כִּסְאוֹ der Thron des Sprosses («solium eius») oder der Thron des Priesters («solium suum») gemeint sei. Hanhart geht von der ersten Variante aus, vgl. ibid. Auch Rose kommt nach einer Klärung aller Möglichkeiten zum Schluss, die Ansicht, dass es sich um den Thron der königlichen Figur handelt, sei die wahrscheinlichste, vgl. Rose, *Zemah and Zerubbabel*, 64. Die einfachste Lösung bietet sich vom Text her an, wenn wir keinen Subjektswechsel annehmen und immer noch der צֶמַח Subjekt des zweiten Satzteils bildet. Man müsste dann folgendermassen übersetzten: «[…] und er (der צֶמַח) wird Priester sein auf seinem Throne und der Rat des Friedens wird zwischen ihnen beiden sein». Dieser Auslegung folgen Carl Friedrich Keil, *Die zwölf kleinen Propheten*, BC, Leipzig: Dörffling und Franke, 1866; Baldwin, *Semah*, 144; Wenzel, *Reading Zechariah*, 149. Eine Überblick über weitere Vertreter dieser Position gibt Rose, *Zemah and Zerubbabel*, 59f. Rose selber geht aber nicht von dieser Ansicht aus, da der Ausdruck שְׁנֵיהֶם für zwei Personen spreche, vgl. ibid., 60. Geht man von einer Person aus, bringt שְׁנֵיהֶם die Versöhnung von Priestertum und Königtum im צֶמַח zum Ausdruck. So bezieht sich für Keil שְׁנֵיהֶם auf den Regierenden und Priester, «welche in dem *Zemach* zu persönlicher Einheit verbunden auf dem Throne sitzen», Keil, *Die zwölf kleinen Propheten*, 575. Sach 6,9–15 so zu interpretieren, dass die Krönung Jeschuas auf eine messianische Figur deutet, die zugleich Königtum und Priestertum in sich vereinigt, wäre keine im Alten Testament singuläre Erscheinung, wie Ps 110,4 zeigt. Dennoch wäre sie nach dieser Interpretation von besonderer Brisanz, wie Baldwin sagt: «Nowhere else in the Old Testament is it made so plain that the coming Davidic king will also be a priest. It is for this reason that the passage has occasioned so much questioning.» (Joyce G. Baldwin, *Haggai, Zechariah, Malachi. An Introduction and*

dass wir es in der Figur des צֶמַח mit einem zukünftigen Herrscher zu tun haben. Folglich kann man im Anschluss an Rose sagen: «If Zemah is indeed a future figure, who will build the temple, who will rule, then this oracle can be said messianic»[129]. Es ist von ungeheurer Brisanz, dass unmittelbar nach den Nachtgesichten, in welchen unter anderem Serubbabel dazu ermutigt wird, den Tempel zu bauen, die symbolische Krönung Jeschuas erfolgt, die impliziert, dass ein zukünftiger messianischer Herrscher einen neuen Tempel bauen wird! Mit der Realisation des Tempels unter Sacharja ist also die messianische Heilszeit noch nicht angebrochen. Mit einem von Robert P. Carroll geprägten Ausdruck kann hier von einem «Eschatological Delay» gesprochen werden.[130]

Ausgehend von Sach 3 und Sach 6,9–15 formuliert Wenzel eine im Sacharjabuch zu beobachtende «Theology of Transition». Die symbolische Krönung Jeschuas zeigt, dass Sacharja eine Zeit des Übergangs im Blickfeld hat.

Commentary, TOTC 28, Leicester: Inter-Varsity Press, Nachdr. 2009, 145.) Ich halte diese Auslegung für plausibel und dem Text adäquat. Gleichwohl ist sie unsicher und trägt nicht wesentlich zum oben dargelegten Argument bei. Deshalb behandle ich diesen Versteil im Fussnotentext.

129 Rose, *Zemah and Zerubbabel*, 140. Vgl. auch seine Aussage: «Only an identification of Zemah with an unidentified future has the explanatory power to deal satisfactorily with all the features of the double portrait of Zemah in Zechariah 3 and 6. Such an identification implies that Zemah may be called a messianic figure, defined as a future ruler figure modelled on David who is sent by God to inaugurate an era of salvation and bliss.» (Wolter H. Rose, *Messianic Expectations in the Early Post-Exilic Period*, in: TynB 49, 1998, 372–376, 374.) Auch Viberg spricht von einer messianischen Zeit: «It is likely that what is referred to in the oracle is Zecharjah's long-term strategy for the coming of the messianic era.» (Viberg, *An Elusive Crown*, 169.) Floyd spricht von einem «messianic status»: «The final scene (6:9–15) reiterates that the dyarchy of governor and high priest enjoys a kind of messianic status by virtue of their being jointly associated with the restored royal sanctuary, a messianic status that pertains to the governorship but is rooted in the high priesthood.» (Michael H. Floyd, *Cosmos and History in Zechariah's View of the Restoration (Zechariah 1:7–6:15)*, in: Henry T. C. Sun (Hrsg.), Problems in Biblical Theology. Essays in Honor of Rolf Knierim, Grand Rapids: Eerdmans, 1997, 125–144, 142.) Auch Sykes sieht in Sach 6,9–15 einen messianischen Zustand beschrieben: «In other words, Zech. 6.9–15 ascribes messianic status to Zerubbabel and, therefore, this passage resembles Hag. 2.20–23 which refers to Zerubbabel as Yahwe's servant who is like a signet ring.» (Seth Sykes, *Time and Space in Haggai-Zechariah 1–8: A Bakhtinian Analysis of a Prophetic Chronicle*, in: JSOT 76, 1997, 97–124, 108.)

130 Vgl. seinen Aufsatz: Robert P. Carroll, *Eschatological Delay in the Prophetic Tradition?*, in: ZAW 94, 1982, 47–58. Er leitet seinen Begriff «eschatological delay» vom in der ntl. Wissenschaft gebräuchlichen Begriff «Parusieverzögerungsproblem» ab, ibid., 49.

Das einzigartige Wortspiel von צֶמַח und יִצְמָח in Sach 6,12 (auf dem Hintergrund von Jer 33,15) identifiziert den צֶמַח mit dem davidischen König, der erst erwartet werden muss.[131] Die Heilszeit ist noch nicht gekommen, sondern wird erst erwartet. Die «Theology of Transition» impliziert daher auch eine «Theology of Waiting»[132]: Die Heilszeit muss erwartet werden. In dieser Zeit des Wartens ist das Volk in seiner Verantwortung gefordert, im Sinaibund zu leben. Zusammenfassend formuliert es Wenzel so:

> Since the Branch has not yet come and will not come soon, Zecheriah develops a theology of transition and of waiting. Yahweh has always kept his promises but not all of them have been completely fulfilled. On the basis of Yahweh's faithfulness, Zechariah challenges the people to live faithfully within the Sinai covenant (Zech 1:3–6).[133]

In diesem Exkurs ist deutlich geworden, dass in dem Abschnitt in Sacharja, der auf die Zeit des Tempelbaus datiert ist (Sach 1,17–6,15), durch die symbolische Krönung an dessen Ende die Heilszeit verzögert wird. Das volle Heil ist nicht in unmittelbarer Zukunft zu erwarten. Die erwähnten Begriffe «Eschatological Delay» oder «Theology of Transition/Waiting» bringen diese Tatsache auf den Punkt. Der Tempelbau wird in einen grösseren eschatologischen Zusammenhang gestellt: Ein Spross wird kommen und einen umfassenderen Tempel bauen, als er jetzt von Serubbabel erbaut wird.

Zwar verweist Esra-Nehemia nur auf die Person Sachrjas, nicht auf den Inhalt seiner Prophetie. Dennoch ist der intertextuelle Vergleich mit Sach 1,17–6,15 interessant, weil in Esra-Nehemia Ähnliches zu entdecken ist wie in Sacharja. Auch in Esra-Nehemia wird zum Ausdruck gebracht, dass die Heilszeit noch nicht in ihrer Fülle angebrochen ist. Allerdings geschieht dies viel weniger offensichtlich als in Sacharja. Das hängt unter anderem damit zusammen, dass offenbar kein davidischer Herrscher erwartet wird. Die Erwartung des צֶמַח als eines davidischen Herrschers in Sacharja bringt uns zurück zum Esra-Nehemia-Buch und zur Frage nach dem Fehlen einer Königserwartung.

---

131 Wenzel, *Reading Zechariah*, 259. Wenzel erwähnt in diesem Zusammenhang auch den neuen Bund in Jer 31–33: «Zechariah's reference to Jeremiah 31–33 indicates that the new covenant has not arrived yet. The word play יצמח צמח is unique to Zech 6:12 and Jer 33:15, and clearly identifies the Branch with the promised Davidic king; therefore, it must be awaited.»

132 Ibid., 262ff.

133 Ibid., 297.

2.3 Der fehlende König

Das Esra-Nehemia-Buch will auf dem Hintergrund der Heilsprophetien Jeremias (Esr 1,1) gelesen werden.[134] Das Jeremiabuch geht an etlichen Stellen klar von der Erwartung eines zukünftigen davidischen Herrschers aus (vgl. Jer 17,25; 23,3–5; 30,8–9.21; 33,14–26). Oft wird auch die am Buchende geschilderte Begnadigung Jojachins als Zeichen der Hoffnung für das Königtum gesehen.[135] In Esra-Nehemia fehlt eine Königsideologie gänzlich. Das wirft Fragen auf. In der aktuellen Forschungslage ist gerade die Tatsache des fehlenden Königs bzw. der politischen Abhängigkeit Jehuds und des Ausbleibens der Restauration der vorexilischen Monarchie Grund dafür, den Begriff «Wiederherstellung» für nicht mehr adäquat zur Beschreibung der Periode des Esra-Nehemia-Buches anzusehen.[136] Deshalb soll hier kurz nach dem Königsbild in Esra-Nehemia gefragt werden.

Während in Jeremia David ein Nachfolger auf seinem Thron verheissen wird, tritt die Figur Davids in Esra-Nehemia kaum in Erscheinung. Das erste Mal erscheint der Name in Esr 3,10, wo ausgesagt wird, dass Lobpreis «nach der Ordnung Davids, des Königs von Israel» (עַל־יְדֵי דָּוִיד מֶלֶךְ־יִשְׂרָאֵל) stattfand. Im Verzeichnis der Rückkehrer unter Esra findet sich Davids nächste Erwähnung. In 8,2b–3a sind die Mitglieder der königlichen Linie aufgeführt; in Esr 8,2b wird Hattusch unter den Söhnen Davids genannt («Von den Söhnen Davids: Hattusch», מִבְּנֵי דָוִיד חַטּוּשׁ). Hattusch aus der königlichen Linie ist aus 1Chr 3,22 bekannt. Die Liste ist sehr selektiv, deshalb ist die Nennung Davids von besonderer Bedeutung an dieser Stelle.[137] In derselben Liste werden später «die Tempelsklaven, welche David und die Oberen bestimmt hatten, den Leviten zu dienen» (וּמִן־הַנְּתִינִים שֶׁנָּתַן דָּוִיד וְהַשָּׂרִים לַעֲבֹדַת הַלְוִיִּם, Esr 8,20), erwähnt. Im Zusammenhang mit dem Mauerbaubericht werden die Stadt Davids (עִיר דָּוִיד, Neh 3,15) und die Gräber Davids (קִבְרֵי דָוִיד, Neh 3,16) aufgezählt.

Am häufigsten wird der Name Davids in Neh 12 genannt. Die Leviten loben Gott, «nach dem Gebot Davids, des Mannes Gottes» (בְּמִצְוַת דָּוִיד אִישׁ־הָאֱלֹהִים, Neh 12,24). In Neh 12,36 finden die «Musikinstrumente Davids, des Mannes Gottes» (בִּכְלֵי־שִׁיר דָּוִיד אִישׁ הָאֱלֹהִים) Erwähnung. In Neh

---

134 Ich beschränke mich für die folgenden Überlegungen bewusst auf die Jeremiastellen, weil Jeremia in Esr 1,1 explizit erwähnt wird.

135 Anders Fischer: «Entgegen der verbreiteten Auffassung, diese Schlußverse positiv, als Zeichen neuer Hoffnung zu sehen, sprechen mehrere Gründe dafür, gerade die Jer-Fassung nicht als Hoffnung auf einen Neubeginn zu interpretieren», Fischer, *Jeremia 52*, 351.

136 S.o. I.1.1.

137 Williamson spricht von einer «particular significance», Williamson, *Ezra, Nehemiah*, 110.

12,37 kommen die Davidsstadt (עִיר דָּוִיד) und das Haus Davids (לְבֵית דָּוִיד) vor. Neh 12,45 beschreibt, dass die Sänger und Torhüter ihren Dienst nach dem «Gebot Davids und seines Sohnes Salomos» (כְּמִצְוַת דָּוִיד שְׁלֹמֹה בְנוֹ) versahen. Schliesslich bildet Neh 12,46 die letzte David-Stelle in Esra-Nehemia: «Seit den Tagen Davids und Asafs (כִּי־בִימֵי דָוִיד וְאָסָף), seit alter Zeit, gab es Häupter der Sänger und Lob- und Danklieder für Gott.» Neh 12,46 ist bezeichnend: David wird vor allem im Kontext von Musik und Kult erwähnt (vgl. Esr 3,10; 8,20; Neh 12,24.36.45.46). In diesem Zusammenhang wird er zweimal als אִישׁ הָאֱלֹהִים betitelt (Neh 12.24.36). David wird sonst nur in 2Chr 8,14, ebenfalls im Zusammenhang mit der Musik, so bezeichnet. Williamson vertritt die Ansicht, dass אִישׁ הָאֱלֹהִים an dieser Stelle weniger als prophetische Designation (wie der Begriff üblicherweise gebraucht wird) gedacht ist, sondern bewusst ein Vergleich mit Mose (der z.B. in Dtn 33,1 und Jos 14,6 ebenfalls so genannt wird), dem «major founder af the Israelite cult», hergestellt wird.[138] In Neh 3,15.16 und 12,37 (2x) wird David im Zusammenhang mit der Davidsstadt Jerusalem oder einzelnen Lokalitäten in derselben erwähnt. Esr 8,2 stellt die einzige Nennung Davids im Zusammenhang mit der königlichen Linie dar!

Salomo wird neben der aufgeführten beiläufigen Bemerkung in Neh 12,45 und im Ausdruck der «Sklaven Salomos» (עַבְדֵי שְׁלֹמֹה) in Esr 2,55.58; Neh 7,57.60; 11,3 auch in Neh 13,26 im Rahmen der Mischehenproblematik zum Thema gemacht, wobei er als abschreckendes Beispiel dargestellt wird: «Hat nicht Salomo, der König von Israel, gerade darin gesündigt (הֲלוֹא עַל־אֵלֶּה חָטָא־שְׁלֹמֹה מֶלֶךְ יִשְׂרָאֵל, Neh 13,26)?» Unter vielen Völkern war Salomo kein König gleich und dennoch verleiteten gerade ihn die ausländischen Frauen zur Sünde (vgl. Neh 13,26). Diese negative Einschätzung Salomos findet sich im Buchschluss in der rhetorischen Spitze, welche die Gefahr der Assimiliation betont. In Neh 13,28 wird die Familie des Hohepriesters angeführt, die von den Mischehen betroffen war. Salomo dient als Beispiel dafür, dass auch hochangesehene Menschen nicht von dem Verbot der Mischehen ausgeschlossen sind.[139] Trotz seiner Rolle als Erbauer des ersten Tempels wird Salomo nie im Zusammenhang mit der Wiederherstellung des zweiten Tempels erwähnt![140]

---

[138] Vgl. ibid., 365.

[139] «The reference to Solomon, whose liaisions with foreign princesses led to the catastrophe of the divided kingdom (Neh 13.26), shows that high rank is no ground for tolerating such practices.» (Klement, *Rhetorical, Theological and Chronological Features*, 75.)

[140] Klement ist zuzustimmen: «His role as temple builder is never referred to, although such a reference would have seemed appropriate given the topic of Ezra-Nehmiah.» (Ibid., 73.)

Interessanterweise wird Serubbabel in Esr 3,2.8; 5,2 und Neh 12,1 als Sohn Schealtiels bezeichnet, seine Abstammung jedoch nicht weiter erläutert.[141] Nach 1Chr 3,17–24 ist er aber ein direkter Nachkomme Jojachins, offensichtlich sein Grosskind.[142] Dass Esra-Nehemia die königliche Herkunft Serubbabels verschweigt, wirft Fragen auf. Es muss mit Japhet angenommen werden, dass sie bewusst unerwähnt bleibt.[143] Japhet geht davon aus, dass dies mit der Weltanschauung des Esra-Nehemia-Buches zu tun hat. Als kleine jüdische Gemeinschaft in Jehud unter persischer Herrschaft zu leben, bedeutete den Verlust politischer Unabhängigkeit. Da eine Änderung des politischen Zustands unrealistisch ist, akzeptiert das Esra-Nehemia-Buch die politische Gegenwart. Ja noch mehr: Die realexistierende politische Gegenwart wird als Gottes Segen über seinem Volk interpretiert.[144] Diese Haltung beeinflusst nach Japhet das Esra-Nehemia-Buch von Anfang bis Ende. Kyrus wurde von Gott bewegt und auch der Weiterbau des Tempels hing vom guten Willen des Darius ab. Die positive Haltung gegenüber der Perserherrschaft zieht sich durch das Buch. Nur an einer Stelle, in Neh 9,36–37, sieht Japhet einen anderen Unterton.[145] Abschliessend hält sie fest: «The House of David, as the vehicle of aspirations to national unity and as the symbol ‹par excellence› of salvific hopes, has no place in this world view and therefore is conspicously absent from the book.»[146] Japhet geht davon aus, dass Esra-Nehemia anti-eschatologische Tendenzen aufweist.[147]

Ein weiteres Problem in Esra-Nehemia stellt die Figur Scheschbazars dar, der in Esr 1,8.11 und 4,14.16 erwähnt wird, dessen Vatername jedoch nie genannt wird[148]. Er wird in 1,8 als Fürst (הַנָּשִׂיא) und in 5,14 als Gouverneur

---

[141] Nur mit Namen wird er in Esr 2,2;4,2.3; Neh 12,47 erwähnt.

[142] Vgl. Japhet, *Sheshbazzar and Zerubbabel*, 71.

[143] «If this is so, then the question of Ezra-Nehemiah's utter silence concerning Zerubbabel's origins is unavoidable. It is hard to hold to the claims of lack of information or literary and stylistic considerations when we are speaking of a descendant of the House of David, and we can only conclude that the silence is intentional. Why then would the author of Ezra-Nehemiah avoid mentioning and even conceal Zerubbabel's origins?» (Ibid., 72.)

[144] Ibid., 73.

[145] Auf Neh 9,36.37 bezogen bemerkt Japhet: «In one place in the Book of Ezra-Nehemiah another undertone may be perceived, considerably different from the spirit of the book as a whole.» (Ibid., 75.)

[146] Ibid., 76.

[147] «We have seen that one of the most characteristic traits of the Book of Ezra-Nehemiah is its anti-eschatological stand, which causes it to conceal the Davidic origins of Zerubbabel the son of Shealtiel.» (Ibid., 95.) Ich gehe unten auf diese Ansicht ein und zeige, dass sie nicht haltbar ist.

[148] Diese Tatsache hat einige Exegeten dazu bewegt, an Scheschbazars jüdischer Abstammung zu zweifeln, vgl. dazu die Hinweise ibid., 96.

(פֶּחָה) bezeichnet. Japhet zeigt überzeugend auf, dass der Titel «Prinz von Juda» (הַנָּשִׂיא לִיהוּדָה , Esr 1,8) nichts anderes als Gouverneur der Provinz Jehud bedeutet.[149] Scheschbazar war vermutlich der erste Gouverneur der Provinz Jehud.[150] Es wurde vorgeschlagen, in seiner Erwähnung einen Bezug zum in Hes 40–48 erwähnten נָשִׂיא zu sehen, der eine messianische davidische Figur darstellt.[151] Dieser Bezug ist aber unwahrscheinlich, da Scheschbazar im Esra-Nehemia-Buch nicht als davidische Figur gesehen wird.[152] Literarisch erklärt Williamson den Begriff נָשִׂיא in Esr 1,8 so, dass damit eine Analogie zu Exodus und Landnahme geschaffen wird, da «Fürsten» nicht nur in den Listen in Num erwähnt werden (vgl. Num 2,3–31; 7,1–83; 34,18–28), sondern in Num 7,84–86 goldene und silberne Gefässen bei der Altareinweihung beisteuern. Nun werden die goldenen und silbernen Tempelgefässe (Esr 1,9) Scheschbazar, dem Fürsten Judas, übergeben (Esr 1,8).[153]

Kommen wir zurück zur Sicht der persischen Könige in Esra-Nehemia. Japhet betont zu Recht, dass die persischen Könige positiv dargestellt werden.[154] Die Initiative zum Tempelbau geht von Kyrus aus (Esr 1,2), während der Weiterbau von der Gunst des Darius abhängt (Esr 5–6). Esr 6,14 legt noch einmal nahe, dass der Tempelbau auch auf Befehl der persischen Könige erfolgte. Das Herz des Königs von Assurs hat Gott dem Volk zugewandt (Esr 6,22). Esra lobt Gott in Esr 7,27 für den persischen König und spricht von dessen Gunst (Esr 7,28). Die Gunst der persischen Könige wird auch in Esr 9,9 erwähnt. Esras Auftrag beinhaltet auch eine politische Komponente: Im Artaxerxes-Edikt wird ihm die Aufgabe zugeteilt, Richter und Rechtspfleger «jenseits des Stromes» (בַּעֲבַר נַהֲרָה)[155] einzusetzen (Esr 7,25).[156] Der

149 Ibid., 96–98.

150 Dass er – wie Tatenai – Gouverneur der ganzen Satrapie Transeuphratene war, ist unwahrscheinlich, vgl. Williamson, *Ezra, Nehemiah*, 18. Der Titel wurde auch für untergeordnete Distriktsgouverneure verwendet, vgl. Rudolph, *Esra und Nehemia*, 51.

151 Aus Stellen wie Hes 7,27; 12,10.12; 19,1; 21,30 wird klar, dass der נָשִׂיא einen zukünftigen davidischen Herrscher darstellt. Ob das in Hes 40–48 auch der Fall ist, wurde in Frage gestellt. Nach Williamson ist es aber wahrscheinlich, siehe Williamson, *Ezra, Nehemiah*, 18. Genauso Sunwoo Hwang, *נשׂיא in Ezekiel 40–48*, in: Scandinavian Journal of the Old Testament 23, 2009, 183–194.

152 Zudem würde sich der Einfluss von Hes 40–48 auf diesen einen Ausdruck beschränken, vgl. Williamson, *Ezra, Nehemiah*, 19. Zum Einfluss von Hesekiel auf Esra-Nehemia s.u. V.1.3.

153 Ibid., 18; Williamson, *The Torah and History*, 161.

154 Japhet, *Sheshbazzar and Zerubbabel*, 73–75.

155 Das entspricht der Satrapie Transeuphratene. Zur Satrapieneinteilung vgl. Willi, *Juda – Jehud – Israel*, 21, 27. Dort auch weitere Literatur.

156 Nach Blenkinsopp entsprach dieser Auftrag der Praxis des persischen Hofs: «[T]he suggestion that the mission of Ezra as *sāpar* reflects the policy of the Per-

König spielt auch eine unterstützende Rolle bei der Mission Nehemias (vgl. Neh 2,7–9.18).

Trotz dieser positiven Aussagen über die Perserherrschaft gibt es auch kritische Stimmen. Neh 9[157] mit der poinitierten Aussage in Neh 9,36 ist wohl die Spitze der kritischen Bemerkungen, doch sie beschränken sich nicht auf diese Stelle. Die Knechtschaft wird auch in Esr 9,9 erwähnt, wo von der Gunst der persischen Könige die Rede ist. Die «Belebung», die Gott schenkte, war nur eine «kleine» (vgl. מִחְיָה מְעַט, Esr 9,8). Auch wird die Behinderung des Tempelbaus mit den Königen Xerxes (Esr 4,6) und Artaxerxes (Esr 4,7ff.) in Verbindung gebracht. Obwohl dieser Abschnitt anachronistisch eingefügt wurde, werden die persischen Könige doch in gewisser Hinsicht als Gegner der Restaurationsbemühungen beschrieben. Bei der Mission Nehemias wird die Unterstützung des Königs nur zu Beginn erwähnt (Neh 2). In Neh 5,14 wird der König als Auftraggeber Nehemias und in Neh 6,6.7 als Referenzgrösse, vor der Rechtsstreitigkeiten (im vorliegenden Fall im Interesse der Feinde) zur Sprache gebracht werden können, genannt. Doch abge-

---

sian court – or, in other words, that he was acting as a kind of high commissioner for Jewish affairs in the Trans-Euphrates satrapy – still makes excellent sense.» (Joseph Blenkinsopp, *The Mission of Udjahorresnet and Those of Ezra and Nehemiah*, in: JBL 106, 1987, 409–421, 417f.) Die meisten Exegeten gehen davon aus, dass Esra Richter über Juden einsetzte. Williamson stimmt mit Blenkinsopp überein, dass Esra wohl in der ganzen Satrapie Richter einsetzte, vgl. Williamson, *Ezra, Nehemiah*, 64. Grabbe vertritt, dass sich der Wirkungskreis auf Jehud beschränkte, vgl. Grabbe, *Ezra-Nehemiah*, 149f. Fried prüft aber anhand von Quellentexten aus der Umwelt die Möglichkeit, dass Esra tatsächlich Richter einsetzte, die nicht nur jüdische Anliegen regelten, und kommt zu einem positiven Resultat: «If Ezra 7:25–26 was part of a genuine commission from the Persian king, Artaxerxes, to a person named Ezra, and I believe it was, then Ezra's assignment was to appoint judges and magistrates. These would have been Persian and would have judged first according to the *dāta* of the king and his representatives (the satrap or governor), and second according to the *dāta* of the god. The former term refers to positive law, created by edict. The latter term refers to ‹natural› law. Judges would not have judged according to a law code – the law collections were not *codes* in the modern sense. Rather, they would have made their decisions according to their socially constructed concepts of right, fairness, and justice. These would necessarily be Persian concepts – not Jewish!» (Lisbeth S. Fried, *«You Shall Appoint Judges»: Ezra's Mission and the Rescript of Artaxerxes*, in: James W. Watts (Hrsg.), Persia and Torah. The Theory of Imperial Authorization of the Pentateuch, Atlanta: Society of Biblical Literature, 2001, 63–89, 88.)

157 Das ganze Gebet kann als ein «Gebet um politische Unabhängigkeit» interpretiert werden, so Böhler, *Die heilige Stadt*, 378–380. Blenkinsopp sieht im Gebet «an aspiration toward political emancipation», Blenkinsopp, *Ezra-Nehemiah*, 308. Auch Clines bestätigt, «the desire for national independence» sei «quite clear in the prayer as it stands», Clines, *Nehemiah 10*, 198.

sehen davon wird es nach dem Beginn des Mauerbaus, auch als die Anfeindungen gegen das Mauerbauprojekt beginnen (vgl. Neh 3,33–6,14), um den König und dessen Unterstützung merkwürdig still.[158]

Kann wirklich gesagt werden, dass das Esra-Nehemia-Buch anti-eschatologische Züge aufweist? Dieser Frage geht McConville in seinem Aufsatz «Ezra-Nehemiah and the Fulfilment of Prophecy» nach. In der Forschung wurde im nachexilischen Judentum eine Divergenz zwischen einer theokratischen Religion[159] einerseits und eschatologischen Erwartungen andererseits festgestellt.[160] Sowohl die Chronikbücher als auch Esra-Nehemia wurden der ersten Gruppe zugeteilt und als exklusivistisch, anti-eschatologisch und pro-persisch eingestuft.[161] Dies entspricht der Ansicht von Wellhausen, in Esra-Nehemia würde die Tora verabsolutiert.[162] Nach Rudolph war für Esra und Nehemia «die Loyalität gegen die persische Regierung Grundprinzip»; deshalb hätten sich «messianische, d. h. rebellische Regungen von

---

158 Japhet hat Recht, wenn sie sagt: «[T]he figure of the king recedes into the background», vgl. Japhet, *Sheshbazzar and Zerubbabel*, 75.

159 Cataldo hat aufgezeigt, dass der Begriff «Theokratie» oft falsch verwendet wurde, um den politischen Kontext von Jehud zu beschreiben, und dass der religiöse Einfluss auf Institutionen in Jehud nicht gross genug war, um von einer Theokratie zu sprechen, vgl. Jeremiah W. Cataldo, *A Theocratic Yehud? Issues of Government in a Persian Period*, Library of Hebrew Bible/Old Testament Studies 498, New York: T & T Clark, 2009, bes. 1, 189–192. Diesem Dilemma möchte Stiegler entkommen, indem er den Begriff «theokratische Demokratie» prägt. Damit soll «nicht der Vielfalt der Begriffe lediglich ein weiterer hinzugesetzt werden, sondern es sollen damit die beiden entscheidenden Wesenszüge betont werden, die diese Gemeinschaft prägten», Stefan Stiegler, *Die nachexilische JHWH-Gemeinde in Jerusalem. Ein Beitrag zu einer alttestamentlichen Ekklesiologie*, BEAT 34, Frankfurt a.M.: Peter Lang, 1994, 164.

160 Plöger, der die beiden Tendenzen beschreibt, bemerkt zu den theokratischen Tendenzen des Chronisten, man müsse davon ausgehen «daß der Chronist einer eschatologischen Erwartung, die für das Leben der Gemeinde seiner Zeit noch eine prägende Bedeutung haben soll, gleichgültig oder gar abweisend gegenübersteht.» Das Prophetentum habe «seine bewahrenden und heilsamen Dienste getan bis zu dem Zeitpunkt, da die auf dem Gesetz des Mose gegründete Gemeinde ihre endgültige Gestalt erhalten hat.» Könige, Priester und Propheten hätten «ihren wertvollen Beitrag für die Konstituierung der neuen Gemeinde beigesteuert» und so die Kontinuität zur Mosezeit gewährleistet. «Nun aber ist das, was sie geleistet haben, aufgenommen in der Theokratie, die jetzt Israel repräsentiert.» (Otto Plöger, *Theokratie und Eschatologie*, WMANT 2, Neukirchen-Vluyn: Neukirchener Verlag, 1959, 55.)

161 Vgl. McConville, *Fulfilment of Prophecy*, 205.

162 Julius Wellhausen, *Prolegomena zur Geschichte Israels*, Berlin: Reimer, 6. Aufl. 1905, Kap. 11, «Die Theokratie als Idee und als Anstalt», 409–424.

selbst verboten».[163] Das Gemeindegebet in Neh 9, das «wenigstens zaghaft um die Befreiung aus der politischen Ohnmacht» betet, ist für ihn eine Einfügung des Chronisten. Der Chronist gab die messianische Hoffnung nicht preis, sie stand für ihn aber nicht im Vordergrund, denn «solange die persische Weltmacht dem Judentum so freundlich gesinnt war und seine religiösen und kultischen Wünsche so bereitwillig erfüllte, [...], konnte man zufrieden sein und brauchte nicht zur Eschatologie seine Zuflucht zu nehmen».[164]

Diese Ansicht hinterfragt McConville. Schon Koch zeigte in seiner Analyse von Esras Rückkehr aus dem Exil als zweitem Exodus, dass es sich dabei noch nicht um «the perfection of the eschaton, but only one pre-eschatological step, a sign of a coming fulfillment and not the eschatological fulfilment itself»[165] handelte. McConville baut auf dieser Einsicht auf. Gerade die Tatsache, dass das Esra-Nehemia-Buch Enttäuschung über den jetzigen Zustand äussert, ist für ihn ein wichtiges Argument gegen die Annahme, dass es keine eschatologische Perspektive kenne. Nur schon die Tatsache, dass die Rückreise aus dem Exil in Analogie zum Exodus gestaltet wird, beinhaltet Kritik an der Perserherrschaft.[166] Darius wird als König von Assyrien bezeichnet (Esr 6,22), was ihn zu einem Nachkommen Sannheribs und Salmanassers macht. Insbesondere die Bussgebete, die ich bereits betrachtet habe[167], bestärken den Eindruck, dass die Perserherrschaft auch eine Last war: «Both these prayers, leave no doubt that the exiles' situation, while it could be worse (cf. Ezra ix 13), could equally be rather better. Its ambiguity is explained as a punishment for their sinfulness; and the instrument of that punishment is Persia, to whom they are in bondage.»[168] Diese «Ambiguität»[169] ist auch an anderen Stellen bemerkbar: Bei der Grundsteinlegung des

---

163 Rudolph, *Esra und Nehemia*, XXIX.

164 Ibid., XXX.

165 Koch, *Ezra and the Origins*, 189.

166 «There is a *prima facie* case for actual antagonism to the Empire in the parallel which the book of Ezra undoubtedly evokes with the exodus from Egypt.» (McConville, *Ezra, Nehemiah, and Esther*, 208.)

167 S.o. IV.1.2.1.

168 McConville, *Fulfilment of Prophecy*, 210.

169 Der Begriff Ambivalenz wird oft gleichbedeutend mit Ambiguität verwendet. Usue gebraucht den Ausdruck «Paradox», um die Situation der Rückkehrer zu beschreiben: «It is argued that Ezra and Nehemiah depict the experiences of the returnees as a paradox. On the one hand, they are restored to religious, political and economic freedom. On the other hand, they are threatened from within and from without, hence their desperation in the midst of restoration.» (Emmanuel O. Usue, *Restoration or desperation in Ezra and Nehemiah? Implications for Africa*, in: OTE 20, 2007, 830–846, 830.)

Tempels in Esr 3 vermischen sich Freude und Weinen (3,13)[170]; der Rahmen, in welchem des Tempelweihfest und das Pessachfest bei der Tempeleinweihung gefeiert wird, fällt viel schlichter aus als beim Tempelweihfest unter Salomo[171]; die Tatsache, dass die Mischehen auch am Buchende noch einer Lösung bedürfen, zeigt, dass die grosse Erlösung immer noch in der Zukunft steht.[172] Nach McConville stellt diese Ambiguität ein zentrales Charakteristikum des Esra-Nehemia-Buches dar: «The implications of my remarks so far have been that the books of Ezra and Nehemiah are fundamentally characterized by ambiguity.»[173] McConville kommt zum Schluss, dass das Esra-Nehemia-Buch Unzufriedenheit mit der Situation unter der Perserherrschaft zeigt und «that the situation is perceived as leaving room for a future fulfilment of the most glorious prophecies of Israel's salvation».[174]

Über die Gründe des fehlenden davidischen Königs in Esra-Nehemia kann man nur mutmassen. Japhet hat wohl Recht in der Annahme, dass die Verfasser des Esra-Nehemia-Buches in naher Zukunft keine Änderung der politischen Situation erwarteten und sich mit den Umständen abfanden. Eine offene Kritik an der persischen Herrschaft wäre wohl nicht weise gewesen. Zwischen den Zeilen ist aber sowohl die Unzufriedenheit als auch die Erwartung einer neuen Heilszeit festzustellen.

Im Zusammenhang mit der Chronik hat Thomas Willi formuliert, sie sei zu sehr Geschichtswerk, um das messianische Ideal der Zukunft abzubilden, aber sie sei gewiss «nicht gegen zeitgenössische messianische Erwartungen gerichtet, sondern deren historiographisches Korrelat».[175] Ähnliches kann man wohl auch von Esra-Nehemia sagen.

---

170 Dazu s.u. V.1.1.

171 «Not only the temple itself, but the feasts held in it can be compared unfavourably with those of Salomon. The feasts of dedication and Passover, (Ezra vi 16–22) are poor affairs when compared with that which followed the building of the first temple (2Chr. vii 4–10).» (McConville, *Fulfilment of Prophecy*, 210f.)

172 In Bezug auf die Mischehen merkt McConville an: «The most striking is the simple fact that both books end with the need to deal with the problem (along with others in Nehemia's case).» (McConville, *Ezra, Nehemiah, and Esther*, 211.) Dazu s.o. II.3.2.

173 McConville, *Fulfilment of Prophecy*, 213.

174 Ibid., 223. Auch Van Grol ist in Bezug auf Neh 9 der Ansicht, dass die Hoffnung durschimmert, «that the political servitude to the Persians would come to an end», Van Grol, *Indeed, Servants We Are*, 226, vgl. auch 217f. Ganz anders Williamson: «Neh. 9 gives no indication of messianic or royal expectation *sensu stricto*», Williamson, *Structure and Historiography*, 290.

175 Willi, *Chronik als Auslegung*, 43. Magne Sæbø sagt in Bezug auf die Chronik, die Alternativen zwischen Theokratie und Eschatologie bzw. Messianismus seien falsche Alternativen: «After all, there seems to be next to nothing to bear out an assertion of contrasting theocracy and eschatology; no rare *theocracy and messia-*

3. Zusammenfassung

Der Buchanfang in Esr 1,1 macht deutlich, dass die im Esra-Nehemia-Buch geschilderte Restaurationsbewegung im Licht von Heilsprophetie gelesen werden soll. Gerade der Blick auf das Jeremiabuch weckt zahlreiche Assoziationen. Die obige Analyse hat gezeigt, dass die in Jer 25,11f. und Jer 29,10 erwähnten 70 Jahre Exilszeit auch ohne den Bezug zum Chronikschluss (2Chr 36,20f.) im Raum stehen. Einerseits hat eine neue heilsgeschichtliche Epoche angefangen. Andererseits entspricht sie nicht dem im Jeremiabuch an so vielen Stellen verheissenen messianischen Zeitalter. Die kritischen Formulierungen in Esr 9 und Neh 9 machen deutlich, dass die gegenwärtige Zeit zwiespältig beurteilt wird. Der intertextuelle Vergleich mit dem Bussgebet in Dan 9 hat gezeigt, dass dort dic 70 in Jeremia erwähnten Exilsjahre in einen grösseren Zusammenhang gestellt werden, indem die 70 Jahre auf 70 Jahrwochen (490 Jahre bzw. 70 Sabbatjahre) verlängert werden. Die kommende Heilszeit wird um den Faktor sieben verzögert. Auch ein Vergleich mit den Nachtgesichten in Sacharja zeigt denselben Effekt: Ein zukünftiger messianischer Spross wird einen Tempel bauen, der den jetzigen Tempel bei weitem übersteigt. Während des Tempelbaus wird ein eschatologischer Blick in die Ferne gemacht. Dieser Blick ist dem Esra-Nehemia-Buch nicht so fremd, wie oft behauptet wird. Gerade im Hinblick auf die persischen Könige wird zwischen den Zeilen sichtbar, dass das Esra-Nehemia-Buch zwar nicht eine pointierte eschatologische Sicht enthält, jedoch eine messianische Herrschererwartung nicht gänzlich ausschliesst, da die volle Heilszeit noch nicht angebrochen ist. So ist das Buch nur bedingt als Erfüllung von Jeremiaworten zu lesen.

---

nism contrasting alternatives.» (Magne Sæbø, *Messianism in Chronicles? Some Remarks to the Old Testament Background of the New Testament Christology*, in: Horizons in biblical theology 2, 1980, 85–109, 102.) Zur Diskussion vgl. auch Antje Laban, *Antitheocratic Tendencies in Chronicles*, in: Rainer Albertz/Bob Becking (Hrsg.), Yahwism After the Exile. Perspectives on Israelite Religion in the Persian Era, Studies in Theology and Religion 5, Assen: Royal Van Gorcum, 2003, 115–135.

V. Wiederherstellung als Wiederaufbau

1. Ambivalenzen beim Tempelbau

1.1 Jauchzen und Weinen (Esra 1–6)

Wir haben das Esra-Nehemia-Buch im Hinblick auf Konzepte der Wiederherstellung bisher in Bezug auf die Bundeserneuerung (Kap. II), auf die Deutung der eigenen Zeit als neue Heilszeit analog zu Exodus und Landnahme (Kap. III) und auf das Betrachten der Ereignisse im Licht von Heilsprophetie (Kap. IV) hin befragt. Als vierter Aspekt soll nun der Wiederaufbau als Wiederherstellung untersucht werden. Die Schilderung des Wiederaufbaus des Tempels und der Stadtmauer Jerusalems gehört nicht nur zu den bekanntesten Texten des Esra-Nehemia-Buches, sondern macht «Wiederherstellung» am greifbarsten, da es sich um eine physische Wiederherstellung von Bauwerken handelt. In diesem Kapitel sollen aber nicht historische Fragen rund um Tempel- und Mauerbau, sondern wiederum theologische Konzepte im Vordergrund stehen. Inwiefern wird im Zusammenhang mit dem Tempel- und Mauerbau an die frühere Zeit angeknüpft und die eigene Zeit als Zeit der Wiederherstellung gedeutet? Dabei wird das Augenmerk wieder auf Ambivalenzen gerichtet, die in diesem Zusammenhang festzustellen sind.

An erster Stelle in diesem Kapitel wird der Tempelbau thematisiert, der eine wichtige Funktion in der Epoche der Wiederherstellung einnimmt. Nicht nur Esr 1–6, der Abschnitt, der die Ereignisse der ersten Heimkehrergeneration schildert, sondern auch die damals wirkenden Propheten Haggai und Sacharja machen den Tempelbau zu einem zentralen Thema.[1] Das Esra-Nehemia-Buch beschreibt den Tempelbau in drei Phasen: Auf die ersten Schritte, die mit der Grundsteinlegung des Tempels enden (Esr 1–3), folgt eine lange Phase der Unterbrechung der Bauarbeiten (Esr 4) und schliesslich die Wiederaufnahme der Bautätigkeit und Fertigstellung des Tempels (Esr 5–6).[2]

---

1 Japhet schreibt: «The fact that Ezra-Nehemiah devotes a full unit to the temple (Ezra 1–6), and that this subject has a central place in the words of the contemporary prophets – Haggai and Zechariah, whom we have already mentioned, and Malachi, who prophesied not long after them – already suggests its importance.» (Japhet, *Temple*, 218.)

2 Vgl. Ibid., 190. An anderer Stelle beschreibt sie den Tempelbau in sechs Schritten, vgl. Sara Japhet, *«History» and «Literature» in the Persian Period: The Restoration of the Temple*, in: From the Rivers of Babylon to the Highlands of Judah. Collected Studies on the Restoration Period, Winona Lake: Eisenbrauns, 2006, 154f.

1.1.1 Erste Phase

Kyrus erklärt, dass Gott ihm den Auftrag gegeben habe, ihm ein Haus in Jerusalem zu bauen (Esr 1,1–2), und erlaubt darum dem jüdischen Volk die Heimkehr (Esr 1,3–4). Die Sippenhäupter machen sich auf den Weg und erhalten Silber, Gold und weitere Gegenstände von denen, die um sie her wohnten (Esr 1,5–6). Auch die Tempelgeräte, die unter Nebukadnezzar aus Jerusalem weggenommen wurden, werden Scheschbazar, dem Fürsten von Juda, gegeben, damit er sie nach Jerusalem zurückbringt (Esr 1,7–11). Esr 2 enthält zunächst die Heimkehrerliste (Esr 2,1–67). Es wird beschrieben, wie die Sippenhäupter freiwillige Gaben entrichten, um den Tempel an der früheren Stätte zu erbauen (2,68–69).

Esr 3 ist nun für die Untersuchung in diesem Kapitel von besonderem Interesse, da in der Schilderung der Grundsteinlegung des Tempels Analogien zum Bau des ersten Tempels vorhanden sind, die das Bauwerk theologisch klar als Wiederherstellung des Salomonischen Tempels deuten. Das Kapitel beginnt mit der Datumsangabe «als der siebente Monat herbeikam» (וַיִּגַּע הַחֹדֶשׁ הַשְּׁבִיעִי, 3,1). Im Zusammenhang mit der Errichtung des Altars «an seiner (früheren) Stätte» (עַל־מְכוֹנֹתָיו, 3,3) wird das Laubhüttenfest gefeiert. Der siebte Monat und das Laubhüttenfest spielen für den Bau des Salomonischen Tempels eine entscheidende Rolle, da dessen Einweihung im siebten Monat anlässlich des Laubhüttenfestes stattfand (2Chr 5,3; 7,8ff.; 1Kön 8,2.65f.). In Esr 3,1 versammelt sich das Volk «wie ein Mann» (כְּאִישׁ אֶחָד) in Jerusalem, in 2Chr 5,13 ist es bei der Tempelweihe so, als ob die Trompetenspieler und Sänger «wie einer» (כְּאֶחָד) «eine Stimme» (קוֹל־אֶחָד) erheben würden.

Im siebten Monat werden in Esr 3 der Altar wiederhergestellt (3,2–3), das Laubhüttenfest gefeiert (3,4) und die Opfer wieder eingeführt (3,5–6). V.6 erklärt, dass der Grund des Tempels noch nicht gelegt war. Die Beschreibung des Beginns des Tempelbaus setzt mit Esr 3,7 ein:

וַיִּתְּנוּ־כֶסֶף לַחֹצְבִים וְלֶחָרָשִׁים וּמַאֲכָל וּמִשְׁתֶּה וָשֶׁמֶן לַצִּדֹנִים וְלַצֹּרִים לְהָבִיא עֲצֵי
אֲרָזִים מִן־הַלְּבָנוֹן אֶל־יָם יָפוֹא כְּרִשְׁיוֹן כּוֹרֶשׁ מֶלֶךְ־פָּרַס עֲלֵיהֶם׃

Und sie gaben Geld den Steinmetzen und Zimmerleuten[3] und Speise, Trank und Öl den Sidoniern und Tyrern, damit sie Zedernholz vom Libanon über das Meer[4]

---

[3] Das Verb חָרָשׁ kann auch die Bearbeitung von Stein beschreiben (vgl. 2Sam 5,11). Hier ist aber die traditionelle Übersetzung mit «Zimmerleuten» gerechtfertigt, dienen ja die Einwohner von Tyrus und Sidon nur als Holzlieferer und nicht auch als Bearbeiter desselben. So Gunneweg, *Esra*, 74.

[4] Wörtlich: ans Meer.

nach Jaffa bringen gemäss der ihnen (gegebenen) Vollmacht des Kyrus, des Königs von Persien.

Wiederum gibt es Analogien zum Bau des Salomonischen Tempels. Zedernholz aus Sidon und Tyrus wurde auch damals herbeigeschafft (1Chr 22,3f.; 2Chr 2,7; 1Kön 5,20ff.) und auch der Transportweg «über das Meer nach Jaffa» ist derselbe (2Chr 2,15). Die Entschädigung der Bauleute König Hirams von Tyrus bestand damals in Naturalien, in Form von Weizen, Gerste und Öl (2Chr 2,9.14; vgl. auch 1Kön 5,25, wo Weizen und Öl erwähnt wird), genauso wie in Esr 3,7 von «Speise, Trank und Öl» die Rede ist. Kyrus wird als Schirmherr des Tempelbaus bezeichnet. Gunneweg sieht darin eine Anspielung auf die damaligen Bauherren David und Salomo.[5] Obwohl dies sicherlich richtig ist, liegt darin aber auch eine besondere Brisanz. Die Anspielung auf Kyrus erinnert an Esr 1,1, wo Kyrus als irdischer Initiator des Tempelbaus dargestellt wird. Den Bau des ersten Tempels förderten die eigenen Könige, wohingegen dieser Tempel nun vom fremden König unterstützt wird.

Die Ähnlichkeiten zwischen erstem und zweitem Tempelbau wollen zeigen, «daß die Identität von erstem und zweitem Tempel gewahrt bleibt».[6] Während man allgemeine Parallelen als historisch bedingte Notwendigkeiten auslegen könnte, deuten die Details wie der Schiffsweg über das Meer nach Jaffa oder die Entschädigung der Bauleute aus Sidon und Tyrus in Form von Naturalien auf bewusste Analogien zum ersten Tempelbau hin.[7] Das bestätigt auch Esr 3,8, wo der «zweite Monat» als Beginn des Tempelbaus genannt wird, was mit dem Datum des Baubeginns des Tempels unter Salomo korrespondiert (vgl. 2Chr 3,2 und 1Kön 6,1). Die Aufzählung von Priestern und Leviten, die den Tempelbau leiten (Esr 3,8f.), findet in 1Chr 23,4–32 eine Parallele.[8] Analogien zum ersten Tempel finden sich auch in der Schilderung der Grundsteinlegung des Tempels in Esr 3,10f.:

10 וְיִסְּדוּ הַבֹּנִים אֶת־הֵיכַל יְהוָה וַיַּעֲמִידוּ הַכֹּהֲנִים מְלֻבָּשִׁים בַּחֲצֹצְרוֹת וְהַלְוִיִּם
בְּנֵי־אָסָף בַּמְצִלְתַּיִם לְהַלֵּל אֶת־יְהוָה עַל־יְדֵי דָּוִיד מֶלֶךְ־יִשְׂרָאֵל׃

5 Gunneweg, *Esra*, 75.

6 Ibid.

7 «While it is undoubtedly true that the general similarities would have been dictated by historical necessity, the verbal parallels (the shipment by sea to Joppa; the payment of food, drink, and oil; the bracketing of the Sidonians and the Tyrians) are sufficiently striking to demonstrate that this is a conscious allusion to the earlier description.» (Williamson, *Ezra, Nehemiah*, 47.) Auch Throntveit spricht von einem bewussten Vergleich («intenional comparison») zwischen dem jetzigen und dem Salomonischen Tempel, Throntveit, *Ezra-Nehemiah*, 24.

8 Vgl. Throntveit, *Ezra-Nehemiah*, 24.

11 וַיַּעֲנוּ בְּהַלֵּל וּבְהוֹדֹת לַיהוָה כִּי טוֹב כִּי־לְעוֹלָם חַסְדּוֹ עַל־יִשְׂרָאֵל וְכָל־הָעָם הֵרִיעוּ תְרוּעָה גְדוֹלָה בְהַלֵּל לַיהוָה עַל הוּסַד בֵּית־יְהוָה׃

10 Und als die Bauleute den Grund des Tempels Jhwhs gelegt hatten, stellten sich die Priester auf[9] in ihren Kleidern mit Trompeten und die Leviten, die Söhne Asafs mit Zimbeln, Jhwh zu loben nach der Anweisung Davids, der Königs von Israel. 11 Und sie stimmten an mit Loben und Danken für Jhwh: Denn er ist gütig, und seine Barmherzigkeit währt ewiglich über Israel. Und das ganze Volk jauchzte mit lautem Jauchzen[10] beim Loben Jhwhs, weil nun der Grund des Hauses Jhwhs gelegt war.

Das Fest bei der Grundlegung des Tempels weist grosse Parallelen zum Einweihungsfest des ersten Tempels auf. In 2Chr 5,11ff. werden ebenfalls Priester und Leviten (V.11f.), deren Kleider (מְלֻבָּשִׁים בּוּץ, «in Byssus gekleidet», V.12), Asaf und seine Söhne (unter der Aufzählung der Sänger in V.12) und Zimbeln und Trompeten (unter der Aufzählung der Instrumente in V.12) erwähnt. Am frappantesten ist die Tatsache, dass bei der Grundsteinlegung des Tempels in Esr 3,11 derselbe Lobgesang (כִּי טוֹב כִּי לְעוֹלָם חַסְדּוֹ) angestimmt wird wie bei der Einweihung des ersten Tempels (2Chr 5,13).[11] Genau dieselbe Wendung (כִּי טוֹב כִּי לְעוֹלָם חַסְדּוֹ[12]) wird in 2Chr 7,3 verwendet. Der Ausdruck כִּי־לְעוֹלָם חַסְדּוֹ wird auch in 2Chr 7,6 im Zusammenhang mit dem Feuer, das nach Salomos Gebet fällt, und der Herrlichkeit Gottes, die den Tempel erfüllt, wiederholt.

כִּי טוֹב כִּי לְעוֹלָם חַסְדּוֹ erscheint zudem in den Chronikbüchern in 1Chr 16,34. Der Psalm wird eingeleitet mit dem Hinweis, dass David zu dieser Zeit durch Asaf und seine Brüder Jhwh zum erstenmal danken liess (1Chr 16,7). Das bringt uns zurück zu Esr 3,10, wo im Zusammenhang mit der Erwähnung der Söhne Asafs der Hinweis steht, das Lob Jhwhs sei «nach der Anweisung Davids, des Königs von Israel» erfolgt. So wie die Opfer, welche erfolgen «wie es geschrieben steht in der Tora des Mose, des Mannes Gottes» (כַּכָּתוּב בְּתוֹרַת מֹשֶׁה אִישׁ־הָאֱלֹהִים, Esr 3,2), so wird der Lobpreis nach der Anleitung des grossen Anbeters David gestaltet. Damit wird die Kontinuität

---

9 An dieser Stelle ist mit einigen hebr. Textzeugen und im Vergleich zur LXX die Qal-Form vorzuziehen: וַיַּעַמְדוּ. In Analogie zu V.8, wo die Hiphil-Form verwendet wird, müsste hier vor הַכֹּהֲנִים und הַלְוִיִּם die Nota accusativi אֶת stehen, vgl. z.B. Williamson, *Ezra, Nehemiah*, 42.

10 Figura etymologica, vgl. Gunneweg, *Esra*, 74.

11 «Die Übereinstimmung des Einweihungsfestes mit der Weihe des ersten Tempels erstreckt sich sogar darauf, daß eben dasselbe Lied wieder angestimmt wird», ibid., 76.

12 Die Wendung kommt auch in verschiedenen Psalmversen vor, vgl. Ps 106,1; 107,1; 118,1.29; 136,1 (in leicht abweichender Form כִּי־טוֹב יְהוָה לְעוֹלָם חַסְדּוֹ in Ps 100,5).

zum Lobpreis in vorexilischer Zeit betont.[13] David wird als Garant für die Weiterführung des Lobpreises im Tempel herbeigezogen.

Als Schutzherr für den Tempelbau konnte aber nicht – wie beim ersten Tempelbau – der eigene König genannt werden. Das bedeutet aber auch, dass nicht ein König die finanzielle Verantwortung für den Tempeldienst übernehmen konnte. Die freiwillige Gabe des Volkes (Esr 2,68f) zur Finanzierung des Tempelbaus war nötig. Wie oben im Zusammenhang mit Esr 3,7 erläutert, ist das ein erster Kontrastpunkt zu den sonst zum ersten Tempelbau gezogenen Parallelen.[14] Ein weiterer Punkt folgt, der die Ambivalenz im Hinblick auf die Wiederherstellung des Tempels aufzeigt.

In 2Chr 5,13f. wird unmittelbar nach dem Psalmvers כִּי טוֹב כִּי לְעוֹלָם חַסְדּוֹ geschildert, wie das Haus Jhwhs mit einer Wolke erfüllt wurde, sodass die Priester ihren Dienst wegen der Wolke nicht ausführen konnten, «denn die Herrlichkeit Jhwhs erfüllte das Haus Gottes» (כִּי־מָלֵא כְבוֹד־יְהוָה אֶת־בֵּית הָאֱלֹהִים, 2Chr 5,14). Genau dieselbe Aussage wird in 2Chr 7,1f. wiederholt, nämlich, dass die Herrlichkeit Jhwhs das Haus Gottes in einem Mass erfüllte, dass die Priester das Haus nicht betreten konnten. Als die Israeliten die כְּבוֹד יְהוָה über dem Haus sahen, beteten sie an und stimmten in den Lobpreis כִּי טוֹב כִּי לְעוֹלָם חַסְדּוֹ ein (2Chr 7,3).

In Esr 3 fehlt die Erwähnung der כְּבוֹד יְהוָה. In Esr 3,11 wird nach dem Beten des Psalmverses der grosse Jubel des Volkes beschrieben, nicht aber eine Antwort Gottes. Es ist zwar erst die Grundsteinlegung des Tempels und noch nicht das Einweihungsfest, doch die Erwähnung der כְּבוֹד יְהוָה bleibt aber auch in der folgenden Schilderung des Tempelbaus aus. Etwas von der Herrlichkeit des ersten Tempels fehlt beim erneuten Tempelbau, was auch die gemischte Antwort aus dem Volk anzeigt. Nach anfänglichem Jubel in V.11 wird in V.12f. folgende Reaktion beschrieben:

12 וְרַבִּים מֵהַכֹּהֲנִים וְהַלְוִיִּם וְרָאשֵׁי הָאָבוֹת הַזְּקֵנִים אֲשֶׁר רָאוּ אֶת־הַבַּיִת הָרִאשׁוֹן
בְּיָסְדוֹ זֶה הַבַּיִת בְּעֵינֵיהֶם בֹּכִים בְּקוֹל גָּדוֹל וְרַבִּים בִּתְרוּעָה בְשִׂמְחָה לְהָרִים קוֹל׃

---

13 «The awareness of continuity between the worship of pre- and post-exilic times is further heightened by the insistence on all being conducted ‹in the manner prescribed by David.› […] It is as though our writer wishes to emphasize that, despite the exile, and despite the fact that physically the second temple was not the same as the first, yet from the point of view of forms of worship nothing has changed.» (Williamson, *Ezra, Nehemiah*, 48.)

14 Throntveit bemerkt dazu: «Despite this deliberate parallel with the First Temple, two items emphasize points of contrast.» Als ersten Kontrast nennt er die Tatsache, dass kein gottesfürchtiger König wie damals den Tempelbau garantierte, vgl. Throntveit, *Ezra-Nehemiah*, 24.

13 וְאֵין הָעָם מַכִּירִים קוֹל תְּרוּעַת הַשִּׂמְחָה לְקוֹל בְּכִי הָעָם כִּי הָעָם מְרִיעִים
תְּרוּעָה גְדוֹלָה וְהַקּוֹל נִשְׁמַע עַד־לְמֵרָחוֹק׃

12 Aber viele von den Priestern und den Leviten und den Häuptern der Vaterhäuser[15], den Alten, welche das erste Haus gesehen hatten, weinten, als man vor ihren Augen den Grund zu diesem Haus legte[16], mit lauter Stimme. Viele aber erhoben ihre Stimme mit freudigem Jauchzen. 13 Und niemand vom Volk[17] konnte die Stimme des freudigen Jauchzens von der Stimme des Weinens im Volk unterscheiden, denn das Volk erhob ein grosses Jubelgeschrei, dass man den Schall weithin hörte.

Throntveit spricht von einem «bittersweet flavor»: «At least some in the group, however, still recalled the splendor of the first temple and were unable to join in the festivities as they were moved to tears by the comparison (vv. 12f.).»[18] In diesem gleichzeitigen Jauchzen und Weinen tritt die Ambivalenz der Wiederherstellung in Bezug auf den Tempelbau sehr deutlich zutage. Zu Recht bemerkt Throntveit: «[T]he text reminds us, as it did its first readers, that the final, joyous consummation of God's restoration still lies in the future.»[19] Bei der Mauereinweihung (Neh 12,27ff.), wo die Freude weitherum gehört wird (Neh 12,43), sieht er dagegen die Erfüllung der Wiederherstellung und den Höhepunkt des Esra-Nehemia-Buches. Dann ist die Freude nicht mehr mit Weinen vermischt. Gegen Throntveit löse ich die Ambivalenz

---

15 הָאָבוֹת steht für בֵּית הָאָבוֹתב, womit die Grossfamilie gemeint ist, vgl. Gunneweg, *Esra*, 45.

16 בְּיָסְדוֹ gehört zum folgenden זֶה הַבַּיִת. Mit der etwas ungewöhnlichen Wortreihenfolge wird ein Kontrast zwischen dem «ersten Haus» und «diesem Haus» gebildet, so Williamson, *Ezra, Nehemiah*, 42. Rudolph hält den wörtlichen Text «als man es gründete, dieses, das Haus» für zu holprig. Er punktiert בִּיסֹדוֹ (vom Substantiv יְסוֹד) und übersetzt «in seinem Bestand» (auf den ersten Tempel bezogen). זֶה הַבַּיִת hält er für eine Glosse, vgl. Rudolph, *Esra und Nehemia*, 31. Auch Gunneweg hält זֶה הַבַּיִת für eine spätere Hinzufügung und bezieht בְּיָסְדוֹ auf den ersten Tempel. Er sieht darin aber eine Verderbnis. In Anlehnung an Hag 2,3 hält er die Rekonstruktion בִּכְבוֹדוֹ «in seiner Herrlichkeit» für am wahrscheinlichsten, vgl. Gunneweg, *Esra*, 74. Inhaltlich ist diese Rekonstruktion zwar nachvollziehbar, geht es tatsächlich um die Herrlichkeit des «ersten Hauses». Die Variante wird aber von keinem Textzeugen gestützt und der masoretische Text macht durchaus Sinn. Daher halte ich die Änderungen von Rudolph und Gunneweg nicht für überzeugend und favorisiere die von Williamson vorgeschlagene Lösung.

17 Es ist nicht nötig, dass man wie Rudolph oder Gunneweg הָעָם weglässt, vgl. Rudolph, *Esra und Nehemia*, 30; Gunneweg, *Esra*, 75. Ob man es weglässt oder nicht, ist die Bedeutung «in any event clear enough», Williamson, *Ezra, Nehemiah*, 42.

18 Throntveit, *Ezra-Nehemiah*, 24.

19 Ibid.

nicht vom Buchende her auf. Sie zieht sich vielmehr durch das ganze Esra-Nehemia-Buch hindurch und wird gerade durch den Buchschluss aufrechterhalten.[20]

McConville überschreibt die Auslegung des Abschnittes Esr 3,1–13 in seinem Kommentar mit «Mixed Feelings»[21]. Der Grund für die gemischten Gefühle wird in Esr 3 nicht explizit angegeben. Es ist unklar, worüber genau die Älteren weinen. Im Text wird auf jeden Fall impliziert, dass der Tempel in gewisser Hinsicht geringer war als der erste Tempel:

> Whatever the nature of the new Temple's inferiority, it is clear that the author of Ezra has made a considerable point of the fact that the old men's weeping was mingled with the shouts of joy (v. 13). The effect is to suggest, once again, that there is but a partial fulfilment of the hopes of Israel here.[22]

Der von McConville herausgearbeitete Punkt, wenn er von einem «partial fulfilment of the hopes of Israel» spricht, ist sehr zentral. Auch beim Tempelbau wird die Hoffnung auf Wiederherstellung nur zu einem Teil erfüllt. In welcher Hinsicht der zweite Tempel geringer war als der erste, ist nicht mit Sicherheit zu sagen, da wir über wenig Informationen zur Bauweise des zweiten Tempels verfügen.[23] Die Grössenangabe in Esr 6,3 ist sehr unsicher[24] und es ist daher schwierig, nach Throntveit gar unmöglich,[25] einen genauen Grund dafür zu nennen, in welcher Hinsicht der zweite Tempel geringer war. Hintergrund zu Esr 3,13 bildet sicher Hag 2,3[26]:

> מִי בָכֶם הַנִּשְׁאָר אֲשֶׁר רָאָה אֶת־הַבַּיִת הַזֶּה בִּכְבוֹדוֹ הָרִאשׁוֹן וּמָה אַתֶּם רֹאִים
> אֹתוֹ עַתָּה הֲלוֹא כָמֹהוּ כְּאַיִן בְּעֵינֵיכֶם׃

---

20 S.o. II.3.2.

21 McConville, *Ezra, Nehemiah, and Esther*, 18, 21.

22 Ibid., 23.

23 «We know so little about the physical structure of the temple of the Restoration that, with regard to its structural plan, dimensions, building materials, ornamentation, and furnishings, it represents the least well-known stage in the history of the temple in Jerusalem.» (Japhet, *Temple*, 183.)

24 S.u. V.1.1.3.

25 «[I]t is impossible to discern the reason for the weeping that mingled with the joy.» (Throntveit, *Ezra-Nehemiah*, 24.)

26 Gemäss Williamson gibt es keinen Zweifel («no doubt»), dass sich Esr 3,13 auf Hag 2,3 bezieht, Williamson, *Ezra, Nehemiah*, 48. Vgl. auch McConville, *Ezra, Nehemiah, and Esther*, 23.

> Wer ist unter euch übriggeblieben, der dieses Haus in seiner früheren Herrlichkeit gesehen hat? Und wie seht ihr es jetzt? Ist es nicht gleich[27] Nichts in euren Augen?

Der Vergleich mit diese Stelle macht deutlich, dass das Weinen der Alten nicht einfach ein Weinen aus Rührung oder Nostalgie gewesen ist.[28] Das Weinen hat seinen Grund darin, dass mit dem aktuellen Tempelbauprojekt die Hoffnungen auf Wiederherstellung noch nicht erfüllt wurden. Es mag auch die festgesetzte Hoffnung implizieren, dass in der Zukunft ein Tempel die Hoffnung auf Wiederherstellung erfüllen wird, wie McConville es ausdrückt: «It may also be implied that the possibility of greater blessing in the future still exists.»[29]

Ein intertextueller Vergleich mit Haggai ist an dieser Stelle sehr sinnvoll. Bevor wir nach Parallelen im Buch Haggai suchen, inwiefern dort Ambivalenzen im Hinblick auf den Tempelbau zu finden sind, folgen wir der zweiten und dritten Phase des Tempelbaus in Esr 4–6.

1.1.2 Zweite Phase

Nach der Grundsteinlegung des Tempels erhebt sich Widerstand. Zunächst möchten die «Widersacher Judas und Benjamins» (Esr 4,1) beim Tempel mitbauen, was Serubbabel und Jeschua sowie die Sippenhäupter aber ablehnen (4,3). Das Volk des Landes (עַם־הָאָרֶץ[30]) schreckt die Juden in der Folge vom Bauen ab (4,4), sodass der Bau bis zur Herrschaft von Darius zum Stillstand kommt (4,5, vgl. 4,24).

Esr 4,7–23[31] beinhaltet einen anachronistisch eingeschobenen Briefwechsel mit König Artaxerxes[32], der eigentlich nicht den Tempelbau, sondern den Wiederaufbau der Stadt und deren Mauern thematisiert (Esr 4,13).[33] Doch damit sollen Hostilitäten gegen das Tempelbauprojekt illustriert werden. Das

---

27 Vgl. die Übersetzung von Wolff und die Erläuterung dazu, Hans Walter Wolff, *Dodekapropheton 6. Haggai*, BKAT XIV/6, Neukirchen-Vluyn: Neukirchener Verlag, 1986, 50f.

28 Zu dieser Schlussfolgerung kommt Blenkinsopp: «[T]here may have been more to this weeping than nostalgia», vgl. Blenkinsopp, *Ezra-Nehemiah*, 101.

29 McConville, *Ezra, Nehemiah, and Esther*, 23.

30 Vgl. die beiden Exkurse zum עַם־הָאָרֶץ bei Willi, *Juda – Jehud – Israel*, 11–17, 30–33. Vgl. dazu auch Lisbeth S. Fried, *The ʻam hāʼāres in Ezra 4:4 and Persian Imperial Administration*, in: Oded Lipschitz/Manfred Oeming (Hrsg.), Judah and the Judeans in the Persian Period, Winona Lake: Eisenbrauns, 2006, 123–145.

31 In Esr 4,6 wird eine Korrespondenz mit König Xerxes genannt.

32 Vgl. die guten Ausführungen zu diesem Anachronismus bei Brown, *Nehemiah and Narrative Order*. Vgl. dazu auch Klement, *Rhetorical, Theological and Chronological Features*, 65f. Zu weiteren Erläuterungen s.o. II.2.1.2 und III.2.2.1.

33 S.o. zu Esr 9,9 in II.2.1.2.

Esra-Nehemia-Buch setzt theologische und thematische Aspekte vor das Einhalten einer linearen chronologischen Reihenfolge.[34] In allen drei literarischen Hauptblöcken folgt auf eine erste Phase der Erneuerungen eine Zeit des inneren oder äusseren Widerstandes: In Esr 1–6 ist es die Unterbrechung des Tempelbaus aufgrund äusserer Feinde (Esr 4), in Esr 7–10 bilden die Mischehen eine Gefahr von innen für die kultische Reform Esras (Esr 9), und beim Mauerbau (Neh 1ff.) sind es sowohl äussere Feindschaften (Neh 4; 6) wie auch innere Herausforderungen (soziale Spannungen, Neh 5), welche das Bauprojekt in Gefahr bringen.[35]

In diesem Sinn veranschaulicht der anachronistische Einschub in Esr 4,6–23 die Zeit des Widerstandes, die den Tempelbau vorläufig zum Erliegen brachte. Aus der Perspektive des Schreibers ist es offenbar nicht problematisch, die Animositäten mit Material aus späterer Zeit zu belegen, da er die gesamte Zeit des Neubeginns als einheitliche Epoche wahrnimmt.[36] Dieser Gesamtblick (Klement spricht in diesem Zusammenhang von Vogelperspektive[37]) wird ebenfalls in Esr 6,14 sichtbar, wo Artaxerxes in die Reihe der persischen Könige eingereiht wird, welche den Tempelbau unterstützten.

Nach 16 Jahren Unterbrechung des Tempelbaus, beginnt im Jahr 520 v.Chr. mit dem Neuansatz der Arbeiten die dritte Phase der Bautätigkeit.

1.1.3 Dritte Phase

Im zweiten Jahr der Herrschaft des Darius (520 v.Chr.) prophezeien Haggai und Sacharja (Esr 5,1), und Serubbabel und Jeschua machen sich an die Arbeit (Esr 5,2). Es kommt zur Auseinandersetzung mit dem Statthalter Tattenai, der einen Brief an König Darius schickt (Esr 5,6–17). Die in diesem Brief erwähnte Argumentation der Ältesten geht in die Richtung, dass bereits Kyrus den Befehl zum Tempelbau erlassen habe (Esr 5,13–16). Darius lässt nachforschen, findet das Kyrusedikt (Esr 6,3–5) und gibt seinerseits einen neuen Befehl zum Tempelbau in Jerusalem (Esr 6,6–12).

---

34 Klement spricht von einer «primacy of theological and topical concerns over a purely linear chronology», Klement, *Rhetorical, Theological and Chronological Features*, 76.

35 Vgl. z.B. den «theologischen Aufbau» von Esra-Nehemia bei Vom Orde, *Esra und Nehemia*, 29.

36 «The author's overarching perspective portrays a *new beginning* as a unified and cohesive period in which the events narrated lead step by step to the point reached by the completion of the Jerusalem city wall in the author's day.» (Klement, *Rhetorical, Theological and Chronological Features*, 71.)

37 Er bemerkt zu Esr 6,14: «Whereas the limited field of Vision of the immediate context leads modern readers to suspect an anachronism, the author's bird's eye retrospective view requires mention of Artaxerxes as well as Cyrus and Darius», ibid.

Da lässt Tattenai die Bauarbeiten gewähren (Esr 6,13) und die Ältesten machen sich unter Weissagung der Propheten Haggai und Sacharja an die Arbeit und vollenden den Tempel im sechsten Jahr der Herrschaft von Darius (Esr 6,14–15). Der Tempel wird eingeweiht (Esr 6,16–18) und es wird das Pessachfest gefeiert (Esr 6,19–22).

Ich beschränke mich in der Diskussion auf die für meine These wichtigen Aussagen. Dazu ist die Grössenangabe des Tempels in Esr 6,3 von Bedeutung. Bevor ich die Grössenangabe erläutere, stellt sich die Frage nach dem Verhältnis des aramäischen Kyrusedikts in Esr 6,3–5 und dessen hebräischer Version in Esr 1,2–4. Die beiden Edikte unterscheiden sich nicht nur sprachlich, sondern auch inhaltlich, und haben deshalb Anlass zur Diskussion gegeben.[38] Grundsätzlich gibt es drei Möglichkeiten im Umgang mit den zwei Dokumenten: Entweder sind beide als historische, sich ergänzende Texte anzusehen, oder man sieht den einen als authentisch an und den zweiten als nichtauthentisch, oder man sieht beide Texte als unhistorisch an.[39] Alle drei Positionen wurden in der Forschungsgeschichte vertreten.[40] Ich stimme mit Japhet überein, dass die historische Plausibilität für das Kyrusedikt ausreichend gegeben ist und die dritte Variante wegfällt.[41] Dennoch bleibt die Frage, weshalb die Unterschiede zwischen den Dokumenten bestehen. Japhet geht davon aus, dass es sich beim einen Dokument um das «Original» handelt, während das andere eine literarische Bearbeitung desselben ist. Dabei gibt es für sie keinen Grund, die Zuverlässigkeit des Dokumentes in Esr 6,3–5 zu bezweifeln.[42]

---

38 Siehe Japhet, *Temple*, 197–204. Ausführlich geht Bedford auf die beiden Versionen des Kyrusediktes ein, siehe Peter R. Bedford, *Temple Restoration in Early Achaemenid Judah*, JSJSup 65, Leiden: Brill, 2001, 111–132. Zur Diskussion vgl. auch Grabbe, *The ‹Persian Documents› in the Book of Ezra: Are They Authentic?*

39 Vgl. Japhet, *Temple*, 199.

40 Eine ausführliche Diskussion zu den achämenidischen Dokumenten bietet Schaper, *Priester und Leviten*, 49–75. Vgl. auch den Forschungsüberblick bei Grätz, *Edikt* 1–4.

41 «Although we do not have direct extra-biblical evidence for either of these documents, philological considerations and historical plausibility are sufficient to rule out the possibility that the entire historical picture bears no relation to historical reality.» (Japhet, *Temple*, 199.) Zu der Position, dass die achämenidischen Dokumente reine Fiktion sind, s.o. I.2.2.2.

42 Ibid., 200. Grabbe erstellt eine Liste der persischen Dokumente im Esra-Nehemiabuch «in order of credibility». Dabei steht das aramäische Kyrusedikt (Esr 6,2–5) an dritter Stelle und das hebräische Kyrusedikt (Esr 1,2–4) an siebter und letzter Stelle, Grabbe, *The ‹Persian Documents› in the Book of Ezra: Are They Authentic?*, 563.

Schaper identifiziert die Sammlung von Dokumenten in Esr 4,8–6,18 als eine «editierte Sammlung aramäischsprachiger achämenidischer Dokumente, die als historische Quellen ernst zu nehmen» sind[43], geht aber auch von der Echtheit des Kyrusediktes in Esr 1,2–4 aus.[44] In Esr 1,2–4 sieht er eine Proklamation von Kyrus, die durch Herolde im Reich verkündet wurde, und in Esr 6,3–5 das Memorandum, das für den verwaltungsinternen Gebrauch auf Aramäisch angefertigt wurde und dann auch von Darius bei der Suche nach einem Dokument (vgl. Esr 6,1) gefunden wurde.[45]

Nun zurück zu der Frage nach der Grösse des Tempels. In Esr 6,3 heisst es:

בִּשְׁנַת חֲדָה לְכוֹרֶשׁ מַלְכָּא כּוֹרֶשׁ מַלְכָּא שָׂם טְעֵם בֵּית־אֱלָהָא בִירוּשְׁלֶם בַּיְתָא יִתְבְּנֵא אֲתַר דִּי־דָבְחִין דִּבְחִין וְאֻשּׁוֹהִי מְסוֹבְלִין רוּמֵהּ אַמִּין שִׁתִּין פְּתָיֵהּ אַמִּין שִׁתִּין׃

Im ersten Jahr des Königs Kyrus gab König Kyrus Befehl:
Haus Gottes in Jerusalem.[46]
Das Haus ist an der[47] Stätte wieder aufzubauen, wo man Opfer darbringt[48]. Seine Fundamente sollen aufgerichtet werden[49]: seine Höhe 60 Ellen und seine Breite 60 Ellen.

---

43 Schaper, *Priester und Leviten*, 49–67.

44 Siehe die ausführliche Diskussion bei ibid., 67–75.

45 «Als Ergebnis unserer Überlegungen und Beobachtungen zu Esr 1,2–4 können wir also festhalten, daß es sich bei diesem Text mit an Sicherheit grenzender Wahrscheinlichkeit um eine echte und als historische Quelle relevante Proklamation des Großkönigs Kyros' II. (des Großen) handelt, die parallel zu dem aramäischsprachigen, in Esr 6,3–5 überlieferten und nur für den verwaltungsinternen Gebrauch bestimmten Memorandum entstand und durch Herolde in verschiedenen Sprachen – darunter eben auch auf Hebräisch – im Reich verkündet wurde.» (Ibid., 74.) So auch Williamson, *Ezra, Nehemiah*, 6–7.

46 Dieser Satzteil ist als Überschrift zu verstehen, vgl. Rudolph, *Esra und Nehemia*, 54; Gunneweg, *Esra*, 103f.

47 Mit Williamson betrachte ich אֲתַר als Akkusativus loci. Williamson argumentiert, dass an anderen Stellen (Esr 2,68; 3,3; 5,15 und 6,7) mit ähnlichem Vokabular der Fokus darauf liegt, dass der Altar bzw. der Tempel am ursprünglichen Ort zu stehen kommt, vgl. Williamson, *Ezra, Nehemiah*, 71. Im Sinn eines Akkusativus loci («an der Stätte») übersetzt auch Galling, *Chronik, Esra, Nehemia*, 196. Rudolph identifiziert אֲתַר als Akkusativ des Effekts, vgl. Rudolph, *Esra und Nehemia*, 54. Die meisten Bibelübersetzungen und Kommentare übersetzen im folgenden Sinn «‹als› Stätte, wo geopfert wird».

48 Mit Galling übersetze ich das Partizip דָבְחִין präsentisch, Galling, *Chronik, Esra, Nehemia*, 196. Williamson sieht darin eine vergangene habituelle Handlung und übersetzt «Let the house be rebuilt on the place where they used to offer sacrific-

Die Grössenangabe (seine Höhe 60 Ellen und seine Breite 60 Ellen) muss einer genaueren Prüfung unterzogen werden. Rudolph geht davon aus, dass aufgrund eines Lesefehlers die Längenangabe verschwunden ist, und er schlägt eine Rekonstruktion des ursprünglichen Textes vor.[50] Versehentlich sei der Abschreiber von einem אַמִּין auf das andere gesprungen: Die Länge, nicht die Höhe, habe 60 Ellen betragen. Die 60 Ellen am Versende (Breite) müssten analog zur Peschitta in 20 verändert werden. Somit hätten wir dieselben Masse wie beim ersten Tempel in 1Kön 6,2 und es könne als fehlendes Mass für die Höhe 30 Ellen eingesetzt werden. Der rekonstruierte Text lautet folgendermassen: רוּמֵהּ אַמִּין תְּלָתִין אַרְכֵהּ אַמִּין שִׁתִּין פְּתָיֵהּ אַמִּין עֶשְׂרִן (das durch Parablepsis ausgelassene תְּלָתִין אַרְכֵהּ אַמִּין wurde ergänzt und das zweite שִׁתִּין durch עֶשְׂרִן ersetzt[51]): «Seine Höhe: 30 Ellen, seine Länge: 60 Ellen, seine Breite: 20 Ellen.» Williamson folgt Rudolph und meint, der Vergleich mit 1Kön 6,2 «points the way to the restoration».[52]

So verlockend diese Rekonstruktion ist, so unsicher ist sie.[53] Sie stellt zudem einen gravierenden Eingriff in den Text dar – Blenkinsopp spricht von einer «drastic textual surgery»[54]. Es gibt keine Textzeugen, welche diese

---

es», Williamson, *Ezra, Nehemiah*, 68.71. Auch wenn man אֲתַר als Akkusativus loci betrachtet, ist die präsentische Übersetzung an dieser Stelle möglich.

49 3Esr 6,23 liest διὰ πυρὸς ἐνδελεχοῦς. Deshalb wurde die Emendation וּמִשְׁחוֹהִי מִתְּכְלִין «und (wo) man seine Feueropfer darbringt» vorgeschlagen, vgl. BHS, 1420. Das ist aber nicht sinnvoll, weil man keine «Spezifizierung der Opfer» erwartet, Rudolph, *Esra und Nehemia*, 54. Die Lösung von Rudolph, nach einer Emendation «seine Masse sind zu bemessen» zu lesen, ist aber ebenso wenig plausibel. Es muss eine Lösung ohne Emendation des Masoretischen Textes gefunden werden. Traditionellerweise übersetzt man וְאֻשּׁוֹהִי מְסוֹבְלִין mit «seine Fundamente sollen aufgerichtet werden» (Part. Poel oder Poal von סבל), was aber «sprachlich und sachlich gleich anfechtbar» ist, ibid. Eine sinnvolle Lösung ist, סבל (in Anlehnung an akkadisch *zabālu*), welches die Grundbedeutung «tragen» hat, mit «unterstützen, aufrechterhalten» zu übersetzen. So Williamson, *Ezra, Nehemiah*, 71. Vgl. auch die Übersetzung: die Fundamente «sollten erhalten werden», HAL, 1751. Ich bleibe dennoch bei der traditionellen Übersetzung. Keil hat gezeigt, dass סבל anstelle des hebräischen נשׂא für «tragen und aufheben, aufrichten» stehen kann, Keil, *Chronik, Esra, Nehemia und Esther*, 449.

50 Zum Folgenden siehe Rudolph, *Esra und Nehemia*, 54f.

51 So auch BHS, 1420.

52 Williamson, *Ezra, Nehemiah*, 71. Genauso übersetzt auch Galling, *Chronik, Esra, Nehemia*, 196. Auch McConville hält diese Leseart für wahrscheinlich, McConville, *Ezra, Nehemiah, and Esther*, 38.

53 «[Ü]ber die sichere Konstatierung hinaus, daß der vorliegende Text verderbt ist, kann man nur Vermutungen anstellen.» (Gunneweg, *Esra*, 104.) Es kann aber auch mit dem vorliegenden Text eine sinnvolle Lösung gefunden werden, s.u.

54 Blenkinsopp, *Ezra-Nehemiah*, 125.

Lesart bezeugen.[55] Die Variante der Peschitta, als Breite 20 Ellen zu lesen, kann von 1Kön 6,2 her erklärt werden. Der ursprüngliche Text «seine Höhe 60 Ellen und seine Breite 60 Ellen» ist klar die lectio difficillior und daher muss auf der Grundlage des masoretischen Texts eine Lösung gefunden werden. Die meisten Kommentare gehen vom masoretischen Text aus.[56] Keil hält «die Angaben für richtig und den Text für unversehrt» und nimmt an, dass die Längenangabe fehlt, weil sie dem Salomonischen Tempel entsprach. Mit Halle und Anbau auf der Hinterseite schätzt er die Länge des ersten Tempels auf ca. 100 Ellen. Die von Kyrus angegebenen Höhen- und Breitenmasse (je 60 Ellen) gelten «sicherlich nur von der äußeren Höhe und Breite».[57] Keil ist der Ansicht, dass der Tempel Serubbabels auch tatsächlich diese Aussenmasse hatte, und verweist dabei auf eine Stelle bei Josephus, wo König Herodes das Volk für den Neubau des Tempels zu gewinnen sucht und dabei vermerkt, der Salomonische Tempel sei grösser gewesen:

> Dieser Tempel ist von euren Vorfahren dem höchsten Gotte erbaut worden, als sie aus Babylon zurückgekehrt waren. Doch fehlen ihm an seiner Höhe noch sechzig Ellen, um welche der früher von Solomon errichtete Tempel ihn überragte. Das ist aber nicht etwa dem Mangel an Frömmigkeit bei unseren Vorfahren zuzuschreiben; denn es stand nicht bei ihnen, dem Tempel die frühere Größe zu geben. Vielmehr schrieben Cyrus und Darius, des Hystaspes Sohn, ihnen die Art, wie sie den Bau einrichten sollten, vor, sodass sie, da sie zuerst diesen Königen, dann deren Nachkommen und später den Makedoniern Untertan waren, nicht die Macht besaßen, dieses Denkmal ihrer Gottesfurcht in derselben Größe wie ehemals aufzuführen.[58]

Nach 2Chr 3,4 (MT) betrug die äussere Höhe der Vorhalle des Tempels 120 Ellen. Das deckt sich mit den Angaben von Josephus, dass der zweite Tempel 60 Ellen weniger hoch war als der erste Tempel. Dabei handelt es sich um äussere Angaben, die inneren Masse waren auch beim Herodianischen Tempel folgende: Das Heiligtum war 40 Ellen lang, 20 Ellen breit und 60 Ellen

---

55 Auch Josephus, der sich auf diese Stelle bezieht, liest mit den Angaben des masoretischen Textes: «Man fand dabei zu Ekbatana in Medien in einem Turme ein Geschichtsbuch, in welchem Folgendes geschrieben stand: ‹Im ersten Jahre seiner Regierung hat der König Cyrus befohlen, den Tempel zu Jerusalem samt dem Altare wieder aufzubauen, in einer Höhe und Breite von sechzig Ellen aus je drei Lagen geglätteten Marmors und einer Lage Holz des Landes, und die Kosten auf die königliche Kasse zu übernehmen. […]›» JosAnt, 11,99.

56 Z.B. Blenkinsopp, *Ezra-Nehemiah*, 123; McConville, *Ezra, Nehemiah, and Esther*, 37; Fensham, *Ezra and Nehemiah*, 86.

57 Keil, *Chronik, Esra, Nehemia und Esther*, 449.

58 JosAnt, 15,385–386.

hoch, das Allerheiligste 20 Ellen lang, 20 Ellen breit und 60 Ellen hoch.[59] Dieselben Masse entsprachen gemäss Keil auch dem Tempel Serubbabels – mit dem Unterschied, dass die innere Höhe nicht 60 Ellen betrug, sondern ungefähr 30 bis 40 Ellen, weil über dem Heiligen und Allerheiligsten Obergemächer angebracht waren.[60]

Von aussen gesehen muss also der Tempel Serubbabels in der Höhe 60 Ellen gemessen haben, daher «dürfen wir auch die in unserm Text angegebene Breite von 60 Ellen nicht durch Textänderung verringern, da der Herodianische Tempel auch diese Breite hatte».[61] Im Vergleich zu den Seitenanbauten im Salomonischen Tempel, die nur fünf Ellen innere Breite hatten, muss man sich nun zehn Ellen breite Räume vorstellen. Die 60 Ellen Breite sind nach Keil so zu verstehen: jeweils fünf Ellen Mauerdicke, 10 Ellen für die Aussenräume auf beiden Seiten und 20 Ellen Breite für das Heiligtum (5+10+5+20+5+10+5). Das erscheint sehr plausibel. Es ist nicht nötig, in Ergänzung der 60 Ellen Länge (aus 1Kön 6,2) von einem Kubus mit 60 Ellen Seitenlänge auszugehen.[62]

Abschliessend können wir sagen, dass der Tempel unter Serubbabel nicht wesentlich kleiner gewesen ist als der Salomonische Tempel. Er mag nicht so hoch (im Vergleich zur Vorhalle des Salomonischen Tempels), dafür etwas breiter gewesen sein. Es ist also von dieser Stelle her unklar, einen genauen Grund für das Weinen in Esr 3,12 zu finden[63], wie auch Fensham bemerkt: «Another problem posed by scholars is that if the new temple was of the same measurement as the one of Solomon, or even a larger building, why should the older people have cried in disappointment (Ezra 3:12–13)?» Zu Recht stellt er fest, es sei nirgends vermerkt, dass die Enttäuschung auf der Grösse des Tempels basierte, «it might have been over the smaller masonry».[64] McConville sucht nach einer Erklärung anhand von Hag 2,3: «That the new Temple was inferior in some respects, however, perhaps in the richness of the materials available for its beautification, is apparent from Hag. 2:3.»[65]

Ein Vergleich mit Parallelstellen in Haggai ist an dieser Stelle sehr sinnvoll. Weil Haggai (wie Sacharja) in Esra-Nehemia nur als Person erwähnt wird, geschieht dieser Vergleich erneut im Rahmen eines Exkurses. Es kann

---

59 Siehe Keil, *Chronik, Esra, Nehemia und Esther*, 450.

60 Ibid.

61 Ibid.

62 Diese Lösung erwägt Blenkinsopp, *Ezra-Nehemiah*, 125.

63 «Since Ezra 6:3 gives only two of the three dimensions recorded for Solomon's Temple in I Kings 6:2 and thus may be corrupt, it is impossible to discern the reason for the weeping that mingled with the joy.» (Throntveit, *Ezra-Nehemiah*, 24.)

64 Vgl. Fensham, *Ezra and Nehemiah*, 87f.

65 McConville, *Ezra, Nehemiah, and Esther*, 23.

aber davon ausgegangen werden, dass die im Haggaibuch geschilderten Worte im Zusammenhang mit dem Tempelbau gesprochen wurden.[66]

1.2 Exkurs: Intertextueller Vergleich mit Haggai 2,1–9

Wolff schreibt über den zweiten Tempel, er sie «kein unbedeutender Bau» gewesen: «Er war im ganzen größer als der Tempel Salomos; der Vorbau muß stattlicher gewesen sein als die Vorhalle des ersten Tempels».[67] Die in Esr 3,12f. beobachtete Ambivalenz in Bezug auf den Tempelbau kann mit Hag 2,1–9 in Verbindung gebracht werden.

Haggai tritt im zweiten Jahr des Königs Darius (vgl. Hag 1,1.15) am 21. des siebten Monats (Hag 2,1), also am siebten Tag des Laubhüttenfestes, auf.[68] Angesichts der Tatsache, dass der Name Haggai (חַגַּי) «Feste»[69] bedeutet und der erste Tempel am Laubhüttenfest eingeweiht wurde (vgl. 1Kön 8,2), ist das bemerkenswert. Haggai stellt eine Frage an das ganze Volk im Land (כָּל־עַם הָאָרֶץ, Hag 2,4), wer dieses Haus in seiner früheren Herrlichkeit (בִּכְבוֹדוֹ הָרִאשׁוֹן) gesehen habe und ob es jetzt nicht «gleich nichts» (כְּאַיִן) sei (Hag 2,3).[70] Wolff sieht einen Zusammenhang zwischen dieser Frage Haggais und Esr 3,12:

> Esr 3,12 scheint die erste Frage Haggais aufzunehmen und auszuführen: Der Bericht nennt als die Alten ‹Priester, Leviten und Familienhäupter, die den früheren Tempel in seinem Bestande mit ihren eigenen Augen gesehen haben›; nach Esr

66 «Despite theories about a later, secondary editing of Haggai, the extent of which varies from scholar to scholar, it appears that the book essentially reflects the prophet's authentic words and deeds, although within a very limited period which perhaps does not reflect the whole range of his activities as a prophet.» (Japhet, *Temple*, 189.)

67 Wolff, *Haggai*, 63.

68 Nach unserer heutigen Zeitrechnung war es wohl der 17. Oktober 520, vgl. ibid., 54–56.

69 «The name Haggai is derived from the Hebrew word for ‹festival.› Though this may simply be the result of the prophet's birth on a feast day, it may also have significance canonically in the sense that this work focuses on the restoration of proper worship within the second Temple in Jerusalem. The festivals play a primary role within that sacred tradition.» (Duane L. Christensen, *Impulse and Design in the Book of Haggai*, in: JETS 35, 1992, 445–456, 456.)

70 Der ganze Vers ist oben in V.1.1.1 abgedruckt. Haggai stellt in Hag 2,3 eine dreifache Frage. Wolff bemerkt dazu: «Die erste Frage fordert die heraus, die sich noch an den Salomonischen Tempel erinnern können, die zweite fragt nach dem jetzigen Zustand, die dritte nach dem Ergebnis.» (Wolff, *Haggai*, 57.) Boda hat die rhetorischen Techniken in Haggai herausgearbeitet. Zur dreifachen Frage in Hag 2,3 siehe Mark J. Boda, *Haggai: Master Rhetorician*, in: TynB 51, 2000, 295–304, 301.

3,10–13 weinten diese Alten über den Anfängen der Bauarbeiten, während die Jüngeren jubelten.[71]

Haggai fragt nach der כָּבוֹד des Tempels. Die כָּבוֹד erscheint auch in Hag 2,7.9. In Hag 2,6–9 werden die Geschehnisse rund um den Tempelbau in einen grösseren Rahmen gestellt.

In Hag 2,6 setzt ein neuer Spruch Jhwhs ein (כִּי כֹה אָמַר יְהוָה צְבָאוֹת), der mit einer Zeitangabe beginnt: «Noch eine kleine Weile» (עוֹד אַחַת מְעַט הִיא). Zwischen dem Gegenwärtigen und dem, was folgt, ist ein zeitlicher Abstand. Wie in den intertextuellen Vergleichen in Dan 9 und Sach 6 wird auch hier in Hag 2 das Geschehen in einem grösseren zeitlichen Kontext verortet. Die neue Zeit ist noch nicht gekommen. Wenn sie kommen wird, so wird Gott Himmel und Erde, Meer und Festland erschüttern (V.6). Die Erschütterungen werden in Hag 2,7 weiter beschrieben, wo auch die כָּבוֹד wieder zum Thema wird:

וְהִרְעַשְׁתִּי אֶת־כָּל־הַגּוֹיִם וּבָאוּ חֶמְדַּת כָּל־הַגּוֹיִם וּמִלֵּאתִי אֶת־הַבַּיִת הַזֶּה כָּבוֹד אָמַר יְהוָה צְבָאוֹת׃

Dann werde ich alle Nationen erschüttern und die Kostbarkeiten aller Nationen werden kommen und ich will dieses Haus mit Herrlichkeit füllen, hat Jhwh der Heerscharen gesagt.

Sowohl Natur (V.6) als auch Kultur, d.h. alle Nationen (V.7), werden erschüttert werden. Die Erschütterungen, die Haggai ankündigt, werden aber den Tempel nicht zerstören, sondern im Gegenteil dazu führen, dass die Schätze der Nationen in den Tempel kommen werden.

Es stellt sich die Frage, was חֶמְדַּת כָּל־הַגּוֹיִם bedeutet. Die Grundbedeutung von חֶמְדָּה ist etwas «Begehrenswertes, Kostbares»[72]. Die LXX liest Plural τὰ ἐκλεκτὰ, deshalb wird vorgeschlagen, gerade auch wegen der Pluralform וּבָאוּ, die pluralische Vokalisation חֲמֻדֹת vorzuziehen.[73] Dies ist aber nicht nötig, weil der Singular חֶמְדָּה kollektive Bedeutung («Kostbares») haben kann.[74] Die Vulgata deutet den Satz messianisch: «[…] et veniet Desideratus cunctis gentibus» («Kommen wird der von allen Völkern Ersehnte»).[75] Das Verb im Plural fordert aber eine Pluralform bzw. die kollektive

[71] Wolff, *Haggai*, 57.

[72] HAL, 312

[73] Vgl. BHS, 1062, Wolff, *Haggai*, 51.

[74] Vgl. ibid. Wolff selber zieht aber die pluralische Vokalisation vor genauso wie HAL, 312f., GK, §145e.

[75] Diese Deutung sieht eine Parallele zwischen dieser Stelle und Hag 2,21–23. Dort ist auch die Rede davon, dass Gott Himmel und Erde (V.21) und Königreiche (V.22) erschüttern wird und aus diesen Erschütterungen heraus Serubbabel erwäh-

Bedeutung «Kostbares» und in gegenwärtigen Übersetzungen wird korrekterweise auf diese Deutung verzichtet.[76]

Durch die Erschütterungen in den Nationen (2,7) werden Kostbarkeiten in den Tempel kommen. Jhwh wird Kostbarkeiten durch die Völker nach Jerusalem bringen, denn ihm gehört alles Silber und Gold (V.8). Entscheidend in diesem Kontext ist aber die כָּבוֹד, die in V.9 noch einmal thematisiert wird, wenn es heisst: «Grösser sein wird die Herrlichkeit dieses zukünftigen Hauses als die des ersten, spricht Jhwh der Heerscharen» (גָּדוֹל יִהְיֶה כְּבוֹד הַבַּיִת הַזֶּה הָאַחֲרוֹן מִן־הָרִאשׁוֹן אָמַר יְהוָה צְבָאוֹת).[77] Hier tritt ein neuer Gegensatz zum Vorschein: War der Tempel erst noch «wie nichts» (2,3) im Vergleich zur früheren Herrlichkeit, wird die Herrlichkeit dieses zukünftigen Hauses grösser als die des ersten werden.

Schlüssel zum Verständnis des Abschnittes und der Frage, was mit dem Tempel in der zukünftigen Transformation geschieht, ist die כָּבוֹד. Worum geht es dabei? Nach Wolff handelt es sich in Hag 2,3 nicht um den «Einzug der ‹Herrlichkeit Jahwes›» wie beispielsweise in Ex 40,34f. oder 1Kön 8,11, sondern schlicht und einfach um die «‹Großartigkeit› des Tempelgebäudes», die kleiner war als diejenige des ersten Tempels.[78] Genauso sprächen Hag 2,7.9 von der Schönheit des Tempels: Erst die Kostbarkeiten der Völker würden ihm «zu einer bisher unbekannten Schönheit und zu prachtvollem Aussehen verhelfen».[79] Zu einem ähnlichen Schluss kommt Clines.[80] Aus

---

len wird (V.23). Serubbabel wird wie ein Siegelring (כַּחוֹתָם) Gottes sein. Die Annahme, dass mit «der Kostbare» der Messias gemeint sein könnte ist über die patristische und mittelalterliche Schriftauslegung bis ins heute noch gepflegte Liedgut eingegangen («Nun komm, der Heiden Heiland»; «Wo bleibst du, Trost der ganzen Welt, darauf sie all ihr Hoffnung stellt?»; «Wie soll ich dich empfangen […] o aller Welt Verlangen»), vgl. ibid., 65.

76 Vgl. Baldwin, *Haggai, Zechariah, Malachi*, 51.

77 In Hag 2,9b wird ausgesagt, dass Jhwh «dieser Stätte» (בַּמָּקוֹם הַזֶּה) Frieden geben wird. Fraglich ist, was damit gemeint ist. Während מָקוֹם oft Jerusalem bezeichnet (vgl. Dtn 12,5; 2Kön 22,16–22; Jer 7,3.7.20), sieht Wolff hier in Analogie zu 1Kön 8,29f. und 2Chr 6,20f. u.a. מָקוֹם als Bezeichnung für den Tempel, Wolff, *Haggai*, 63. Anders sieht Baldwin ein Wortspiel zwischen שָׁלוֹם und Jerusalem, Baldwin, *Haggai, Zechariah, Malachi*, 52. Auch eine Analogie zu Salomo (שְׁלֹמֹה) ist denkbar. 1Kön 5,4–5 zeigt, dass vor dem Tempelbau unter Salomo Frieden herrschte. «In Haggai's prophecy too, the glory of the Second Temple, like the First, is contingent on a vision of peace.» (Elie Assis, *A Disputed Temple (Haggai 2,1–9)*, in: ZAW 120, 2008, 582–596, 594.)

78 Wolff, *Haggai*, 57. Anderer Ansicht ist Pola, der den Unterschied zum Salomonischen Tempel im fehlenden Palastkomplex sieht, vgl. Pola, *Das Priestertum bei Sacharja*, 279.

79 Wolff, *Haggai*, 62.

Hag 2,3 ist zu schliessen, dass der erste Tempel Herrlichkeit besass.[81] Doch auch einen Monat nach Beginn des Wiederaufbaus war der Tempel immer noch ohne Herrlichkeit und wurde als «nichts in euren Augen im Vergleich mit dem früheren Tempel» (Hag 2,3) angesehen. In kurzer Zeit wird der Tempel aber voller Herrlichkeit werden, denn Gott wird ihn mit Herrlichkeit füllen (2,6). Nach Clines wird dies geschehen, indem Gott die Reichtümer der Völker in den Tempel bringen wird (2,7)[82], und er kommt zum Schluss: «Haggai constructs the temple as nothing but a *treasure-house*.»[83] Clines zeigt aber, dass diese «restricted vision of the temple»[84] von Kommentatoren nicht übernommen wird.

Assis greift die Frage nach der Herrlichkeit des Tempels in Hag 2,3 auf und bezweifelt, dass «Herrlichkeit» sich in diesem Kontext nur auf Reichtümer beschränkt.[85] Als Paralleltext betrachtet er Esr 3,10–13. Die in Esra-Nehemia beschriebene Reaktion der Menschen sei unverständlich, wenn sich die כָּבוֹד auf materielle Aspekte begrenzt:

> Although the size and prestige of the building were important, and not unconnected to a theological view of the greatness of God, it is difficult to understand the derisory attitude of the people towards the Temple, even if their expectations with respect to its size and glory were not fulfilled.[86]

Die bestehende Erwartung nach einer grösseren Herrlichkeit wird sich erst in der Zukuft erfüllen. Hag 2,6–9 beschreibt dazu drei Phasen. Die erste Phase (Hag 2,6) ist das Erzittern von Erde, See und Festland, was in einer zweiten

---

80 Vgl. seine Überlegungen im Abschnitt «The Temple Constructed» in David J.A. Clines, *Haggai's Temple, Constructed, Deconstructed and Reconstructed*, in: Tamara C. Eskenazi/Kent H. Richard (Hrsg.), Second Temple Studies, 2. Temple and Community in the Persian Period, JSOTSup 175, Sheffield: JSOT Press, 1994, 60–87, 60–70.

81 Hag 2,3 zeigt auch auf, dass die כָּבוֹד «quintessential to the nature of the temple» ist, ibid., 62.

82 Ibid., 63.

83 Ibid., 65. «Everything in the book of Haggai becomes coherent when we recognize how Haggai constructs the temple. How rebuilding the temple connects with ‹glory›, how ‹glory› connects with silver and gold, how silver and gold connect with world upheaval, and, especially, how world upheaval connects with the ‹right time› for rebuilding the temple – all make sense when Haggai's temple is understood as a treasury.» (Ibid., 66.)

84 Clines, *Haggai's Temple*, 66.

85 An einigen Stellen im AT ist das tatsächlich der Fall, z.B. in Gen 31,1; 45,13, Jes 10,3; 41,11–12; Ps 44,17f. siehe dazu Assis, *A Disputed Temple*, 583.

86 Ibid., 584.

Phase zum Erzittern der Nationen führt (Hag 2,7).[87] Durch das Erschüttern der Nationen erzittern die Nationen vor Gott, was die dritte Phase der Wiederherstellung des Tempels einführt: Die Nationen bringen ihre Schätze in den Tempel (Hag 2,7).[88] Den theologischen Hintergrund dazu bildet die Tatsache, dass Gott alles Gold und Silber gehört (Hag 2,8). Dann wird der Tempel die Herrlichkeit seines Vorgängers übertreffen (2,9). Diese Spannung, dass Haggai einem Volk, das über den Zustand des Tempels enttäuscht ist (Hag 2,3), einen Tempel verheisst, der alle Hoffnungen übertreffen wird (Hag 2,9), macht die Frage nach dem Unterschied dringlich.[89]

Der Unterschied zwischem dem Zustand in Hag 2,3 und 2,9 besteht nicht in der unterschiedlichen materiellen Qualität des Tempels, sondern in dessen Herrlichkeit: «First of all one should note that, apparently, the ‹former› and ‹latter› do not refer to the Temple itself, but to its glory (2,3).»[90] Oft wird mit der Grösse des Tempels argumentiert, mit dessen politischem Status, mit der Tatsache, dass die Bundeslade abwesend war, doch all die Annahmen werden dem Kontext und der Rhetorik des Textes von Haggai gemäss Assis nicht gerecht.[91] Weshalb müssten kosmische Geschehnisse einbezogen werden, wenn die Enttäuschung nur im materiellen Zustand des Tempels ihren Grund hätte? Die Enttäuschung muss in einer theologischen Dimension begründet sein, denn die כָּבוֹד kann nicht nur materiell gesehen werden. Vielmehr hat der fehlende materielle Schmuck den Menschen das Fehlen der göttlichen Präsenz verdeutlicht: «The disillusionment of the people was rooted in their perception of the absence of glory from the Temple, in the material sense, as an indication of the absence of spiritual glory, that is of the divine presence.»[92] In Hag 2,9 sagt Gott: «Ich werde dieses Haus mit Herrlichkeit fül-

---

87 רעשׁ kann eine Erschütterung durch ein Erdbeben oder im metaphorischen Sinn Krieg und Revolutionen bedeuten, vgl. ibid.

88 Das Bringen der Schätze in den Tempel erinnert an die Gaben der Ägypter beim Exodus. Eine Parallelstelle bildet hier auch Jes 60, vgl. ibid., 585. Zu diesen Traditionen und Motiven vgl. auch John Kessler, *Haggai, Zerubbabel, and the Political Status of Yehud: The Signet Ring in Haggai 2:23*, in: Michael H. Floyd/Robert D. Haak (Hrsg.), Prophets, Prophecy, and Prophetic Texts in Second Temple Judaism, New York: T & T Clark, 2006, 102–119, 107.

89 «The prophecy about the advantage of the future Temple over its predecessor strengthens our question about the substance of the gap between the disappointment of the people with the Temple, and Haggai's prophecy that the people's expectations will indeed be fulfilled in the future.» (Assis, *A Disputed Temple*, 586.)

90 Ibid., 592.

91 Ibid., 587. «If the mere material poverty of the building were the root of the problem, it would be difficult to understand the extreme nature of the people's derision, to point of nihilism: ‹in your eyes [it was] as nothing› (2,3).» (Ibid., 594f.)

92 Assis, *A Disputed Temple*, 592.

len» (וּמִלֵּאתִי אֶת־הַבַּיִת הַזֶּה כָּבוֹד). «Mit Herrlichkeit füllen» bedeutet im Kontext der Stiftshütte (Ex 40,34f.) oder des Tempels (1Kön 8,10f.) die Erfüllung mit der göttlichen Gegenwart.

Auch aus Hag 2,4.5 kann abgeleitet werden, dass es für die Enttäuschung des Volkes eine theologische Begründung gibt. Die Menschen haben offenbar das Gefühl, der Tempel sei wertlos, weil Gott nicht in ihrer Mitte ist.[93] Haggai tröstet nun aber sein Volk, dass Gott trotzdem in ihrer Mitte sei, auch ohne sichtbare כָּבוֹד. Den Trost begründet er in Hag 2,4 mit dem Zuspruch: «Ich bin mit euch, spricht Jhwh der Heerscharen» (אֲנִי אִתְּכֶם נְאֻם יְהוָה צְבָאוֹת).[94] Gottes Geist wird unter seinem Volk bleiben wie damals beim Auszug aus Ägypten (Hag 2,5)! Durch den expliziten Bezug zum Exodus in Hag 2,5 wird dem Volk zugesagt, dass der Sinaibund immer noch seine Gültigkeit hat. Die Zerstörung des Tempels hat die Bundesbeziehung zu Gott nicht zerstört.[95] Haggai tröstet also sein Volk, dass Gott trotz abwesender כָּבוֹד im Tempel dennoch bei ihm ist. Der Tempel wird eines Tages wieder mit כָּבוֹד erfüllt werden, doch das ist nicht in nächster Zukunft zu erwarten. Bis dahin soll sich das Volk gewiss sein, dass Gott es trotzdem nicht verlassen hat.[96]

Ich teile diesen Ansatz, den ich anhand der Überlegungen von Assis dargelegt habe (gegen die Vorschläge von Wolff und Clines). Es gibt, mit Carroll gesprochen, einen «eschatological delay»[97] bis der Tempel mit כָּבוֹד

---

93 «They thought that if God were present He would appear in all His glory, and His house should be glorious likewise.» (Ibid., 589.)

94 Die Worte «Ich bin mit euch» sind eine Wiederholung von Hag 1,13, wo es ebenfalls heisst: אֲנִי אִתְּכֶם נְאֻם־יְהוָה.

95 «The intention of Haggai's words, then, is, that the covenant which God struck with Israel at Sinai is still valid.» (Assis, *A Disputed Temple*, 590.)

96 «Haggai does not take issue with the expectations of the people, but rather argues that these changes should not be expected to take place immediately, but that they would be fulfilled gradually. He also shares their perception that the Temple would be filled with glory, but argues that now too, despite the absence of the wishedfor glory, God does in fact dwell among the people of Judah.» (Ibid., 595.)

97 Carroll schreibt in seinem Aufsatz über den «Eschatological Delay» im Zusammenhang mit dem Haggaibuch (jedoch in Bezug auf die Verzögerung in Hag 1,1–11): «Whether this gap between expectation and experience is called a delay or something else is not important but it is clear that some explanation was called for to account for the problem.» (Carroll, *Eschatological Delay*, 56.) Zum Zeitbegriff in Hag 1,2 und dem «Delay» äussert sich auch Peter R. Bedford, *Discerning the Time: Haggai, Zechariah and the ‹Delay› in the Rebuilding of the Jerusalem Temple*, in: Steven W. Holloway/Lowell K. Handy (Hrsg.), The Pitcher is Broken: Memorial Essays for Gösta W. Ahlström, Sheffield: JSOT Press, 1995, 71–94, 84. Zum Zeitbegriff in Hag 1,2 vgl. auch Bedford, *Temple Restoration*, 173–178;

erfüllt werden wird. Die Zusage, dass Gott trotzdem bei seinem Volk ist (Hag 2,4) steht in der Buchmitte – dies unterstreicht auf strukturelle Weise, dass es sich um die Mitte der Botschaft Haggais handelt.[98] Bis die angekündigte Zeit eintrifft, muss sich das Volk im Rahmen des Sinaibundes (vgl. Hag 2,5) bewähren.

1.3 Die fehlende Herrlichkeit

Wenn Esr 3,12f. tatsächlich die erste Frage Haggais in Hag 2,3 aufgreift und ausführt, wie oben gezeigt, dann ist der Grund für das mit Jauchzen vermischte Weinen in der fehlenden כָּבוֹד des Tempels zu sehen.[99] Während nach der Einweihung der Stiftshütte (Ex 40,34f.) und des ersten Tempels (1Kön 8,10f.; 2Chr 5,13f.; 7,1–3) die göttliche כָּבוֹד das Heiligtum erfüllte, finden wir in Esra-Nehemia keinerlei Hinweis darauf.

Anders im Hesekielbuch, wo nach Hes 11,23[100] die כָּבוֹד die Stadt in östliche Richtung verlässt und nach Hes 43,2 aus östlicher Richtung Jerusalem wieder betritt. Es stellt sich die Frage, ob und wie das Hesekielbuch zu Esra-

---

John Kessler, *Building the Second Temple: Questions of Time, Text, and History in Haggai 1.1–15*, in: JSOT 27, 2002, 243–256, 247.

98 Wendland zeigt, dass die Wendung «Ich bin mit euch» (אֲנִי אִתְּכֶם) in Hag 2,4 ungefähr in der Mitte des Buches liegt: «This is located in the approximate verbal centre of the book (often a significant structural location), that is, in 2:4 (there are 264 words preceding and 257 words following this passage).» (Ernst R. Wendland, *The Structure, Style, Sense, and Significance of Haggai's Prophecy Concerning the 'House of the LORD' – with Special Reference to Bible Interpretation and Translation in Africa (Part One)*, in: OTE 18, 2005, 907–926, 916.) Christensen kommt mit einer detailierten Silbenanalyse ebenfalls auf Hag 2,4 als Mitte des Buches, nämlich auf das Verb וַעֲשׂוּ, das unmittelbar vor der Wendung כִּי־אֲנִי אִתְּכֶם steht, vgl. Christensen, *Impulse and Design*, 455. Für die Analyse vgl. Christensen, *Impulse and Design*, 448–452.

99 Der intertextuelle Vergleich mit Haggai hat das verdeutlicht. Ergebnisse aus der Analyse von Haggai 2,1–9 dürfen nicht einfach in die Überlegungen zu Esra-Nehemia mit einfliessen. An dieser Stelle ist aber eine Korrelation zwischen Esr 3,12f. und Hag 2,3 wahrscheinlich und daher können die Stellen auch miteinander verglichen werden.

100 Toomann hat die These hinterfragt, derzufolge Jhwh erst in Hes 11 die Stadt verlässt. Er geht stattdessen davon aus, dass Jhwh in Hes 8–11 den Tempel besucht, um ihn zu zerstören. Verlassen hat er die Stadt schon vorher: «Within Ezechiel, the Presence departs to the east (11,23), and when it reappears it comes from the east (43,2), where, presumably, it had remained until it reentered the temple. The appearance of the Presence in Babylon in Ezechiel 1–3 and 8,2, then, is telling indeed. If the divine Presence, in its freedom of movement, appears in Babylon, it is absent from the temple in Jerusalem.» (William A. Tooman, *Ezekiel's Radical Challenge to Inviolability*, in: ZAW 121, 2009, 498–514, 511.)

Nehemia in Verbindung steht. Von Interesse für diese Untersuchung von Konzepten der Wiederherstellung wären die grossen Visionen zur Wiederherstellung Israels in Hes 36–37 und die Tempelvision in Hes 40–48.[101] Wird das Verständnis von Wiederherstellung in Esra-Nehemia von Hesekiel beeinflusst?

Lisbeth Fried ist der Überzeugung, dass Esr 7 – Neh 13 von einem Schüler Hesekiels verfasst wurde, der in der Rückkehr der rechtmässigen Population Israels, in der Einsetzung der rechtmässigen Priesterschaft und im Bundesschluss des Volkes die Erfüllung der Vision Hesekiels vom wiederhergestellten Jerusalem sah.[102] Fried nennt verschiedene Gründe für eine Autorschaft aus priesterlichen Kreisen. Unter anderem werden die Leviten nach Vorlage von Hesekiel in Esra-Nehemia als «Zweitklass-Priester» geschildert und übernehmen die Funktion der Torhüter und Sänger. Sie übernehmen nicht die Rolle der Priester: «They never approach the altar, they never manipulate the blood.»[103] Wie von Hesekiel gefordert, übernehmen die Leviten in Esra-Nehemia diejenigen Aufgaben, welche nicht den Altar betreffen.

Nicht alle Argumente von Fried vermögen zu überzeugen. So identifiziert sie den נָשִׂיא in Hesekiel mit der Figur des Hohenpriesters: «In Ezekiel's program, someone who had been abased (or whom Ezekiel saw as having been abased) will now be exalted, bearing both turban and crown. That someone is the High Priest.»[104] Sie bezieht sich auf Hes 21,31f., wo im Zusammenhang mit dem נְשִׂיא יִשְׂרָאֵל (Hes 21,30) der Turban erwähnt wird.

---

[101] Schwarz zeigt anhand verschiedener Texte in Hesekiel, dass die Wiederherstellung um Jhwhs Namen willen geschah («um meines Namens willen», Hes 20,9.14.22; 36.22; 39,25; 43,7): «In Ezechiel's doctrine, YHWH has compelling personal reasons for bringing about Israel's restoration», Baruch J. Schwartz, *The Ultimate Aim of Israel's Restoration in Ezechiel*, in: Chaim u.a. Cohen (Hrsg.), Birkat Shalom. Studies in the Bible, Ancient Near Eastern Literature, and Postbiblical Judaism presented to Shalom M. Paul on the Occasion of his Seventieth Birthday, Winona Lake: Eisenbrauns, 2008, 305–319, 306. Zu demselben Ergebnis kommt auch Greenberg in Bezug auf die Wiederherstellung in Hesekiel: «Die unauflösliche Verbundenheit von Gottes Ehre und Israels Schicksal ist die Gewähr für Israels Restauration», vgl. Greenberg, *Ezechiel*, 436.

[102] Vgl. den Abschnitt «Ezekiel and the Author of Ezra 7–Nehemiah 13» in Fried, *Who Wrote Ezra-Nehemiah*, 79–90. Sie denkt, dieser Schüler Hesekiels habe die Esra-Nehemiageschichte nach der Mosegeschichte geformt. Dazu s.o. IV. 1.2.2.

[103] Ibid., 83. In Esr 6,20 schlachten die Leviten zwar das Pessachlamm, doch das geschieht nach Vorschrift. Die Beifügung הַכֹּהֲנִים וְ ist nach Fried original. Die Leviten schlachten das Pessachlamm, die Priester giessen das Blut über den Altar, die Leviten häuten die Tiere, vgl. ibid., 83f. Damit stellt sie sich diametral gegen den Ansatz von Min. Zur Diskussion um Esr 6,20 vgl. Min, *Levitical Authorship*, 76f.

[104] Fried, *Who Wrote Ezra-Nehemiah*, 87.

Dieses Argument ist aber nicht zwingend, weil der נָשִׂיא eine davidische Figur darstellt und wir davon ausgehen müssen, dass es sich um eine messianische Gestalt handelt.[105]

In Hes 20,30f. sucht Jhwh einen Mann, der eine Mauer baut (אִישׁ גֹּדֵר־גָּדֵר). Doch er findet keinen. Nach Fried präsentiert der Nachfolger Hesekiels, der Autor von Esr 7 – Neh 13, nun Esra bzw. Nehemia als Mann, den Gott suchte. Esra baut einen Schutzwall (גָּדֵר), indem er dem Volk das Gesetz verliest, Nehemia baut eine physische Mauer um die Stadt. Diese Mauer trennt das Heilige vom Profanen, sie ist aber auch eine symbolische Mauer: «The wall that Nehemiah is repairing, however, ist the *gādēr*, the Torah of Moses that Ezra built, and it will last.»[106] Dass ein Zusammenhang zwischen Mauer und Tora besteht, ist richtig[107], doch ist die Deutung von Hes 20,30f. auf Nehemia sehr spekulativ.

Man darf aber nicht die ganze von Fried aufgeworfene Frage von vornherein als Spekulation abtun. Der Gedanke des priesterlichen Hintergrunds von Esra-Nehemia und des Bezugs zu Hesekiel muss in Erwägung gezogen werden. Auch Blenkinsopp hat sich dafür ausgesprochen, diese Verbindung zu beachten.[108] Die Persönlichkeiten Hesekiels und Esras weisen grosse Gemeinsamkeiten auf. Beide sind vermutlich Priester aus dem Geschlecht Zadoks (vgl. Esr 7,1–5), beide schreiben in einem autobiographischen Stil an die Gemeinschaft der Exulanten bzw. Heimgekehrten, beide zeigen Interesse an der Tora: «So both Ezekiel and Ezra, each in his own way, replicates the role of Moses and the giving of the law.»[109]

In Hes 43,1–3 sieht Hesekiel, wie Gottes Herrlichkeit kommt und dann in Jerusalem einzieht (Hes 43,4). In diesem Kontext bekommt Hesekiel von Gott das «Tempelgesetz» (תּוֹרַת הַבָּיִת, Hes 43,12). Blenkinsopp zieht Parallelen zu Mose, der die Tora ebenfalls in Gottes Herrlichkeit erhält. Anhand von vier Punkten im Tempelgesetz arbeitet Blenkinsopp folgende Parallelen zum Esra-Nehemia-Buch heraus: 1. Der Ausschluss von Fremden vom Zugang zum Tempel (Hes 44,4–9), 2. Status und Aufgabe der Tempelpriester (Leviten) und Altarpriester (Söhne Zadoks) (Hes 44,10–31), 3. Privilegien

---

105 Dazu s.u. und s.o. IV.2.3, Anm. 150.

106 Fried, *Who Wrote Ezra-Nehemiah*, 91.

107 S.u. V.2.2.

108 «While evidence is lacking for direct and demonstrable dependence of Ezra-Nehemiah on Ezekiel, similarity with respect to ideology, theme, and agenda is close enough to justify further inquiry.» (Joseph Blenkinsopp, *Judaism: The First Phase. The Place of Ezra and Nehemiah in the Origins of Judaism*, Grand Rapids: Eerdmans, 2009, 127.) Zum Verhältnis von Esra-Nehemia zu Hesekiel vgl. ibid., 127–159.

109 Blenkinsopp, *Judaism*, 127.

und Aufgaben des säkularen Herrschers (Hes 44,1–3; 45,7–17.21–25; 46,1–18; 48,21f.) und 4. Verteilung von Land um den Tempel (Hes 45,1–6; 47,13–48,29).[110] Blenkinsopp sieht genügend Gemeinsamkeiten zwischen Esra-Nehemia und dem Tempelgesetz in Hes 40–48, «to suggest a relationship of dependence with special reagard to community boundaries, the operation of the cult, and the creation of a theocratic polity».[111]

Aus den Argumenten Blenkinsopps greife ich die Identifikation des zukünftigen Herrschers heraus. Blenkinsopp sieht in Hes 40–48 «a priestly or hierocratic ideal of the secular ruler»[112] und meint, das Tempelgesetz favorisiere eine Theokratie: «[A]t the political level, the law of the temple envisages the subordination of the secular authority to the priesthood, in effect a theocratic polity.»[113] Ich habe oben gezeigt[114], dass ich davon ausgehe, dass der נָשִׂיא eine davidische messianische Figur darstellt, und kann deshalb Blenkinsopps Argumentation nicht folgen.

Blenkinsopp äussert sich auch zur כָּבוֹד. Hesekiel sah, wie die Herrlichkeit vom Osten wieder in die Stadt kam. Diese Sicht habe den Exulanten Hoffnung gegeben:

> The movement of the Glory from Jerusalem to the Babylonian *golah* and its anticipated return to take up residence in the Jerusalem temple, once it was built according to a prophetically-mandated blueprint, provided the theological template for those in the eastern diaspora who entertained the hope of an eventual religious and political restoration in Judah. Preeminent among these, according to Ezra-Nehemiah, were the Zadokite priests Joshua ben Jehozadak and Ezra.[115]

Nun wird aber die Rückkehr der Herrlichkeit in Esra-Nehemia gerade nicht geschildert. Wenn Hes 40–48 im Hintergrund des Esra-Nehemia-Buches stehen würde, dann würde die Tatsache verdeutlicht, dass die Wiederherstellung gerade (noch) nicht im Sinn der Sicht Hesekiels erfolgte: Die Rückkehr der כָּבוֹד bleibt aus. Die Tatsache, dass thematische Gemeinsamkeiten zwischen Esra-Nehemia und Hes 40–48 zu finden sind, wie sie Blenkinsopp auflistet, liegt am gemeinsamen Interesse an Fragen betreffend Kult, Tempel und Gemeinschaft. Trotzdem lässt sich Hes 40–48 schwerlich mit dem Esra-

---

110 Ibid., 135–159.

111 Ibid., 158.

112 Ibid., 153.

113 Ibid., 155. In der nachexilischen Realität sah es anders aus. Blenkinsopp sieht in der «obscure passage» in Sach 6,9–14, dass es ein «compromise agreement between the secular and religious authorities» gab, vgl. ibid., 156.

114 S.o. IV.2.3, Anm. 150.

115 Blenkinsopp, *Judaism*, 130.

Nehemia-Buch in Verbindung bringen, wie ich nun anhand des Tempels und der Verteilung des Landes zeigen werde.

Gerade im Blick auf den Tempel treten frappante Unterschiede sowohl zum vorexilischen als auch nachexilischen Tempel auf, wie Jacob Milgrom dargelegt hat. Er definiert fünf «unique features», die den Tempel Hesekiels auszeichnen: 1. Er steht am südlichen Abhang eines hohen Berges (Hes 40,2), 2. der erhöhte innere Vorhof ist nicht umzäunt (Hes 40,27–37), 3. es gibt keinen expliziten Hinweis auf Becken für die priesterlichen Waschungen, 4. im Tempel befinden sich keine heiligen Objekte (ausser einem hölzernen Tisch, Hes 41,22), 5. eine Quelle fliesst unter dem Tempelgebäude hervor und tritt ausserhalb des heiligen Bereichs an die Oberfläche (Hes 47).[116] Im ganzen Alten Orient gibt es kein Heiligtum, das dem Tempel Hesekiels ähnlich ist – ausser (wenn man den Begriff Alter Orient etwas weiter fasst) dem Apollotempel in Delphi![117] Carroll bestätigt diese Ansicht: «Ezekiel 40–48 poses immense problems of interpretation and placement in the Second Temple period.»[118]

Auch bezüglich der Verteilung des Landes ist das Hesekielbuch nicht mit Esra-Nehemia vergleichbar. In Hes 47,13–48,29 wird das ganze Land, das früher zum vereinigten Königreich Israel gehörte (vgl. 1Kön 5,1), an alle zwölf Stämme verteilt. Bedford bemerkt dazu, dass die Wiederherstellung in Hes 40–48 einen «nationalistischen Unterbau» hat, der aber oft nicht wahr-

---

116 Jacob Milgrom, *The Unique Features of Ezekiel's Sanctuary*, in: Nili Sacher Fox/David A. Glatt-Gilad (Hrsg.), Mishneh todah. Studies in Deuternomy and its Cultural Environment in Honour of Jeffrey H. Tigay, Winona Lake: Eisenbrauns, 2009, 293–305.

117 «For there is one other sanctuary that matches Ezekiel's sanctuary in every one of its distinctive details – the Temple of Apollo in Delphi, Greece.» (Ibid., 293.) Milgrom zeigt die Gemeinsamkeiten der beiden Gebäude auf, ibid., 294ff.

118 Robert P. Carroll, *So What Do We Know about the Temple? The Temple in the Prophets*, in: Tamara C. Eskenazi/Kent H. Richard (Hrsg.), Second Temple Studies, 2. Temple and Community in the Persian Period, JSOTSup 175, Sheffield: JSOT Press, 1994, 34–51, 44. Aus diesen Schwierigkeiten folgert er: «In other words, the vision may be literary rather than aspirational, symbolic rather than blueprints for an actual building programme.» (Ibid., 45.) Diana Edelman macht darauf aufmerksam, dass der Mann, der in Hes 40,5 den Tempel ausmisst, eine Rute von sechs Ellen Länge in der Hand hält. Die Mauer war eine Rute breit und eine Rute hoch. Die Masse (Breite und Höhe) in Esr 6,3 (60 Ellen) könnten nach Edelman ursprünglich «sechs Ellen» geheissen haben und damit einfach die Breite und Höhe der Mauer angegeben haben. Die Grösse des Tempels wäre damit gar nicht erwähnt. Doch der Autor von Esra-Nehemia hätte, indem er auf die erste Massangabe in Hesekiels Tempelvision anspielt, einer kundigen Leserschaft das Gefühl vermittelt, dass Kyrus die Realisation von Hesekiels Vision befahl, vgl. Edelman, *Second Temple*, 179f. Dieser Vorschlag ist nicht überzeugend.

genommen wird, vor allem deshalb, weil der נָשִׂיא nicht als messianische Figur erkannt wird.[119] Jerusalem wird wieder Hauptstadt Israels sein, mit dem Zion als kosmischem Berg und dem Tempel im Zentrum. Bedford sagt über die Rückkehr der כָּבוֹד zu Recht: «The presence (כבוד ‹glory›) of Yahweh having returned to the temple (43:1–6; 48:35), thus redressing the divine abandonment in Ezek 8–11, ushers in a new age in which the evils of the past will not be repeated (43:7–12).»[120] Land und Staat wird als Tempelstaat unter der Herrschaft des נָשִׂיא organisiert sein.

Abschliessend kann zu Hesekiel gesagt werden, dass wir Hes 40–48 nicht direkt mit dem Wiederaufbau des Tempels in Esra-Nehemia vergleichen können. Wenn Hesekiel mitgedacht werden soll, dann mehr in der Hinsicht, dass durch den Vergleich die Ambivalenzen in Esra-Nehemia verdeutlicht werden. Das Jauchzen bei der Grundsteinlegung des Tempels war deshalb mit Weinen durchsetzt (Esr 3,12f.), weil die כָּבוֹד im Tempel fehlte. Ein Vergleich mit Hesekiel bestärkt diesen Kontrast.

1.4 Jauchzen und Weinen – Ambivalenter Tempelbau

Wir wissen sehr wenig über die Dimensionen und die Bauweise des zweiten Tempels.[121] In Esra-Nehemia werden die Ausmasse des Tempel sozusagen «im Vorbeigehen»[122] in Esr 6,3–4 erwähnt und auch aus Haggai bekommen wir wenig Information[123]. Was wir in Esra-Nehemia erfahren, ist dieses ambivalente Gefühl im Hinblick auf die Tempelerneuerung, das sich auch im Haggaibuch findet. Im Jauchzen und Weinen in Esr 3,12f. ist die Ambivalenz in Bezug auf die Wiederherstellung im Esra-Nehemia-Buch am greifbarsten.

---

119 «The nationalistic underpinnings of the restoration envisaged in Ezekiel 40–48 have largely gone unrecognized, particularly since the political leader of the restored community, the נשיא is now not understood to be a messianic figure.» (Bedford, *Temple Restoration*, 78.)

120 Ibid. Bedford spricht im Zusammenhang von Hes 40–48 (sowie von Haggai und Sacharja) in Bezug auf ihre Zukunftserwartung eher von «historical recurrence» als «eschatology»: «Their understanding of Israel's restoration is an idealized projection of its monarchical past.» (Ibid., 260.)

121 S.o. bei V.1.1.1 die Aussage von Japhet, dass wir so wenig über den Tempel der Restaurationzeit wissen, «that […] it represents the least well-known stage in the history of the temple in Jerusalem», Japhet, *Temple*, 183.

122 «The second temple is actually described in passing in Ezra 6.3–4 in the letter of Cyrus the king», Carroll, *Temple*, 35.

123 «Implicit in the contrast between the rebuilt house and its former glory (2.3) is the notion that the rebuilt temple is a lesser building than the first temple. Nothing more is said about the physical details of the building, so Haggai as a book offers very little to the historian seeking information about the Second Temple.» (Ibid., 41.)

Dies ist aber nicht nur ein kleiner verstreuter Hinweis. Michael E. Fuller spricht in seiner v.a. neutestamentlichen Untersuchung zur Wiederherstellung Israels in Bezug auf das Esra-Nehemia-Buch von «wenigen Hinweisen», die aufzeigen, dass die Wiederherstellung nicht völlig zufriedenstellend verlaufe:

> On the other hand, there are a few indications within Ezra-Nehemiah that some aspects of the restoration were not altogether satisfactory. Some members of the older population, who remembered the Solomonic temple, wept at the disparity between it and the present one (Ezra 3:12–13). In Ezra's prayer, on the eve of his reform, he acknowledges that the restoration only involves a portion of the population; many Israelites remained in captivity (Ezra 9:5–15). Ezra refers to the returnees as «slaves (עבדים) (to) this day – (in) the Land that you gave to our fathers … we are slaves» (Neh 9:36).[124]

Ziel dieser Arbeit ist es, aufzuzeigen, dass es sich dabei nicht um «a few indications» handelt, sondern dass Esra-Nehemia ein kunstvoller Plan zugrunde liegt, dessen rhetorische Spitze die Ambivalent in Bezug auf die Wiederherstellung hervorhebt.

Rex Mason hat in seiner Untersuchung «Preaching the tradition» auch die Reden des Esra-Nehemia-Buches untersucht.[125] Mason findet nicht nur in den Chronikbüchern, sondern auch in Esra-Nehemia, Haggai und Sacharja 1–8 «rhetorical devices», die darauf hindeuten, dass alle von einem «general pattern of preaching and teaching» beinflusst waren, das zur Zeit des zweiten Tempels offensichtlich üblich war.[126] Mason sucht nach «evidence of homi-

---

[124] Michael E. Fuller, *The Restoration of Israel. Israel's Re-gathering and the Fate of the Nations in Early Jewish Literature and Luke-Acts*, BZNW 138, Berlin: Walter de Gruyter, 2006, 20.

[125] Vgl. Rex Mason, *Preaching the Tradition. Homily and Hermeneutics after the Exile*, Cambridge: Univ. Press, 1990, 147–183. Er kommt in einer Übersicht zu den «major themes ot the speeches in Ezra/Nehemiah» zu folgendem Ergebnis: «The ‹separateness› of God's people» wird zusammen mit dem Bereich «Concern for the temple, its building or its worship» mit sieben Erwähnungen am häufigsten thematisiert, gefolgt von «Trust in God's power» (6x) und «God's use of foreign powers» sowie «The centrality of ‹Tora›» (je 5x), vgl. die vollständige Übersicht bei ibid., 182. Dabei muss in Betracht gezogen werden, dass Mason die beiden Bussgebete in Esr 9 und Neh 9 nicht als «speech» behandelt (die schriftlichen aramäischen Dokumente hingegen schon). Für das rhetorische Gesamtbild des Esra-Nehemiabuches müssten m.E. die Gebete ebenfalls mitberücksichtigt werden. Natürlich bildet der Tempel ein wichtiges Thema in Esrsa-Nehemia, doch die Rolle der Tora würde stärker in den Blick treten, wenn die beiden Gebete miteinbezogen würden. Die Schlussergebnisse Masons in Bezug auf rhetorische Tendenzen in nachexilischer Zeit sind trotzdem richtig.

[126] Mason, *Preaching the tradition*, 258.

letical style and preaching behind the final written form of the text».[127] In Haggai und Sacharja sieht Mason eine ausgeprägte eschatologische Erwartung, die aber abgeschwächt wird durch das Bemühen um die Aufrechterhaltung der Theokratie in der Gegenwart und einen Ruf zur gegenwärtigen Treue. Auch in den Chronikbüchern sieht Mason eine «eschatologische Note».[128] Ich habe oben gezeigt, dass ein Ausspielen zwischen Eschatologie und Theokratie nicht ratsam ist.[129] Das bestätigt Mason ein Stück weit: «Nor should the ‹eschatological› divide between prophetic and Chronicler traditions be seen as impossible to bridge in any way.»[130]

Auch in Bezug auf das Esra-Nehemia-Buch stimmt diese Beobachtung. Hinweise im Text zeigen, dass das neue Zeitalter noch nicht gekommen ist. Und doch wird die gegenwärtige Zeit als Zeit der Wiederherstellung gefeiert. Im Jauchzen bei der Grundsteinlegung des Tempels kommt diese Freude über die Wiederherstellung zum Ausdruck. Gleichzeit zeigt das Weinen, dass die Heilszeit noch nicht in der Fülle angebrochen ist. Nun muss diese Tatsache, diese handgreifliche Ambivalenz, im Gesamtkontext des Buches gesehen werden. Esra-Nehemia zeichnet die Zeitgeschichte als neue Zeit des Exodus und der Landnahme. Israel muss sich aufs Neue im Land bewähren. Dabei entscheidend ist die Einhaltung der Tora. Der Bundesschluss am Sinai hat weiterhin Gültigkeit. In dieser Zeit der Spannung zwischen «schon jetzt» und «noch nicht» erfolgt ein Ruf zur gegenwärtigen Treue dem Sinaibund und der Tora gegenüber. Die Ambivalenz wird also ausgehalten und mündet in den Ruf zur Toranachfolge. In Esra-Nehemia ist die «Predigt der Tradition» besonders in Neh 9 greifbar und sie führt in die Bundeserneuerung in Neh 10. So ist die auch im Tempelbau wahrnehmbare Ambivalenz in Bezug auf die Wiederherstellung in diesem Kontext eingebettet. Bei der Wiederherstellung der Mauer wird diese Verknüpfung von physischer Errichtung der Mauer und der Errichtung der «geistlichen Mauer», der Tora, besonders deutlich sichtbar.

---

[127] Ibid., 259.

[128] «Such an eschatological note is not at all conspicuous in the work of the Chronicler», vgl. ibid.

[129] S.o. IV.2.3.

[130] Mason, *Preaching the tradition*, 260. Mason sagt: «What the prophets saw as the signs of the new age, yet to come in its fullness, the Chronicler, and those who pass on the prophetic traditions, see as already marking to some degree the present age of the theocracy.» Es ist sicher nicht richtig, im engeren Sinn im Zeitalter des zweiten Tempels von Theokratie zu sprechen, wie aufgezeigt. Doch die Beobachtung trifft auch auf Esra-Nehemia zu, dass das neue Zeitalter noch nicht gekommen ist und trotzdem im gegenwärtigen Zustand von Wiederherstellung gesprochen wird.

2. Innere und äussere Mauer

2.1 Mauerbau – die äussere Mauer

Man kann nicht über Wiederherstellung in Esra-Nehemia schreiben, ohne den Mauerbau zu thematisieren, dessen Schilderung einen wesentlichen Teil des Esra-Nehemia-Buches einnimmt. Die Mauerbauerzählung geht auf den Ich-Bericht[131] Nehemias zurück[132], der im wesentlichen Neh 1–7; 12,27–43; 13,4–31 umfasst.[133] Traditionellerweise spricht man von den Nehemiamemoiren, die Klassifizierung ist aber ungenau.[134]

Der Ich-Bericht Nehemias setzt, nach einer Einleitung in Neh 1,1a (דִּבְרֵי נְחֶמְיָה בֶּן־חֲכַלְיָה), in Neh 1,1b mit folgenden Worten ein: «Es geschah im Monat Kislew des zwanzigsten Jahres, als ich in der Burg Susa war». Der betreffende König wird hier nicht genannt. Anhand von Neh 2,1, wo das zwanzigste Jahr im Zusammenhang mit Artaxerxes (שְׁנַת עֶשְׂרִים לְאַרְתַּחְשַׁסְתְּא) erwähnt wird, wird aber klar, dass es sich um Artaxerxes handelt. Seit der Publikation der Elephantine Papyri mit der Erwähnung von Sanballat und des Hohenpriesters[135] Johanan war mehrheitlich klar, dass Nehemia unter Artaxerxes I. diente.[136] Auch wenn diese Sicht wieder in Frage gestellt wurde, bleibt sie die wahrscheinlichere Möglichkeit.[137] Ich gehe hier davon aus, dass Nehemia unter Artaxerxes I. diente.[138] Dass Josephus die Tätigkeit Nehemias in die Zeit von Xerxes datierte[139], hat wohl mit dem no-

---

131 Wie eingangs geschildert, verwende ich den Begriff «Ich-Bericht», s.o. I.2.2.2.

132 «It has long been recognized – and is today universally agreed – that substantial parts of the Book of Nehemiah go back to a first-person account by Nehemiah himself (or someone writing under his immediate direction).» (Williamson, *Ezra, Nehemiah*, xxiv.)

133 Vgl. z.B. ibid; Klement, *Rhetorical, Theological and Chronological Features*, 62.

134 «The conventional term «Nehemiah Memoir» (NM) is retained here for convenience. It is, however, obviously inappropriate as a literary classification of this source, as Mowinckel, *Studien II*, 50–92, has patently shown.» (Williamson, *Ezra, Nehemiah*, xxiv.)

135 Vgl. AramP30 = A4.7, Porten/Yardeni, *Aramaic documents*, 68ff.

136 Vgl. Williamson, *Ezra, Nehemiah*, 168.

137 Williamson hält diese Lösung für «more probable», ibid. Vgl. dort auch zu den Wadi ed-Daliyeh Papyri, wo auch ein Sanballat unter Artaxerxes II. erwähnt wird.

138 Vgl. auch die Diskussion bei Blenkinsopp, der zum Schluss kommt: «It is therefore beyond reasonable doubt that Nehemiah arrived in Jerusalem in the twentieth year of Artaxerxes I, therefore in 445 B.C.E.» Blenkinsopp, *Ezra-Nehemiah*, 205. Vgl. auch die Ausführungen bei Yamauchi, *Persia and the Bible*, 258–265.

139 JosAnt, 11,159.

vellistischen Stil seiner Zeit zu tun.[140] Die Geschehnisse fanden in der Burg[141] Susa (בְּשׁוּשַׁן הַבִּירָה, Neh 1,1) statt. Susa war die Winterresidenz der Achämeniden, in der Artaxerxes viel Zeit verbrachte.[142]

In Neh 1,2 befragt Nehemia Chanani und einige weitere Männer, die aus Jehud gekommen sind, «über die Juden, die Entronnenen, die aus der Gefangenschaft übriggeblieben sind, und über Jerusalem» (עַל־הַיְּהוּדִים הַפְּלֵיטָה אֲשֶׁר־נִשְׁאֲרוּ מִן־הַשֶּׁבִי וְעַל־יְרוּשָׁלִָם). Ein Vergleich mit Neh 7,2, wo von חֲנָנִי אָחִי die Rede ist, zeigt, dass Chanani der leibliche Bruder Nehemias war («Chanani, einer meiner Brüder», חֲנָנִי אֶחָד מֵאַחַי, in Neh 1,2 ist also wörtlich zu verstehen[143]). Es ist hier nicht ganz klar, über welche Gruppe Nehemia die Männer befragt. פְּלֵיטָה ist in Esr 9,8.13.14.15 ein Begriff für die Rettung aus dem Exil[144], kann aber auch «(als Rest) Entronnener/nes»[145] heissen. אֲשֶׁר־נִשְׁאֲרוּ מִן־הַשֶּׁבִי ist nicht eindeutig. Bertholet geht davon aus, dass שֶׁבִי das Exil bedeuten muss und es sich um «*die*[,] *welche das Exil glücklich überstanden haben*» handelt.[146] Rudolph versteht אֲשֶׁר־נִשְׁאֲרוּ מִן־הַשֶּׁבִי aber als diejenigen Juden, die von der Wegführung verschont wurden und immer im Land blieben.[147] Vermutlich ist Williamson zuzustimmen, «that no such distinctions are intended in this and the following verse».[148] Es

---

140 Blenkinsopp spricht vom «novelistic style then in vogue». Dass Josephus ins 25. Jahr der Herrschaft von Xerxes datiert, ist historisch gar nicht möglich, weil Xerxes nur 21 Jahre (486–564 v.Chr.) als Herrscher regierte, vgl. Blenkinsopp, *Ezra-Nehemiah*, 206.

141 בִּירָה muss mit «Burg», nicht mit «Hauptstadt» übersetzt werden, wie es auch dem Gebrauch in aramäischen Texten von Persepolis entspricht, vgl. ibid.

142 Vgl. Williamson, *Ezra, Nehemiah*, 170. Ekbatana (vgl. Esr 6,2) war die Sommerresidenz. Die Suche nach dem Kyrusedikt wurde in Babylon begonnen (Esr 6,1), man fand es aber schliesslich in Ekbatana. Dieser Vorgang der Suche ist verständlich, weil Kyrus 538 v.Chr. Babylon verliess, vgl. Williamson, *Ezra, Nehemiah*, 80. Yamauchi beschreibt Susa und Ekbatana ausführlich, vgl. Yamauchi, *Persia and the Bible*, 279–304 bzw. 305–314.

143 Schunck, *Nehemia*, 21.

144 Deshalb gehen einige davon aus, es handle sich bei diesem Terminus um eine spätere Einfügung, vgl. Gunneweg, *Nehemia*, 43; Schunck, *Nehemia*, 7.

145 HAL, 880.

146 Bertholet, *Esra und Nehemia*, 47f.

147 Rudolph, *Esra und Nehemia*, 104. Auch Gunneweg, *Nehemia*, 43; Schunck, *Nehemia*, 7.

148 Williamson, *Ezra, Nehemiah*, 171. Vgl. auch Ute Neumann-Gorsolke, *Warum die Mauer in Jerusalem wieder aufgebaut werden musste: Überlegungen zur Exposition des Nehemiabuches Neh 1,1–4*, in: Friedhelm Hartenstein/Michael Pietsch (Hrsg.), «Sieben Augen auf einem Stein» (Sach 3,9): Studien zur Literatur des Zweiten Tempels: Festschrift für Ina Willi-Plein zum 65. Geburtstag, Neukirchen-Vluyn: Neukirchener Verlag, 2007, 261–286, 266f.

sind diejenigen gemeint, die in Jehud wohnhaft sind. Sie sind übriggeblieben (נִשְׁאֲרוּ), verstehen sich als «Rest».[149] Nehemia bekommt folgende Antwort (Neh 1,3):

וַיֹּאמְרוּ לִי הַנִּשְׁאָרִים אֲשֶׁר־נִשְׁאֲרוּ מִן־הַשְּׁבִי שָׁם בַּמְּדִינָה בְּרָעָה גְדֹלָה וּבְחֶרְפָּה
וְחוֹמַת יְרוּשָׁלַ͏ִם מְפֹרָצֶת וּשְׁעָרֶיהָ נִצְּתוּ בָאֵשׁ׃

Und sie sprachen zu mir: Die Übriggebliebenen, die aus der Gefangenschaft übriggeblieben sind, sind dort im Lande in grossem Unglück und in Schmach; denn die Mauer Jerusalems ist eingerissen und ihre Tore mit Feuer verbrannt.

Ute Neumann-Gorsolke hat bemerkt, dass die Eingangsverse in Neh 1,1–4 die Exposition, «die den Anlass für die Initiative Nehemias zum Mauerbau entfaltet und zentrale Leitworte, die für das Gesamtverständnis des Mauerbauplans prägend sind»[150], bilden. Nehemia[151] erfährt, dass die Bewohner Judas in grossem Unglück und in Schmach (בְּרָעָה גְדֹלָה וּבְחֶרְפָּה) leben. Nehemia argumentiert selber mit dem Begriff רָעָה («Unglück, Not»[152]) in Neh 2,17, wo er die Mitmenschen zum Mauerbau auffordert. Die Not in

---

149 Vgl. Hausmann, *Israels Rest*, 28. Ihr Argument, dass בַּמְּדִינָה in V.3 es «unmöglich» macht, «daß diejenigen im Blick sind, die bereits vor Nehemia aus dem Exil zurückkehren», ist aber nicht zwingend. Auch Clements definiert den Restgedanken «explizit auf die Überlebenden in Jerusalem, die dem Schicksal der Deportation entkommen sind», Ronald E. Clements: Art. שאר, ThWAT VII, 1993, 933–950, 948.

150 Neumann-Gorsolke, *Mauer*, 264. Ich gehe hier nur auf die theologischen Aspekte ihres Aufsatzes ein. Sie äussert sich auch zu historischen Fragen, vgl. ibid., 261–64. Für die archäologische Debatte vgl. neben der dort erwähnten Literatur auch Israel Finkelstein, *Jerusalem in the Persian (and Early Hellenistic) Period and the Wall of Nehemiah*, in: JSOT 32, 2008, 501–520; Wolfgang Zwickel, *Jerusalem und Samaria zur Zeit Nehemias. Ein Vergleich*, in: BZ 52, 2008, 201–222; Wolfgang Zwickel, *Eine Stadt muss sich neu erfinden. Jerusalem zur Zeit Nehemias 445 vC*, in: Welt und Umwelt der Bibel 3/2011, 18–24.

151 Schon der Name Nehemia ist Programm: «Es geht auch im Folgenden um Nehemia, um seine Person, sein Handeln. Nicht zuletzt ist sein Name נחמיה ‹JHWH tröstet› als Programm zu verstehen, denn von hier an sind Mauerbau und Konsolidierung Jerusalems mit dem JHWH-treuen Nehemia unlöslich verbunden, und so steht er für Trost und Hoffnung für Juda / Israel.» (Neumann-Gorsolke, *Mauer*, 265.) Sie spricht in diesem Zusammenhang von einem «personifizierten Trost».

152 Nach Stoebe stellt sich bei Neh 1,3 und 2,17 die Frage, «ob es sich um eine Züchtigung von Gott oder bloß um ein Unglück handelt», H.J. Stoebe: Art. רעע, THAT II, 1976, 794–803, 798.

Jehud wird in 1,3 auch als Schande (חֶרְפָּה) umschrieben.[153] Auch dieses Wort greift Nehemia in Neh 2,17 auf: «Lasst uns die Mauer bauen, damit wir nicht länger in Schmach seien» (וְנִבְנֶה אֶת־חוֹמַת יְרוּשָׁלַם וְלֹא־נִהְיֶה עוֹד חֶרְפָּה). Hier wird ein expliziter Bezug zwischen der Schmach und der fehlenden Mauer hergestellt. Dasselbe ist in Neh 1,3 zu beobachten. Die Juden sind in Schmach, «denn die Mauern sind zerbrochen» (וְחוֹמַת יְרוּשָׁלַם מְפֹרָצֶת). Das וְ in וְחוֹמַת muss als וְ explikativum gelesen werden.[154] Die Schmach ist im Zustand der Mauer begründet. Die Mauern der Stadt Jerusalems sind «eingerissen» (מְפֹרָצֶת). פרץ «hat die Grundbedeutung ‹durchbrechen›, und zwar konkret auf eine Mauer bezogen, also ‹eine Bresche in eine Mauer schlagen›».[155] Das entspricht dem Zustand Jerusalems nach der Zerstörung der Mauer im Jahr 587 v.Chr. Die Schmach Judas liegt in der Schutzlosigkeit der Stadt begründet. Die eingerissene Mauer und die verbrannten Tore zeigen den mangelnden Schutz der Stadt. Deshalb ist es entscheidend, dass die Mauer wieder gebaut wird:

> Für die Integrität Judas, das sich vor seinen Feinden schützen und abgrenzen kann, sowie für die Demonstration der Macht des eigenen Gottes ist es daher unerlässlich, die eingerissene Mauer – Symbol der Schande – wiederherzustellen. Hierin liegt m.E. aus (exil-)judäischer Perspektive der Grund für den Mauerbau.[156]

Als Nehemia die Kunde über den Zustand der Stadt vernimmt, setzt er sich hin, weint, trauert tagelang und fastet und betet zum «Gott des Himmels» (אֱלֹהֵי הַשָּׁמָיִם, Neh 1,4).[157] Das Gebet ist ein wichtiges Motiv in der Nehemia-Erzählung (vgl. Neh 1,5–11; 2,4b; 4,3). Die Bezeichnung «Gott des Himmels» (vgl. auch Esr 1,2; 5,11f.; 6,9f.: Neh 1,5; 2,5.20) war in der Perserzeit bei den Juden im Exil verbreitet, «da sie der Auffassung der Perser von ihrem Gott Ahurmazda am nächsten kam»[158].

---

153 Neumann-Gorsolke sieht die Schmach auch im Kontext von anderen Bibelstellen, z.B. Jer 51,51, wo die Schmach (חֶרְפָּה) mit der Zerstörung des Tempels in Zusammenhang gebracht wird, vgl. Neumann-Gorsolke, *Mauer*, 270.

154 Siehe Schunck, *Nehemia*, 7. So auch Neumann-Gorsolke: «Der spezifische Eigenakzent des Bauberichts liegt darin, dass die Schmach nicht auf die Zerstörung des Heiligtums bezogen wird, sondem der desolate und schmachvolle Zustand Jerusalems auf die Stadtmauer und ihre verbrannten Tore zugespitzt ist (Neh 1,3b).» (Neumann-Gorsolke, *Mauer*, 273.)

155 Joachim Conrad: Art. פרץ, ThWAT VI, 1989, 763–770, 764.

156 Neumann-Gorsolke, *Mauer*, 284.

157 Neumann-Gorsolke vergleicht das Fasten Nehemias mit dem Fasten Daniels in Dan 9,3ff. Interessanterweise wird in Dan 9,16 im Gebet ebenfalls die Schande (חֶרְפָּה) des Volkes thematisiert, ibid., 282.

158 So Schunck, *Nehemia*, 25. Er verweist auf Williamson, *Ezra, Nehemiah*, 12.

Nehemia erlangt vom König die Erlaubnis, nach Jerusalem zu reisen (Neh 2,1–10), untersucht nach seiner Ankunft den Zustand der Mauern (2,11ff.) und motiviert das Volk zum Bau der Mauer (2,17f.). In Neh 3 werden die Mauerabschnitte und die daran Arbeitenden beschrieben. Für unsere vorhergehenden Ausführungen von Bedeutung ist Neh 4,1, weil פרץ wieder aufgegriffen wird und der Vers mit Neh 1,3 korrespondiert. Zudem finden wir in Neh 4,1 explizit den Begriff «Wiederherstellung»:

וַיְהִי כַאֲשֶׁר שָׁמַע סַנְבַלַּט וְטוֹבִיָּה וְהָעַרְבִים וְהָעַמֹּנִים וְהָאַשְׁדּוֹדִים כִּי־עָלְתָה
אֲרוּכָה לְחֹמוֹת יְרוּשָׁלַםִ כִּי־הֵחֵלּוּ הַפְּרֻצִים לְהִסָּתֵם וַיִּחַר לָהֶם מְאֹד׃

Es geschah, als Sanballat und Tobija und die Araber, Ammoniter und Aschdoditer hörten, dass die Wiederherstellung der Mauer Jerusalems fortschritt und dass die Risse sich zu schliessen begannen, wurden sie sehr zornig.

Aus der Sicht der Feinde wird wahrgenommen, dass sich die Risse der Mauer zu schliessen beginnen. Die eingerissene Mauer (חוֹמַת יְרוּשָׁלַםִ מְפֹרָצֶת) war Grund der Schmach Jerusalems (Neh 1,3) und nun werden die Risse (הַפְּרֻצִים) zugemauert. Die Wiederherstellung der Mauer Jerusalems (אֲרוּכָה לְחֹמוֹת יְרוּשָׁלַםִ) schreitet voran. Die einzige Erwähnung des Begriffs אֲרוּכָה im Sinn von «Wiederherstellung» in Esra-Nehemia findet sich hier in Zusammenhang mit der Mauer! אֲרוּכָה kommt mit der Bedeutung «Heilung»[159] in Jes 58,8; Jer 8,22; 30,16; 33,6 vor. Metaphorisch für die «Ausbesserung»[160] der Mauer wird es neben Neh 4,1 auch in 2Chr 24,13 für die Restauration des Tempels verwendet. In Jer 30,17 wird Heilung bildlich für die Wiederherstellung von Zion verwendet. Auch in Jer 33,6 ist bildhaft von der Heilung der Stadt die Rede. Die Häuser der Stadt und die Häuser der Könige wurden zerstört (Jer 33,4), als die Chaldäer die Stadt eroberten (Jer 33,5), doch nun wird Gott Jerusalem Genesung und Heilung (אֲרֻכָה וּמַרְפֵּא, Jer 33,6) schenken. Die doppelte Nennung der Heilung führt hier «*Gottes ärztliche Tätigkeit* fort, im übertragenen Sinn als Herstellen der Gesundheit der Gemeinschaft verstanden»[161]. אֲרֻכָה wird hier also im übertragenen Sinn für die Wiederherstellung Jerusalems verwendet. So kann auch in Neh 4,1 im physischen Sinn mit «Wiederherstellung» übersetzt werden. Auch die bildliche Wiederherstellung der Stadt schwingt in Neh 4,1 mit. Karrer-Grube schlägt vor, Neh 4,1 auf dem Hintergrund von Jer 30,17 und 33,6 zu lesen.[162]

---

159 HAL, 82.

160 HAL, 82.

161 Fischer, *Jeremia 26–52*, 227.

162 «The Word ארוכה for ‹healing› is seldom used in the Hebrew Bible. Normally, the word is used for the healing of a wound where flesh is growing again. In the figurative sense of ‹healing a city/building› it is used only in Jer. 30.17; 33.6

Obwohl ich oben gezeigt habe, dass das Esra-Nehemia-Buch nicht als vollständige Erfüllung von Jer 30–33 gelesen werden kann, so trifft dieser Bezug zu Jer 30–33 zu.

Auch die erneuten Anfeindungen von aussen (Neh 4,2–17; 6,1–4) und von innen (Neh 5,1–13) vermögen den Mauerbau nicht zu stoppen. Die Mauer wird am 25. Elul «in 52 Tagen»[163] (לַחֲמִשִּׁים וּשְׁנַיִם יוֹם, Neh 6,15) fertiggestellt und die Stadttore werden eingesetzt (Neh 7,1–3). Die Einweihung der Mauer Jerusalems (חֲנֻכַּת חוֹמַת יְרוּשָׁלַםִ, Neh 12,27) wird in Neh 12,27–43 geschildert[164] und bildet einen Höhepunkt des Esra-Nehemia-Buches.[165]

Sind im Mauerbaubericht in theologischer Hinsicht im Blick auf Wiederherstellung keine Spannungen oder Ambivalenzen zu beobachten? Meiner Meinung nach kann eine Spannung in der Anordnung des Materials gesehen werden. Zwischen Abschluss des Mauerbaus und Einweihung der Mauer wird in Neh 8–10 die Toraverlesung durch Esra mit anschliessendem Bussgebet und Bundeserneuerung eingeschoben. In Neh 8,10 wird ausgesagt, dass die Freude an Jhwh den eigentlichen Schutz bildet: «Die Freude an Jhwh ist euer Schutz (מָעֻזְּכֶם).»[166] Die Frage ist nun, welche Mauer der Stadt den eigentlichen Schutz verleiht. Im Vergleich zu Sach 2,9 wird diese Spannung sichtbar: «Und ich selbst, Spruch Jhwhs, werde eine Mauer aus Feuer (חוֹמַת אֵשׁ) um sie (gemeint ist Jerusalem, vgl. Sach 2,8) her und werde zur Herrlichkeit in ihrer Mitte.» Kessler macht darauf aufmerksam, dass eine Spannung zwischen dieser Aussage und der Tatsache des Mauerbaus besteht und sucht nach einer theologischen Erklärung.[167] Man muss die Spannung nicht

---

(Zion/Jerusalem), 2 Chron. 24.13 (the reparation of the pre-exilic temple), and in Neh. 4.1. According to Neh. 4.1 the flesh of the wall of the city of Jerusalem is ‹healed› (ארוכה) because its cracks are closed. This word-for-word reference is a further hint that the Nehemiah report can be read as fulfillment of Jeremiah 30–33.» (Karrer-Grube, *Conceptual Unity of Ezra and Nehemiah*, 153f.)

163 Josephus gibt für die Bauzeit eine viel längere Zeitspanne von zwei Jahren und vier Monaten an, vgl. JosAnt, 11,179. Das wohl deshalb, weil Josephus von der Mauerlänge in seiner Zeit ausging und die Zeitangabe nicht für realistisch hielt (so Blenkinsopp). Die Zeitangabe in Neh 6,15 ist aber durchaus plausibel, wie Blenkinsopp anhand des Vergleichs mit dem Mauerbau Athens nach der Zerstörung in den Perserkriegen aufzeigt, Blenkinsopp, *Ezra-Nehemiah*, 273.

164 S.o. III.2.1.4.

165 Williamson spricht von Neh 8–10 als theologischer Klimax («theological climax») und von der Einweihung der Mauer als «physischer» Klimax der Wiederherstellung («the dedication of the walls marks the narrative's physical climax»), Williamson, *The Torah and History*, 167.

166 S.o. zu Neh 8,10 unter III.3.2.

167 «Aber die Bewohnerschaft Jerusalems war klein geblieben, und die Gemeinde hatte sich unfähig gezeigt, inmitten ihrer Gegner nur unter Gottes geistlichem

auflösen, sondern kann sie bestehen lassen: Gott ist der eigentliche Schutz der Stadt, doch gerade weil er Schutz gewährt, lässt er auch den Mauerbau gelingen. Die innere und die äussere Mauer als Schutz der Stadt kann als Ambivalenz im Sinn der Definition im Eingangskapitel gesehen werden: Beide Aspekte haben ihre Gültigkeit. Das Volk braucht den doppelten Schutz der äusseren sowie der inneren Mauer. Inmitten des Triumphs gegen die Feinde von aussen und innen soll aber das Volk gerade nach der Wiederherstellung der Mauer Jerusalems die Tatsache nicht vergessen, dass Jhwh sein Schutz ist (Neh 8,10). Neh 8,10 steht im Kontext der Toralesung und macht deutlich, dass die Tora eine innere Schutzmauer bildet.

2.2 Tora – die innere Mauer

Nach Reinmuth zeigt gerade das Einfügen von Neh 8–10 innerhalb der Mauerbaugeschichte die Toraorientierung von Esra-Nehemia auf: «By the insertion of Nehemiah 8–10, the editors of Ezra-Nehemiah present the orientation to Torah as an integral part of the restoration history of Judah.»[168] Neh 8–10 ist vom Blick dieser Toraorientierung das Buchzentrum.[169]

Die Tora fungiert, vergleichbar der äusseren Mauer, als innere Mauer, indem sie das Volk beschützt. Das Bleiben im Land ist abhängig vom Einhalten der Tora. So garantiert die Tora die Erhaltung des «Heiligen Samens» (זֶרַע הַקֹּדֶשׁ, Esr 9,2), denn dem Samen Abrahams (לְזַרְעוֹ, Neh 9,8) wurde das Land verheissen. In Esra-Nehemia wird Reinheit insbesondere auf ethnische Reinheit hin zugespitzt.[170]

Janzen untersucht das Esra-Nehemia-Buch im Hinblick auf ethnische, kultische, gesetzliche und geographische Mauern (bzw. Grenzen: «boundaries») und kommt zum Schluss: «[T]he main theme of both Ezra 1–10 and Nehemiah 1–13 concerns the definition of Israel as the exiles and their descendants, and Israel's need for boundaries to separate itself from the peoples

Schutz zu bestehen. Darum gewährte er ihr nun den Schutz einer irdischen Mauer.» (Kessler, *Gottes Mitarbeiter am Wiederaufbau*, 98.)

168 Reinmuth, *Nehemiah 8 and the Authority of Torah*, 262. Reinmuth selber vertritt die These einer toraorientierten Redaktion des Nehemia-Buches, Reinmuth, *Der Bericht Nehemias*, 343–347. Zur Integration von Neh 8–10 innerhalb der Mauerbauerzählung vgl. auch Böhler, *Die heilige Stadt*, 362–364.

169 Vgl. Reinmuth, *Nehemiah 8 and the Authority of Torah*, 250.

170 «The application of traditional impurity language and ritual to maintain ethnic purity appears for the first time in Jewish history and can be traced throughout both Ezra and Nehemiah.» Die Mischehen verunreinigen Israel: «*Israel is a sanctum which can be desecrated by intermarriage.*» (Harrington, *Holiness and Purity*, 115f.) Siehe auch oben zu Esr 9,2 in II.2.1.2.

in whose midst it lives.»[171] Es ist Gottes Wille, dass sich Israel von den Völkern abtrennt, und dieser Wille kommt in der Tora klar zum Ausdruck.[172] Es braucht aber die Stadtmauer, um diese Gebote der Tora durchzusetzen. Das bedeutet, dass die äussere Mauer die Durchsetzung der inneren Mauer garantiert.[173]

Karrer-Grube hat in diesem Zusammenhang die Mauerbauerzählung als eine «Erzählung über die Abwehr der feindlichen Nachbarvölker» charakterisiert.[174] Nur durch die Mauer kann das in der Tora geforderte Gebot umgesetzt werden. So wie der Bau der Stadtmauer und die Toralesung mit anschliessender Bundesverpflichtung auf Grundlage der Tora literarisch miteinander verzahnt sind, so bedingen sich die Einhaltung der Tora und der Bau der Stadtmauer gegenseitig. Beide, die «äussere» und die «innere» Mauer, sind dabei von Bedeutung. Karrer-Grube spricht vom Aussen- und Innenaspekt des Gemeinwesens.[175] In der Gesamtkomposition Esr 7 – Neh 13 wird gemäss Karrer-Grube sichtbar, «daß die Anerkennung der Tora Gottes der eigentliche Zielpunkt ist, der jedoch durch den Bau der Mauer gewährleistet wird».[176]

Das kann besonders deutlich anhand des Sabbatgebotes gezeigt werden. Nehemia gibt die Anordnung, dass die Stadttore am Sabbat geschlossen werden (Neh 13,19), um die Einhaltung des Sabbatgebotes zu garantieren. In der geschützten Stadt kann die Tora eingehalten werden.[177]

---

[171] David Janzen, *The Cries of Jerusalem: Ethnic, Cultic, Legal, and Geographic Boundaries in Ezra-Nehemiah*, in: Mark J. Boda/Paul L. Redditt (Hrsg.), Unity and Disunity in Ezra-Nehemiah. Redaction, Rhetoric and Reader, Sheffield: Phoenix Press, 2008, 117–135, 135.

[172] «God's demand for separation is clearly expressed in the law», ibid.

[173] Auch die Verlesung der Tora in Neh 8 fand erst nach Fertigstellung des Mauerbaus statt, sodass sich die Bundeserneuerung in Neh 8–10 «im Schutz der Mauer» ereignen konnte, vgl. Böhler, *Die heilige Stadt*, 364.

[174] Vgl. Karrer, *Ringen um die Verfassung Judas*, 181. Dazu auch Neumann-Gorsolke, *Mauer*, 278.

[175] «Für das Leben der Bevölkerung ist einerseits die Befestigung der Hauptstadt durch den Bau der Mauer, die es erlaubt, sich der feindlichen Nachbarvölker zu erwehren, und andererseits die Anerkennung der Tora, die das eigene Leben entsprechend der Gebote Gottes regelt, von gleichermaßen hoher Bedeutung. Die beiden Seiten bestimmen sozusagen den ‹Außen›- und ‹Innenaspekt› des Gemeinwesens.» (Karrer, *Ringen um die Verfassung Judas*, 355.)

[176] Ibid., 356. «*Es bedarf* ([…]) *des Mauerbaus mit seiner Schutzfunktion* ([…]) *um die Durchsetzung des Gesetzes, das den Bestand als Volk Gottes in Juda ermöglicht, dauerhaft zu gewährleisten.*» (Ibid.)

[177] «Eine Heiligung des Sabbats, d. h. ein toragemäßes Leben ist nur möglich durch den Schutz der Mauer und der Tore», Böhler, *Die heilige Stadt*, 377, vgl. auch 370.

Die Mauer bildet die Voraussetzung, dass innerhalb der Stadt die Tora durchgesetzt werden kann. Interessanterweise wird Jerusalem in Neh 11,1 «Heilige Stadt» (עִיר הַקֹּדֶשׁ) genannt. Eskenazi hat diese und andere Formulierungen in Esra-Nehemia dahingehend gedeutet, dass «das Haus Gottes» in Esra-Nehemia «the city as a whole»[178] umfasse. Im Zusammenhang mit der Stadtmauer schreibt sie: «[I]t has been established that the house of God and the city walls are coextensive.»[179] Ich teile Eskenazis Ansicht zwar nicht, dass das «Haus Gottes» in Esra-Nehemia auf die ganze Stadt ausgeweitet wird[180], dennoch ist ihr zuzustimmen, dass ein enger «Zusammenhang von Tempel und Mauer bzw. Stadt Jerusalem» zu beobachten ist.[181] Der Tempel bildet zwar weiterhin das Zentrum der Stadt und doch ermöglicht die Stadtmauer, dass innerhalb Jerusalems gemäss der Tora gelebt werden kann.

Die Stadtmauer wird nach Toraverlesung, Bussgebet und Bundeserneuerung mit grossem Aufwand eingeweiht. Die beiden Dankchöre unter der Leitung von Esra (Neh 12,36) und Nehemia (13,38) umrunden die Stadtmauer. Die Beschreibung der Freude in Neh 12,43 ist in ihrer Intensität im Esra-Nehemia-Buch einzigartig.[182] Die Klimax der Freude findet im Zusammenhang mit der Einweihung der Mauer statt – genauso wie die Freude an Jhwh eine innere Schutzmauer bildet (Neh 8,10).

Williamson hat als Antwort auf Albertz im Zusammenhang mit der Frage, ob in Esra-Nehemia von Wiederherstellung gesprochen werden dürfe, unter anderem den Tempel als Argument der Kontinuität zum vorexilischen Juda angeführt.[183] Auch die Stadtmauer müsste in diesem Kontext erwähnt wer-

---

178 Eskenazi, *Age of Prose*, 53, zu Neh 11,1 vgl. auch 41, 44, 86, 97.

179 Ibid., 84.

180 Detailliert mit dieser Position auseinandergesetzt hat sich VanderKam, *Ezra-Nehemiah*, 72–74. Ich schliesse mich ihm an, dass die Ansicht, «to inflate the meaning of ‹the house of God›» nicht übernommern werden soll, ibid., 74.

181 Vgl. Karrer, *Ringen um die Verfassung Judas*, 360. Karrer sieht eine «*Parallelisierung der beiden Innenaspekte von Gemeinwesen und Tempel*», der eine «*Parallelisierung der Außenaspekte ‹Bau des Tempels› und ‹Bau der Stadtmauer›*» entspricht, ibid., 359. In der Gesamtkomposition sieht sie «*zwei Perioden des Gemeinwesens*» und spricht von einer «*Periodisierung der Zeit*», ibid., 361. Im Zusammenhang mit der Periodisierung verweist sie auf Japhet, *Composition and Chronology*, 208f.

182 S.o., III.2.1.4

183 «I have already acknowledged the truth of Albertz's claim that post-exilic Judah cannot be said historically to have been an exact restoration of the pre-exilic reality, yet the authors of Ezra and Nehemiah were evidently anxious to stress the extent to which there was a direct continuity between several of the important pre- and post-exilic institutions that were central to its sense of identity.» Darunter fallen auch Aspekte, die nicht mit der Tora in Verbindung stehen «because they ref-

den. Die detaillierten geographischen Angaben zum Mauerverlauf in Neh 3 bieten nicht nur einen Bezug zum vorexilischen Juda, sondern wecken bei der Leserschaft auch Erinnerungen an bestimmte heilsgeschichtlich bedeutsame Geschehnisse.

Mit dem Thema der Mauer wird auch eine Analogie zum Josuabuch und zur Landnahmegeneration hergestellt.[184] Unter Josua wurde die Mauer Jerichos zerstört (Jos 6,20), nun wurde unter Nehemia die Mauer Jerusalems gebaut. So wie Josua die Mauer umrundete, umrunden die beiden Dankchöre Jerusalem auf der Stadtmauer (Neh 12,27ff.). Damit wird die Mauer mit Dank bzw. Gebet in Verbindung gebracht, einem Thema, das im Mauerbaubericht von Anfang an (Neh 1,4) präsent ist.

Die Klimax der Freude am Ende der Mauereinweihung (Neh 12,43) erinnert daran, dass die Freude an Jhwh, sprich das Leben gemäss der Tora, die innere Schutzmauer bildet (Neh 8,10). Die Frage an das Volk und die rhetorische Spitze ist folgende: Wird das Volk unter Gottes Schutz bleiben, indem es die Tora einhält? Wird es im Land bleiben können? Das ist noch nicht gesichert. Vermeintlich starke Mauern aus Stein können die Stadt nicht schützen, genauso wenig wie damals in vorexilischer Zeit. Die eigentliche Mauer ist Gott und die Freude an ihm und seinem Gesetz. Wer sich nach ihm richtet, wird sicher im Land wohnen bleiben können.

Die Mauerbauerzählung steht in Zusammenhang mit der Abgrenzung von den Völkern und der Mischehenproblematik. Das Buchende in Neh 13 zeigt, dass das Einhalten der Tora in der Landnahmegeneration immer noch gefährdet ist. Die Assimilation ist weiterhin eine Gefahr, wie der Buchschluss in Neh 13,23ff. zeigt. Um dieser Gefahr zu entkommen, muss das Volk innerhalb der Bundesbestimmung leben.

3. Zusammenfassung

Sowohl beim Tempelbau als auch beim Mauerbau sind Ambivalenzen zu beobachten. Einerseits ist das Volk über den Bau des Tempels hoch erfreut, andererseits weinen die älteren Menschen, welche den ersten Tempel noch gesehen haben. Haggai bestätigt, dass die Herrlichkeit des zweiten Tempels nicht an die des ersten herankommt (Hag 2,3). Obwohl der zweite Tempel an Grösse dem ersten nicht nachsteht, fehlt Gottes Herrlichkeit, die den ersten Tempel in besonderer Weise erfüllte. Diese Ambivalenz wird auch in Haggai beschrieben. Sie wird sich erst in der Zukunft auflösen, wenn Gott das zweite

---

lect continuity with topics discussed in the earlier historical books of the Old Testament rather than the Torah itself», Williamson, *The Torah and History*, 163.

[184] S.o., III.1.2.4.

Haus mit Herrlichkeit erfüllen wird, nachdem er die Nationen erschüttert hat und diese ihre Reichtümer nach Jerusalem gebracht haben.

Die erfolgreiche Wiederherstellung der Mauer nimmt die Schmach (Neh 1,3) von Juda weg. Das Wort «Heilung» zur Beschreibung von Wiederherstellung fällt im Kontext des Mauerbaus. Die endgültige Heilung und Wiederherstellung, die endgültige Sicherheit, findet Israel aber nicht allein in äusseren Mauern, sondern Gott selber will eine feurige Mauer um sein Volk sein (vgl. Sach 2,9). Die Freude an Jhwh ist die eigentliche Schutzmauer, die das Volk vor Feinden beschützt. Wenn es nach seinem Willen, gemäss der Tora lebt, ist ihm das Bleiben im Land gewährt. Der Mauerbau dient diesem Ziel, er ermöglicht die Einhaltung der Tora.

Im Jauchzen und Weinen in Esr 3,12f. wird die Ambivalenz, die in allen vier untersuchten Konzepten der Wiederherstellung auszumachen war, besonders deutlich. Einerseits jauchzen die Menschen über die Grundsteinlegung des Tempels, womit die Kontinuität zum vorexilischen Israel garantiert wird und Jhwhs Gnade seinem Volk gegenüber sichtbar wird. Andererseits haben Teile der Bevölkerung Anlass zu weinen, weil sie realisieren, dass dieser Tempel noch nicht die erwartete messianische Heilszeit symbolisiert.

VI. Ertrag

Die vier Abschnitte im Ertragskapitel (VI.1–VI.4) korrespondieren inhaltlich mit den vier Punkten im einleitenden Kapitel.

1. Ambivalente Restauration in Jehud

In der Forschung wird heute kontrovers diskutiert, ob der Begriff Restauration weiterhin als Leitbegriff für die im Esra-Nehemia-Buch beschriebene Zeitepoche gelten darf. Wer historisch argumentiert, hält den Begriff für inadäquat, da die Monarchie Judas nicht wiederhergestellt wurde und die persische Provinz Jehud im Vergleich zur vorexilischen Monarchie ein Schattendasein führte. Dagegen hält, wer von Esra-Nehemia her argumentiert, weiterhin am Begriff Restauration fest, da das Buch theologisch die nachexilische Zeit als Zeit der Wiederherstellung deutet.[1]

Bisher wurde in der Forschung zwar an einzelnen Stellen angemerkt, dass das Esra-Nehemia-Buch die eigene Zeitepoche nicht ausschliesslich als Zeit der Wiederherstellung deutet. So beschreibt Williamson beispielsweise die kritischen politischen Töne gegenüber der Perserherrschaft in Neh 9, wo er die deutlichsten Hinweise darauf sieht, dass die Restauration noch nicht abgeschlossen ist.[2] Die vorliegende Arbeit zeigt auf, dass sich dieser Sachverhalt im Esra-Nehemia-Buch nicht nur auf einzelne Stellen und bei weitem nicht nur auf politische Äusserungen beschränkt. Das Esra-Nehemia-Buch ringt – oft zwischen den Zeilen bzw. durch Andeutungen und Analogien kunstvoll versteckt – mit der existentiellen theologischen Frage, ob nun eine neue Heilszeit angebrochen bzw. Israel wiederhergestellt sei, und kommt zu einem ambivalenten Ergebnis.

In Bezug auf das Verständnis von Wiederherstellung finden wir also im Esra-Nehemia-Buch Spannungen, die in ihrer Natur noch grundsätzlicher sind als die unterschiedlichen Ansichten in der aktuellen Forschungsdiskussion um den Begriff der Restauration in nachexilischer Zeit. Die vorliegende Arbeit versucht, diese Ambivalenzen im Esra-Nehemia-Buch anhand von vier «Konzepten der Wiederherstellung» zu systematisieren.

Es schien mir angebracht, mit der Wiederherstellung als Bundeserneuerung zu beginnen, da mit Neh 8–10 eine Bundeserneuerungszeremonie die inhaltliche Klimax des Esra-Nehemia-Buches bildet. Wiederherstellung wird

---

1 Nach Williamson ist es «the way that the main biblical sources want us to regard it», Williamson, *The Torah and History*, 157. S.o. die Diskussion in I.1.1.

2 «Here surely is the clearest indication that restoration has not yet been fully achieved», ibid., 168.

in erster Linie als Bundeserneuerung verstanden. Dabei wird sichtbar, dass nicht eine neue Qualität von Bund, wie etwa der in Jer 30–33 verheissene neue Bund, beschrieben wird, sondern dass der aufgrund der Permanenz des Väterbundes nach wie vor gültige Sinaibund im erneuten Bundesschluss reaktiviert wird. Die drei Hauptbereiche, auf die sich das Volk in Neh 10 verpflichtet (Mischehenverbot, Sabbatbestimmungen und tempelbezogene Anordnungen), werden in chiastischer Reihenfolge in Neh 13 wieder aufgegriffen. In allen drei Bereichen finden Bundesbrüche statt, wobei in die Mischehenproblematik, die sich wie ein Cantus firmus durch das Esra-Nehemia-Buch zieht, sogar die Familie des Hohenpriesters verwickelt ist (Neh 13,28). Die erwartete Heilszeit ist wahrlich noch nicht in ihrer Fülle angebrochen. Das Esra-Nehemia-Buch endet mit einer merkwürdig tristen Note.

Dies ist anhand des zweiten untersuchten Konzepts verständlich. Das Esra-Nehemia-Buch beschreibt das Erleben zweier Generationen und schafft starke Analogien zu Exodus und Landnahme. Neu wurde hier auch die Doppelung der Rückkehrerliste in diesem Kontext gedeutet. So wie in Num 1 und Num 26 während der Wüstenwanderung zwei Volkszählungen durchgeführt werden, wird auch die in Esr 2 aufgeführte Liste im Zusammenhang mit der zweiten Generation in Neh 7 wiederholt. Im Modell der Periodisierung (im Anschluss an Sara Japhet) umfasst das Textmaterial der «zweiten Generation» den grösseren Umfang (Esr 7–Neh 13). Die in Esra-Nehemia beschriebenen Feste decken ein liturgisches Jahr von Sukkot (Esr 3) bis Sukkot (Neh 8) ab. Beim dazwischenliegenden Pessachfest wird der Auszug aus der Sklaverei in die Heimat sogar durch den Sprachwechsel von der persischen Amtssprache Aramäisch zu Hebräisch, der Sprache der Tora, deutlich (Esr 6,18f.). Das Sukkotfest in Neh 8 schafft durch die Toralesung und die Erwähnung Josuas in Neh 8,17 einen starken Bezug zur Landnahmegeneration. Der Landnahmegeneration muss die Tora verlesen werden, da die Gefahr des Bundesbruchs immer noch akut ist.

Der Erfolg der Toraverpflichtung ist nicht garantiert, da die neue, von Jeremia angekündigte Heilszeit, in der die Tora auf die Herzen geschrieben wird (Jer 31,33), noch nicht eingetroffen ist. Der Verweis auf das Jeremiawort am Buchanfang (Esr 1,1) lässt verschiedene Interpretationen zu. Einerseits ist die siebzigjährige Exilszeit zu Ende. Andererseits macht gerade die Einladung, den folgenden Text im Licht des Jeremiabuches zu lesen, deutlich, dass viele Verheissungen in der aktuellen Zeit nicht in Erfüllung gehen. Der Blick auf Dan 9 und die Nachtgesichte Sacharjas hat eine Verzögerung der Heilszeit aufgezeigt, wie sie auch im Esra-Nehemia-Buch auszumachen ist. Obwohl Esra-Nehemia über den kommenden König schweigt, wird anhand der Bussgebete in Esr 9 und Neh 9 deutlich, dass unter den Persern keine messianischen Zustände herrschten, auch wenn die Perserkönige für die Restauration Jehuds eine Schlüsselrolle spielten.

Die Wiederherstellung wird im Tempel- und im Mauerbau physisch greifbar. Zwar wird der Tempel neu aufgebaut, doch nach Esr 3,10–13 wird dessen Grundsteinlegung von einem «bittersweet flavour»[3] (Throntveit) begleitet und weckt «mixed feelings»[4] (McConville). Dies ist keine singuläre Erscheinung, die sich nur auf den Tempelbau bezieht, sondern auch im Hinblick auf die Restaurationsbewegung in Jehud insgesamt hegt das Esra-Nehemia-Buch gemischte Gefühle. Wer Esra-Nehemia liest, dem bleibt nach dem abrupten Buchende ein bitterer Nachgeschmack, der ebenfalls mit «bittersweet flavour» umschrieben werden könnte.

Der Mauerbau wird durch die Toraverlesung unterbrochen, wo erwähnt wird, dass die Freude an Jhwh Schutz bietet (Neh 8,10). Durch die Verzahnung von Mauerbauerzählung und Toraverlesung wird die Tora sozusagen als innere Mauer charakterisiert. Die äussere Mauer hilft der inneren, wie die Schilderung der Durchsetzung des Sabbatgebotes durch das Schliessen der Mauer (Neh 13,19.22) zeigt. Und doch ist, um im Land bleiben zu können, die Umzäunung der «inneren Mauer», das Einhalten der Tora, der entscheidende Faktor. Der mit Gott erneuerte Bund muss bewahrt werden.

Esra hat sein Herz darauf gesetzt, die Tora zu erforschen, zu tun und zu lehren (Esr 7,10). Er tritt für dieses Anliegen ein und ermahnt das Volk, so wie damals Mose in seinen Reden im Land Moab unmittelbar vor der Landnahme. Dieses paränetische Anliegen prägt das Esra-Nehemia-Buch.

Hinsichtlich der Wiederherstellung ist die Botschaft eine doppelte: Einerseits hat mit Kyrus eine Belebung (מִחְיָה) angefangen, andererseits wird die Zeit immer noch als Sklaverei (עַבְדוּת) empfunden. Bezeichnenderweise stehen beide Begriffe in der Wendung «ein wenig Belebung in unserer Sklaverei» (מִחְיָה מְעַט בְּעַבְדֻתֵנוּ) in Esr 9,8 direkt nacheinander. Die Wiederherstellung in Esra-Nehemia hat begonnen, doch sie ist noch nicht vollendet. Das Esra-Nehemia-Buch versteht die Restauration in nachexilischer Zeit als sehr ambivalent.

2. Fruchtbare neuere Forschungsansätze

Da sich diese Untersuchung mit theologischen Konzepten der Wiederherstellung beschäftigt, wird im Wesentlichen von theologischen Fragestellungen ausgegangen. In den letzten Jahren sind diesbezüglich zum Esra-Nehemia-Buch – gerade auch durch die in I.2.1 skizzierte neue Phase in der For-

---

3 Throntveit, *Ezra-Nehemiah*, 24.

4 McConville, *Ezra, Nehemiah, and Esther*, 18.

schungsgeschichte – viele anregende Beiträge erschienen. Ein wesentlicher Ertrag der vorliegenden Arbeit besteht darin, dass aus der Fülle von Publikationen der letzten Jahre zur Perserzeit eine ganze Anzahl von Einzelthesen ausgewählt und miteinander ins Gespräch gebracht wurden. Die Diskussion zu theologischen Themen im Esra-Nehemia-Buch findet zu einem wesentlichen Teil im angelsächsischen Raum statt. Thesen aus der englischsprachigen Literatur, die bisher (wenn überhaupt) nur in englischer Sprache rezipiert wurden, werden hier mit deutschsprachigen Ansätzen kombiniert.

Die vorliegende konzeptionelle Studie zeigt, dass es sich als äusserst fruchtbar erweist, das Esra-Nehemia-Buch als ein selbständiges, von den Chronikbüchern losgelöstes, literarisches Werk zu betrachten. Im Zug der Theorie des Chronistischen Geschichtswerkes konnten theologische Konzepte im Esra-Nehemia-Buch nur eingeschränkt wahrgenommen werden.

Gleichzeitig ist die vorliegende Untersuchung ein Beitrag im Rahmen der aktuellen Diskussion um die Einheit von Esra-Nehemia.[5] Christiane Karrer-Grube ist überzeugt, dass diese Frage «on conceptual grounds»[6] entschieden werden muss. In diesem Sinn liefert diese Arbeit wesentliche Argumente zugunsten der Einheit des Esra-Nehemia-Buches. Die untersuchten Konzepte der Wiederherstellung lassen sich nur im Kontext der Gesamtkomposition des Esra-Nehemia-Buches beobachten.

3. Intertextuelle Anregungen

Die Fragestellung der Arbeit ist schon in sich intertextuell angelegt, da Bilder von «Wieder»-Herstellung immer auf frühere Zustände rekurrieren (vgl. I.3). Der Bezug von Esra-Nehemia zum Pentateuch und zum Josuabuch ist durch die Analogien von Exodus und Landnahme gegeben. Der explizite Verweis auf Jeremia am Buchanfang lädt geradezu zu intertextuellen Vergleichen mit dem Jeremiabuch ein. Durch die Erwähnung Haggais und Sacharjas stehen weitere Bezüge zu Prophetenbüchern im Raum. Die Aussage von Reinmuth, das Esra-Nehemia-Buch zeige ein hohes Potential von intertextuellen Bezügen, hat sich bestätigt.[7]

Die intertextuellen Bezüge sind anregend. Gleichzeitig werden gerade durch sie auch Fragen virulent. Im Vergleich zu den Prophetentexten stellt sich die Frage, weshalb sich das Esra-Nehemia-Buch über eine zukünftige Herrschererwartung ausschweigt. Die Untersuchung hat gezeigt, dass nicht gesagt werden kann, das Esra-Nehemia-Buch weise anti-eschatologische

---

[5] Zur Diskussion s.o. I.2.2.2.

[6] Karrer-Grube, *Conceptual Unity of Ezra and Nehemiah*, 136.

[7] Reinmuth, *Nehemiah 8 and the Authority of Torah*, 257. Zum Zitat s.o. I.3.

Tendenzen auf. Die subtile Kritik an der gegenwärtigen Perserherrschaft lässt im Esra-Nehemia-Buch eine Hoffnung auf zukünftige Veränderung aufleuchten.[8]

Diese Offenheit für die Zukunft führt zur Frage nach einem impliziten Messianismus in Esra-Nehemia. McConville schliesst seine Studie über Esra-Nehemia und die Erfüllung von Prophetie mit einer Andeutung dieser Fragestellung. Er spricht aufgrund der Unmöglichkeit einer offenen Kritik an der Perserherrschaft von einer stillschweigenden Feindschaft («tacit antagonism»). Ist es in Bezug auf einen eventuellen Messianismus auch der Fall, «that any eschatological or messianic aspiration on the part of their authors would necessarily have been concealed because of the danger of recriminations»?[9] Das ist durchaus in Erwägung zu ziehen. Diese Arbeit hat gezeigt, dass in Esra-Nehemia mindestens eine «messianische Offenheit» im Sinn einer Hoffnung auf zukünftige Veränderung in Entsprechung zu prophetischen Verheissungen zu beobachten ist.

4. Ambivalenz und Rhetorik

Im Hinblick auf das Verständnis von Restauration werden im Esra-Nehemia-Buch unterschiedliche Wahrheitsmomente beleuchtet. Einerseits wird die gegenwärtige Zeit als heilsgeschichtliche Zeit in Analogie zu Exodus und Landnahme gedeutet. Der Wiederaufbau des Tempels und der Stadtmauer bilden, ebenso wie das Verlesen der Tora und die Bundeserneuerung des Volkes, Aspekte der Kontinuität zum vorexilischen Juda. Alle hier untersuchten Konzepte der Wiederherstellung zeigen, dass die Zeit sehr wohl als Restaurationszeit gedeutet wurde. Dennoch wird in allen Punkten auch immer ein Vorbehalt deutlich. Der soeben geschlossene Bund wird wieder gebrochen, die «neue Landnahme» steht erst am Beginn, im Vergleich zu den prophetischen Erwartungen einer neuen Heilszeit fällt die gegenwärtige Zeit kläglich aus und der Tempel entbehrt der erwarteten Herrlichkeit. Die Perser werden einerseits als die Befreier Israels und Initiatoren des Tempelbaus gefeiert, andererseits wird die Existenz unter der Perserherrschaft dem Zustand der Sklaverei gleichgesetzt. Das Heil ist zwar angebrochen, doch längst nicht erfüllt.

Um diese Spannung im Esra-Nehemia-Buch zu umschreiben, schien mir der Begriff «Ambivalenz» besonders geeignet, und diese Begriffswahl hat sich m.E. bewährt. Eingangs war im Zusammenhang mit der Definition von

---

8 Neh 9 gibt nach Williamson «remarkable expression to a sense of openness to future change in this regard, no matter how unrealistic that might have seemed at the time.» (Williamson, *The Torah and History*, 168.)

9 McConville, *Fulfilment of Prophecy*, 224.

Ambivalenz vom «Oszillieren» im Sinn einer «‹Gleichzeitigkeit› der Wahrnehmung und Erfahrung von Gegensätzen»[10] die Rede. In allen untersuchten Konzepten der Wiederherstellung war diese parallele Erfahrung der Gegenwart sowohl als Restaurationszeit als auch als Zeit, die auf Restauration wartet, zu beobachten. Im in Esr 3,12f. beschriebenen gleichzeitigen Jauchzen und Weinen, auf das der Titel dieser Arbeit anspielt, wird dieser Sachverhalt geradezu exemplarisch zum Ausdruck gebracht.[11]

Der Ansatz von Walter Dietrich, dass sich mit dem «Konzept der Ambivalenz»[12] viele biblische Bücher erschliessen liessen, hat sich im Hinblick auf die Wiederherstellungskonzepte im Esra-Nehemia-Buch bestätigt. Die hier festgestellte Ambivalenz findet sich aber nicht nur in der deskriptiven Beschreibung der Zeitgeschichte, sie hat vielmehr auch eine rhetorische Spitze.

So soll der Bundesbruch am Ende des Esra-Nehemia-Buches die implizite Leserschaft dazu auffordern, innerhalb des Bundes zu leben. Die Tatsache, dass die Landnahme noch am Anfang steht, soll dazu ermutigen, durch die Toraobservanz zum Bleiben im Land beizutragen. Die Tatsache, dass die Heilszeit noch nicht in der Fülle angebrochen ist und der Tempel noch nicht mit der kommenden Herrlichkeit erfüllt wurde, soll zu einer erwartungsvollen Haltung führen, die im Glauben antizipierend am Heil, das bereits realisiert wurde, teilnimmt. Dies geschieht in der Freude an Jhwh, welche den wahren Schutz gegen alle Bedrängnisse von innen und aussen darstellt (Neh 8,10).

Die rhetorische Spitze des Buches zielt deshalb auf eine Leserschaft, welche die Gefährdung der Vermischung noch nicht überwunden hat und immer noch der Gefahr eines Rückfalls gegenübersteht.[13] Die Beschreibung der Ambivalenz soll die Leserschaft gerade von einer ambivalenten Haltung der Tora gegenüber befreien und sie zu einer Entschlossenheit ihr gegenüber ermutigen. Nur durch eine Zuwendung zur Tora kann die Gefahr eines erneuten Rückfalls und einer erneuten Strafe durch Exil gebannt werden. Die beschriebenen Ambivalenzen unterstreichen die homiletische Intention des Esra-Nehemia-Buches.

---

10 Lüscher, *Ambivalenz*, 47. Zur Diskussion s.o. I.4.

11 Das laute Jauchzen des Volkes (הֵרִיעוּ תְרוּעָה גְדוֹלָה) erscheint bereits in Esr 3,11. In Esr 3,12 weinen viele Betagte mit lauter Stimme (בֹּכִים בְּקוֹל גָּדוֹל), während andere ihre Stimme mit freudigem Jauchzen erheben (בִּתְרוּעָה בְשִׂמְחָה לְהָרִים). In Esr 3,13 kann die «Stimme des freudigen Jauchzens von der Stimme des Weinens» (קוֹל תְּרוּעַת הַשִּׂמְחָה לְקוֹל בְּכִי) nicht unterschieden werden. «Jauchzen und Weinen» ist eine Anspielung auf Esr 3,13.

12 Vgl. Dietrich, *Israel*, 69. Zum Zitat s.o. I.4

13 Vgl. Klement, *Rhetorical, Theological and Chronological Features*, 75. Zum Zitat s.o. II.3.3.2.

Ich komme zurück zur ganz am Anfang gestellten Frage, ob die im Esra-Nehemia-Buch beschriebene Epoche als «Restauration» bezeichnet werden könne. In der heutigen Forschungslage finden wir eine ambivalente Haltung zum Begriff der Restauration als Leitbegriff für die nachexilische Zeit. Der Begriff lässt sich, vom Esra-Nehemia-Buch aus betrachtet, weiterhin verwenden. Wer aber, vom Esra-Nehemia-Buch ausgehend, von Restauration in nachexilischer Zeit spricht, muss sich dessen bewusst sein, dass im Text selbst Ambivalenzen zu finden sind. Diese Untersuchung hat Folgendes gezeigt: Fragt man nach Hinweisen im Esra-Nehemia-Buch, ob die nachexilische Zeit als Zeit der Restauration gedeutet werden dürfe, so lautet die Antwort eindeutig «jein», und diese Arbeit muss – wie das Esra-Nehemia-Buch – mit einer ambivalenten Note schliessen.

Abkürzungs- und Literaturverzeichnis

Abkürzungsverzeichnis

Die Abkürzungen richten sich grundsätzlich nach S. M. Schwertner, Theologische Realenzyklopädie (TRE), Internationales Abkürzungsverzeichnis für Theologie und Grenzgebiete, Berlin/New York 1994, 2. überarb. Aufl.

Wenn in Schwertner nicht aufgeführt (oder nach 1994), richten sich biblographische Abkürzungen nach P. H. Alexander u.a. (Hrsg.), The SBL Handbook of Style. For Ancient Near Eastern, Biblical, and Early Christian Studies, Peabody, 1999.

Die biblischen Bücher werden nach den Loccumer Richtlinien abgekürzt (jedoch ohne Abstand zwischen Buchnummer und Buch, z.B. 1Sam statt 1 Sam).

Grammatikalische Abkürzungen richten sich nach J. P. Lettinga, Grammatik des biblischen Hebräisch, Riehen, 1992, XI.

Bibliographische Abkürzungen von Standardwerken, die ohne Literaturangaben zitiert werden (und nicht im Literaturverzeichnis erscheinen):

BHS Biblia Hebraica Stuttgarensia, hg. v. Karl Elliger; Wilhelm Rudolf, Stuttgart: Deutsche Bibelgesellschaft, 1997, 5. Aufl.

BHQ Biblia Hebraica Quinta, 20: Ezra and Nehemiah, bearb. v. David Marcus, Stuttgart: Deutsche Bibelgesellschaft, 2006.

GK Wilhelm Gesenius/Emil Kautzsch, Hebräische Grammatik, Leipzig: Vogel, 1896, 26. vielfach verb. und verm. Aufl.

HAL Hebräisches und aramäisches Lexikon zum Alten Testament, hg. v. Ludwig Köhler und Walter Baumgartner, Leiden: E.J. Brill, 1967–1995, 3. Aufl. bearb. v. Walter Baumgartner, Johann J. Stamm und Benedikt Hartmann.

JosAnt Flavius Josephus: Jüdische Altertümer. Vollständige Ausgabe. Übersetzt und mit einer Einleitung versehen von Dr. Heinrich Clementz. Mit Paragraphenzählung Flavii Josephi Opera recognovit Benedictus Niese (Editio Minor), Berlin 1888–1895, Wiesbaden, Marixverlag, 2011, 3. Aufl.

Bb., Suk., Syn. (Baba bathra, Sukka, Synhedrin)
Der Babylonische Talmud. Nach der ersten zensurfreien Ausgabe unter Berücksichtigung der neuerenAusgaben und handschriftlichen Materials ins Deutsche übersetzt von Lazarus Goldschmidt, Frankfurt am Main: Jüdischer Verlag im Suhrkamp Verlag, 2002.

Literaturverzeichnis

Die in der Arbeit verwendeten Kurztitel sind bewusst so gewählt, dass sie der Literatur eindeutig zugeordnet werden können und müssen deshalb im Literaturverzeichnis nicht aufgeführt werden.

Abel, Julia/Blödorn, Andreas/Scheffel, Michael, *Narrative Sinnbildung im Spannungsfeld von Ambivalenz und Kohärenz. Einführung*, in: Ambivalenz und Kohärenz. Untersuchungen zur narrativen Sinnbildung, Trier: WVT Wissenschaftlicher Verlag, 2009, 1–11.

Ackroyd, Peter R., *Chronicles-Ezra-Nehemiah: The Concept of Unity*, in: ZAW 100, 1988, 189–202.

Ackroyd, Peter R., *Exile and Restoration. A Study of Hebrew Thought of the Sixth Century B.C.*, London: SCM Press, 1968.

Adeyẹmi, Fẹmi, *The New Covenant Torah in Jeremiah and the Law of Christ in Paul*, Studies in Biblical Literature 94, New York: Peter Lang, 2006.

Albertz, Rainer, *Die verhinderte Restauration*, in: Blum, Erhard (Hrsg.), Mincha. Festgabe für Rolf Rendtorff zum 75. Geburtstag, Neukirchen-Vluyn: Neukirchener Verlag, 2000, 1–12.

Albertz, Rainer, *The Thwarted Restoration*, in: Albertz, Rainer/Becking, Bob (Hrsg.), Yahwism After the Exile. Perspectives on Israelite Religion in the Persian Era, Studies in Theology and Religion 5, Assen: Royal Van Gorcum, 2003, 1–17.

Albright, William F., *The Date and Personality of the Chronicler*, in: JBL 40, 1921, 104–124.

Allen, Leslie C., *Ezra-Nehemiah*, in: Allen, Leslie C./Laniak, Timothy S. (Hrsg.), Ezra, Nehemiah, Esther. Based on the New International Version, NIBCOT 9, Peabody, MA: Hendrickson Publishers, 2003, 1–166.

Assis, Elie, *A Disputed Temple (Haggai 2,1–9)*, in: ZAW 120, 2008, 582–596.

Baldwin, Joyce G., *Haggai, Zechariah, Malachi. An Introduction and Commentary*, TOTC 28, Leicester: Inter-Varsity Press, Nachdr. 2009 [= 1972].

Baldwin, Joyce G., *Semah as a Technical Term in the Prophets* in: VT 14, 1972, 93–97.

Baltzer, Klaus, *Das Bundesformular*, WMANT 4, Neukirchen-Vluyn: Neukirchener Verlag, 2. Aufl. 1964.

Batten, Loring W., *A Critical and Exegetical Commentary on the Books of Ezra and Nehemiah*, ICC, Edinburgh: T & T Clark, 1913.

Bautch, Richard J., *An Appraisal of Abraham's Role in Postexilic Covenants*, in: CBQ 71, 2009, 42–63.

Bautch, Richard J., *The Function of Covenant across Ezra-Nehemiah*, in: Boda, Mark J./Redditt, Paul L. (Hrsg.), Unity and Disunity in Ezra-Nehemiah. Redaction, Rhetoric and Reader, Sheffield: Phoenix Press, 2008, 8–24.

Bautch, Richard J., *Glory and Power, Ritual and Relationship. The Sinai Covenant in the Postexilic Period*, Library of Hebrew Bible/Old Testament Studies 471, New York: T & T Clark, 2009.

Bautch, Richard J., *Intertextuality in the Persian Period*, in: Berquist, Jon L. (Hrsg.), Approaching Yehud. New Approaches to the Study of the Persian Period, Atlanta: Society of Biblical Literature, 2007, 25–35.

Becker, Joachim, *Esra, Nehemia*, NEB.AT, Würzburg: Echter Verlag, 2. Aufl. 1999.

Becking, Bob, *Continuity and Community: The Belief System of the Book of Ezra*, in: Becking, Bob/Korpel, Marjo C.A. (Hrsg.), The Crisis of Israelite Religion. Transformation of Religious Tradition in Exilic and Post-Exilic Times, OTS 42, Leiden: Brill, 1999, 256–275.

Becking, Bob, *The Idea of Torah in Ezra 7–10*, in: ZAR 7, 2001, 273–286.

Becking, Bob, *Law as Expression of Religion (Ezra 7–10)*, in: Albertz, Rainer/Becking, Bob (Hrsg.), Yahwism After the Exile. Perspectives on Israelite Religion in the Persian Era, Studies in Theology and Religion 5, Assen: Royal Van Gorcum, 2003, 18–31.

Bedford, Peter R., *Discerning the Time: Haggai, Zechariah and the ‹Delay› in the Rebuilding of the Jerusalem Temple*, in: Holloway, Steven W./Handy, Lowell K. (Hrsg.), The Pitcher is Broken: Memorial Essays for Gösta W. Ahlström, Sheffield: JSOT Press, 1995, 71–94.

Bedford, Peter R., *Temple Restoration in Early Achaemenid Judah*, JSJSup 65, Leiden: Brill, 2001.

Ben Zwi, Ehud, *What is New in Yehud? Some Considerations*, in: Albertz, Rainer/Becking, Bob (Hrsg.), Yahwism After the Exile. Perspectives on Israelite Religion in the Persian Era, Studies in Theology and Religion 5, Assen: Royal Van Gorcum, 2003, 32–48.

Bergsma, John S., *The Persian Period as Penitential Era: The ‹Exegetical Logic› of Daniel 9.1–27*, in: Knoppers, Gary N./Grabbe, Lester L. (Hrsg.), Exile and Restoration revisited. Essays on the Babylonian and Persian Periods in Memory of Peter R. Ackroyd, London: T & T Clark, 2009, 50–64.

Bertholet, Alfred, *Die Bücher Esra und Nehemia*, KHC XIX, Tübingen: J.C.B. Mohr (Paul Siebeck), 1902.

Blanton, Thomas R., *Constructing a New Covenant. Discursive Strategies in the Damascus Document and Second Corinthians*, WUNT 2/233, Tübingen: Mohr Siebeck, 2007.

Blenkinsopp, Joseph, *Ezra-Nehemiah. A Commentary*, OTL, London: SCM Press, 1989.

Blenkinsopp, Joseph, *Judaism: The First Phase. The Place of Ezra and Nehemiah in the Origins of Judaism*, Grand Rapids: Eerdmans, 2009.

Blenkinsopp, Joseph, *The Mission of Udjahorresnet and Those of Ezra and Nehemiah*, in: JBL 106, 1987, 409–421.

Blenkinsopp, Joseph, *Was the Pentateuch the Civic and Religious Constitution of the Jewish Ethnos in the Persian Period?*, in: Watts, James W. (Hrsg.), Persia and Torah, Atlanta: Society of Biblical Literature, 2001, 41–62.

Blum, Erhard, *Esra, die Mosetora und die persische Politik*, in: Kratz, Reinhard G. (Hrsg.), Religion und Religionskontakte im Zeitalter der Achämeniden, Gütersloh: Kaiser/Gütersloher Verlagshaus, 2002, 231–254.

Blum, Erhard, *Studien zur Komposition des Pentateuch*, BZAW 189, Berlin: Walter de Gruyter, 1990.

Blum, Erhard, *Von Sinn und Nutzen der Kategorie «Synchronie» in der Exegese*, in: Dietrich, Walter (Hrsg.), David und Saul im Widerstreit – Diachronie und Synchronie im Wettstreit. Beiträge zur Auslegung des ersten Samuelbuches, OBO 206, Fribourg: Academic Press, 2004, 16–30.

Boda, Mark J., *Haggai: Master Rhetorician*, in: TynB 51, 2000, 295–304.

Boda, Mark J., *Praying the Tradition. The Origin and Use of Tradition in Nehemiah 9*, BZAW 277, Berlin: Walter de Gruyter, 1999.

Boda, Mark J., *Redaction in the Book of Nehemiah*, in: Boda, Mark J./Redditt, Paul L. (Hrsg.), Unity and Disunity in Ezra-Nehemiah. Redaction, Rhetoric and Reader, Sheffield: Phoenix Press, 2008, 25–54.

Boda, Mark J./Redditt, Paul L., *Unity and Disunity in Ezra-Nehemiah. Redaction, Rhetoric, and Reader*, Hebrew Bible Monographs 17, Sheffield: Phoenix Press, 2008.

Böhler, Dieter, *Die heilige Stadt in Esdras α und Esra-Nehemia. Zwei Konzeptionen der Wiederherstellung Israels*, OBO 158, Freiburg (CH): Universitätsverlag, 1997.

Böhmer, Siegmund, *Heimkehr und neuer Bund. Studien zu Jer 30–31*, GTA 5, Göttingen: Vandenhoeck & Ruprecht, 1976.

Brown, A. Philip, *Chronological Anomalies in the Book of Ezra*, in: BibSac 162, 2005, 33–49.

Brown, A. Philip, *Hope Amidst Ruin. A Literary and Theological Analysis of Ezra*, Greenville, South Carolina: Bob Jones University Press, 2009.

Brown, A. Philip, *Nehemiah and Narrative Order in the Book of Ezra*, in: BibSac 162, 2005, 175–194.

Brown, A. Philip, *Point of View in the Book of Ezra*, in: BibSac 162, 2005, 310–330.

Carroll, Robert P., *Eschatological Delay in the Prophetic Tradition?*, in: ZAW 94, 1982, 47–58.

Carroll, Robert P., *So What Do We Know about the Temple? The Temple in the Prophets*, in: Eskenazi, Tamara C. /Richard, Kent H. (Hrsg.), Second Temple Studies, 2. Temple and Community in the Persian Period, JSOTSup 175, Sheffield: JSOT Press, 1994, 34–51.

Cataldo, Jeremiah W., *A Theocratic Yehud? Issues of Government in a Persian Period*, Library of Hebrew Bible/Old Testament Studies 498, New York: T & T Clark, 2009.

Childs, Brevard S., *Introduction to the Old Testament as Scripture*, London: SCM Press, 1979.

Choi, John M., *Traditions at Odds. The Reception of the Pentateuch in Biblical and Second Temple Period Literature*, Library of Hebrew Bible/Old Testament Studies, New York: T & T Clark, 2010.

Christensen, Duane L., *Impulse and Design in the Book of Haggai*, in: JETS 35, 1992, 445–456.

Clements, Ronald E., Art. שׁאר, ThWAT VII, 1993, 933–950.

Clines, David J.A., *Ezra, Nehemiah, Esther*, NCB, Grand Rapids: Eerdmans, 1984.

Clines, David J.A., *Haggai's Temple, Constructed, Deconstructed and Reconstructed*, in: Eskenazi, Tamara C./Richard, Kent H. (Hrsg.), Second Temple Studies, 2. Temple and Community in the Persian Period, JSOTSup 175, Sheffield: JSOT Press, 1994, 60–87.

Clines, David J.A., *Nehemiah 10 as an Example of Early Jewish Exegesis*, in: JSOT 1981, 111–117.

Conrad, Joachim, Art. פרץ, ThWAT VI, 1989, 763–770.

Dietrich, Walter, *Israel, seine Ahnen und die Völker. Ambivalenz als Grundkategorie der biblischen Erzelternerzählungen und der Erfahrungen Israels mit seinen Nachbarn*, in: Dietrich, Walter/Lüscher, Kurt/Müller, Christoph (Hrsg.), Ambivalenzen erkennen, aushalten und gestalten, Zürich: TVZ, 2009, 69–122.

Dietrich, Walter, *Synchronie und Diachronie in der Exegese der Samuelbücher – Einführung*, in: David und Saul im Widerstreit – Diachronie und Synchronie im Wettstreit. Beiträge zur Auslegung des ersten Samuelbuches 206, Fribourg: Academic Press, 2004, 9–14.

Dietrich, Walter/Lüscher, Kurt/Müller, Christoph, *Ambivalenzen erkennen, aushalten und gestalten*, Zürich: TVZ, 2009.

Donner, Herbert, *Geschichte des Volkes Israel und seiner Nachbarn in Grundzügen*, GAT 4/2, Göttingen: Vandenhoeck & Ruprecht, 3. Aufl. 2001.

Doukhan, Jaques B., *The Seventy Weeks of Dan 9: An Exegetical Study*, in: Andrews University Seminary studies 17, 1979, 1–22.

Duggan, Michael W., *The Covenant Renewal in Ezra-Nehemiah (Neh 7:72b–10:40). An Exegetical, Literary, and Theological Study*, SBLDS 164, Atlanta: Society of Biblical Literature, 2001.

Edelman, Diana, *The Origins of the ‹Second› Temple. Persian Imperial Policy and the Rebuilding of Jerusalem*, London: Equinox Publishing, 2005.

Eichrodt, Walther, *Theologie des Alten Testaments. Teil 1. Gott und Volk*, Leipzig: J. C. Hinrichs Verlag, 2. Aufl. 1939.

Ellis, Richard Stephens, *Foundation Deposits in Ancient Mesopotamia*, New Haven/London: Yale University Press, 1968.

Eskenazi, Tamara C., *In an Age of Prose. A Literary Approach to Ezra-Nehemiah*, SBLMS 36, Atlanta: Scholars Press, 1988.

Eskenazi, Tamara C., *Nehemiah 9–10: Structure and Significance*, in: The Journal of Hebrew Scriptures 4: Art. 8, 2001, 1–20.

Eskenazi, Tamara C., *The Structure of Ezra-Nehemiah and the Integrity of the Book*, in: JBL 107, 1988, 641–656.

Eskenazi, Tamara C./Judd, Eleanore P., *Marriage to a Stranger in Ezra 9-10*, in: Eskenazi, Tamara C./Richard, Kent H. (Hrsg.), Second Temple Studies, 2. Temple and Community in the Persian Period, JSOTSup 175, Sheffield: JSOT Press, 1994, 266–285.

Esler, Philip F., *Ezra-Nehemiah as a Narrative of (Re-Invented) Israelite Identity*, in: BibInt 11, 2003, 413–426.

Felber, Stefan, *Typologie als Denkform biblischer Theologie*, in: Klement, Herbert H./Steinberg, Julius (Hrsg.), Themenbuch zur Theologie des Alten Testaments, Bibelwissenschaftliche Monographien 15, Wuppertal: Brockhaus, 2007, 35–54.

Fensham, F. Charles, *The Books of Ezra and Nehemiah*, NICOT, Grand Rapids: Eerdmans, 1982.

Finkelstein, Israel, *Jerusalem in the Persian (and Early Hellenistic) Period and the Wall of Nehemiah*, in: JSOT 32, 2008, 501–520.

Fischer, Georg, *Jer 31,31–34*, in: Der Prophet wie Mose. Studien zum Jeremiabuch, BZAR 15, Wiesbaden: Harrassowitz Verlag, 2011, 280–283 [= Schulz, E./Wahl, O. (Hg.), Unsere Hoffnung – Gottes Wort (Lesejahr B), Frankfurt, 1996, 197–200].

Fischer, Georg, *Jeremia 26–52*, HThK AT, Freiburg i. Br.: Herder, 2005.

Fischer, Georg, *Jeremia 52 – ein Schlüssel zum Jeremiabuch*, in: Bib. 79, 1998, 333–359.

Fischer, Georg, *Jeremia. Der Stand der theologischen Diskussion*, Darmstadt: Wissenschaftliche Buchgesellschaft, 2007.

Fischer, Stefan, *Das Hohelied Salomos zwischen Poesie und Erzählung. Erzähltextanalyse eines poetischen Textes*, FAT 72, Tübingen: Mohr Siebeck, 2010.

Fishbane, Michael, *Biblical Interpretation in Ancient Israel*, Oxford: Clarendon Press, 1985.

Floyd, Michael H., *Cosmos and History in Zechariah's View of the Restoration (Zechariah 1:7–6:15)*, in: Sun, Henry T. C. (Hrsg.), Problems in Biblical Theology. Essays in Honor of Rolf Knierim, Grand Rapids: Eerdmans, 1997, 125–144.

Freedman, David Noel, *Divine Commitment and Human Obligation. The Covenant Theme*, in: Int 18, 1964, 419–431.

Freedman, David Noel/Miano, David, *People of the New Covenant*, in: Porter, Stanley E./de Roo, Jacqueline C.R. (Hrsg.), The Concept of Covenant in the Second Temple Period, JSJSup 71, Leiden/Boston: Brill, 2003, 7–26.

Frei, Peter, *Zentralgewalt und Lokalautonomie im Achämenidenreich*, in: Frei, Peter/Koch, Klaus (Hrsg.), Reichsidee und Reichsorganisation im Perserreich, OBO 55, Freiburg (CH)/Göttingen: Universitätsverlag/Vandenhoeck & Ruprecht, 2. bearb. und stark erw. Aufl. 1996, 8–131.

Fried, Lisbeth S., *The ʿam hā'āres in Ezra 4:4 and Persian Imperial Administration*, in: Lipschitz, Oded/Oeming, Manfred (Hrsg.), Judah and the Judeans in the Persian Period, Winona Lake: Eisenbrauns, 2006, 123–145.

Fried, Lisbeth S., *Who Wrote Ezra-Nehemiah – and Why Did They?*, in: Boda, Mark J./Redditt, Paul L. (Hrsg.), Unity and Disunity in Ezra-Nehemiah. Redaction, Rhetoric and Reader, Sheffield: Phoenix Press, 2008, 75–97.

Fried, Lisbeth S., *«You Shall Appoint Judges»: Ezra's Mission and the Rescript of Artaxerxes*, in: Watts, James W. (Hrsg.), Persia and Torah. The Theory of Imperial Authorization of the Pentateuch, Atlanta: Society of Biblical Literature, 2001, 63–89.

Frolov, Serge, *The Prophecy of Jeremiah in Esr 1,1*, in: ZAW 116, 2004, 595–601.

Fuller, Michael E., *The Restoration of Israel. Israel's Re-gathering and the Fate of the Nations in Early Jewish Literature and Luke-Acts*, BZNW 138, Berlin: Walter de Gruyter, 2006.

Galling, Kurt, *Die Bücher der Chronik, Esra, Nehemia*, ATD 12, Göttingen: Vandenhoek & Ruprecht, 1954.

Gertz, Jan Christian, Art. *Bund*, RGG4 1, 1998, 1862–1865.

Glatt-Gilad, David A., *Reflections on the Structure and Significance of the 'amānāh (Neh 10,29–40)*, in: ZAW 112, 2000, 386–395.

Goldingay, John E., *Daniel*, WBC 30, Dallas: Word Books Publisher, 1989.

Grabbe, Lester L., *Ezra-Nehemiah*, Old Testament Readings, London: Routledge, 1998.

Grabbe, Lester L., *The Law of Moses in the Ezra Tradition: More Virtual Than Real?*, in: Watts, James W. (Hrsg.), Persia and Torah. The Theory of Imperial Authorization of the Pentateuch, Atlanta: Society of Biblical Literature, 2001, 91–113.

Grabbe, Lester L., *The ‹Persian Documents› in the Book of Ezra: Are They Authentic?*, in: Lipschitz, Oded/Oeming, Manfred (Hrsg.), Judah and the Judeans in the Persian Period, Winona Lake: Eisenbrauns, 2006, 531–570.

Grabbe, Lester L., *Reconstructing History from the Book of Ezra*, in: Davies, Philip R./Eskenazi, Tamara Cohn/Richards, Kent Harold (Hrsg.), Second Temple studies. 1. Persian Period, JSOTSup 117, Sheffield: JSOT Press, 1991, 98–106.

Grabbe, Lester L., *The Seventy-Weeks Prophecy (Daniel 9:24–27) in Early Jewish Interpretation*, in: Evans, Craig A. (Hrsg.), The Quest for Context and Meaning.

Studies in Biblical Intertextuality in Honor of James A. Sanders, Leiden: E. J. Brill, 1997, 595–611.

Grabbe, Lester L., *What was Ezra's Mission?*, in: Eskenazi, Tamara Cohn/Richards, Kent Harold (Hrsg.), Second Temple studies. 2. Temple and Community in the Persian Period, JSOTSup 175, Sheffield: JSOT Press, 1994, 286–299.

Grätz, Sebastian, *Das Edikt des Artaxerxes. Eine Untersuchung zum religionspolitischen und historischen Umfeld von Esra 7,12–26*, BZAW 337, Berlin: Walter de Gruyter, 2004.

Grätz, Sebastian, *Die Aramäische Chronik des Esrabuches und die Rolle der Ältesten in Esr 5–6*, in: ZAW 118, 2006, 405–422.

Grätz, Sebastian, *The Second Temple and the Legal Status of the Torah: The Hermeneutics of the Torah in the Book of Ruth and Ezra*, in: Knoppers, Gary N./Levinson, Bernard M. (Hrsg.), The Pentateuch as Torah. New Models for Understanding Its Promulgation and Acceptance, Winona Lake: Eisenbrauns, 2007.

Greenberg, Moshe, *Ezechiel*, HThK AT, Freiburg im Breisgau: Herder, 2001.

Groß, Walter, *Erneuerter oder Neuer Bund? Wortlaut und Aussageintention in Jer 31,31–34*, in: Avemarie, Friedrich/Lichtenberger, Hermann (Hrsg.), Bund und Tora. Zur theologischen Begriffsgeschichte in alttestamentlicher, frühjüdischer und urchristlicher Tradition, WUNT 92, Tübingen: J.C.B. Mohr (Paul Siebeck), 1996, 41–66.

Gunneweg, Antonius H. J., *Esra. Mit einer Zeittafel von Alfred Jepsen*, KAT XIX,1, Gütersloh: Gütersloher Verlagshaus Mohn, 1985.

Gunneweg, Antonius H. J., *Nehemia. Mit einer Zeittafel von Alfred Jepsen und einem Exkurs zur Topographie und Archäologie Jerusalems von Manfred Oeming*, KAT XIX,2, Gütersloh: Gütersloher Verlagshaus Mohn, 1987.

Gurney, R. J. M., *The Seventy Weeks of Daniel 9:24–27*, in: EvQ 53, 1981, 29–36.

Hamilton, V.P., Art. פרש, in: TWOT II, 1980, 740.

Hanhart, Robert, *Dodekapropheton 7.1. Sacharja 1–8*, BKAT XIV/7.1, Neukirchen-Vluyn: Neukirchener Verlag, 1998.

Harrington, Hannah K., *Holiness and Purity in Ezra-Nehemiah*, in: Boda, Mark J./Redditt, Paul L. (Hrsg.), Unity and Disunity in Ezra-Nehemiah. Redaction, Rhetoric and Reader, Sheffield: Phoenix Press, 2008, 98–116.

Harrison, R. K., *Introduction to the Old Testament. With a Comprehensive Review of Old Testament Studies and a Special Supplement on the Apocrypha*, Michigan: William B. Eerdmans, Nachdr. 2004 [= 1969].

Hasel, Gerhard, Art. פלט, ThWAT VI, 1989, 589–606.

Häusl, Maria, *Feste feiern. Zur Bedeutung der Feste im Buch Esra/Nehemia*, in: Häusl, Maria/Ernst, Stephanie (Hrsg.), Kulte, Priester, Rituale. Beiträge zu Kult und Kultkritik im Alten Testament und Alten Orient. Festschrift für Theodor Seidl zum 65. Geburtstag, St. Ottilien: EOS Verlag, 2010, 231–251.

Hausmann, Jutta, *Israels Rest. Studien zum Selbstverständnis der nachexilischen Gemeinde*, BWANT 124, Stuttgart: Kohlhammer, 1987.

Helfmeyer, Franz-Josef, Art. כלה, ThWAT, 1984, 166–174.

Holmgren, Fredrick C., *Faithful Abraham and the 'ᵃmānâ Covenant. Nehemia 9,6–10,1*, in: ZAW 104, 1992, 249–254.

Houtman, Cornelis, *Ezra and the Law. Observations on the Supposed Relation between Ezra and the Pentateuch*, in: OTS 21, 1981, 91–115.

Hwang, Sunwoo, *נשׂיא in Ezekiel 40–48*, in: SJOT 23, 2009, 183–194.

Janzen, David, *The Cries of Jerusalem: Ethnic, Cultic, Legal, and Geographic Boundaries in Ezra-Nehemiah*, in: Boda, Mark J./Redditt, Paul L. (Hrsg.), Unity and Disunity in Ezra-Nehemiah. Redaction, Rhetoric and Reader, Sheffield: Phoenix Press, 2008, 117–135.

Janzen, David, *Scholars, Witches, Ideologues, and What the Text Said: Ezra 9–10 and Its Interpretation*, in: Berquist, Jon L. (Hrsg.), Approaching Yehud. New Approaches to the Study of the Persian Period, Atlanta: Society of Biblical Literature, 2007, 49–35.

Japhet, Sara, *Composition and Chronology in the Book of Ezra-Nehemiah*, in: Eskenazi, Tamara Cohn/Richards, Kent Harold (Hrsg.), Second Temple Studies. 2. Temple and Community in the Persian Period, JSOTSup 175, Sheffield: JSOT Press, 1994, 189–216.

Japhet, Sara, *«History» and «Literature» in the Persian Period: The Restoration of the Temple*, in: From the Rivers of Babylon to the Highlands of Judah. Collected Studies on the Restoration Period, Winona Lake: Eisenbrauns, 2006, 152–168 [= Cogan, M./Eph'al, I. (Hg.), Ah, Assyria …: Studies in Assyrian History and Ancient Near Eastern Historiography Presented to Hayim Tadmor, Scripta Hierosolymitana 33, Jerusalem, 1991, 174–188].

Japhet, Sara, *Law and «The Law» in Ezra-Nehemiah*, in: From the Rivers of Babylon to the Highlands of Judah. Collected Studies on the Restoration Period, Winona Lake: Eisenbrauns, 2006 [= Proceedings of the Ninth World Congress of Jewish Studies: Panel Sessions, Jerusalem, 1988, 99–115].

Japhet, Sara, *Periodization between History and Ideology II: Chronology and Ideology in Ezra-Nehemiah*, in: Lipschitz, Oded/Oeming, Manfred (Hrsg.), Judah and the Judeans in the Persian Period, Winona Lake: Eisenbrauns, 2006, 491–508.

Japhet, Sara, *Periodization: Between History and Ideology. The Neo-Babylonian Period in Biblical Historiography*, in: Lipschits, Oded/Blenkinsopp, Joseph (Hrsg.), Judah and the Judeans in the Neo-Babylonian Period, Winona Lake: Eisenbrauns, 2003, 75–89.

Japhet, Sara, *Sheshbazzar and Zerubbabel – Against the Background of the Historical and Religious Tendencies of Esra-Nehemiah*, in: ZAW 94, 1982, 66–98.

Japhet, Sara, *The Supposed Common Authorship of Chronicles and Ezra-Nehemia Investigated Anew*, in: VT 18, 1968, 330–371.

Japhet, Sara, *The Temple in the Restoration Period: Reality and Ideology*, in: From the Rivers of Babylon to the Highlands of Judah. Collected Studies on the Restoration Period, Winona Lake: Eisenbrauns, 2006, 183–232 [= USQR 44, 1991, 195–251].

Kalluveettil, Paul, *Declaration and Covenant. A Comprehensive Review of Covenant Formulae from the Old Testament and the Ancient Near East*, AnBib 88, Rome: Biblical Institute Press, 1982.

Karrer-Grube, Christiane, *Scrutinizing the Conceptual Unity of Ezra and Nehemiah*, in: Boda, Mark J./Redditt, Paul L. (Hrsg.), Unity and Disunity in Ezra-Nehemiah. Redaction, Rhetoric and Reader, Sheffield: Phoenix Press, 2008, 136–159.

Karrer, Christiane, *Ringen um die Verfassung Judas. Eine Studie zu den theologisch-politischen Vorstellungen im Esra-Nehemia-Buch*, BZAW 308, Berlin: Walter de Gruyter, 2001.

Kaufmann, Yehezkel, *History of the Religion of Israel. Volume IV: From the Babylonian Captivity to the End of Prophecy*, New York: KTAV Publ. House, 1977.

Keil, Carl Friedrich, *Die nachexilischen Geschichtsbücher. Chronik, Esra, Nehemia und Esther*, BC, Leipzig: Dörffling und Franke, 1870.
Keil, Carl Friedrich, *Die zwölf kleinen Propheten*, BC, Leipzig: Dörffling und Franke, 1866.
Kellermann, Ulrich, *Erwägungen zum Esragesetz*, in: ZAW 40, 1968, 373–385.
Kellermann, Ulrich, *Nehemia. Quellen, Überlieferung und Geschichte*, BZAW 102, Berlin: Alfred Töpelmann, 1967.
Kessler, John, *Building the Second Temple: Questions of Time, Text, and History in Haggai 1.1–15*, in: JSOT 27, 2002, 243–256.
Kessler, John, *Haggai, Zerubbabel, and the Political Status of Yehud: The Signet Ring in Haggai 2:23*, in: Floyd, Michael H./Haak, Robert D. (Hrsg.), Prophets, Prophecy, and Prophetic Texts in Second Temple Judaism, New York: T & T Clark, 2006, 102–119.
Kessler, Werner, *Gottes Mitarbeiter am Wiederaufbau. Die Propheten Esra und Nehemia*, Die Botschaft des Alten Testaments 12, IV, Stuttgart: Calwer, 1971.
Kitchen, Kenneth A., *On the Reliability of the Old Testament*, Grand Rapids: Eerdmans, 2003.
Kittel, Rudolf, *Geschichte des Volkes Israel III/2: Die Zeit der Wegführung nach Babel und die Aufrichtung der neuen Gemeinde*, Stuttgart: Kohlhammer, 1929.
Klement, Herbert H., *Die Bücher Esra und Nehemia*, in: Die Jubiläumsbibel. Elberfelder Bibel mit Erklärungen, Wuppertal: Brockhaus Verlag, 2004, 645–683.
Klement, Herbert H., *Haggai, Prophet of the New Temple*, in: Peels, Eric/Snyman, Fanie (Hrsg.), The Lion Has Roared. Theological Themes in the Prophetic Literature of the Old Testament, Eugene: Wipf and Stock Publishers, 2012, 175–182.
Klement, Herbert H., *Modern Literary-Critical Methods and the Historicity of the Old Testament*, in: Long, Philips V. (Hrsg.), Israel's Past in Present Research. Essays on Ancient Israelite Historiography, Sources for Biblical and Theological Study 7, Winona Lake: Eisenbrauns, 1999, 439–459.
Klement, Herbert H., *Narrative Historie und Identität des Gottesvolkes: Zur Bedeutung von Geschichte und Geschichten im Alten Testament*, in: Riecker, Siegbert/Steinberg, Julius (Hrsg.), Das heilige Herz der Tora. Festschrift für Hendrik Koorevaar zu seinem 65. Geburtstag, Theologische Studien, Aachen: Shaker Verlag, 2011, 3–22.
Klement, Herbert H., *Rhetorical, Theological and Chronological Features of Ezra-Nehemiah*, in: Grant, Jamie A./Lo, Alison/Wenham, Gordon J. (Hrsg.), A God of Faithfulness: Essays in Honour of J. Gordon McConville on His 60th Birthday, New York: T & T Clark, 2011, 61–78.
Knierim, Rolf, Art. אשׁם, THAT I, 1971, 251–257.
Koch, Christoph, *Vertrag, Treueid und Bund. Studien zur Rezeption des altorientalischen Vertragsrechts im Deuteronomium und zur Ausbildung der Bundestheologie im Alten Testament*, BZAW 383, Berlin: Walter de Gruyter, 2008.
Koch, Klaus, Art. *Esra/Esraschriften*, RGG4 2, 1999, 1581–1586.
Koch, Klaus, *Ezra and the Origins of Judaism*, in: JSS 19, 1974, 173–97.
Koch, Klaus, Art. עון, ThWAT V, 1986, 1160–1177.
Koorevaar, Hendrik J., *Die Chronik als intendierter Abschluß des alttestamentlichen Kanons*, in: Jahrbuch für evangelikale Theologie 11, 1997, 42–76.
Körting, Corinna, *Der Schall des Schofar. Israels Feste im Herbst*, BZAW 285, Berlin: Walter de Gruyter, 1999.
Kraemer, David, *On the Relationship of the Books of Ezra and Nehemiah*, in: JSOT 59, 1993, 73–92.

Kratz, Reinhard G., *Die Entstehung des Judentums: zur Kontroverse zwischen E. Meyer und J. Wellhausen*, in: ZThK 95, 1998, 167–184.

Kraus, Hans-Joachim, *Gottesdienst in Israel. Grundriss einer Geschichte des alttestamentlichen Gottesdienstes*, München: Kaiser, 2. bearb. Aufl. 1962.

Krüger, Thomas, *Esra 1–6: Struktur und Konzept*, in: BN 41, 1988, 65–75.

Külling, Samuel R., *Zur Datierung der «Genesis-P-Stücke». Namentlich des Kapitels Genesis XVII*, Riehen: Immanuel-Verlag, 2. erw. und durchges. Aufl. 1985.

Kutsch, Ernst, Art. *Bund I*, TRE 7, 1981, 397–403.

Laban, Antje, *Antitheocratic Tendencies in Chronicles*, in: Albertz, Rainer/Becking, Bob (Hrsg.), Yahwism After the Exile. Perspectives on Israelite Religion in the Persian Era, Studies in Theology and Religion 5, Assen: Royal Van Gorcum, 2003, 115–135.

Lau, Israel Meir/Meislisch, Schaul, *Wie Juden leben. Glaube, Alltag, Feste*, Gütersloh: Gerd Mohn, 1988.

Levin, Christoph, *Die Verheißung des neuen Bundes in ihrem theologiegeschichtlichen Zusammenhang ausgelegt*, FRLANT 137, Göttingen: Vandenhoeck & Ruprecht, 1985.

Longman, Tremper, *Daniel*, NIV Application Commentary, Grand Rapids: Zondervan, 1999.

Lorein, Geert W., *Dealing with Scripture and Circumstances in Nehemiah 9–10*, in: Riecker, Siegbert/Steinberg, Julius (Hrsg.), Das heilige Herz der Tora. Festschrift für Hendrik Koorevaar zu seinem 65. Geburtstag, Aachen: Shaker Verlag, 2011, 61–77.

Lundbom, Jack R., *Jeremiah 21–36*, AncB 21B, New York: Doubleday, 2004.

Lüscher, Kurt, *Ambivalenz: Eine soziologische Annäherung*, in: Dietrich, Walter/Lüscher, Kurt/Müller, Christoph (Hrsg.), Ambivalenzen erkennen, aushalten und gestalten, Zürich: TVZ, 2009, 17–68.

Marinkovic, Peter, *What Does Zechariah 1–8 Tell us about the Second Temple?*, in: Eskenazi, Tamara C./Richard, Kent H. (Hrsg.), Second Temple Studies, 2. Temple and Community in the Persian Period, JSOTSup 175, Sheffield: JSOT Press, 1994, 88–103.

Mason, Rex, *Preaching the Tradition. Homily and Hermeneutics after the Exile*, Cambridge: Univ. Press, 1990.

Mathys, Hans-Peter, *Dichter und Beter: Theologen aus spätalttestamentlicher Zeit*, OBO 132, Freiburg (CH): Universitätsverlag, 1994.

McCarthy, Dennis J., *Covenant and Law in Chronicles–Nehemiah*, in: CBQ 44, 1982, 25–44.

McCarthy, Dennis J., Treaty and Convenant. A Study in Form in the Ancient Oriental Documents and in the Old Testament, Rome: Biblical Institute Press, New Edition completely rewritten 1978.

McConville, J. Gordon, *Deuteronomy*, Apollos Old Testament Commentary 5, Leicester: Apollos, 2002.

McConville, J. Gordon, *Ezra-Nehemiah and the Fulfilment of Prophecy*, in: VT 36, 1986, 205–224.

McConville, J. Gordon, *Ezra, Nehemiah, and Esther*, Daily Study Bible, Louisville, Kentucky: Westminster John Knox Press, 1985.

McConville, J. Gordon/Millar, J. G., *Time and Place in Deuteronomy*, Sheffield: JSOT Press, 1994.

Mendenhall, George E., *Recht und Bund in Israel und dem Alten Vordern Orient*, Zürich: EVZ-Verlag, 1961.

Meyers, Carol L./Meyers, Eric M., *Haggai, Zechariah 1–8. A New Translation with Introduction and Commentary*, AncB 25B, New York: Doubleday, 1987.

Milgrom, Jacob, *The Unique Features of Ezekiel's Sanctuary*, in: Fox, Nili Sacher/Glatt-Gilad, David A. (Hrsg.), Mishneh todah. Studies in Deuternomy and its Cultural Environment in Honour of Jeffrey H. Tigay, Winona Lake: Eisenbrauns, 2009, 293–305.

Milgrom, Jacob/Wright, D. P., Art. נדה, ThWAT V, 1986, 250–254.

Millar, J.G., *Living at the Place of Decision: Time and Place in the Framework of Deuteronomy*, in: McConville, J. Gordon/Millar, J.G. (Hrsg.), Time and Place in Deuteronomy, Sheffield: JSOT-Press, 1994, 15–88.

Min, Kyung-jin, *The Levitical Authorship of Ezra-Nehemiah*, JSOTSup 409, London: T & T Clark, 2004.

Mowinckel, Sigmund, *Religion und Kultus*, Göttingen: Vandenhoeck & Ruprecht, 1953.

Mowinckel, Sigmund, *Studien zu dem Buche Ezra-Nehemia I. Die nachchronistische Redaktion des Buches. Die Listen*, SNVAO.HF NS 3, Oslo: Universitetsforlaget, 1964.

Mowinckel, Sigmund, *Studien zu dem Buche Ezra-Nehemia III. Die Ezrageschichte und das Gesetz Moses*, SNVAO.HF NS 5, Oslo: Universitetsforlaget, 1965.

Myers, Jacob M., *Ezra, Nehemiah*, AncB 42, New York: Doubleday, 1965.

Neef, Heinz-Dieter, *Aspekte alttestamentlicher Bundestheologie*, in: Avemarie, Friedrich/Lichtenberger, Hermann (Hrsg.), Bund und Tora. Zur theologischen Begriffsgeschichte in alttestamentlicher, frühjüdischer und urchristlicher Tradition, WUNT 92, Tübingen: J.C.B. Mohr (Paul Siebeck), 1996, 1–23.

Neumann-Gorsolke, Ute, *Warum die Mauer in Jerusalem wieder aufgebaut werden musste: Überlegungen zur Exposition des Nehemiabuches Neh 1,1–4*, in: Hartenstein, Friedhelm/Pietsch, Michael (Hrsg.), «Sieben Augen auf einem Stein» (Sach 3,9): Studien zur Literatur des Zweiten Tempels: Festschrift für Ina Willi-Plein zum 65. Geburtstag, Neukirchen-Vluyn: Neukirchener Verlag, 2007, 261–286.

Newman, Judith H., *Praying by the Book: The Scripturalization of Prayer in Second Temple Judaism*, Atlanta: Scholars Press, 1999.

Nykolaishen, Douglas J.E., *The Restoration of Israel by God's Word in Three Episodes from Ezra-Nehemiah*, in: Boda, Mark J./Redditt, Paul L. (Hrsg.), Unity and Disunity in Ezra-Nehemiah. Redaction, Rhetoric and Reader, Sheffield: Phoenix Press, 2008, 176–199.

Oeming, Manfred, *«See, We Are Serving Today» (Nehemiah 9:36): Nehemiah 9 as a Theological Interpretation of the Persian Period*, in: Lipschitz, Oded/Oeming, Manfred (Hrsg.), Judah and the Judeans in the Persian Period, Winona Lake: Eisenbrauns, 2006, 571–588.

Otto, Eckart, *Old and New Covenant. A Post-exilic Discourse between the Pentateuch and the Book of Jeremiah. Also a Study of Quotations and Allusions in the Hebrew Bible*, in: OTE 19, 2006, 939–949.

Pakkala, Juha, *The Disunity of Ezra-Nehemiah*, in: Boda, Mark J./Redditt, Paul L. (Hrsg.), Unity and Disunity in Ezra-Nehemiah. Redaction, Rhetoric and Reader, Sheffield: Phoenix Press, 2008, 200–215.

Pakkala, Juha, *Ezra the Scribe. The Development of Ezra 7–10 and Nehemia 8*, BZAW 347, Berlin: Walter de Gruyter, 2004.

Pakkala, Juha, *The Original Independence of the Ezra Story in Ezra 7–10 and Neh 8*, in: BN NF 129, 2006, 17–24.

Pakkala, Juha, *The Quotations and References of the Pentateuchal Laws in Ezra-Nehemiah*, in: Von Weissenberg, Hanne/Pakkala, Juha/Marttila, Marko (Hrsg.), Changes in Scripture. Rewriting and Interpreting Authoritative Traditions in the Second Temple Period, BZAW 419, Berlin/New York: de Gruyter, 2011, 193–221.

Pannenberg, Wolfhart, Art. *Analogie*, RGG3 1, 1957, 350–353.

Plöger, Otto, *Theokratie und Eschatologie*, WMANT 2, Neukirchen-Vluyn: Neukirchener Verlag, 1959.

Pohlmann, Karl-Friedrich, *Studien zum dritten Esra. Ein Beitrag zur Frage nach dem ursprünglichen Schluss des chronistischen Geschichtswerkes*, FRLANT 104, Göttingen: Vandenhoeck & Ruprecht, 1970.

Pola, Thomas, *Das Priestertum bei Sacharja. Historische und traditionsgeschichtliche Untersuchungen zur frühnachexilischen Herrschererwartung*, FAT 35, Tübingen: Mohr Siebeck, 2003.

Porten, Bezalel/Yardeni, Ada, *Textbook of Aramaic Documents from Ancient Egypt. Newly copied, edited and translated into Hebrew and English by Bezalel Porten/Ada Yardeni, 1 Letters, Appendix: Aramaic Letters from the Bible*, Winona Lake: Distributed by Eisenbrauns, 1986.

Preuß, Horst D., Art. תועבה, ThWAT VIII, 1995, 580–592.

Rabinowitz, Yosef, *The Book of Ezra. A New Translation with a Commentary Anthologized from Talmudic, Midrashic and Rabbinic Sources*, The Artscroll Tanach Series, New York: Mesorah, 1984.

Rabinowitz, Yosef, *The Book of Nehemiah. A New Translation with a Commentary Anthologized from Talmudic, Midrashic and Rabbinic Sources*, The Artscroll Tanach Series, New York: Mesorah, 1990.

Rata, Tiberius, *The Covenant Motif in Jeremiah's Book of Comfort. Textual and Intertextual Studies of Jeremiah 30–33*, Studies in Biblical Literature 105, New York: Peter Lang, 2007.

Reinmuth, Titus, *Der Bericht Nehemias. Zur literarischen Eigenart, traditionsgeschichtlichen Prägung und innerbiblischen Rezeption des Ich-Berichts Nehemias*, OBO 183, Freiburg (CH): Universitätsverlag, 2002.

Reinmuth, Titus, *Nehemiah 8 and the Authority of Torah in Ezra-Nehemiah*, in: Boda, Mark J./Redditt, Paul L. (Hrsg.), Unity and Disunity in Ezra-Nehemiah. Redaction, Rhetoric and Reader, Sheffield: Phoenix Press, 2008, 241–262.

Reinmuth, Titus, *Reform und Tora bei Nehemia. Neh 10,31–40 und die Autorisierung der Tora in der Perserzeit*, in: ZAR 7, 2001, 287–317.

Rendtorff, Rolf, *Esra und das «Gesetz»*, in: ZAW 96, 1984, 165–184.

Rendtorff, Rolf, *Nehemiah 9: An Important Witness of Theological Reflection*, in: Cogan, Mordechai/Eichler, Barry L./Tigay, Jeffrey H. (Hrsg.), Tehillah le-Moshe. Biblical and Judaic Studies in Honour of Moshe Greenberg, Winona Lake: Eisenbrauns, 1997, 111–117.

Rendtorff, Rolf, *Noch einmal: Esra und das «Gesetz»*, in: ZAW 111, 1999, 89–91.

Rendtorff, Rolf, *Theologie des Alten Testaments. Ein kanonischer Entwurf. Band 1: Kanonische Grundlegung*, Neukirchen-Vluyn: Neukirchener Verlag, 1999.

Rienecker, Fritz/Maier, Gerhard, *Lexikon zur Bibel*, Wuppertal: Brockhaus Verlag, 6. Aufl. 1994.
Ringgren, Helmer, Art. מעל, ThWAT IV, 1984, 1038–1042.
Robinson, Bernard P., *Jeremiah's New Covenant: Jer 31,31–34*, in: SJOT 15, 2001, 181–204.
Rose, Wolter H., *Messianic Expectations in the Early Post-Exilic Period*, in: TynB 49, 1998, 372–376.
Rose, Wolter H., *Zemah and Zerubbabel. Messianic expectations in the early postexilic period*, JSOTSup 304, Sheffield: Sheffield Academic Press, 2000.
Rudolph, Wilhelm, *Esra und Nehemia samt 3. Esra*, HAT 20, Tübingen: J.C.B. Mohr (Paul Siebeck), 1949.
Rudolph, Wilhelm, *Haggai, Sacharja 1-8, Sacharja 9-14, Maleachi*, KAT XIII/4, Gütersloh: Gütersloher Verlagshaus Mohn, 1976.

Sæbø, Magne, Art. *Chronistische Theologie/Chronistisches Geschichtswerk*, TRE 8, 1981, 74–84.
Sæbø, Magne, *Messianism in Chronicles? Some Remarks to the Old Testament Background of the New Testament Christology*, in: Horizons in biblical theology 2, 1980, 85–109.
Saussure, Ferdinand de, *Grundfragen der allgemeinen Sprachwissenschaft*, dt. Übers. von «Cours de linguistic générale», Berlin 3. Aufl. 2001 [= 1931].
Schaeder, Hans Heinrich, *Esra der Schreiber*, BHTh 5, Tübingen: J. C. B. Mohr, 1930.
Schaper, Joachim, *Priester und Leviten im achämenidischen Juda. Studien zur Kult- und Sozialgeschichte Israels in persischer Zeit*, FAT 31, Tübingen: Mohr Siebeck, 2000.
Schenker, Adrian, *Unwiderrufliche Umkehr und neuer Bund. Vergleich zwischen der Wiederherstellung Israels in Dt 4,25–31; 30,1–14 und dem neuen Bund in Jer 31,31–34*, in: FZPhTh 27, 1980, 93–106.
Schmid, Konrad, *Buchgestalten des Jeremiabuches. Untersuchungen zur Redaktions- und Rezeptionsgeschichte von Jer 30–33 im Kontext des Buches*, WMANT 72, Neukirchen-Vluyn: Neukirchener Verlag, 1996.
Schmid, Konrad, *Literaturgeschichte des Alten Testaments. Eine Einführung*, Darmstadt: Wissenschaftliche Buchgesellschaft, 2008.
Schmid, Konrad, *The Persian Imperial Authorization as a Historical Problem and as a Biblical Construct: A Plea for Distinctions in the Current Debate*, in: Knoppers, Gary N./Levinson, Bernard M. (Hrsg.), The Pentateuch as Torah. New Models for Understanding Its Promulgation and Acceptance, Winona Lake: Eisenbrauns, 2007.
Schneider, Heinrich, *Die Bücher Esra und Nehemia*, HSAT IV,2, Bonn: Peter Hanstein, 1959.
Schultz, Friedrich Wilhelm, *Die Bücher Esra, Nehemia und Esther*, Theologisch-homiletisches Bibelwerk 9, Bielefeld: Velhagen und Klasing, 1876.
Schunck, Klaus-Dietrich, *Nehemia*, BKAT XXIII/2, Neukirchen-Vluyn: Neukirchener Verlag, 2009.
Schwartz, Baruch J., *The Ultimate Aim of Israel's Restoration in Ezechiel*, in: Cohen, Chaim u.a. (Hrsg.), Birkat Shalom. Studies in the Bible, Ancient Near Eastern Literature, and Postbiblical Judaism presented to Shalom M. Paul on the Occasion of his Seventieth Birthday, Winona Lake: Eisenbrauns, 2008, 305–319.

Schwiderski, Dirk, *Handbuch des nordwestsemitischen Briefformulars: ein Beitrag zur Echtheitsfrage der aramäischen Briefe des Esrabuches*, BZAW 295, Berlin: Walter de Gruyter, 2000.

Seitz, Christopher R., *Old Testament or Hebrew Bible? Some Theological Considerations*, in: Word Without End. The Old Testament as Abiding Theological Witness, Waco: Baylor University Press, 2. Aufl 2004, 61–74 [= Pro Ecclesia 5, 1996, 292–303].

Shea, William H., *The Literary Structure of Zechariah 1–6*, in: Moskala, Jiří (Hrsg.), Creation, Life, and Hope. Essays in Honor of Jacques B. Doukhan, Berrien Springs, MI: Old Testament Department, Seventh-day Adventist Theological Seminary, Andrews University, 2000, 83–100.

Siedlecki, Armin, *Contextualizations of Ezra-Nehemiah*, in: Boda, Mark J./Redditt, Paul L. (Hrsg.), Unity and Disunity in Ezra-Nehemiah. Redaction, Rhetoric and Reader, Sheffield: Phoenix Press, 2008, 263–276.

Siegfried, Carl, *Esra, Nehemia und Esther*, HK, Göttingen: Vandenhoeck & Ruprecht, 1901.

Slotki, Judah J., *Daniel, Ezra, Nehemia. Hebrew Text & English Translation with Introductions and Commentary*, SBBS, London: Soncino Press, 5. Aufl. 1970.

Smith-Christopher, Daniel L., *The Mixed Marriage Crises in Ezra 9–10 and Nehemiah 13. A Study of the Sociology of the Post-Exilic Judean Community*, in: Eskenazi, Tamara C./Richard, Kent H. (Hrsg.), Second Temple Studies. 2. Temple and Community in the Persian Period, JSOTSup 175, Sheffield: JSOT Press, 1994, 243–265.

Smith, Ralph L., *Micah–Malachi*, WBC 32, Waco: Word Books Publisher, 1984.

Spawn, Kevin L., *«As It Is Written» and Other Citation Formulae in the Old Testament. Their Use, Development, Syntax, and Significance*, BZAW 311, Berlin: Walter de Gruyter, 2001.

Stadelmann, Helge, *Die Reform Esras und der Kanon*, in: Maier, Gerhard (Hrsg.), Der Kanon der Bibel, Giessen/Wuppertal: Brunnen/Brockhaus, 1990, 52–69.

Steck, Odil Hannes, *Israel und das gewaltsame Geschick der Propheten. Untersuchungen zur Überlieferung. Untersuchungen zur Überlieferung des deuteronomistischen Geschichtsbildes im Alten Testament, Spätjudentum und Urchristentum*, WMANT 23, Neukirchen-Vluyn: Neukirchener Verlag, 1967.

Steinberg, Julius, *Die Ketuvim – ihr Aufbau und ihre Botschaft*, BBB 152, Hamburg: Philo, 2006.

Steinmann, Andrew E., *A Chronological Note: The Return of the Exiles under Sheshbazzar and Zerubbabel (Ezra 1–2)*, in: JETS 51, 2008, 513–22.

Steinmann, Andrew E., *Ezra and Nehemiah*, Concordia Commentary. A Theological Exposition of Sacred Scripture, Saint Louis: Concordia Publishing House, 2010.

Steins, Georg, *Die «Bindung Isaaks» im Kanon (Gen 22). Grundlagen und Programm einer kanonisch-intertextuellen Lektüre*, Herders Biblische Studien 20, Freiburg: Herder, 1999.

Steins, Georg, *Die Chronik als kanonisches Abschlussphänomen. Studien zur Entstehung und Theologie von 1/2 Chronik*, BBB 19, Weinheim: Beltz Athenäum, 1995.

Steins, Georg, *Kanonisch-intertextuelle Studien zum Alten Testament*, SBAB, Stuttgart: Verlag Katholisches Bibelwerk, 2009.

Stiegler, Stefan, *Die nachexilische JHWH-Gemeinde in Jerusalem. Ein Beitrag zu einer alttestamentlichen Ekklesiologie*, BEAT 34, Frankfurt a.M.: Peter Lang, 1994.

Stoebe, H.J., Art. רעע, THAT II, 1976, 794–803.

Sykes, Seth, *Time and Space in Haggai-Zechariah 1–8: A Bakhtinian Analysis of a Prophetic Chronicle*, in: JSOT 76, 1997, 97–124.

Throntveit, Mark A., *Ezra-Nehemiah*, Interpretation. A Bible Commentary for Teaching and Preaching, Louisville, KY: John Knox Press, 1992.

Tooman, William A., *Ezekiel's Radical Challenge to Inviolability*, in: ZAW 121, 2009, 498–514.

Torrey, Charles Cutler, *Ezra Studies*, Chicago: Chicago Press, 1910.

Ulfgard, Håkan, *The story of Sukkot. The Setting, Shaping, and Sequel of the Biblical Feast of Tabernacles*, BGBE, Tübingen: Mohr Siebeck, 1998.

Usue, Emmanuel O., *Restoration or desperation in Ezra and Nehemiah? Implications for Africa*, in: OTE 20, 2007, 830–846.

Utzschneider, Helmut/Nitsche, Stefan Ark, *Arbeitsbuch literaturwissenschaftliche Bibelauslegung. Eine Methodenlehre zur Exegese des Alten Testaments*, Gütersloh: Chr. Kaiser / Gütersloher Verlagshaus, 2. Aufl. 2005.

Van Grol, Harm, *‹Indeed, Servants We Are›: Ezra 9, Nehemiah 9 and 2 Chronicles 12 Compared*, in: Becking, Bob/Korpel, Marjo C.A. (Hrsg.), The Crisis of Israelite Religion. Transformation of Religious Tradition in Exilic and Post-Exilic Times, OTS 42, Leiden: Brill, 1999, 209–227.

VanderKam, James C., *Ezra-Nehemiah or Ezra and Nehemiah?*, in: Ulrich, Eugene/Wright, John W./Carroll, Robert. P. (Hrsg.), Priests, Prophets and Scribes, Sheffield: JSOT Press, 1992, 55–75.

VanderKam, James C., *From Joshua to Caiaphas. High Priests after the Exile*, Minneapolis, Minn.: Augsburg Fortress, 2004.

Viberg, Åke, *An Elusive Crown. An Analysis of the Performance of a Prophetic Symbolic Act (Zech 6:9–15)*, in: Svensk exegetisk årsbok 65, 2000, 161–196.

Vom Orde, Klaus, *Die Bücher Esra und Nehemia*, Wuppertaler Studienbibel, Wuppertal: Brockhaus Verlag, 1997.

Von Rad, Gerhard, *Theologie des Alten Testaments. Band II: Die Theologie der prophetischen Überlieferungen Israels*, München: Kaiser, 2. Aufl. 1961.

Watts, James W., *Persia and Torah. The Theory of Imperial Authorization of the Pentateuch*, Atlanta: Society of Biblical Literature, 2001.

Weippert, Helga, *Das Wort vom neuen Bund in Jeremia XXXI 31–34*, in: VT 29, 1979, 336–351.

Weiser, Artur, *Einleitung in das Alte Testament*, Göttingen: Vandenhoeck & Ruprecht, 6. Aufl. 1966.

Wellhausen, Julius, *Prolegomena zur Geschichte Israels*, Berlin: Reimer, 6. Aufl. 1905.

Wendland, Ernst R., *The Structure, Style, Sense, and Significance of Haggai's Prophecy Concerning the ‹House of the LORD› – with Special Reference to Bible Interpretation and Translation in Africa (Part One)*, in: OTE 18, 2005, 907–926.

Wenzel, Heiko, *Reading Zechariah with Zechariah 1:1–6 as the Introduction to the Entire Book*, Contributions to Biblical Exegesis & Theology 59, Leuven: Peeters, 2011.

Wetter, Anne-Mareike, *Balancing the Scales: The Construction of the Exile as Countertradition in the Bible*, in: Becking, Bob u.a. (Hrsg.), From Babylon to Eternity.

The Exile Remembered and Constructed in Text and Tradition, London: Equinox, 2009, 34–56.

Weyde, Karl William, *The Appointed Festivals of YHWH. The Festival Calendar in Leviticus 23 and the sukkôt Festival in Other Biblical Texts*, FAT 2/4, Tübingen: Mohr Siebeck, 2004.

Willi, Thomas, *Die Chronik als Auslegung. Untersuchungen zur literarischen Gestaltung der historischen Überlieferung Israels*, FRLANT 106, Göttingen: Vandenhoeck & Ruprecht, 1972.

Willi, Thomas, *Juda – Jehud – Israel. Studien zum Selbstverständnis des Judentums in persischer Zeit*, FAT 12, Tübingen: J.C.B. Mohr (Paul Siebeck), 1995.

Willi, Thomas, *«Wie geschrieben steht» - Schriftbezug und Schrift. Überlegungen zur frühjüdischen Literaturwerdung im perserzeitlichen Kontext*, in: Kratz, Reinhard G. (Hrsg.), Religion und Religionskontakte im Zeitalter der Achämeniden, Gütersloh: Kaiser/Gütersloher Verlagshaus, 2002, 257–277.

Willi, Thomas, *Zwei Jahrzehnte Forschung an Chronik und Esra-Nehemia*, in: ThR 67, 2002, 61–104.

Williamson, Hugh G. M., *The Belief System of the Book of Nehemiah*, in: Becking, Bob/Korpel, Marjo C.A. (Hrsg.), The Crisis of Israelite Religion. Transformation of Religious Tradition in Exilic and Post-Exilic Times, OTS 42, Leiden: Brill, 1999, 276–287.

Williamson, Hugh G. M., *Ezra, Nehemiah*, WBC 16, Waco: Word Books Publisher, 1985.

Williamson, Hugh G. M., *Israel in the Books of Chronicles*, Cambridge: Cambridge University Press, 1977.

Williamson, Hugh G. M., *More Unity than Diversity*, in: Boda, Mark J./Redditt, Paul L. (Hrsg.), Unity and Disunity in Ezra-Nehemiah. Redaction, Rhetoric, and Reader, Hebrew Bible Monographs 17, Sheffield: Phoenix Press, 2008, 329–343.

Williamson, Hugh G. M., *The Problem with First Esdras*, in: Studies in Persian Period History and Historiography, FAT 38, Tübingen: Mohr Siebeck, 2004, 294–305 [= Barton, J./Reimer, D. (Hg.), After the Exile: Essays in Honour of Rex Mason, Macon, 1996, 201–216].

Williamson, Hugh G. M., *Scripture Citing Scripture: The Historical Books*, in: Studies in Persian Period History and Historiography, FAT 38, Tübingen: Mohr Siebeck, 2004, 232–244 [= Carson, D.A./Williamson, H.G.M. (Hg.), It is Written: Scripture Citing Scripture. Essays in Honour of Barnabas Lindars, Cambridge, 1988, 25–38].

Williamson, Hugh G. M., *Structure and Historiography in Nehemiah 9*, in: Studies in Persian Period History and Historiography, FAT 38, Tübingen: Mohr Siebeck, 2004, 282–293 [= Proceedings of the Ninth World Congress of Jewish Studies: Panel Sessions, Jerusalem, 1988, 117–131].

Williamson, Hugh G. M., *The Torah and History in Presentations of Restoration in Ezra-Nehemiah*, in: McConville, J. Gordon/Möller, Karl (Hrsg.), Reading the Law. Studies in Honour of Gordon J. Wenham, London: T & T Clark, 2007, 156–170.

Wolff, Hans Walter, *Dodekapropheton 6. Haggai*, BKAT XIV/6, Neukirchen-Vluyn: Neukirchener Verlag, 1986.

Wright, D. P./Milgrom, Jacob, Art. עצר, ThWAT VI, 1989, 333–338.

Wright, Jacob L., *Rebuilding Identity. The Nehemiah-Memoir and its Earliest Readers*, BZAW 348, Berlin: Walter de Gruyter, 2004.

Yamauchi, Edwin M., *Ezra-Nehemiah*, EBC 6, Grand Rapids: Zondervan, 1988, 561–771.

Yamauchi, Edwin M., *Persia and the Bible*, Grand Rapids: Baker Books, 1996.

Zastrow, Klaus, *Die drei grossen Bussgebete von Esra 9, Nehemia 9 und Daniel 9*, Diss. Heidelberg, 1998.

Zunz, Leopold, *Die gottesdienstlichen Vorträge der Juden, historisch entwickelt. Ein Beitrag zur Alterthumskunde und biblischen Kritik, zur Literatur- und Religionsgeschichte*, Berlin: A. Asher, 1832.

Zunz, Leopold, *Die vierundzwanzig Bücher der Heiligen Schrift. Nach dem masoretischen Text übersetzt*, Tel Aviv: Sinai Verlag, 1997.

Zwickel, Wolfgang, *Eine Stadt muss sich neu erfinden. Jerusalem zur Zeit Nehemias 445 vC*, in: Welt und Umwelt der Bibel 3/2011, 18–24.

Zwickel, Wolfgang, *Jerusalem und Samaria zur Zeit Nehemias. Ein Vergleich*, in: BZ 52, 2008, 201–222.

Abstract

Der Begriff der «Restauration» bzw. «Wiederherstellung» wird gerne als Leitbegriff der im Esra-Nehemia-Buch beschriebenen nachexilischen Epoche verwendet. Gegenwärtig wird kontrovers diskutiert, ob er sich dafür tatsächlich eignet, da keine Restauration der vorexilischen Monarchie stattfand. Die vorliegende Untersuchung geht verschiedenen «Konzepten der Wiederherstellung» im Esra-Nehemia-Buch nach und befragt sie darauf, ob und inwiefern die eigene Zeit als Wiederherstellung gedeutet wird. Anhand von vier Themenfeldern («Wiederherstellung als Bundeserneuerung», «Wiederherstellung als aktualisierte Heilsgeschichte», «Wiederherstellung als erfüllte Heilsprophetie» und «Wiederherstellung als Wiederaufbau») werden wesentliche Textpassagen des Esra-Nehemia-Buches untersucht. Dabei wird ein äusserst ambivalentes Bild sichtbar: Die rhetorische Intention des Buches zeigt, dass einerseits ein Neuanfang stattgefunden hat, dass aber andererseits gerade dieser Neuanfang immer wieder bedroht und die ersehnte Heilszeit bei weitem noch nicht eingetroffen ist. Zur Beschreibung der Vorstellung von Restauration im Esra-Nehemia-Buch eignet sich der Begriff der Ambivalenz. Es werden vorwiegend theologische Konzepte untersucht, wobei das Augenmerk auf die Gesamtkomposition des Esra-Nehemia-Buches gelegt wird. Daher ist die Arbeit auch ein Beitrag zur gegenwärtigen Diskussion um die Einheit von Esra-Nehemia. Intertextuelle Vergleiche untermauern an verschiedenen Stellen die vorgelegte These.

English:
The post-exilic period portrayed in Ezra-Nehemiah is usually described by the word «restoration». In recent years it has been questioned, however, whether this term is truly accurate since the pre-exilic monarchy was never actually restored. This study examines different «concepts of restoration» in Ezra-Nehemiah and seeks to understand if and how the book perceives its own epoch as a period of restoration. Four concepts of restoration based on the narratives in Ezra-Nehemiah are analysed in this thesis: 1. restoration as it relates to covenant renewal, 2. restoration as it re-enacts salvation history, 3. restoration as it fulfills prophetic promises of salvation and 4. restoration as it refers to rebuilding. In conclusion, a marked ambivalence becomes clear through the study of these texts: on the one hand a new beginning has surely taken place, while on the other hand this new beginning has been threatened and the salvation that was hoped for has not been attained. The concept of «ambivalence» proves to be critical in comprehending the images used to describe restoration in Ezra-Nehemiah. Concepts which are primarily theological in nature are scrutinized while the main focus of attention in

this thesis is upon the final composition. This study may also serve as a contribution to the current debate on the unity of the book Ezra-Nehemiah. Intertextual comparisons with other biblical texts are carried out throughout this thesis.